U0922373

石家庄统计年鉴

SHIJIAZHUANG STATISTICAL YEARBOOK

2013

石家庄市统计局
国家统计局石家庄调查队　编

图书在版编目（CIP）数据

石家庄统计年鉴. 2013 / 石家庄市统计局，国家统计局石家庄调查队编. —北京：中国统计出版社，2013. 8
ISBN 978 - 7 - 5037 - 6894 - 1

Ⅰ. ①石… Ⅱ. ①石… ②国… Ⅲ. ①统计资料—石家庄市—2013—年鉴 Ⅳ. ①C832. 221 - 54

中国版本图书馆 CIP 数据核字（2013）第 184009 号

石家庄统计年鉴—2013

作　　者/ 石家庄市统计局　国家统计局石家庄调查队
责任编辑/ 陈越月
E-mail：yearbook@ stats. gov. cn
封面设计/ 黄　晨
封底摄影/ 安彦华
出版发行/ 中国统计出版社
地　　址/ 北京市丰台区西三环南路甲 6 号　邮政编码/100073
电　　话/ 邮购（010）63376909　书店（010）68783171
网　　址/ http：//csp. stats. gov. cn
印　　刷/ 河北天普润印刷厂
经　　销/ 新华书店
开　　本/ 890mm×1240mm　1/16
字　　数/ 92 万字
印　　张/ 35
印　　数/ 1—600
版　　别/ 2013 年 8 月第 1 版
版　　次/ 2013 年 8 月第 1 次印刷
书　　号/ 978 - 7 - 5037 - 6625 - 1/C. 2701
定　　价/ 300. 00 元

本书附同版本 CD - ROM 一张，光盘内容以书面文字为准。
如有印装差错，由本社发行部调换。

《石家庄统计年鉴—2013》

编委会

李志宏	石家庄市卫生局局长
崔　芸	石家庄市人口和计划生育委员会主任
刘桂江	石家庄市审计局局长
张　炬	石家庄市环境保护局局长
唐　青	石家庄市体育局局长
杨建秋	石家庄市林业局局长
朱献军	石家庄市粮食局局长
赵俊芳	石家庄市旅游局局长

《石家庄统计年鉴—2013》

编辑部

编 辑 说 明

一、《石家庄统计年鉴—2013》是一部大型统计信息资料工具书，是《石家庄统计年鉴》创刊出版以来的第 17 卷。本书系统收录了石家庄市 2012 年经济、社会各方面的统计数据，以及 1995 年来分县区主要统计数据，是一部全面反映石家庄经济和社会发展情况的资料性年刊。随着国家统计方法制度的改革，本刊在指标口径和范围上做了相应的调整，但尽量在版本内容、指标体系等方面与前几年保持连贯性。

二、本年鉴内容包括：综合、从业人员和工资总额、固定资产投资及建筑业、能源消费、财政、金融、物价、居民生活、城市公用设施、农村经济、工业交通邮电、贸易外经旅游、教育科技文化、体育卫生民政和附录等 14 部分内容。

三、本年鉴中使用的度量衡单位均采用国际统一标准计量单位。

《石家庄统计年鉴》多年来承蒙社会各界的厚爱，对此我们深表感谢，欢迎广大读者继续使用《石家庄统计年鉴》，同时欢迎对我们的编辑内容及排版提出宝贵的意见，以利于我们进一步提高《石家庄统计年鉴》的编辑水平，更好地为社会各界服务。

《石家庄统计年鉴》编辑部

2013 年 8 月

全市生产总值（亿元）

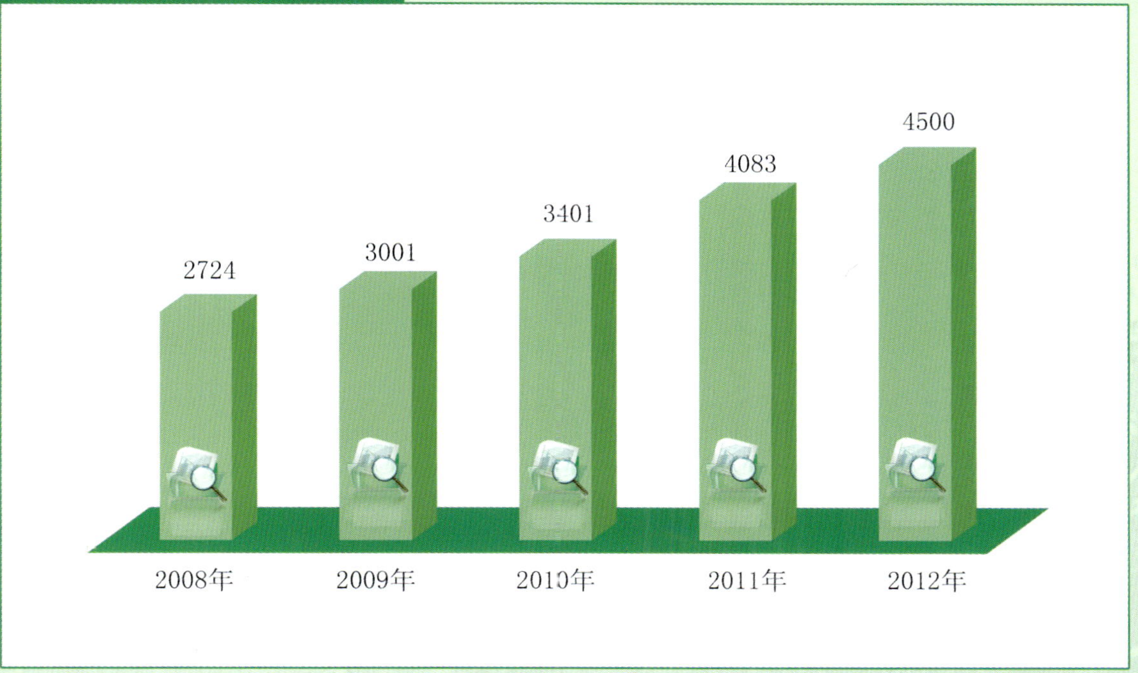

全市生产总值增长速度（%）

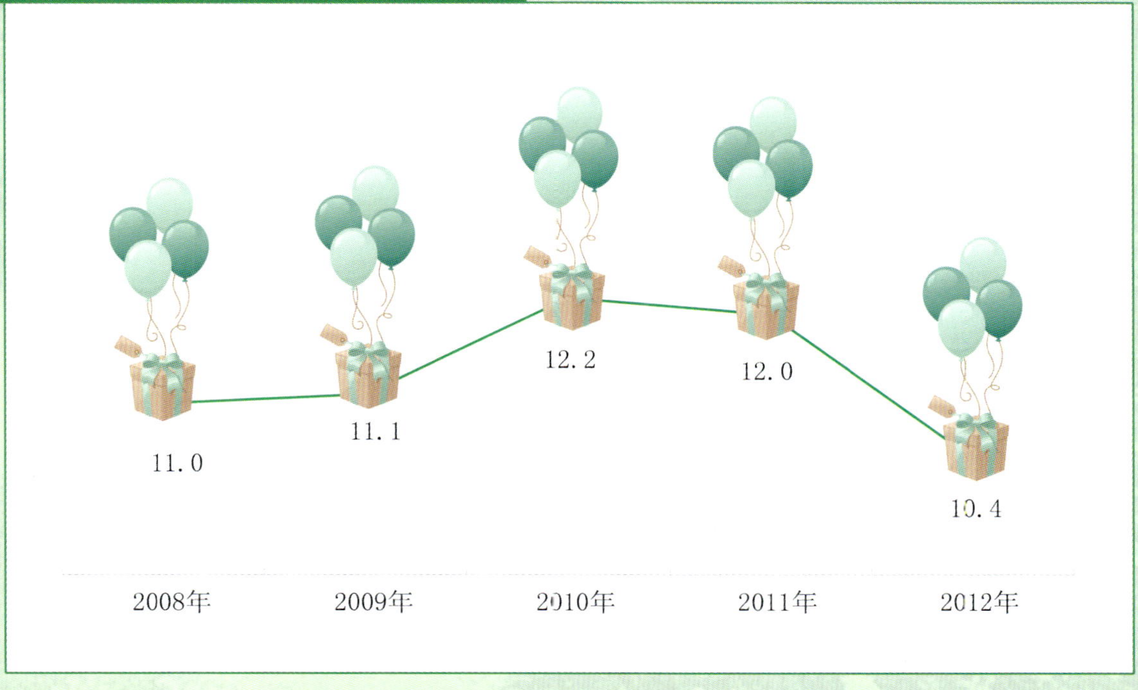

2012年三次产业构成

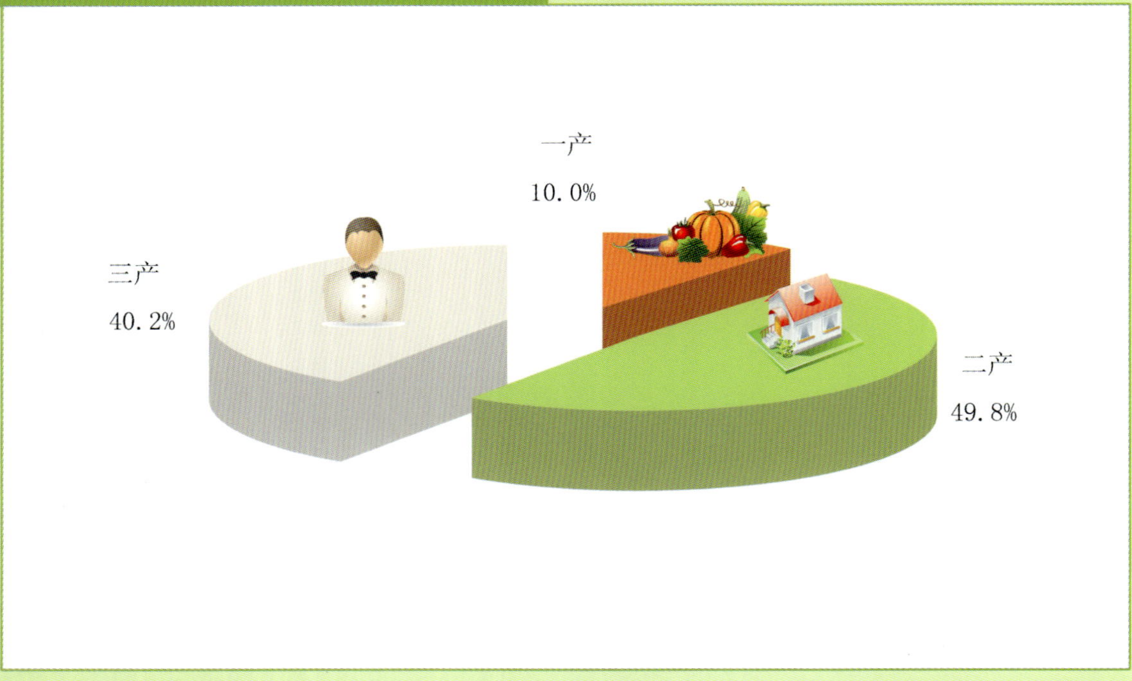

2011年三次产业构成

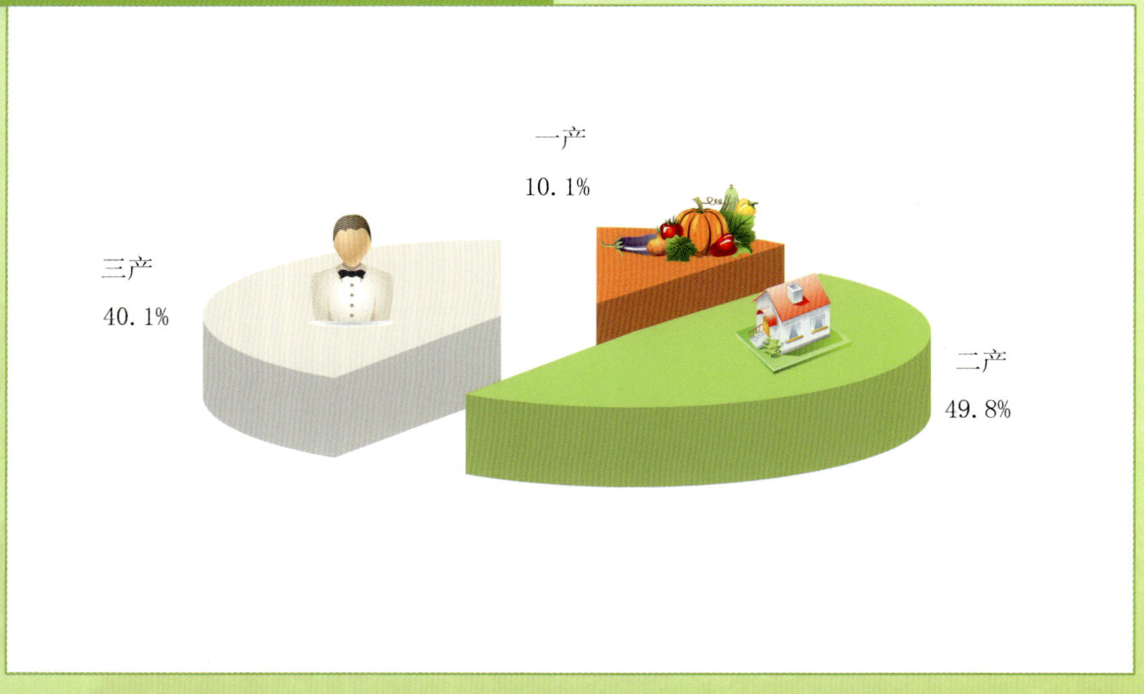

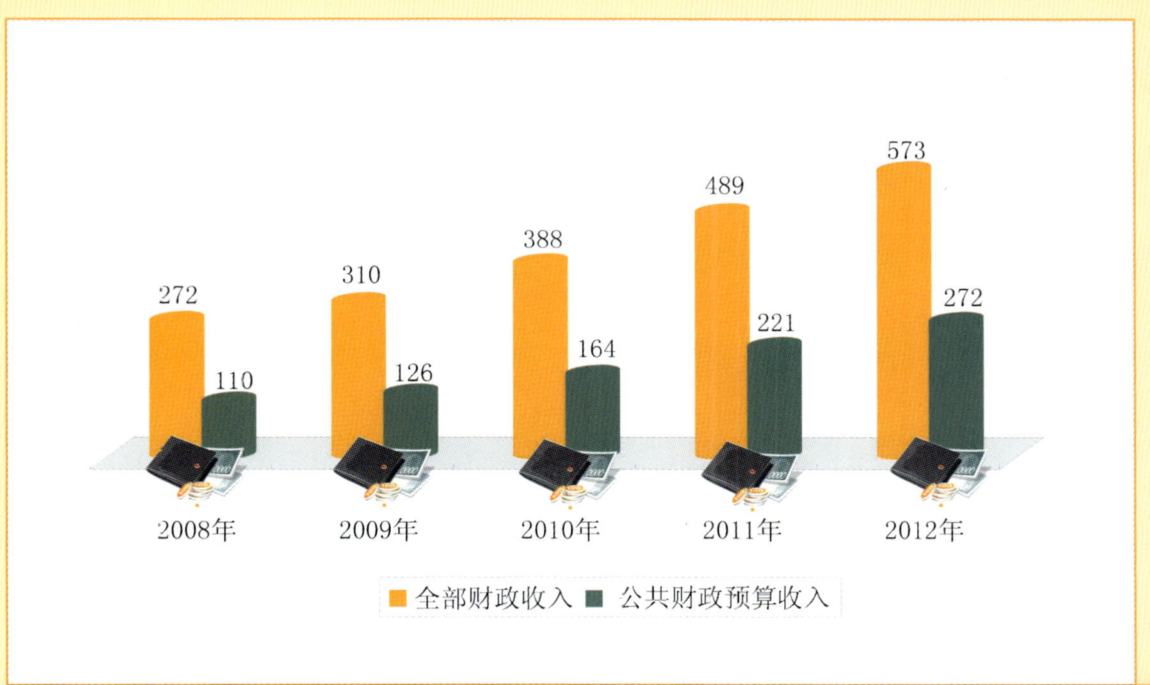

财政收入（亿元）

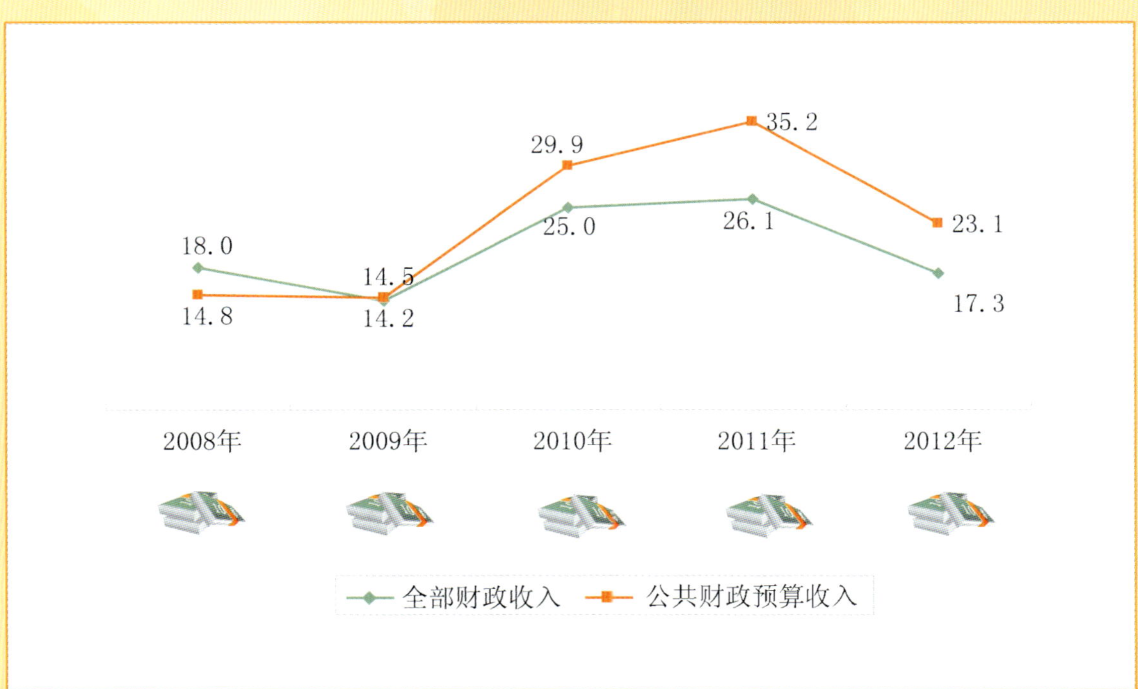

财政收入增长速度（%）

农林牧渔业总产值与增加值(亿元)

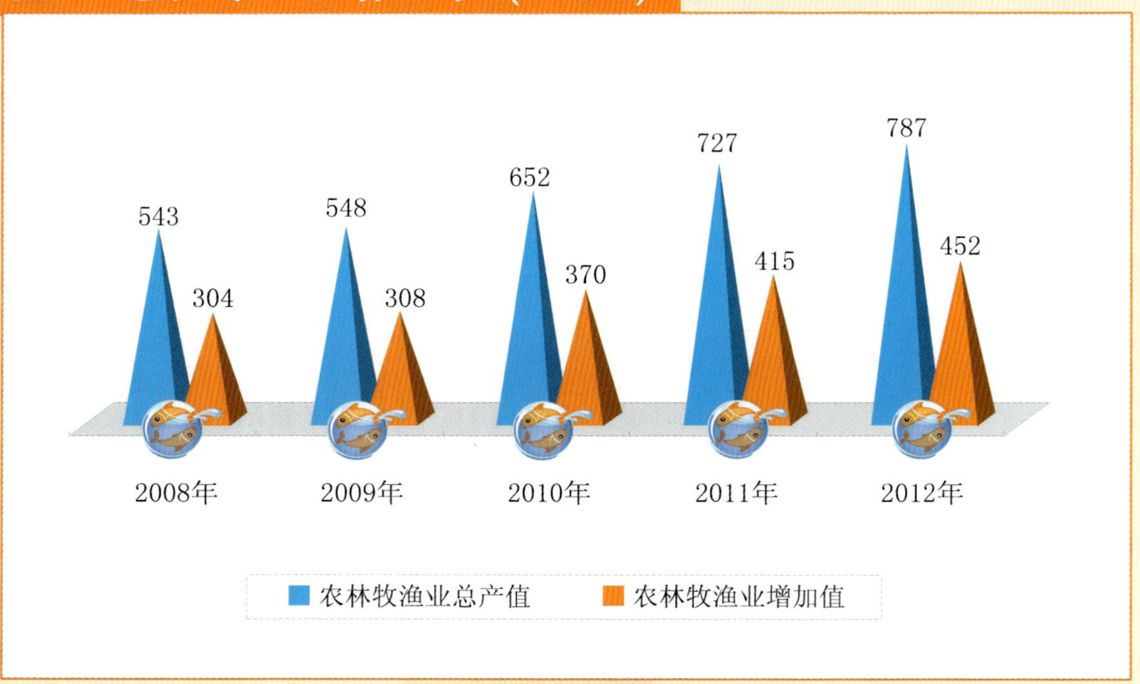

规模以上工业总产值与增加值(亿元)

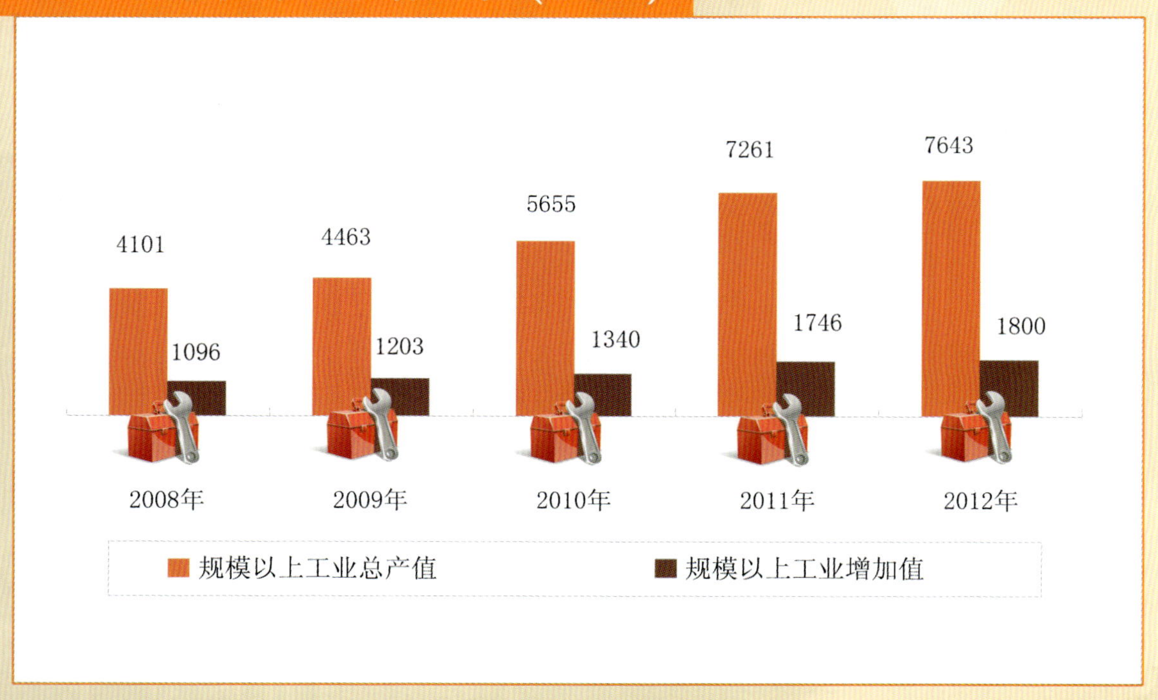

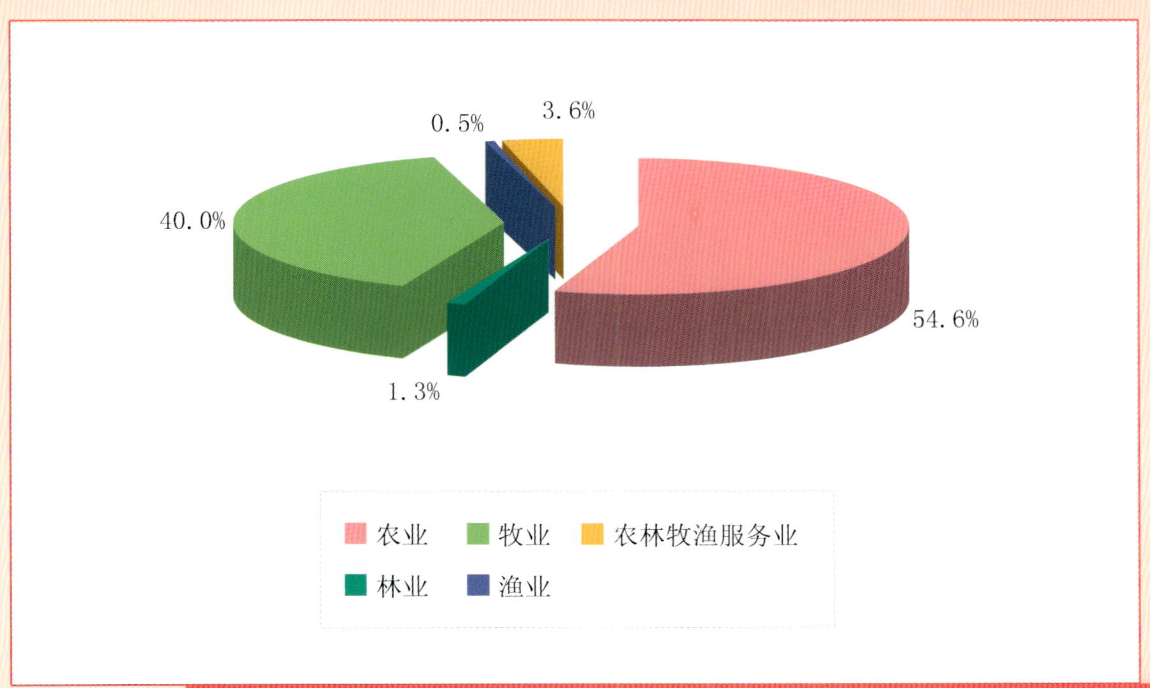

2012年农林牧渔各业构成(按总产值计算)

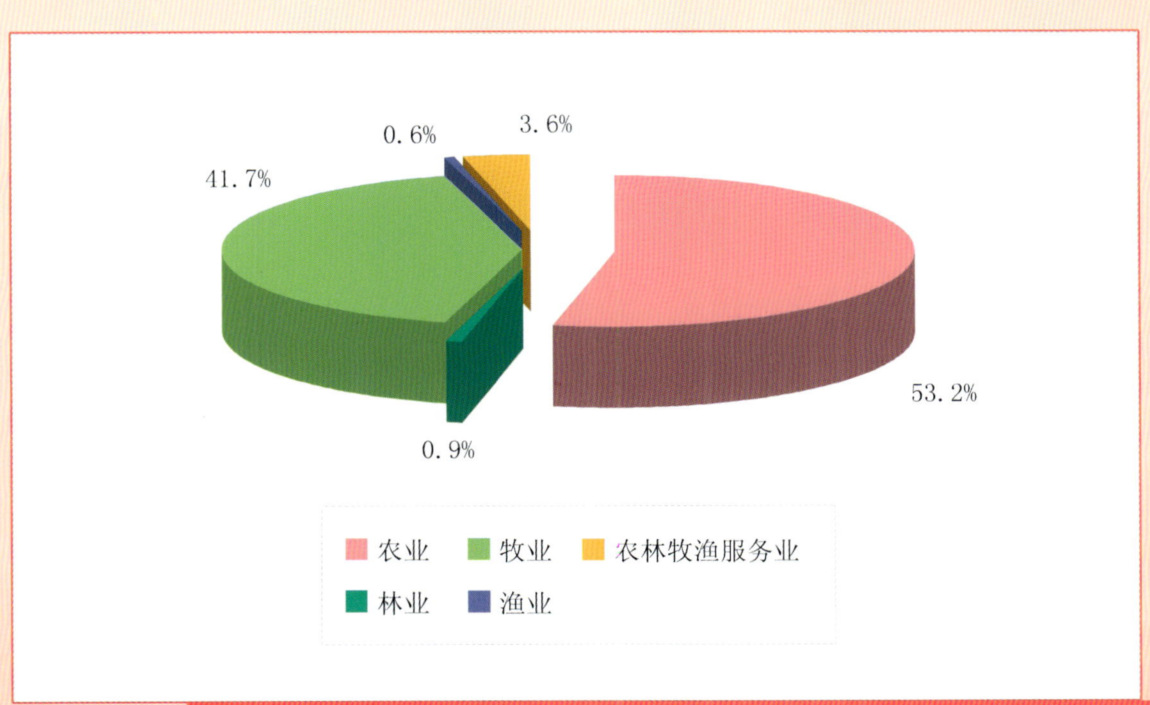

2011年农林牧渔各业构成(按总产值计算)

2012年规模以上工业增加值分行业比重

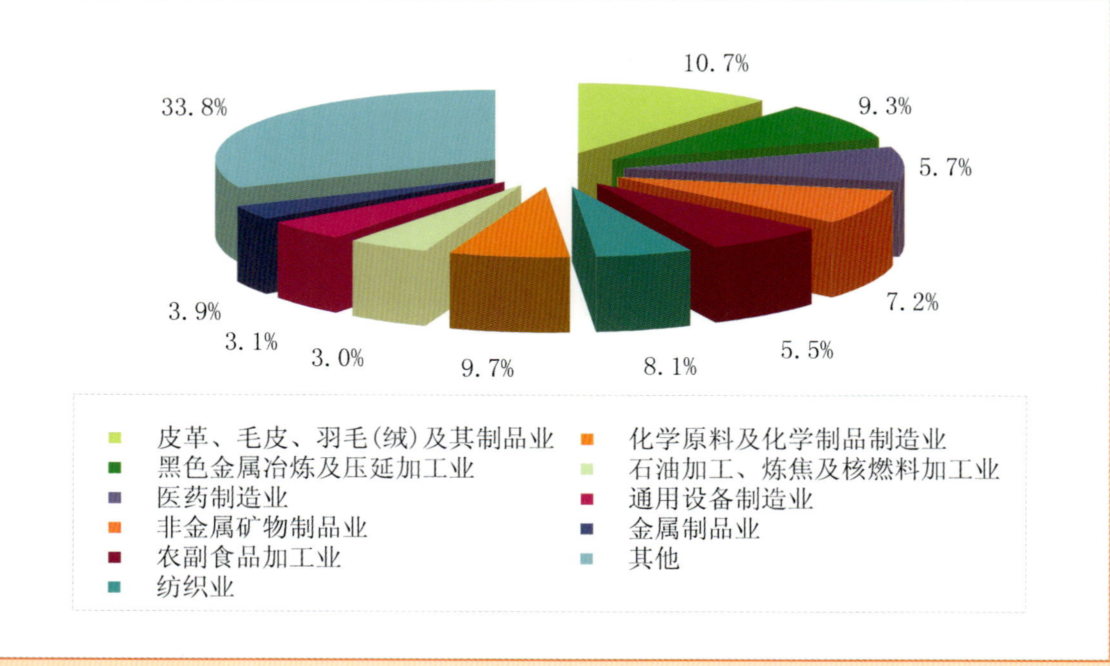

2011年规模以上工业增加值分行业比重

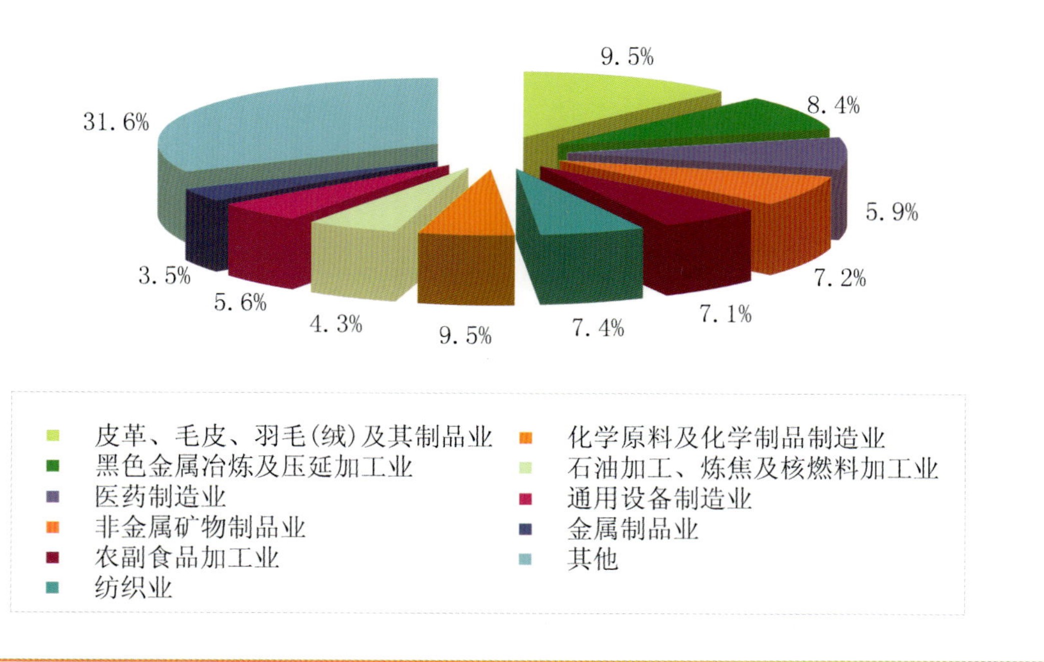

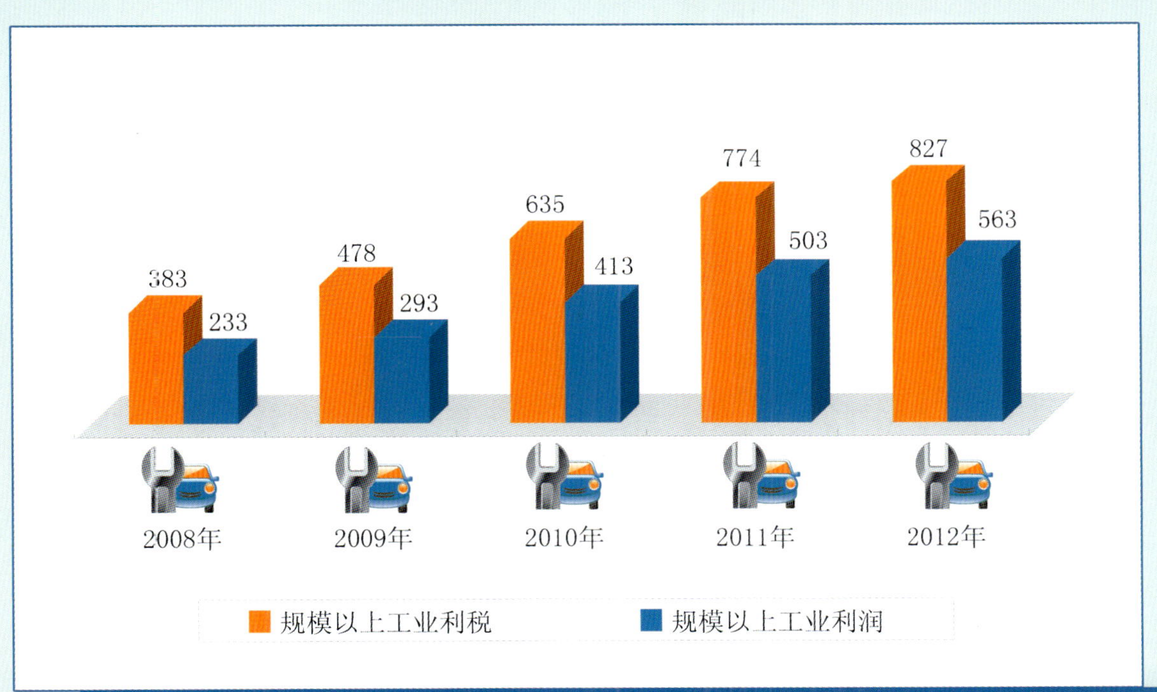

规模以上工业利税与利润（亿元）

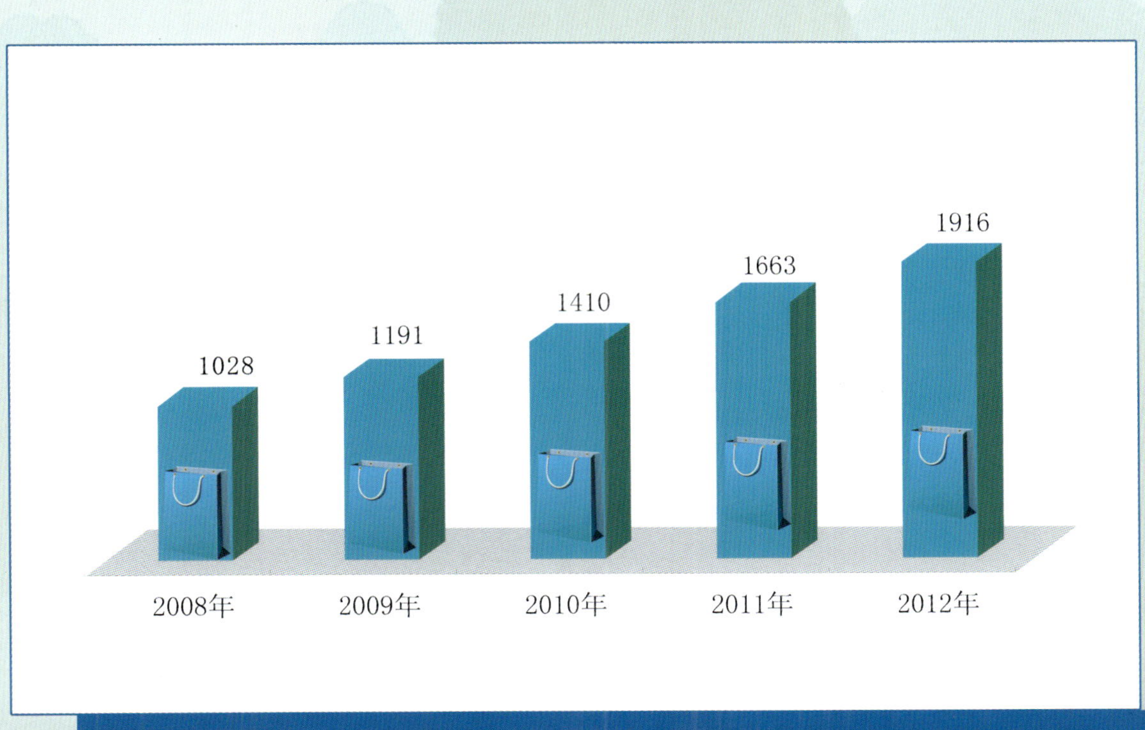

社会消费品零售总额（亿元）

全社会固定资产投资与固定资产投资（亿元）

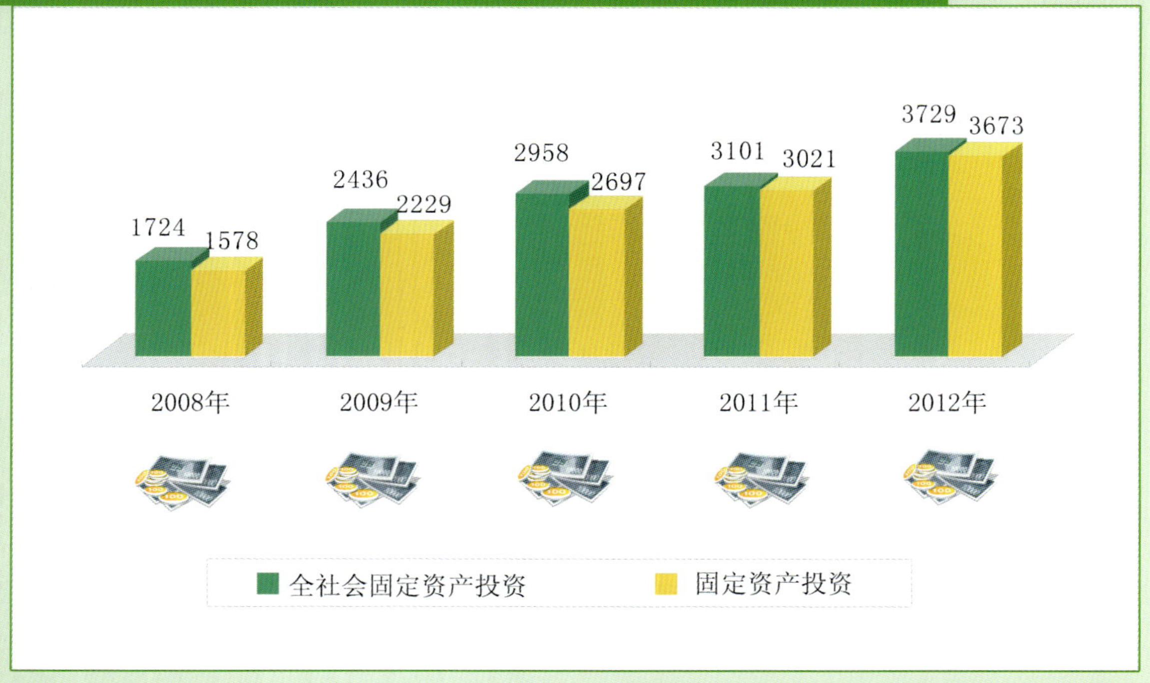

实际利用外资（亿美元）

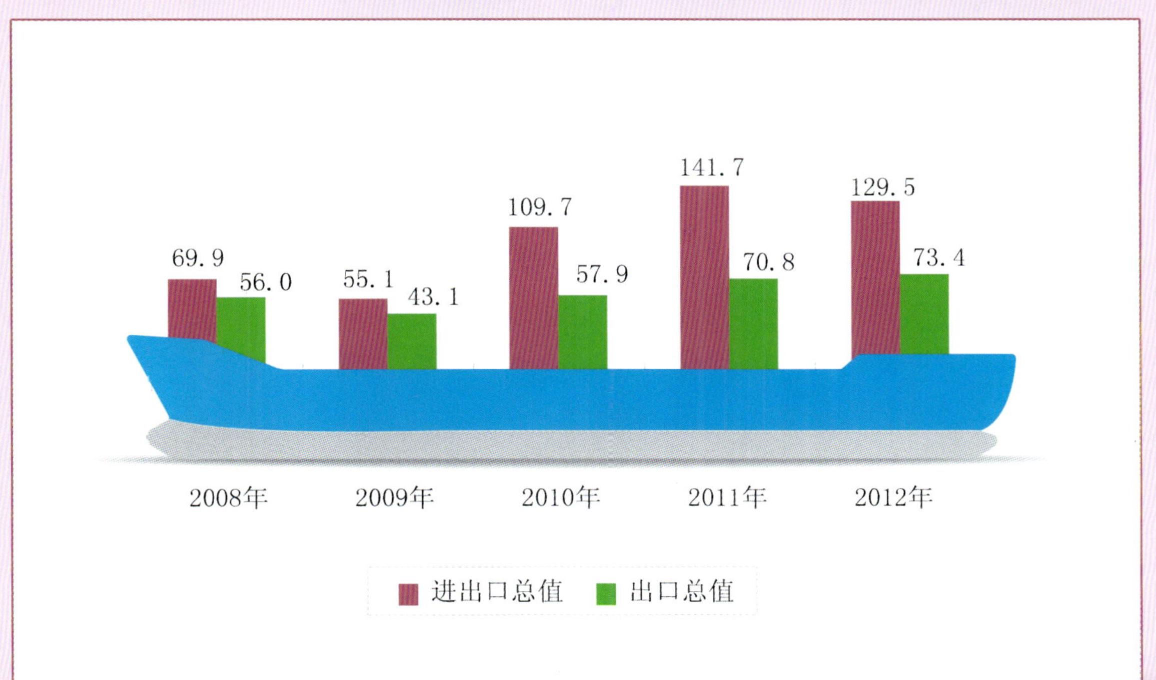

进出口总值与出口总值（亿美元）

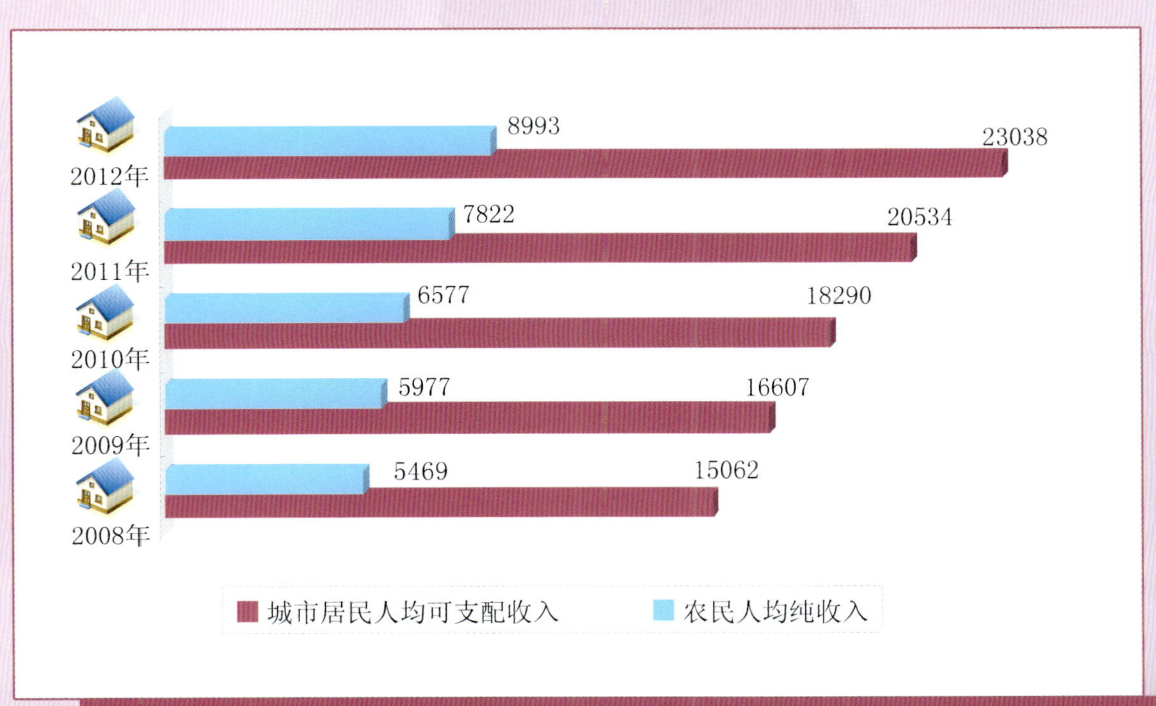

城市居民人均可支配收入与农民人均纯收入（元）

城市居民与农村居民人均消费支出（元）

恩格尔系数（%）

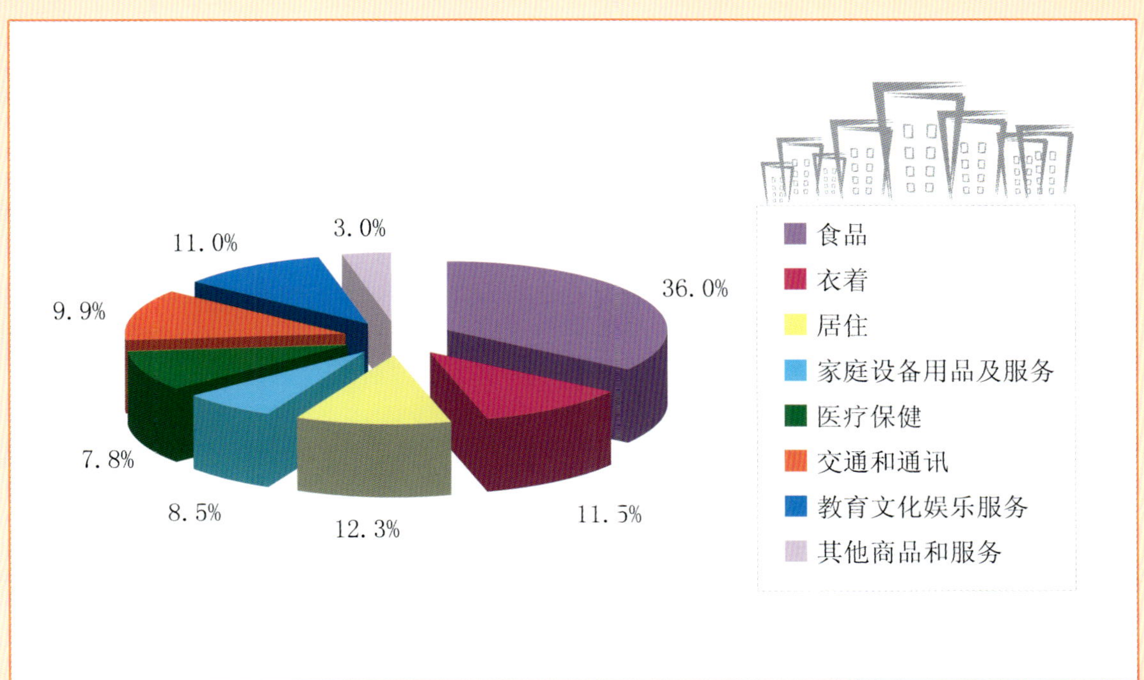

2012年城市居民消费支出构成

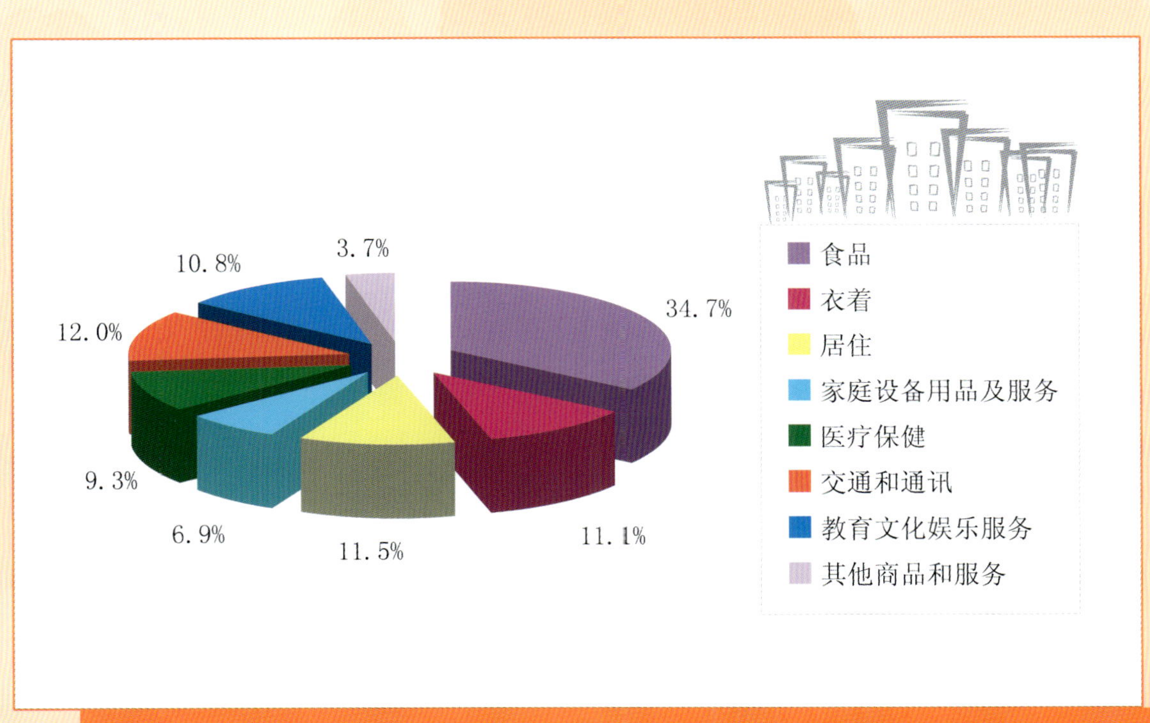

2011年城市居民消费支出构成

2012年农村居民消费支出构成

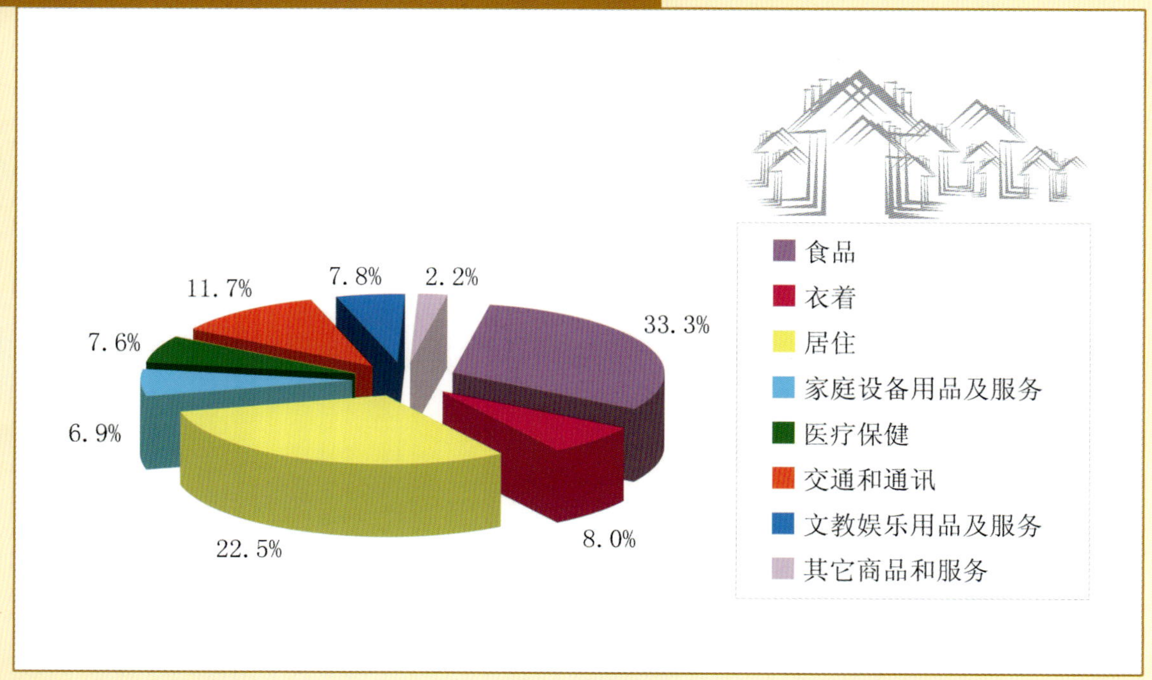

2011年农村居民消费支出构成

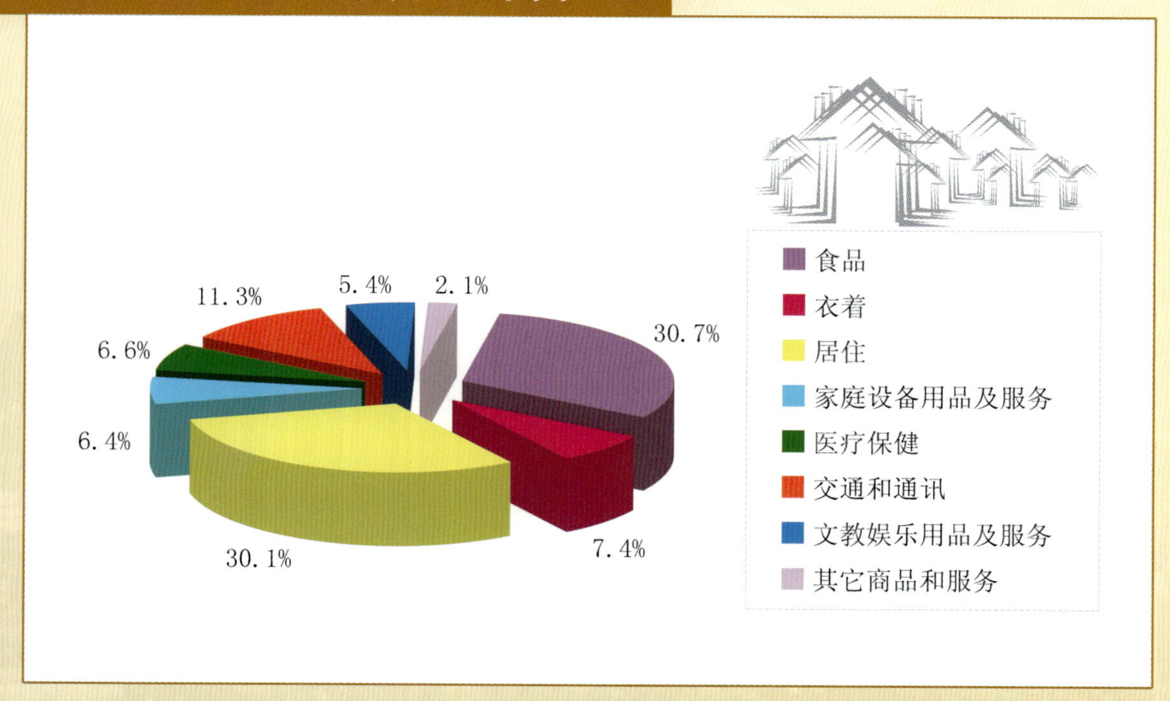

目　　录

四、能源消费

五、财政 金融

六、物价

七、居民生活

八、城市公用设施

九、农村经济

十、工业　交通　邮政

十一、贸易　外经　旅游

十二、教育　科技　文化

十三、体育　卫生　民政

石家庄市 2012 年
国民经济和社会发展统计公报

石 家 庄 市 统 计 局
国家统计局石家庄调查队

2013 年 3 月 12 日

2012 年，面对错综复杂的国际国内经济形势，全市各级各部门在市委市政府的正确领导下，紧紧围绕“转型升级、跨越赶超，建设幸福石家庄”的奋斗目标，坚持“稳中求进”的工作总基调，大力实施中东西区域协调发展战略，全力以赴稳增长、调结构、控物价、惠民生，国民经济保持了缓中趋稳、稳中向好的运行态势，各项社会事业取得新的进步，为全面建成小康社会奠定了坚实基础。

一、综　　合

初步核算，全年全市生产总值完成 4500.2 亿元，比上年增长 10.4%。其中，第一产业增加值完成 452.2 亿元，增长 3.6%；第二产业增加值完成 2240.7 亿元，增长 12.0%；第三产业增加值完成 1807.3 亿元，增长 10.0%。三次产业结构比例为 10.0∶49.8∶40.2。

全市生产总值（亿元）

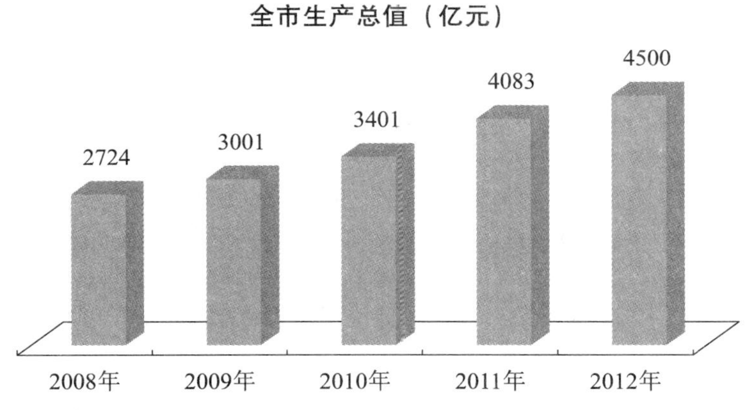

全年市区居民消费价格指数比上年上涨 2.8%，其中食品价格上涨 3.4%。工业生产者出厂价格指数比上年下降 1.2%，购进价格指数比上年下降 0.6%。

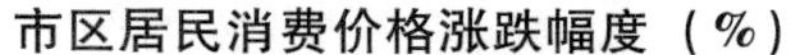

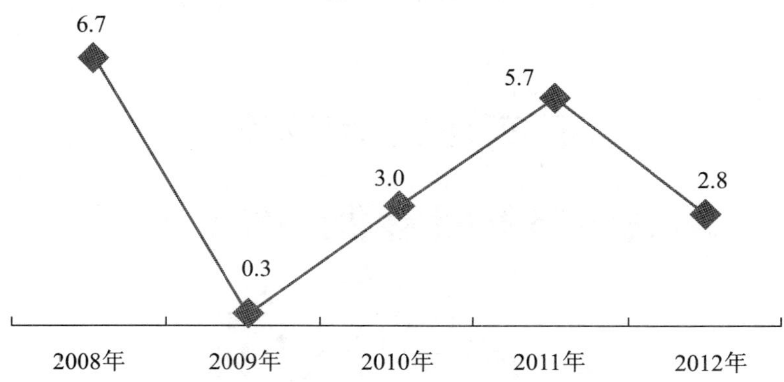

2012 年市区居民消费价格指数

指　　标	指　　数
市区居民消费价格总指数	102.8
#食　品	103.4
烟　酒	104.0
衣　着	103.6
家庭设备用品及维修服务	103.2
医疗保健和个人用品	102.4
交通和通信	100.3
娱乐教育文化用品及服务	102.1
居　住	103.1

年末城镇登记失业率为 3.76%，比上年回落 0.05 个百分点。

全年民营经济实现增加值 3007.9 亿元，比上年增长 12.5%；占全市生产总值的比重为 66.8%，比上年提高 0.7 个百分点。实缴税金 363.6 亿元，比上年增长 19.9%；占全部财政收入的比重为 63.4%，比上年提高 1.4 个百分点。

二、农　业

全年粮食播种面积 76.5 万公顷，比上年减少 0.5 万公顷，比上年下降 0.69%。粮食总产量 532.1 万吨，比上年增长 0.07%。

粮食总产量（万吨）

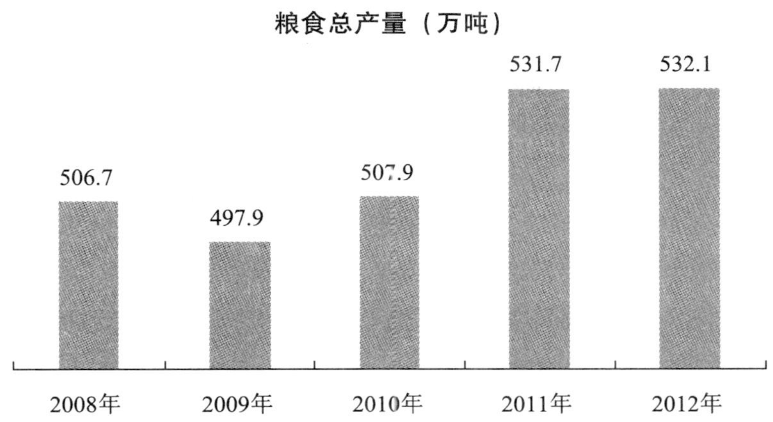

2012 年主要农产品产量及其增长速度

产品名称	单位	2012 年	比上年增长（%）
粮食	万吨	532. 1	0. 07
油料	万吨	21. 5	0. 08
棉花	万吨	1. 1	-9. 26
蔬菜	万吨	1255. 4	2. 7
园林水果	万吨	235. 3	7. 5
肉类总产量	万吨	77. 3	1. 4
#猪肉	万吨	44. 5	1. 3
蛋类	万吨	106. 6	0. 1
奶类	万吨	120. 8	1. 5
水产品	万吨	3. 5	0. 7

畜牧业、蔬菜、果品三大优势产业产值达到 581. 6 亿元，占农林牧渔业总产值的比重为 73. 9%，比上年提高 0. 6 个百分点。

农业产业化经营率达到 64. 2%，比上年提高 1. 2 个百分点。

三、工业和建筑业

全市规模以上工业企业 2388 个，实现增加值 1800. 2 亿元，比上年增长 13. 5%。其中，轻工业实现增加值 886. 2 亿元，比上年增长 18. 2%；重工业实现增加值 913. 9 亿元，比上年增长 9. 4%。国有及国有控股企业实现增加值 247. 6 亿元，比上年增长 5. 3%；集体企业实现增加值 43. 1 亿元，比上年增长 17. 6%；股份制企业实现增加值 1103. 7 亿元，比上年增长 14. 5%；外商及港澳台企业实现增加值 127. 7 亿元，比上年增长 5. 5%。

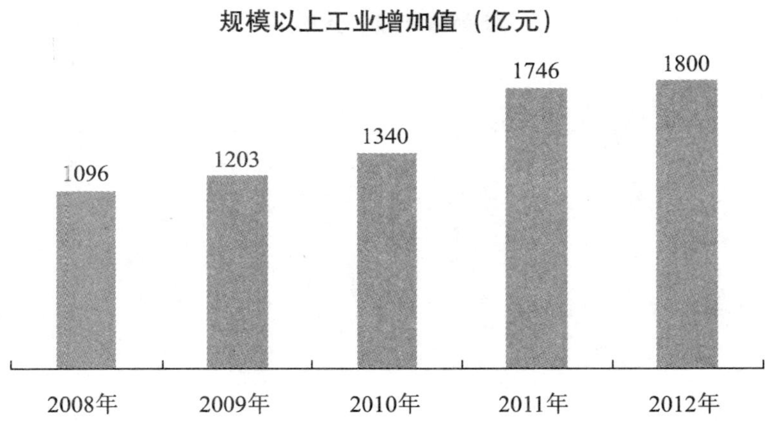

分行业看，装备制造业实现增加值 265.0 亿元，比上年增长 17.1%；医药工业实现增加值 103.3 亿元，增长 19.3%；食品工业实现增加值 197.1 亿元，增长 17.2%；纺织服装业实现增加值 388.9 亿元，增长 17.0%；石化工业实现增加值 279.3 亿元，增长 14.9%；钢铁工业实现增加值 193.8 亿元，增长 5.6%；建材工业实现增加值 136.6 亿元，增长 0.8%。六大高耗能行业实现增加值 624.5 亿元，增长 8.7%，低于全市规模以上工业增速 4.8 个百分点。

2012 年主要工业产品产量及其增长速度

产品名称	单位	2012 年	比上年增长（%）
原油加工量	万吨	417.7	1.3
焦　炭	万吨	364.5	-0.5
发电量	亿千瓦时	427.9	6.6
合成氨	万吨	124.8	5.3
水　泥	万吨	3948.5	-18.6
生　铁	万吨	1204.3	21.7
钢　材	万吨	1113.8	13.8
机制纸及纸板	万吨	82.1	-9.1
化学药品原药	万吨	30.6	-24.2
服　装	万件	30942.0	171.1
纱	万吨	59.3	20.3
棉　布	万米	34.8	17.8
乳制品	万吨	66.1	-5.7
软饮料	万吨	40.2	168.2
卷　烟	亿支	246.2	1.1
交流电动机	万千瓦	320.0	-21.9
泵	万台	0.7	-17.9
人造板	万立方米	115.2	-18.5

规模以上工业实现利润 558.6 亿元，比上年增长 15.6%。

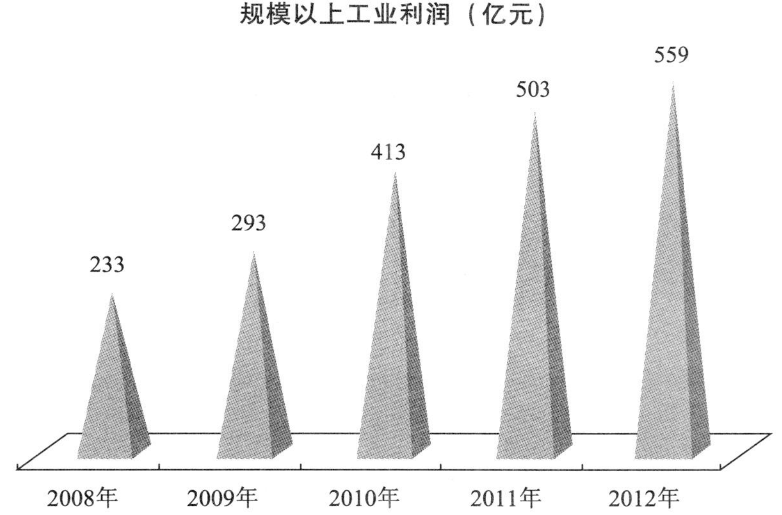

年末资质等级以上建筑企业 268 个，全年完成建筑业总产值 903.0 亿元，比上年增长 23.7%。其中，建筑工程产值 731.3 亿元，比上年增长 22.9%。

四、固定资产投资

全年全社会固定资产投资完成 3728.6 亿元，比上年增长 20.0%。其中，固定资产投资（不含农户）3673.3 亿元，比上年增长 21.4%。

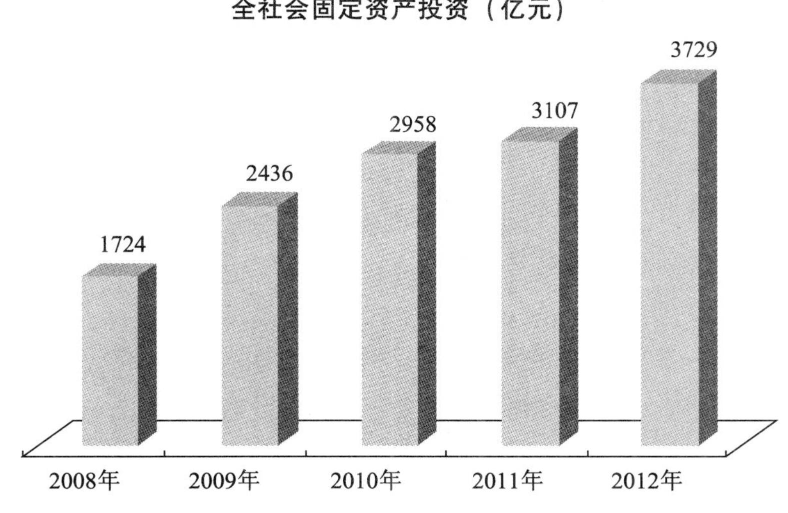

在固定资产投资（不含农户）中，第一产业投资 78.8 亿元，比上年增长 36.5%；第二产业投资 1392.3 亿元，增长 28.8%；第三产业投资 2202.3 亿元，增长 16.7%。

全年建设项目 4608 个，完成投资 2840.1 亿元，比上年增长 26.9%。其中，亿元以上项目 708 个，比上年增长 24.4%；亿元以上项目完成投资 1520.8 亿元，比上年增长 34.0%。

房地产开发完成投资 833.2 亿元，比上年增长 5.6%。

五、国内贸易

全年社会消费品零售总额完成 1894.8 亿元，比上年增长 15.6%。分区域看，城镇消费品零售额完成 1481.9 亿元，比上年增长 15.9%；乡村消费品零售额完成 412.9 亿元，增长 14.3%。

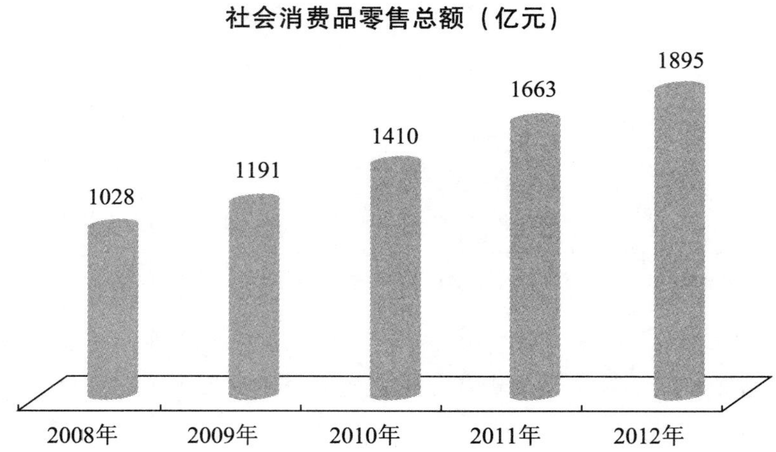

在限额以上批发和零售企业（单位）商品零售额中，粮油食品饮料烟酒类比上年增长 19.2%；服装鞋帽针纺织品类增长 23.0%；日用品类增长 20.0%；家用电器及音像器材类增长 0.9%；中西药品类增长 61.0%；石油及制品类增长 4.9%；汽车类增长 7.3%。

六、对外开放和旅游

据石家庄海关统计，全年进出口总值完成 129.5 亿美元，比上年下降 8.7%。其中，进口总值完成 56.1 亿美元，下降 21.0%；出口总值完成 73.4 亿美元，增长 3.6%。

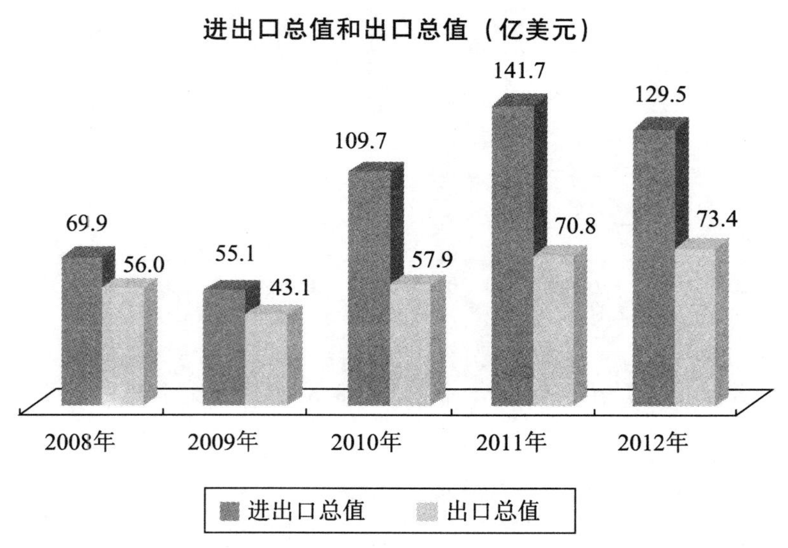

在出口中，私营企业出口 47.0 亿美元，比上年增长 11.3%；占出口总值的比重为 64.0%，比上年提高 4.4 个百分点。外商投资企业出口 12.7 亿美元，下降 1.8%。国有企业出口 11.7 亿美元，下降 10.3%。

全年实际利用外资完成 8.8 亿美元，比上年增长 8.9%。其中，外商直接投资 8.5 亿美元，增长 1.3 倍。年内新批准设立外商投资企业 22 个，新增合同总金额 12.7 亿美元，增长 45.9%；合同外资额 5.0 亿美元，增长 6.2%。

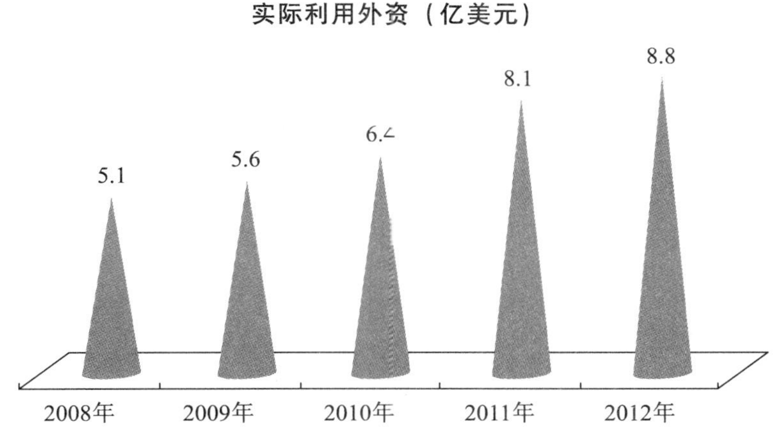

全年接待国际游客 15.8 万人次，旅游创汇收入 6163.8 万美元，分别比上年增长 16.1% 和 24.7%。接待国内游客 4185.2 万人次，旅游收入 264.7 亿元，分别比上年增长 28.9% 和 34.1%。全年旅游总收入 268.6 亿元，比上年增长 33.9%。

七、财政、金融

全年全部财政收入完成 573.2 亿元，比上年增长 17.2%。其中，公共财政预算收入 272.3 亿元，比上年增长 23.1%。

全市公共财政预算支出 458.1 亿元，比上年增长 13.5%。其中，一般公共服务支出 48.1 亿元，增长 15.8%；公共安全支出 27.8 亿元，增长 8.7%；教育支出 106.9 亿元，增长 22.2%；科学技术支出 7.2 亿元，增长 13.5%；社会保障和就业支出 37.5 亿元，增长 27.8%；医疗卫生支出 41.2 亿元，增长 4.1%；节能环保支出 13.8 亿元，增长 27.0%；城乡社区事务支出 47.6 亿元，增长 24.1%；农林水事务支出 37.5 亿元，增长 13.0%。

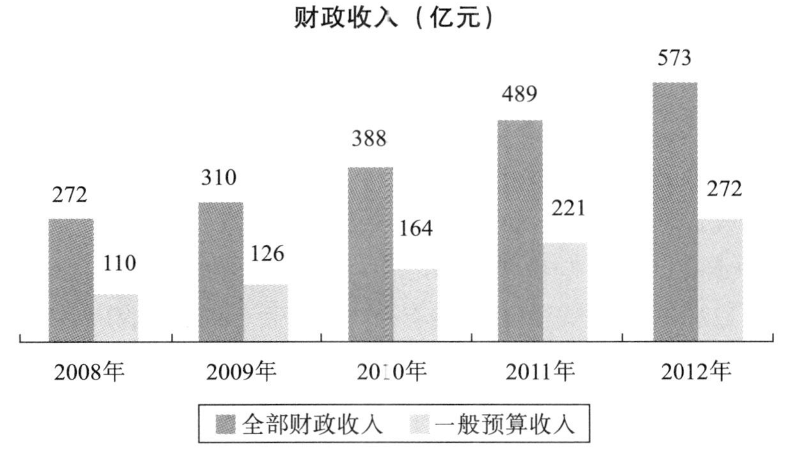

年末全市金融机构（人民币）各项存款余额7640.7亿元，比年初增加925.5亿元。其中，储蓄存款余额3735.5亿元，比年初增加492.0亿元。金融机构（人民币）各项贷款余额3995.1亿元，比年初增加360.6亿元。

八、科学技术和教育

全年取得科技成果312项。其中，达到国际领先水平1项，达到国际先进水平45项。全年申请专利4962项，授权3450项，分别比上年增长23.0%和38.7%。

全市普通中学413所，招生16.1万人，在校生47.8万人，毕业生16.9万人；中等职业学校141所，招生6.3万人，在校生19.3万人，毕业生10.3万人；小学1546所，招生12.6万人，在校生71.4万人，毕业生10.5万人。全市幼儿园875所，在园人数23.0万人。

九、文化、卫生和体育

年末全市共有艺术表演团体26个，艺术表演场所21个，文化馆26个，公共图书馆25个。有线电视用户117万户，有线数字电视用户103万户。广播综合覆盖率99.55%，电视综合覆盖率99.45%。

年末全市共有医疗卫生机构（含诊所）6528个。其中，医院177个，疾病预防控制中心（防疫站）25个，妇幼保健院（所、站）25个，社区卫生服务中心（站）206个，村卫生室4119个。卫生机构实有床位52272张，其中医院拥有床位34396张。全市拥有卫生技术人员54097人，其中执业医师20501人，注册护士18537人。

全年我市选手在省级以上比赛中共获金牌243枚，银牌179枚，铜牌137枚。

十、城市交通和环境保护

年末城市公共汽车营运线路达209条，比上年增加25条；营运车辆3877辆，比上年增加388辆；年客运量63975万人次，比上年增长9.25%。

全年市区二级以上优良天气为322天，比上年增加2天。全市有环境监测站19个，城市水环境功能水质达标率为100%。

十一、人口、人民生活和社会保障

年末全市常住人口1038.6万人，比上年末增加10.62万人。出生人口13.02万人，出生率为12.54‰；死亡人口6.61万人，死亡率为6.36‰；自然增长率为6.18‰，比上年下降0.49个千分点。

全年城市居民人均可支配收入23038元，比上年增长12.2%；农民人均纯收入8993元，增长15.0%。

市区居民家庭每百户拥有家用汽车19辆，彩电114台，洗衣机97台，空调132台，电冰箱99台，计算机74台，移动电话177部；农村居民百户拥有彩电124台，洗衣机92台，空调60台，电冰箱79台，家用计算机41台，移动电话204部，电动自行车81辆。

城市居民人均建筑面积为29.9平方米，农民人均住房居住面积40.3平方米。

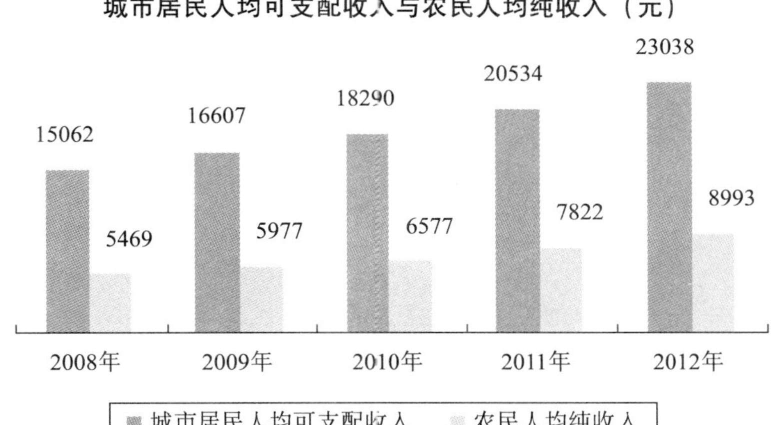

年末全市城镇职工参加基本养老保险人数为174.5万人，比上年增加12.2万人。其中参保在职职工人数132.4万人，比上年增加8.5万人；参保离退休人数42.1万人，比上年增加3.7万人。全市城乡居民养老保险参保人数为380.3万人。

年末全市城镇参加基本医疗保险人数为269.2万人，比上年增加21.6万人。其中，城镇职工参保人数为134.6万人，城镇居民参保人数为134.6万人。17个县（市）中，参加新型农村合作医疗的人数达602.36万人，参合率达97.38%。

年末全市参加失业保险人数为89.9万人，比上年增加0.1万人；工伤保险人数为114.9万人，增加11.1万人；生育保险人数为130.2万人，增加9.9万人。

年末全市享受居民最低生活保障共有19.4万人。其中，城镇4.6万人，农村14.8万人。

注释：

1. 本公报中部分数据为初步统计数。

2. 部分数据因四舍五入的原因，存在着与分项合计不等的情况，未作机械调整。

3. 全市生产总值、各产业增加值绝对数按现价计算，增长速度按不变价计算。

4. 2012年起，国家统计局执行新的国民经济行业分类标准，工业行业大类由原来的39个调整为41个，固定资产投资（不含农户）行业分类也按新的标准进行了调整。

一、综　　合

行政组织机构及土地面积

1—1　　(2012年)

行政单位	镇政府（个）	乡政府（个）	街道办事处（个）	居民委员会（个）	村民委员会（个）	土地面积（平方公里）
石家庄市	**124**	**96**	**54**	**589**	**4348**	**15848**
市区合计	10	3	51	432	67	456
#长安区	3		8	65	29	
桥东区	1		9	67		
桥西区			12	88	15	
新华区	2	2	11	90	17	
裕华区	2		9	75	6	
矿　区	2	1	2	47		
井陉县	10	7		4	318	1381
正定县	3	5	2	34	154	470
栾城县	5	3		6	173	345
行唐县	4	11		8	322	1025
灵寿县	6	9		3	279	1546
高邑县	3	2		9	107	211
深泽县	3	3		3	125	286
赞皇县	2	9		8	212	1210
无极县	6	5		8	213	524
平山县	12	11		7	717	2951
元氏县	6	9		4	208	849
赵　县	7	4		9	281	714
辛集市	8	7		17	344	1100
藁城市	13	1		6	236	836
晋州市	9	1		10	224	716
新乐市	8	3	1	10	160	625
鹿泉市	9	3		11	208	603

注：行政区划数据取自民政部门。
　　土地面积主要沿用1986年以来统计年鉴历史数据。

全市常住人口基本情况

1—2　　(2012年)　　计量单位：人

行政单位	年末常住人口	年平均人口
石家庄市	**10386000**	**10332900**
长 安 区	500798	495373
桥 东 区	431075	426325
桥 西 区	611847	609472
新 华 区	649583	642483
裕 华 区	516007	510432
高 新 区	169777	167277
矿　　区	96545	96395
井 陉 县	311616	311466
正 定 县	475487	473687
栾 城 县	339850	338552
行 唐 县	411179	410179
灵 寿 县	336175	335620
高 邑 县	188177	187977
深 泽 县	252486	252186
赞 皇 县	247512	247262
无 极 县	508200	506750
平 山 县	439541	438491
元 氏 县	425126	423626
赵　　县	576585	574583
辛 集 市	624001	621534
藁 城 市	787983	784983
晋 州 市	544620	542370
新 乐 市	502109	497907
鹿 泉 市	439721	437971

注：全市人口出生率为12.54‰、死亡率为6.36‰、自然增长率为6.18‰。

地区生产总值构成项目

1—3　　(2012年)　　计量单位：万元

行业名称	增加值	劳动者报酬	生产税净额	固定资产折旧	营业盈余
地区生产总值	**45002098**	**19279114**	**5762343**	**5740181**	**14220460**
第一产业	4521822	4255370	248	266204	
农业	2800122	2635028	248	164846	
林业	80115	75398		4717	
畜牧业	1482219	1394959		87260	
渔业	23631	22240		1391	
农林牧渔服务业	135735	127745		7990	
第二产业	22406625	7532570	3733657	2479583	8660815
工业	19935924	6355573	3229620	2218868	8131863
采掘业	666466	338620	99290	49276	179280
制造业	18550496	5827680	2974457	1833678	7914681
电力、煤气及水的生产和供应业	718962	189273	155873	335914	37902
建筑业	2470701	1176997	504037	260715	528952
房屋和土木工程建筑业	1851681	935870	359457	189337	367017
建筑安装业	507506	192903	126339	57943	130321
建筑装饰业	91913	38753	15917	10499	26744
其他建筑业	19601	9471	2324	2936	4870
第三产业	18073651	7491174	2028438	2994394	5559645
交通运输、仓储及邮政业	3943422	1302518	324391	302432	2014081
铁路运输业	318316	99149	83583	49778	85806
道路运输业	3062401	901063	202895	216445	1741998
城市公共交通业	176008	87041	14837	9377	64753

1—3 续表 1　　(2012 年)　　计量单位：万元

行业名称	增加值	劳动者报酬	生产税净额	固定资产折　旧	营业盈余
航空运输业	102605	33388	13334	6794	49089
装卸搬运和其他运输服务业	117110	70989	3991	4614	37516
仓储业	91176	58905	3574	12706	15991
邮政业	75806	51983	2177	2718	18928
信息传输、计算机服务和软件业	587913	141075	82526	187656	176656
电信和其他信息传输服务业	523240	111707	75823	183939	151771
计算机服务业	23204	12388	2424	1531	6861
软件业	41469	16980	4279	2186	18024
批发和零售业	3917122	1158996	541877	846224	1370025
批发业	1653460	437670	286694	329750	599346
零售业	2263662	721326	255183	516474	770679
住宿和餐饮业	702865	322468	115833	98815	165749
住宿业	132042	74650	28370	34648	-5626
餐饮业	570823	247818	87463	64167	171375
金融业	2080629	879515	474578	107753	618783
银行业	1805300	636692	445802	82436	640370
证券业	72329	36846	625	8941	25917
保险业	140000	192882	18698	15126	-86706
其他金融活动	63000	13095	9453	1250	39202
房地产业	1611355	161136	226170	1024259	199790
房地产开发经营	487183	48718	208825	4872	224768
物业管理业	47660	4767	7196	477	35220
房地产中介服务	8632	864	1742	86	5940
其他房地产活动	32680	3268	8407	326	20679
居民自有住房服务	1035200	103519		1018498	-86817
租赁和商务服务业	603025	408057	100761	46548	47659

1—3 续表2　　(2012年)　　计量单位：万元

行业名称	增加值	劳动者报酬	生产税净额	固定资产折旧	营业盈余
租赁业	155790	23096	77518	2992	52184
商务服务业	447235	384961	23243	43556	-4525
科学研究、技术服务和地质勘查业	470400	267927	65306	35007	102160
研究与试验发展	267718	125486	39237	17288	85707
专业技术服务业	159389	105456	23462	13357	17114
科技交流和推广服务业	18734	14682	1001	1642	1409
地质勘查业	24559	22303	1606	2720	-2070
水利、环境和公共设施管理业	178770	105294	6454	44310	22712
水利管理业	66058	36767	471	37438	-8618
环境管理业	26127	25465	103	1044	-485
公共设施管理业	86585	43062	5880	5828	31815
居民服务和其他服务业	602601	178132	48671	14621	361177
居民服务业	451680	133479	31333	12153	274715
其他服务业	150921	44653	17338	2468	86462
教育	989380	884505	1981	86076	16818
卫生、社会保障和社会福利业	697085	482397	5339	55009	154340
卫生	634032	409556	5291	52948	166237
社会保障业	46653	47834	3	896	-2080
社会福利业	16400	25007	45	1165	-9817
文化、体育和娱乐业	310719	192023	33381	28158	57157
新闻出版业	99084	47046	12065	5645	34328
广播、电视、电影和音像业	51628	62238	6678	13894	-31182
文化艺术业	63556	50877	2943	4424	5312
体育	16869	15583	325	2008	-1047
娱乐业	79582	16279	11370	2187	49746
公共管理和社会组织	1378365	1007131	1170	117526	252538

总产出、地区生产总值

1—4 （2012年） 计量单位：万元、%

行业名称	总产出		地区生产总值	
	绝对值	发展速度（以上年为100）	绝对值	发展速度（以上年为100）
总　　计	**137965993**	**110.5**	**45002098**	**110.4**
第一产业	7874961	103.3	4521822	103.6
农业	4299282	103.7	2800122	103.7
林业	100302	106.7	80115	106.7
畜牧业	3152987	102.5	1482219	103.4
渔业	42927	100.4	23631	100.4
农林牧渔服务业	279463	105.0	135735	105.0
第二产业	97943858	111.1	22406625	112.0
工业	86730675	111.6	19935924	112.4
采掘业	2687804	96.1	666466	119.5
制造业	79781358	111.6	18550496	112.7
电力、煤气及水的生产和供应业	4261513	122.2	718962	107.0
建筑业	11213183	107.7	2470701	109.3
房屋和土木工程建筑业	9262891	105.4	1851681	109.7
建筑安装业	1479609	124.7	507506	107.8
建筑装饰业	359995	107.2	91913	108.0
其他建筑业	110688	107.2	19601	108.0
第三产业	32147174	110.1	18073651	110.0
交通运输、仓储及邮政业	8814748	109.3	3943422	109.2
铁路运输业	507924	101.3	318316	101.3
道路运输业	6388011	110.9	3062401	110.9
城市公共交通业	252338	103.6	176008	103.6

1—4 续表 1 （2012 年） 计量单位：万元、%

行业名称	总产出		地区生产总值	
	绝对值	发展速度（以上年为 100）	绝对值	发展速度（以上年为 100）
航空运输业	181704	104.5	102605	104.5
装卸搬运和其他运输服务业	272350	106.0	117110	106.0
仓储业	882506	107.2	91176	107.2
邮政业	329915	108.8	75806	108.8
信息传输、计算机服务和软件业	1207262	104.5	587913	104.6
电信和其他信息传输服务业	1016987	104.8	523240	104.8
计算机服务业	51578	105.6	23204	105.6
软件业	138697	101.9	41469	101.9
批发和零售业	5373561	112.8	3917122	112.8
批发业	2549197	112	1653460	120.6
零售业	2824364	113.5	2263662	106.9
住宿和餐饮业	1561923	111.7	702865	111.7
住宿业	293428	109.1	132042	109.1
餐饮业	1268495	112.3	570823	112.3
金融业	3559398	113.3	2080629	113.0
银行业	2818347	116.0	1805300	116.0
证券业	93393	74.2	72329	74.2
保险业	566917	112.1	140000	112.1
其他金融活动	80741	100.7	63000	100.7
房地产业	2442937	112.2	1611355	109.4
房地产开发经营	1155015	122.6	487183	122.6
物业管理业	103385	99.5	47660	99.5
房地产中介服务	19196	99.4	8632	99.4
其他房地产活动	54879	102.6	32680	102.6
居民自有住房服务	1110462	105.0	1035200	105.0
租赁和商务服务业	1221634	104.9	603025	105.4

1—4 续表2　　(2012年)　　计量单位：万元、%

行业名称	总产出		地区生产总值	
	绝对值	发展速度（以上年为100）	绝对值	发展速度（以上年为100）
租赁业	230486	110.6	155790	110.6
商务服务业	991148	103.7	447235	103.7
科学研究、技术服务和地质勘查业	928645	111.7	470400	111.8
研究与试验发展	492294	112.9	267718	112.9
专业技术服务业	360326	110.8	159389	110.8
科技交流和推广服务业	32548	109.8	18734	109.8
地质勘查业	43477	107.5	24559	107.5
水利、环境和公共设施管理业	233518	106.6	178770	106.6
水利管理业	83793	107.0	66058	107.0
环境管理业	36319	108.6	26127	108.6
公共设施管理业	113406	105.7	86585	105.7
居民服务和其他服务业	1335079	104.8	602601	104.9
居民服务业	884507	105.3	451680	105.3
其他服务业	450572	103.7	150921	103.7
教育	1307802	111.0	989380	111.0
卫生、社会保障和社会福利业	1481117	112.5	697085	112.5
卫生	1391339	112.4	634032	112.4
社会保障业	66223	112.9	46653	112.9
社会福利业	23555	114.9	16400	114.9
文化、体育和娱乐业	650862	107.9	310719	107.3
新闻出版业	292420	111.2	99084	111.2
广播、电视、电影和音像业	97654	106.6	51628	106.6
文化艺术业	88043	105.4	63556	105.4
体育	23311	114.3	16869	114.3
娱乐业	149434	103.4	79582	103.4
公共管理和社会组织	2028688	106.8	1378365	106.8

分县（市）地区生产总值

1—5　　　　（2012年）　　　　计量单位：万元、%

行政单位	地区生产总值	发展速度（以上年为100）	第一产业		第二产业	
			绝对值	发展速度（以上年为100）	绝对值	发展速度（以上年为100）
石家庄市	**45002098**	**110.4**	**4521822**	**103.6**	**22406625**	**112.0**
市　　区	15735386	110.6	82908	100.7	4077000	112.4
井 陉 县	1300798	109.1	110061	103.5	656131	111.7
正 定 县	2194772	109.1	285489	102.1	1024405	107.8
栾 城 县	1553495	109.6	294840	100.7	884090	112.4
行 唐 县	1050820	110.3	214719	103.7	594150	114.4
灵 寿 县	787652	109.0	140819	104.0	452941	110.8
高 邑 县	630161	112.0	104272	105.0	370698	116.0
深 泽 县	760826	111.6	136692	107.0	474255	115.0
赞 皇 县	773585	111.8	134560	103.4	495808	114.5
无 极 县	1400964	112.2	232952	103.2	761123	115.0
平 山 县	2052263	104.1	180502	103.1	1421604	102.9
元 氏 县	1483105	110.5	215048	102.3	824366	113.8
赵　　县	1756820	110.2	323912	102.5	1109242	113.9
辛 集 市	3415778	108.9	448819	100.5	2199553	110.8
藁 城 市	4753244	111.0	628469	102.2	3178946	114.4
晋 州 市	2009307	112.0	267291	107.4	1092930	114.8
新 乐 市	1560814	110.4	258943	101.9	886723	114.4
鹿 泉 市	2900051	105.8	209756	102.5	1717572	102.8

1—5 续表　　　　(2012 年)　　　　计量单位：万元、%

行政单位	工业增加值		第三产业		人均地区生产总值（元）	
	绝对值	发展速度（以上年为100）	绝对值	发展速度（以上年为100）	绝对值	发展速度（以上年为100）
石家庄市	**19935924**	**112.4**	**18073651**	**110.0**	**43552**	**109.3**
市　　区	2787000	112.4	11575478	110.7	53381	108.5
井 陉 县	590257	111.4	534606	106.9	39430	108.8
正 定 县	926830	107.7	884878	112.9	45849	107.5
栾 城 县	804760	113.4	374565	109.8	47147	108.2
行 唐 县	562651	114.7	241951	108.0	23197	109.1
灵 寿 县	410309	113.4	193892	108.5	23379	108.0
高 邑 县	316435	116.7	155191	109.1	32719	110.6
深 泽 县	411059	115.5	149879	106.2	30878	111.1
赞 皇 县	449401	115.9	143217	111.6	29325	110.1
无 极 县	719577	115.5	406889	111.7	27004	111.1
平 山 县	1351798	102.6	450157	108.0	42055	103.0
元 氏 县	768041	114.6	443691	109.4	34571	109.3
赵　　县	1062742	114.2	323666	105.3	29676	109.5
辛 集 市	2114062	111.2	767406	108.6	54339	108.2
藁 城 市	3080999	114.6	945829	106.5	59230	109.7
晋 州 市	1032643	115.3	649086	109.6	36827	110.9
新 乐 市	805855	115.2	415148	107.0	31086	109.0
鹿 泉 市	1595639	101.1	972723	112.1	73549	103.5

历年地区生产总值指数

1—6　　（上年＝100）　　计量单位:%

年　份	地区生产总值	第一产业	第二产业	第三产业
1953	122.8	98.7	194.9	101.2
1954	109.1	95.3	128.5	98.8
1955	115.9	120.6	120.6	104.9
1956	103.1	90.6	107.4	108.2
1957	108.3	116.2	106.9	104.3
1958	152.2	112.8	209.0	108.6
1959	123.9	95.8	138.3	113.7
1960	83.2	88.6	79.7	90.7
1961	70.4	86.2	63.4	77.4
1962	86.4	102.1	79.1	89.0
1963	95.5	73.7	102.1	106.8
1964	119.4	138.4	115.7	111.6
1965	125.5	128.2	130.3	111.5
1966	111.9	104.2	114.6	114.0
1967	98.8	97.4	92.3	118.0
1968	120.3	113.3	129.1	108.0
1969	111.5	99.7	116.0	111.3
1970	103.2	113.1	100.5	101.4
1971	104.3	102.3	103.8	107.7
1972	98.7	101.7	95.7	103.6
1973	109.7	111.4	111.5	103.7
1974	108.5	115.5	106.5	106.0
1975	108.0	100.2	108.1	116.9
1976	104.8	99.1	107.0	105.2
1977	109.9	97.0	109.7	122.9
1978	104.7	121.6	100.4	101.5

1—6 续表 1　　（上年＝100）　　计量单位：%

年　份	地区生产总值	第一产业	第二产业	第三产业
1979	106.7	101.5	105.0	115.4
1980	108.2	103.5	103.2	121.9
1981	104.1	106.0	104.8	100.8
1982	111.6	109.0	115.4	106.9
1983	118.9	128.6	107.0	133.7
1984	111.5	114.0	113.1	106.1
1985	106.8	102.6	112.0	101.9
1986	109.7	106.2	109.3	114.7
1987	113.5	103.3	124.7	102.9
1988	115.5	106.4	123.2	107.3
1989	100.8	105.0	102.0	92.9
1990	104.5	107.0	101.7	109.7
1991	109.8	103.5	110.2	116.6
1992	119.0	104.5	125.1	123.3
1993	120.5	105.7	131.7	112.5
1994	114.6	107.4	117.6	114.2
1995	121.8	110.1	125.8	122.3
1996	114.8	107.9	116.1	116.7
1997	114.9	110.9	115.3	116.6
1998	112.8	104.8	114.1	115.1
1999	109.8	103.7	111.0	110.6
2000	109.8	104.2	110.4	111.3
2001	108.5	103.4	108.5	110.2
2002	109.2	103.4	110.3	109.9
2003	111.1	104.1	114.4	109.6
2004	113.3	105.5	116.5	112.1
2005	113.8	104.3	118.3	110.9
2006	113.4	100.9	115.6	114.6
2007	113.2	102.2	115.7	113.1
2008	111.0	103.9	110.8	112.9
2009	111.1	100.2	111.0	113.8
2010	112.2	102.7	113.1	113.1
2011	112.0	104.3	113.6	112.1
2012	110.4	103.6	112.0	110.0

二、单位从业人员和工资总额

全市单位从业人员和工资总额

2—1　　(2012年)　　计量单位：人、千元、个、元

行业名称	年末单位从业人员	#女　性	1. 在岗职工	2. 劳务派遣人员	3. 其他从业人员
总　　计	**906841**	**366889**	**837661**	**31574**	**37606**
一、按企业、事业、机关分组					
（一）企业	552632	202221	499760	26640	26232
（二）事业	250460	135367	238334	4187	7939
（三）机关	101297	28093	97305	747	3245
（四）民间非营利组织	1437	777	1247		190
（五）其他	1015	431	1015		
二、按国民经济行业分组					
（一）农、林、牧、渔业	2560	788	2555		5
（二）采 矿 业	8437	1470	4935	1160	2342
（三）制 造 业	212309	82301	207251	3190	1868
（四）电力、热力、燃气及水生产和供应业	29562	10404	28802	613	147
（五）建筑业	89359	15611	74378	6700	8281
（六）批发和零售业	57146	30923	53776	2813	557
（七）交通运输、仓储和邮政业	58357	14647	52794	4901	662
（八）住宿和餐饮业	16162	8958	14444	1431	287
（九）信息传输、软件和信息技术服务业	11191	5404	6867	4219	105
（十）金融业	46586	24277	34592	919	11075
（十一）房地产业	8963	2859	8735	147	81
（十二）租赁和商务服务业	10243	2966	9186	466	591
（十三）科学研究、技术服务业	29746	8899	27734	1459	553
（十四）水利、环境和公共设施管理业	17634	7153	15110	33	2491
（十五）居民服务、修理和其他服务业	2929	1051	2857	6	66
（十六）教育	129901	80531	124943	1909	3049
（十七）卫生和社会工作	46920	29732	44794	627	1499
（十八）文化、体育和娱乐业	15453	6860	14996	123	334
（十九）公共管理、社会保障和社会组织	113383	32055	108912	858	3613

2—1 续表1　　(2012年)　　计量单位：人、千元、个、元

行业名称	单位从业人员平均人数	#在岗职工	劳务派遣人员	其他从业人员
总　计	**908129**	**840701**	**31199**	**36229**
一、按企业、事业、机关分组				
（一）企业	555150	503714	26381	25055
（二）事业	249380	237543	4070	7767
（三）机关	101148	97183	748	3217
（四）民间非营利组织	1436	1246		190
（五）其他	1015	1015		
二、按国民经济行业分组				
（一）农、林、牧、渔业	2578	2573		5
（二）采 矿 业	8768	5199	1183	2386
（三）制 造 业	220049	214846	3278	1925
（四）电力、热力、燃气及水生产和供应业	28996	28489	430	77
（五）建筑业	87175	72901	7012	7262
（六）批发和零售业	56427	53038	2859	530
（七）交通运输、仓储和邮政业	57159	52129	4382	648
（八）住宿和餐饮业	16049	14283	1488	278
（九）信息传输、软件和信息技术服务业	11266	6960	4201	105
（十）金融业	45990	34161	849	10980
（十一）房地产业	8624	8449	102	73
（十二）租赁和商务服务业	10616	9599	466	551
（十三）科学研究、技术服务业	29326	27392	1383	551
（十四）水利、环境和公共设施管理业	17494	15075	33	2386
（十五）居民服务、修理和其他服务业	2914	2840	6	68
（十六）教育	129868	124960	1917	2991
（十七）卫生和社会工作	46397	44277	629	1491
（十八）文化、体育和娱乐业	15477	15023	123	331
（十九）公共管理、社会保障和社会组织	112956	108507	858	3591

2—1 续表2　　（2012年）　　计量单位：人、千元、个、元

行业名称	单位从业人员工资总额	在岗职工工资总额	劳务派遣人员工资总额	其他从业人员工资总额	单位数
总　　计	**35416953**	**33503623**	**1083354**	**829976**	**8927**
一、按企业、事业、机关分组					
（一）企业	20960439	19372320	977644	610475	2380
（二）事业	10337450	10077941	93059	166450	4509
（三）机关	4002786	3940520	12651	49615	2023
（四）民间非营利组织	59538	56102		3436	7
（五）其他	56740	56740			8
二、按国民经济行业分组					
（一）农、林、牧、渔业	80153	80087		66	130
（二）采 矿 业	450933	259248	47164	144521	23
（三）制 造 业	6382565	6229619	106694	46252	500
（四）电力、热力、燃气及水生产和供应业	1559559	1548830	9521	1208	53
（五）建筑业	2618205	2177776	274958	165471	162
（六）批发和零售业	1668117	1563534	96119	8464	708
（七）交通运输、仓储和邮政业	2959836	2801294	143468	15074	203
（八）住宿和餐饮业	405428	354790	45806	4832	101
（九）信息传输、软件和信息技术服务业	714424	528744	183457	2223	58
（十）金融业	3021561	2774589	43118	203854	319
（十一）房地产业	395003	389924	2218	2861	198
（十二）租赁和商务服务业	297617	269026	21687	6904	157
（十三）科学研究、技术服务业	1794441	1735497	44508	14436	406
（十四）水利、环境和公共设施管理业	571437	529125	629	41683	209
（十五）居民服务、修理和其他服务业	71687	70571	94	1022	71
（十六）教育	5450973	5342211	33217	75545	2501
（十七）卫生和社会工作	1980285	1931439	13376	35470	442
（十八）文化、体育和娱乐业	594133	585466	2454	6213	285
（十九）公共管理、社会保障和社会组织	4400596	4331853	14866	53877	2401

2—1 续表3 （2012年） 计量单位：人、千元、个、元

行业名称	单位从业人员平均工资	# 在岗职工平均工资	劳务派遣人员平均工资	其他从业人员平均工资
总　计	**39000**	**39852**	**34724**	**22909**
一、按企业、事业、机关分组				
（一）企业	37756	38459	37059	24365
（二）事业	41453	42426	22865	21430
（三）机关	39574	40547	16913	15423
（四）民间非营利组织	41461	45026		18084
（五）其他	55901	55901		
二、按国民经济行业分组				
（一）农、林、牧、渔业	31091	31126		13200
（二）采 矿 业	51429	49865	39868	60570
（三）制 造 业	29005	28996	32549	24027
（四）电力、热力、燃气及水生产和供应业	53785	54366	22142	15688
（五）建筑业	30034	29873	39212	22786
（六）批发和零售业	29562	29480	33620	15970
（七）交通运输、仓储和邮政业	51783	53738	32740	23262
（八）住宿和餐饮业	25262	24840	30784	17381
（九）信息传输、软件和信息技术服务业	63414	75969	43670	21171
（十）金融业	65700	81221	50787	18566
（十一）房地产业	45803	46150	21745	39192
（十二）租赁和商务服务业	28035	28026	46539	12530
（十三）科学研究、技术服务业	61189	63358	32182	26200
（十四）水利、环境和公共设施管理业	32665	35100	19061	17470
（十五）居民服务、修理和其他服务业	24601	24849	15667	15029
（十六）教育	41973	42751	17328	25257
（十七）卫生和社会工作	42681	43622	21266	23789
（十八）文化、体育和娱乐业	38388	38971	19951	18770
（十九）公共管理、社会保障和社会组织	38958	39922	17326	15003

2—1 续表4　　（2012年）　　计量单位：人、千元、个、元

行业名称	在岗职工（含劳务派遣）			
	期末人数	平均人数	工资总额	平均工资
总　计	**869235**	**871900**	**34586977**	**39669**
一、按企业、事业、机关分组				
（一）企业	526400	530095	20349964	38389
（二）事业	242521	241613	10171000	42096
（三）机关	98052	97931	3953171	40367
（四）民间非营利组织	1247	1246	56102	45026
（五）其他	1015	1015	56740	55901
二、按国民经济行业分组				
（一）农、林、牧、渔业	2555	2573	80087	31126
（二）采 矿 业	6095	6382	306412	48012
（三）制 造 业	210441	218124	6336313	29049
（四）电力、热力、燃气及水生产和供应业	29415	28919	1558351	53887
（五）建筑业	81078	79913	2452734	30693
（六）批发和零售业	56589	55897	1659653	29691
（七）交通运输、仓储和邮政业	57695	56511	2944762	52110
（八）住宿和餐饮业	15875	15771	400596	25401
（九）信息传输、软件和信息技术服务业	11086	11161	712201	63812
（十）金融业	35511	35010	2817707	80483
（十一）房地产业	8882	8551	392142	45859
（十二）租赁和商务服务业	9652	10065	290713	28884
（十三）科学研究、技术服务业	29193	28775	1780005	61859
（十四）水利、环境和公共设施管理业	15143	15108	529754	35064
（十五）居民服务、修理和其他服务业	2863	2846	70665	24830
（十六）教育	126852	126877	5375428	42367
（十七）卫生和社会工作	45421	44906	1944815	43309
（十八）文化、体育和娱乐业	15119	15146	587920	38817
（十九）公共管理、社会保障和社会组织	109770	109365	4346719	39745

全市国有单位从业人员和工资总额

2—2　　（2012 年）　　计量单位：人、千元、个、元

行业名称	年末单位从业人员	# 女　性	1. 在岗职工	2. 劳务派遣人员	3. 其他从业人员
总　　计	**586979**	**243066**	**550592**	**19580**	**16807**
一、按隶属关系分组					
1. 中央	114840	35141	100842	13053	945
2. 地方	472139	207925	449750	6527	15862
二、按企业、事业、机关分组					
（一）企业	240502	82487	219861	14750	5891
1. 中央	98425	30105	85634	12068	723
2. 地方	142077	52382	134227	2682	5168
（二）事业	244667	132147	232913	4083	7671
1. 中央	11119	3407	10114	955	50
2. 地方	233548	128740	222799	3128	7621
（三）机关	100987	28034	96995	747	3245
1. 中央	5296	1629	5094	30	172
2. 地方	95691	26405	91901	717	3073
（四）民间非营利组织	328	224	328		
1. 中央					
2. 地方	328	224	328		
（五）其他	495	174	495		
1. 中央					
2. 地方	495	174	495		
三、按国民经济行业分组					
（一）农、林、牧、渔业	2393	760	2388		5
（二）采 矿 业	8302	1435	4800	1160	2342
（三）制 造 业	62618	22351	60559	1175	884
（四）电力、热力、燃气及水生产和供应业	19680	7763	19527	7	146
（五）建筑业	36735	7752	32297	3861	577
（六）批发和零售业	28416	16570	26183	1998	235
（七）交通运输、仓储和邮政业	54198	13236	48719	4901	578
（八）住宿和餐饮业	9912	5270	9542	90	280
（九）信息传输、软件和信息技术服务业	6118	2803	4781	1232	105
（十）金融业	6539	2732	6355	120	64
（十一）房地产业	2570	743	2409	118	43
（十二）租赁和商务服务业	5175	1322	4577	7	591
（十三）科学研究、技术服务业	28143	8423	26276	1459	408
（十四）水利、环境和公共设施管理业	16414	6644	14083	25	2306
（十五）居民服务、修理和其他服务业	1994	709	1943	6	45
（十六）教育	126866	78618	122101	1906	2859
（十七）卫生和社会工作	43103	27399	41112	534	1457
（十八）文化、体育和娱乐业	14848	6563	14452	123	273
（十九）公共管理、社会保障和社会组织	112955	31973	108488	858	3609

2—2 续表1 （2012年） 计量单位：人、千元、个、元

行业名称	单位从业人员平均人数	#在岗职工	劳务派遣人员	其他从业人员
总　　计	**585621**	**549726**	**19591**	**16304**
一、按隶属关系分组				
1. 中央	114571	100646	13051	874
2. 地方	471050	449080	6540	15430
二、按企业、事业、机关分组				
（一）企业	240350	219884	14877	5589
1. 中央	98172	85331	12189	652
2. 地方	142178	134553	2688	4937
（二）事业	243609	232145	3966	7498
1. 中央	11065	10183	832	50
2. 地方	232544	221962	3134	7448
（三）机关	100839	96874	748	3217
1. 中央	5334	5132	30	172
2. 地方	95505	91742	718	3045
（四）民间非营利组织	328	328		
1. 中央				
2. 地方	328	328		
（五）其他	495	495		
1. 中央				
2. 地方	495	495		
三、按国民经济行业分组				
（一）农、林、牧、渔业	2406	2401		5
（二）采矿业	8633	5064	1183	2386
（三）制造业	63428	61149	1354	925
（四）电力、热力、燃气及水生产和供应业	19236	19153	7	76
（五）建筑业	36996	32412	4242	342
（六）批发和零售业	28212	25971	2015	226
（七）交通运输、仓储和邮政业	52997	48044	4382	571
（八）住宿和餐饮业	9980	9620	89	271
（九）信息传输、软件和信息技术服务业	6257	4879	1273	105
（十）金融业	6504	6331	118	55
（十一）房地产业	2503	2393	76	34
（十二）租赁和商务服务业	5526	4968	7	551
（十三）科学研究、技术服务业	27734	25946	1383	405
（十四）水利、环境和公共设施管理业	16320	14094	25	2201
（十五）居民服务、修理和其他服务业	1986	1933	6	47
（十六）教育	126838	122123	1914	2801
（十七）卫生和社会工作	42663	40681	536	1446
（十八）文化、体育和娱乐业	14873	14480	123	270
（十九）公共管理、社会保障和社会组织	112529	108084	858	3587

2—2 续表 2　　　　(2012 年)　　　　计量单位：人、千元、个、元

行业名称	单位从业人员工资总额	在岗职工工资总额	劳务派遣人员工资总额	其他从业人员工资总额	单位数
总　计	**24631494**	**23578861**	**628588**	**424045**	**7177**
一、按隶属关系分组					
1. 中央	6167698	5691828	455712	20158	240
2. 地方	18463796	17887033	172876	403887	6937
二、按企业、事业、机关分组					
(一) 企业	10401807	9664639	524722	212446	823
1. 中央	5162992	4719925	425975	17092	145
2. 地方	5238815	4944714	98747	195354	678
(二) 事业	10186167	9932968	91215	161984	4335
1. 中央	756844	726402	29341	1101	56
2. 地方	9429323	9206566	61874	160883	4279
(三) 机关	3992928	3930662	12651	49615	2016
1. 中央	247862	245501	396	1965	39
2. 地方	3745066	3685161	12255	47650	1977
(四) 民间非营利组织	27565	27565			1
1. 中央					
2. 地方	27565	27565			1
(五) 其他	23027	23027			2
1. 中央					
2. 地方	23027	23027			2
三、按国民经济行业分组					
(一) 农、林、牧、渔业	77542	77476		66	111
(二) 采 矿 业	446905	255220	47164	144521	21
(三) 制 造 业	2222324	2155550	40268	26506	92
(四) 电力、热力、燃气及水生产和供应业	911177	909884	92	1201	35
(五) 建筑业	1293113	1125993	163622	3498	41
(六) 批发和零售业	943540	857410	82057	4073	295
(七) 交通运输、仓储和邮政业	2832646	2675908	143468	13270	165
(八) 住宿和餐饮业	243841	236573	2533	4735	61
(九) 信息传输、软件和信息技术服务业	362204	322440	37541	2223	40
(十) 金融业	553504	550225	2753	526	58
(十一) 房地产业	91269	88287	1632	1350	48
(十二) 租赁和商务服务业	146771	139709	158	6904	92
(十三) 科学研究、技术服务业	1719529	1664639	44508	10382	390
(十四) 水利、环境和公共设施管理业	545897	506127	396	39374	198
(十五) 居民服务、修理和其他服务业	53076	52124	94	858	54
(十六) 教育	5350773	5245551	33113	72109	2469
(十七) 卫生和社会工作	1871895	1826138	11869	33888	344
(十八) 文化、体育和娱乐业	578172	570976	2454	4742	273
(十九) 公共管理、社会保障和社会组织	4387316	4318631	14866	53819	2390

2—2 续表 3 (2012 年) 计量单位：人、千元、个、元

行业名称	单位从业人员平均工资	# 在岗职工平均工资	劳务派遣人员平均工资	其他从业人员平均工资
总　计	**42060**	**42892**	**32086**	**26009**
一、按隶属关系分组				
1. 中央	53833	56553	34918	23064
2. 地方	39197	39830	26434	26175
二、按企业、事业、机关分组				
（一）企业	43278	43953	35271	38011
1. 中央	52591	55313	34947	26215
2. 地方	36847	36749	36736	39569
（二）事业	41814	42788	22999	21604
1. 中央	68400	71335	35266	22020
2. 地方	40549	41478	19743	21601
（三）机关	39597	40575	16913	15423
1. 中央	46468	47837	13200	11424
2. 地方	39213	40169	17068	15649
（四）民间非营利组织	84040	84040		
1. 中央				
2. 地方	84040	84040		
（五）其他	46519	46519		
1. 中央				
2. 地方	46519	46519		
三、按国民经济行业分组				
（一）农、林、牧、渔业	32229	32268		13200
（二）采 矿 业	51767	50399	39868	60570
（三）制 造 业	35037	35251	29740	28655
（四）电力、热力、燃气及水生产和供应业	47368	47506	13143	15803
（五）建筑业	34953	34740	38572	10228
（六）批发和零售业	33445	33014	40723	18022
（七）交通运输、仓储和邮政业	53449	55697	32740	23240
（八）住宿和餐饮业	24433	24592	28461	17472
（九）信息传输、软件和信息技术服务业	57888	66087	29490	21171
（十）金融业	85102	86910	23331	9564
（十一）房地产业	36464	36894	21474	39706
（十二）租赁和商务服务业	26560	28122	22571	12530
（十三）科学研究、技术服务业	62001	64158	32182	25635
（十四）水利、环境和公共设施管理业	33450	35911	15840	17889
（十五）居民服务、修理和其他服务业	26725	26965	15667	18255
（十六）教育	42186	42953	17300	25744
（十七）卫生和社会工作	43876	44889	22144	23436
（十八）文化、体育和娱乐业	38874	39432	19951	17563
（十九）公共管理、社会保障和社会组织	38988	39956	17326	15004

2—2 续表4 （2012年） 计量单位：人、千元、个、元

行业名称	在岗职工（含劳务派遣）			
	期末人数	平均人数	工资总额	平均工资
总　　计	**570172**	**569317**	**24207449**	**42520**
一、按隶属关系分组				
1. 中央	113895	113697	6147540	54070
2. 地方	456277	455620	18059909	39638
二、按企业、事业、机关分组				
（一）企业	234611	234761	10189361	43403
1. 中央	97702	97520	5145900	52768
2. 地方	136909	137241	5043461	36749
（二）事业	236996	236111	10024183	42455
1. 中央	11069	11015	755743	68610
2. 地方	225927	225096	9268440	41175
（三）机关	97742	97622	3943313	40394
1. 中央	5124	5162	245897	47636
2. 地方	92618	92460	3697416	39989
（四）民间非营利组织	328	328	27565	84040
1. 中央				
2. 地方	328	328	27565	84040
（五）其他	495	495	23027	46519
1. 中央				
2. 地方	495	495	23027	46519
三、按国民经济行业分组				
（一）农、林、牧、渔业	2388	2401	77476	32268
（二）采 矿 业	5960	6247	302384	48405
（三）制 造 业	61734	62503	2195818	35131
（四）电力、热力、燃气及水生产和供应业	19534	19160	909976	47494
（五）建筑业	36158	36654	1289615	35183
（六）批发和零售业	28181	27986	939467	33569
（七）交通运输、仓储和邮政业	53620	52426	2819376	53778
（八）住宿和餐饮业	9632	9709	239106	24627
（九）信息传输、软件和信息技术服务业	6013	6152	359981	58514
（十）金融业	6475	6449	552978	85746
（十一）房地产业	2527	2469	89919	36419
（十二）租赁和商务服务业	4584	4975	139867	28114
（十三）科学研究、技术服务业	27735	27329	1709147	62540
（十四）水利、环境和公共设施管理业	14108	14119	506523	35875
（十五）居民服务、修理和其他服务业	1949	1939	52218	26930
（十六）教育	124007	124037	5278664	42557
（十七）卫生和社会工作	41646	41217	1838007	44593
（十八）文化、体育和娱乐业	14575	14603	573430	39268
（十九）公共管理、社会保障和社会组织	109346	108942	4333497	39778

全市城镇集体单位从业人员和工资总额

2—3　　（2012年）　　计量单位：人、千元、个、元

行业名称	年末单位从业人员	#女　性	1. 在岗职工	2. 劳务派遣人员	3. 其他从业人员
总　　计	**39254**	**13294**	**35587**	**170**	**3497**
一、按企业、事业、机关分组					
1. 企业	34411	10700	30923	74	3414
2. 事业	4533	2535	4354	96	83
3. 机关	310	59	310		
二、按国民经济行业分组					
（一）农、林、牧、渔业	167	28	167		
（二）采 矿 业	65	10	65		
（三）制 造 业	9550	2909	9328	9	213
（四）电力、热力、燃气及水生产和供应业	95	23	95		
（五）建筑业	6959	348	3943		3016
（六）批发和零售业	7232	3384	7134		98
（七）交通运输、仓储和邮政业	1476	327	1476		
（八）住宿和餐饮业	719	400	647	65	7
（九）信息传输、软件和信息技术服务业	75	31	75		
（十）金融业	4914	2075	4879		35
（十一）房地产业	294	39	294		
（十二）租赁和商务服务业	2042	769	2042		
（十三）科学研究、技术服务业	72	24	72		
（十四）水利、环境和公共设施管理业	305	88	305		
（十五）居民服务、修理和其他服务业	822	309	801		21
（十六）教育	644	496	641	3	
（十七）卫生和社会工作	2867	1705	2732	93	42
（十八）文化、体育和娱乐业	528	247	467		61
（十九）公共管理、社会保障和社会组织	428	82	424		4

2—3 续表 1 （2012 年） 计量单位：人、千元、个、元

行业名称	单位从业人员平均人数	# 在岗职工	劳务派遣人员	其他从业人员
总　　计	**39077**	**35479**	**178**	**3420**
一、按企业、事业、机关分组				
1. 企业	34253	30835	82	3336
2. 事业	4515	4335	96	84
3. 机关	309	309		
二、按国民经济行业分组				
（一）农、林、牧、渔业	172	172		
（二）采 矿 业	65	65		
（三）制 造 业	9545	9321	9	215
（四）电力、热力、燃气及水生产和供应业	95	95		
（五）建筑业	6843	3912		2931
（六）批发和零售业	7109	7011		98
（七）交通运输、仓储和邮政业	1500	1500		
（八）住宿和餐饮业	780	700	73	7
（九）信息传输、软件和信息技术服务业	75	75		
（十）金融业	4924	4886		38
（十一）房地产业	285	285		
（十二）租赁和商务服务业	2052	2052		
（十三）科学研究、技术服务业	72	72		
（十四）水利、环境和公共设施管理业	305	305		
（十五）居民服务、修理和其他服务业	815	794		21
（十六）教育	644	641	3	
（十七）卫生和社会工作	2842	2704	93	45
（十八）文化、体育和娱乐业	527	466		61
（十九）公共管理、社会保障和社会组织	427	423		4

2—3 续表2 （2012年） 计量单位：人、千元、个、元

行业名称	单位从业人员工资总额	在岗职工工资总额	劳务派遣人员工资总额	其他从业人员工资总额	单位数
总　计	**1058926**	**986327**	**3538**	**69061**	**709**
一、按企业、事业、机关分组					
1. 企业	937868	869037	1927	66904	547
2. 事业	111200	107432	1611	2157	155
3. 机关	9858	9858			7
二、按国民经济行业分组					
（一）农、林、牧、渔业	2611	2611			19
（二）采矿业	2012	2012			1
（三）制造业	223224	221326	118	1780	81
（四）电力、热力、燃气及水生产和供应业	3300	3300			1
（五）建筑业	147345	85773		61572	15
（六）批发和零售业	136572	135576		996	264
（七）交通运输、仓储和邮政业	33878	33878			27
（八）住宿和餐饮业	17318	15412	1809	97	13
（九）信息传输、软件和信息技术服务业	1447	1447			2
（十）金融业	301823	300482		1341	80
（十一）房地产业	3084	3084			3
（十二）租赁和商务服务业	44911	44911			54
（十三）科学研究、技术服务业	2546	2546			3
（十四）水利、环境和公共设施管理业	8002	8002			8
（十五）居民服务、修理和其他服务业	16163	15999		164	15
（十六）教育	16249	16145	104		7
（十七）卫生和社会工作	70490	67401	1507	1582	94
（十八）文化、体育和娱乐业	14671	13200		1471	11
（十九）公共管理、社会保障和社会组织	13280	13222		58	11

2—3 续表3　　(2012 年)　　计量单位：人、千元、个、元

行业名称	单位从业人员平均工资	# 在岗职工平均工资	劳务派遣人员平均工资	其他从业人员平均工资
总　　计	**27098**	**27800**	**19876**	**20193**
一、按企业、事业、机关分组				
1. 企业	27381	28183	23500	20055
2. 事业	24629	24782	16781	25679
3. 机关	31903	31903		
二、按国民经济行业分组				
（一）农、林、牧、渔业	15180	15180		
（二）采 矿 业	30954	30954		
（三）制 造 业	23386	23745	13111	8279
（四）电力、热力、燃气及水生产和供应业	34737	34737		
（五）建筑业	21532	21926		21007
（六）批发和零售业	19211	19338		10163
（七）交通运输、仓储和邮政业	22585	22585		
（八）住宿和餐饮业	22203	22017	24781	13857
（九）信息传输、软件和信息技术服务业	19293	19293		
（十）金融业	61296	61499		35289
（十一）房地产业	10821	10821		
（十二）租赁和商务服务业	21886	21886		
（十三）科学研究、技术服务业	35361	35361		
（十四）水利、环境和公共设施管理业	26236	26236		
（十五）居民服务、修理和其他服务业	19832	20150		7810
（十六）教育	25231	25187	34667	
（十七）卫生和社会工作	24803	24926	16204	35156
（十八）文化、体育和娱乐业	27839	28326		24115
（十九）公共管理、社会保障和社会组织	31101	31258		14500

2—3 续表4 （2012年） 计量单位：人、千元、个、元

行业名称	在岗职工（含劳务派遣）			
	期末人数	平均人数	工资总额	平均工资
总　计	**35757**	**35657**	**989865**	**27761**
一、按企业、事业、机关分组				
（一）企业	30997	30917	870964	28171
（二）事业	4450	4431	109043	24609
（三）机关	310	309	9858	31903
二、按国民经济行业分组				
（一）农、林、牧、渔业	167	172	2611	15180
（二）采 矿 业	65	65	2012	30954
（三）制 造 业	9337	9330	221444	23735
（四）电力、热力、燃气及水生产和供应业	95	95	3300	34737
（五）建筑业	3943	3912	85773	21926
（六）批发和零售业	7134	7011	135576	19338
（七）交通运输、仓储和邮政业	1476	1500	33878	22585
（八）住宿和餐饮业	712	773	17221	22278
（九）信息传输、软件和信息技术服务业	75	75	1447	19293
（十）金融业	4879	4886	300482	61499
（十一）房地产业	294	285	3084	10821
（十二）租赁和商务服务业	2042	2052	44911	21886
（十三）科学研究、技术服务业	72	72	2546	35361
（十四）水利、环境和公共设施管理业	305	305	8002	26236
（十五）居民服务、修理和其他服务业	801	794	15999	20150
（十六）教育	644	644	16249	25231
（十七）卫生和社会工作	2825	2797	68908	24636
（十八）文化、体育和娱乐业	467	466	13200	28326
（十九）公共管理、社会保障和社会组织	424	423	13222	31258

全市城镇其他单位从业人员和工资总额

2—4　　(2012年)　　计量单位：人、千元、个、元

行业名称	年末单位从业人员	#女　性	1. 在岗职工	2. 劳务派遣人员	3. 其他从业人员
总　　计	**280608**	**110529**	**251482**	**11824**	**17302**
一、按经济注册类型分组					
（一）内资	233141	87886	207987	8213	16941
1. 股份合作	5453	2443	5175	155	123
2. 联营	771	261	771		
其中：国有联营	642	221	642		
集体联营	59	15	59		
3. 有限责任公司	128366	41079	119157	4413	4796
其中：国有独资	21028	5800	19681	1301	46
4. 股份有限公司	95037	42310	79560	3645	11832
5. 其他	3514	1793	3324		190
（二）港澳台投资经济	14025	6830	13624	343	58
（三）外商投资	33442	15813	29871	3268	303
二、按国民经济行业分组					
（一）农、林、牧、渔业					
（二）采 矿 业	70	25	70		
（三）制 造 业	140141	57041	137364	2006	771
（四）电力、热力、燃气及水生产和供应业	9787	2618	9180	606	1
（五）建筑业	45665	7511	38138	2839	4688
（六）批发和零售业	21498	10969	20459	815	224
（七）交通运输、仓储和邮政业	2683	1084	2599		84
（八）住宿和餐饮业	5531	3288	4255	1276	
（九）信息传输、软件和信息技术服务业	4998	2570	2011	2987	
（十）金融业	35133	19470	23358	799	10976
（十一）房地产业	6099	2077	6032	29	38
（十二）租赁和商务服务业	3026	875	2567	459	
（十三）科学研究、技术服务业	1531	452	1386		145
（十四）水利、环境和公共设施管理业	915	421	722	8	185
（十五）居民服务、修理和其他服务业	113	33	113		
（十六）教育	2391	1417	2201		190
（十七）卫生和社会工作	950	628	950		
（十八）文化、体育和娱乐业	77	50	77		
（十九）公共管理、社会保障和社会组织					

2—4 续表1 （2012年） 计量单位：人、千元、个、元

行业名称	单位从业人员平均人数	# 在岗职工	劳务派遣人员	其他从业人员
总计	**283431**	**255496**	**11430**	**16505**
一、按经济注册类型分组				
（一）内资	235232	211229	7867	16136
1. 股份合作	5406	5135	153	118
2. 联营	769	769		
其中：国有联营	641	641		
集体联营	58	58		
3. 有限责任公司	129744	121443	4178	4123
其中：国有独资	21215	20076	1098	41
4. 股份有限公司	95695	80454	3536	11705
5. 其他	3618	3428		190
（二）港澳台投资经济	15165	14712	392	61
（三）外商投资	33034	29555	3171	308
二、按国民经济行业分组				
（一）农、林、牧、渔业				
（二）采矿业	70	70		
（三）制造业	147076	144376	1915	785
（四）电力、热力、燃气及水生产和供应业	9665	9241	423	1
（五）建筑业	43336	36577	2770	3989
（六）批发和零售业	21106	20056	844	206
（七）交通运输、仓储和邮政业	2662	2585		77
（八）住宿和餐饮业	5289	3963	1326	
（九）信息传输、软件和信息技术服务业	4934	2006	2928	
（十）金融业	34562	22944	731	10887
（十一）房地产业	5836	5771	26	39
（十二）租赁和商务服务业	3038	2579	459	
（十三）科学研究、技术服务业	1520	1374		146
（十四）水利、环境和公共设施管理业	869	676	8	185
（十五）居民服务、修理和其他服务业	113	113		
（十六）教育	2386	2196		190
（十七）卫生和社会工作	892	892		
（十八）文化、体育和娱乐业	77	77		
（十九）公共管理、社会保障和社会组织				

2—4 续表 2　　（2012 年）　　计量单位：人、千元、个、元

行业名称	单位从业人员工资总额	在岗职工工资总额	劳务派遣人员工资总额	其他从业人员工资总额	单位数
总　计	**9726533**	**8938435**	**451228**	**336870**	**1041**
一、按经济注册类型分组					
（一）内资	8088784	7469161	290975	328648	897
1. 股份合作	306249	298023	4891	3335	44
2. 联营	15477	15477			4
其中：国有联营	11611	11611			2
集体联营	2018	2018			1
3. 有限责任公司	4030466	3813356	119500	97610	521
其中：国有独资	829094	800792	27410	892	30
4. 股份有限公司	3612927	3222076	166584	224267	303
5. 其他	123665	120229		3436	25
（二）港澳台投资经济	407869	397229	9395	1245	60
（三）外商投资	1229880	1072045	150858	6977	84
二、按国民经济行业分组					
（一）农、林、牧、渔业					
（二）采矿业	2016	2016			1
（三）制造业	3937017	3852743	66308	17966	327
（四）电力、热力、燃气及水生产和供应业	645082	635646	9429	7	17
（五）建筑业	1177747	966010	111336	100401	106
（六）批发和零售业	588005	570548	14062	3395	149
（七）交通运输、仓储和邮政业	93312	91508		1804	11
（八）住宿和餐饮业	144269	102805	41464		27
（九）信息传输、软件和信息技术服务业	350773	204857	145916		16
（十）金融业	2166234	1923882	40365	201987	181
（十一）房地产业	300650	298553	586	1511	147
（十二）租赁和商务服务业	105935	84406	21529		11
（十三）科学研究、技术服务业	72366	68312		4054	13
（十四）水利、环境和公共设施管理业	17538	14996	233	2309	3
（十五）居民服务、修理和其他服务业	2448	2448			2
（十六）教育	83951	80515		3436	25
（十七）卫生和社会工作	37900	37900			4
（十八）文化、体育和娱乐业	1290	1290			1
（十九）公共管理、社会保障和社会组织					

2—4 续表3　　（2012年）　　计量单位：人、千元、个、元

行业名称	单位从业人员平均工资	# 在岗职工平均工资	劳务派遣人员平均工资	其他从业人员平均工资
总　　计	**34317**	**34985**	**39478**	**20410**
一、按经济注册类型分组				
（一）内资	34386	35360	36987	20367
1. 股份合作	56650	58038	31967	28263
2. 联营	20126	20126		
其中：国有联营	18114	18114		
集体联营	34793	34793		
3. 有限责任公司	31065	31400	28602	23675
其中：国有独资	39081	39888	24964	21756
4. 股份有限公司	37755	40049	47111	19160
5. 其他	34180	35073		18084
（二）港澳台投资经济	26895	27000	23967	20410
（三）外商投资	37231	36273	47574	22653
二、按国民经济行业分组				
（一）农、林、牧、渔业				
（二）采 矿 业	28800	28800		
（三）制 造 业	26769	26685	34626	22887
（四）电力、热力、燃气及水生产和供应业	66744	68785	22291	7000
（五）建筑业	27177	26410	40194	25169
（六）批发和零售业	27860	28448	16661	16481
（七）交通运输、仓储和邮政业	35053	35400		23429
（八）住宿和餐饮业	27277	25941	31270	
（九）信息传输、软件和信息技术服务业	71093	102122	49835	
（十）金融业	62677	83851	55219	18553
（十一）房地产业	51516	51733	22538	38744
（十二）租赁和商务服务业	34870	32728	46904	
（十三）科学研究、技术服务业	47609	49718		27767
（十四）水利、环境和公共设施管理业	20182	22183	29125	12481
（十五）居民服务、修理和其他服务业	21664	21664		
（十六）教育	35185	36664		18084
（十七）卫生和社会工作	42489	42489		
（十八）文化、体育和娱乐业	16753	16753		
（十九）公共管理、社会保障和社会组织				

2—4 续表 4 （2012 年） 计量单位：人、千元、个、元

行业名称	在岗职工（含劳务派遣）			
	期末人数	平均人数	工资总额	平均工资
总　　计	**263306**	**266926**	**9389663**	**35177**
一、按经济注册类型分组				
（一）内资	216200	219096	7760136	35419
1. 股份合作	5330	5288	302914	57283
2. 联营	771	769	15477	20126
其中：国有联营	642	641	11611	18114
集体联营	59	58	2018	34793
3. 有限责任公司	123570	125621	3932856	31307
其中：国有独资	20982	21174	828202	39114
4. 股份有限公司	83205	83990	3388660	40346
5. 其他	3324	3428	120229	35073
（二）港澳台投资经济	13967	15104	406624	26922
（三）外商投资	33139	32726	1222903	37368
二、按国民经济行业分组				
（一）农、林、牧、渔业				
（二）采 矿 业	70	70	2016	28800
（三）制 造 业	139370	146291	3919051	26789
（四）电力、热力、燃气及水生产和供应业	9786	9664	645075	66750
（五）建筑业	40977	39347	1077346	27381
（六）批发和零售业	21274	20900	584610	27972
（七）交通运输、仓储和邮政业	2599	2585	91508	35400
（八）住宿和餐饮业	5531	5289	144269	27277
（九）信息传输、软件和信息技术服务业	4998	4934	350773	71093
（十）金融业	24157	23675	1964247	82967
（十一）房地产业	6061	5797	299139	51602
（十二）租赁和商务服务业	3026	3038	105935	34870
（十三）科学研究、技术服务业	1386	1374	68312	49718
（十四）水利、环境和公共设施管理业	730	684	15229	22265
（十五）居民服务、修理和其他服务业	113	113	2448	21664
（十六）教育	2201	2196	80515	36664
（十七）卫生和社会工作	950	892	37900	42489
（十八）文化、体育和娱乐业	77	77	1290	16753
（十九）公共管理、社会保障和社会组织				

市区单位从业人员和工资总额

2—5 （2012 年） 计量单位：人、千元、个、元

行业名称	年末单位从业人员	#女 性	1. 在岗职工	2. 劳务派遣人员	3. 其他从业人员
总 计	**557684**	**223791**	**504401**	**25164**	**28119**
一、按企业、事业、机关分组					
（一）企业	385515	145545	344820	21587	19108
（二）事业	123276	63704	113247	3295	6734
（三）机关	46769	13558	44400	282	2087
（四）民间非营利组织	1109	553	919		190
（五）其他	1015	431	1015		
二、按国民经济行业分组					
（一）农、林、牧、渔业	1038	341	1038		
（二）采 矿 业	8302	1435	4800	1160	2342
（三）制 造 业	114955	45688	112409	1341	1205
（四）电力、热力、燃气及水生产和供应业	23325	8630	22691	606	28
（五）建筑业	63674	13431	53899	5339	4436
（六）批发和零售业	46214	25570	43030	2802	382
（七）交通运输、仓储和邮政业	49193	12096	44637	3918	638
（八）住宿和餐饮业	12819	6973	11697	941	181
（九）信息传输、软件和信息技术服务业	9389	4774	5153	4184	52
（十）金融业	33927	18688	23813	633	9481
（十一）房地产业	7109	2140	6942	102	65
（十二）租赁和商务服务业	7135	2547	6619	466	50
（十三）科学研究、技术服务业	27224	7984	25272	1443	509
（十四）水利、环境和公共设施管理业	9991	4539	7699	16	2276
（十五）居民服务、修理和其他服务业	1867	719	1815		52
（十六）教育	51648	30761	48045	1248	2355
（十七）卫生和社会工作	24780	16571	22982	473	1325
（十八）文化、体育和娱乐业	12650	5592	12211	123	316
（十九）公共管理、社会保障和社会组织	52444	15312	49649	369	2426

2—5 续表 1　　（2012 年）　　计量单位：人、千元、个、元

行业名称	单位从业人员平均人数	# 在岗职工	劳务派遣人　员	其他从业人　员
总　计	**559079**	**507376**	**24802**	**26901**
一、按企业、事业、机关分组				
（一）企业	387975	348580	21339	18056
（二）事业	122423	112675	3181	6567
（三）机关	46558	44188	282	2088
（四）民间非营利组织	1108	918		190
（五）其他	1015	1015		
二、按国民经济行业分组				
（一）农、林、牧、渔业	1047	1047		
（二）采 矿 业	8633	5064	1183	2386
（三）制 造 业	120894	118282	1380	1232
（四）电力、热力、燃气及水生产和供应业	22896	22445	423	28
（五）建筑业	62672	53539	5685	3448
（六）批发和零售业	45707	42473	2848	386
（七）交通运输、仓储和邮政业	47972	43945	3402	625
（八）住宿和餐饮业	12887	11693	1014	180
（九）信息传输、软件和信息技术服务业	9424	5206	4166	52
（十）金融业	33323	23396	562	9365
（十一）房地产业	6789	6669	66	54
（十二）租赁和商务服务业	7552	7035	466	51
（十三）科学研究、技术服务业	26812	24940	1367	505
（十四）水利、环境和公共设施管理业	9894	7707	16	2171
（十五）居民服务、修理和其他服务业	1858	1804		54
（十六）教育	51631	48074	1257	2300
（十七）卫生和社会工作	24420	22628	475	1317
（十八）文化、体育和娱乐业	12666	12230	123	313
（十九）公共管理、社会保障和社会组织	52002	49199	369	2434

2—5 续表2　　（2012年）　　计量单位：人、千元、个、元

行业名称	单位从业人员工资总额	在岗职工工资总额	劳务派遣人员工资总额	其他从业人员工资总额	单位数
总　　计	**24398864**	**22883846**	**891772**	**623246**	**3053**
一、按企业、事业、机关分组					
（一）企业	15914427	14662247	809639	442541	1195
（二）事业	6083117	5863547	77378	142192	1239
（三）机关	2312607	2272775	4755	35077	605
（四）民间非营利组织	31973	28537		3436	6
（五）其他	56740	56740			8
二、按国民经济行业分组					
（一）农、林、牧、渔业	47807	47807			22
（二）采矿业	446905	255220	47164	144521	21
（三）制造业	3651843	3580680	40449	30714	257
（四）电力、热力、燃气及水生产和供应业	1159796	1150227	9429	140	11
（五）建筑业	1977542	1679416	219561	78565	101
（六）批发和零售业	1484445	1381567	95967	6911	278
（七）交通运输、仓储和邮政业	2677385	2544347	118286	14752	75
（八）住宿和餐饮业	340501	303462	34208	2831	69
（九）信息传输、软件和信息技术服务业	631374	448112	182408	854	30
（十）金融业	2333699	2147497	35071	151131	107
（十一）房地产业	344339	340352	1591	2396	152
（十二）租赁和商务服务业	213925	191399	21687	839	111
（十三）科学研究、技术服务业	1708748	1650668	44299	13781	266
（十四）水利、环境和公共设施管理业	369753	330896	288	38569	67
（十五）居民服务、修理和其他服务业	45625	44939		686	40
（十六）教育	2645089	2565340	21250	58499	405
（十七）卫生和社会工作	1292546	1248543	10970	33033	127
（十八）文化、体育和娱乐业	514602	506076	2454	6072	160
（十九）公共管理、社会保障和社会组织	2512940	2467298	6690	38952	754

2—5 续表3　　(2012 年)　　计量单位：人、千元、个、元

行业名称	单位从业人员平均工资	# 在岗职工平均工资	劳务派遣人员平均工资	其他从业人员平均工资
总　　计	**43641**	**45102**	**35956**	**23168**
一、按企业、事业、机关分组				
(一) 企业	41019	42063	37942	24509
(二) 事业	49689	52039	24325	21653
(三) 机关	49672	51434	16862	16799
(四) 民间非营利组织	28856	31086		18084
(五) 其他	55901	55901		
二、按国民经济行业分组				
(一) 农、林、牧、渔业	45661	45661		
(二) 采 矿 业	51767	50399	39868	60570
(三) 制 造 业	30207	30272	29311	24930
(四) 电力、热力、燃气及水生产和供应业	50655	51246	22291	5000
(五) 建筑业	31554	31368	38621	22786
(六) 批发和零售业	32477	32528	33696	17904
(七) 交通运输、仓储和邮政业	55811	57898	34770	23603
(八) 住宿和餐饮业	26422	25952	33736	15728
(九) 信息传输、软件和信息技术服务业	66996	86076	43785	16423
(十) 金融业	70033	91789	62404	16138
(十一) 房地产业	50720	51035	24106	44370
(十二) 租赁和商务服务业	28327	27207	46539	16451
(十三) 科学研究、技术服务业	63731	66186	32406	27289
(十四) 水利、环境和公共设施管理业	37371	42934	18000	17766
(十五) 居民服务、修理和其他服务业	24556	24911		12704
(十六) 教育	51231	53362	16905	25434
(十七) 卫生和社会工作	52930	55177	23095	25082
(十八) 文化、体育和娱乐业	40629	41380	19951	19399
(十九) 公共管理、社会保障和社会组织	48324	50149	18130	16003

2—5 续表4　　(2012年)　　计量单位：人、千元、个、元

行业名称	在岗职工（含劳务派遣）			
	期末人数	平均人数	工资总额	平均工资
总　计	**529565**	**532178**	**23775618**	**44676**
一、按企业、事业、机关分组				
（一）企业	366407	369919	15471886	41825
（二）事业	116542	115856	5940925	51279
（三）机关	44682	44470	2277530	51215
（四）民间非营利组织	919	918	28537	31086
（五）其他	1015	1015	56740	55901
二、按国民经济行业分组				
（一）农、林、牧、渔业	1038	1047	47807	45661
（二）采 矿 业	5960	6247	302384	48405
（三）制 造 业	113750	119662	3621129	30261
（四）电力、热力、燃气及水生产和供应业	23297	22868	1159656	50711
（五）建筑业	59238	59224	1898977	32064
（六）批发和零售业	45832	45321	1477534	32602
（七）交通运输、仓储和邮政业	48555	47347	2662633	56237
（八）住宿和餐饮业	12638	12707	337670	26574
（九）信息传输、软件和信息技术服务业	9337	9372	630520	67277
（十）金融业	24446	23958	2182568	91100
（十一）房地产业	7044	6735	341943	50771
（十二）租赁和商务服务业	7085	7501	213086	28408
（十三）科学研究、技术服务业	26715	26307	1694967	64430
（十四）水利、环境和公共设施管理业	7715	7723	331184	42883
（十五）居民服务、修理和其他服务业	1815	1804	44939	24911
（十六）教育	49293	49331	2586590	52433
（十七）卫生和社会工作	23455	23103	1259513	54517
（十八）文化、体育和娱乐业	12334	12353	508530	41167
（十九）公共管理、社会保障和社会组织	50018	49568	2473988	49911

市区国有单位从业人员和工资总额

2—6　　(2012年)　　计量单位：人、千元、个、元

行业名称	年末单位从业人员	#女　性	1. 在岗职工	2. 劳务派遣人员	3. 其他从业人员
总　　计	**366705**	**143604**	**336559**	**16510**	**13636**
一、按隶属关系分组					
1. 中央	93418	27461	80716	11910	792
2. 地方	273287	116143	255843	4600	12844
二、按企业、事业、机关分组					
（一）企业	198256	67405	180426	12933	4897
1. 中央	80046	23212	68484	10957	605
2. 地方	118210	44193	111942	1976	4292
（二）事业	121331	62493	111384	3295	6652
1. 中央	10082	3072	9097	937	48
2. 地方	111249	59421	102287	2358	6604
（三）机关	46623	13532	44254	282	2087
1. 中央	3290	1177	3135	16	139
2. 地方	43333	12355	41119	266	1948
（四）民间非营利组织					
1. 中央					
2. 地方					
（五）其他	495	174	495		
1. 中央					
2. 地方	495	174	495		
三、按国民经济行业分组					
（一）农、林、牧、渔业	1038	341	1038		
（二）采 矿 业	8302	1435	4800	1160	2342
（三）制 造 业	39080	13889	37873	439	768
（四）电力、热力、燃气及水生产和供应业	17555	7051	17527		28
（五）建筑业	33462	7125	29040	3861	561
（六）批发和零售业	24242	14731	22048	1988	206
（七）交通运输、仓储和邮政业	46347	11003	41873	3918	556
（八）住宿和餐饮业	8021	4234	7761	86	174
（九）信息传输、软件和信息技术服务业	4775	2312	3511	1212	52
（十）金融业	5487	2415	5349	85	53
（十一）房地产业	1794	452	1677	82	35
（十二）租赁和商务服务业	3364	954	3307	7	50
（十三）科学研究、技术服务业	25728	7544	23907	1443	378
（十四）水利、环境和公共设施管理业	9317	4143	7025	16	2276
（十五）居民服务、修理和其他服务业	1074	427	1043		31
（十六）教育	49662	29564	46249	1248	2165
（十七）卫生和社会工作	23013	15346	21257	473	1283
（十八）文化、体育和娱乐业	12169	5359	11790	123	256
（十九）公共管理、社会保障和社会组织	52275	15279	49484	369	2422

2—6 续表1 （2012年） 计量单位：人、千元、个、元

行业名称	单位从业人员平均人数	# 在岗职工	劳务派遣人员	其他从业人员
总计	**365332**	**335644**	**16395**	**13293**
一、按隶属关系分组				
1. 中央	92871	80390	11757	724
2. 地方	272461	255254	4638	12569
二、按企业、事业、机关分组				
（一）企业	197943	180290	12932	4721
1. 中央	79568	68104	10927	537
2. 地方	118375	112186	2005	4184
（二）事业	120481	110816	3181	6484
1. 中央	9982	9120	814	48
2. 地方	110499	101696	2367	6436
（三）机关	46413	44043	282	2088
1. 中央	3321	3166	16	139
2. 地方	43092	40877	266	1949
（四）民间非营利组织				
1. 中央				
2. 地方				
（五）其他	495	495		
1. 中央				
2. 地方	495	495		
三、按国民经济行业分组				
（一）农、林、牧、渔业	1047	1047		
（二）采矿业	8633	5064	1183	2386
（三）制造业	39632	38347	479	806
（四）电力、热力、燃气及水生产和供应业	17218	17190		28
（五）建筑业	33660	29092	4242	326
（六）批发和零售业	24012	21799	2005	208
（七）交通运输、仓储和邮政业	45132	41181	3402	549
（八）住宿和餐饮业	8122	7864	85	173
（九）信息传输、软件和信息技术服务业	4874	3569	1253	52
（十）金融业	5455	5328	83	44
（十一）房地产业	1737	1662	49	26
（十二）租赁和商务服务业	3761	3703	7	51
（十三）科学研究、技术服务业	25329	23587	1367	375
（十四）水利、环境和公共设施管理业	9266	7079	16	2171
（十五）居民服务、修理和其他服务业	1072	1039		33
（十六）教育	49648	46281	1257	2110
（十七）卫生和社会工作	22714	20967	475	1272
（十八）文化、体育和娱乐业	12186	11810	123	253
（十九）公共管理、社会保障和社会组织	51834	49035	369	2430

2—6 续表2　　(2012 年)　　计量单位：人、千元、个、元

行业名称	单位从业人员工资总额	在岗职工工资总额	劳务派遣人员工资总额	其他从业人员工资总额	单位数
总　　计	**17425005**	**16494135**	**558459**	**372411**	**2200**
一、按隶属关系分组					
1. 中央	5316412	4878389	421813	16210	127
2. 地方	12108593	11615746	136646	356201	2073
二、按企业、事业、机关分组					
（一）企业	9083845	8410276	476326	197243	418
1. 中央	4440485	4034488	392520	13477	80
2. 地方	4643360	4375788	83806	183766	338
（二）事业	6011671	5794202	77378	140091	1176
1. 中央	706250	676115	29082	1053	35
2. 地方	5305421	5118087	48296	139038	1141
（三）机关	2306462	2266630	4755	35077	604
1. 中央	169677	167786	211	1680	12
2. 地方	2136785	2098844	4544	33397	592
（四）民间非营利组织					
1. 中央					
2. 地方					
（五）其他	23027	23027			2
1. 中央					
2. 地方	23027	23027			2
三、按国民经济行业分组					
（一）农、林、牧、渔业	47807	47807			22
（二）采矿业	446905	255220	47164	144521	21
（三）制造业	1491610	1450631	18394	22585	61
（四）电力、热力、燃气及水生产和供应业	818200	818060		140	6
（五）建筑业	1145540	978468	163622	3450	32
（六）批发和零售业	873188	787517	81925	3746	106
（七）交通运输、仓储和邮政业	2583758	2452504	118286	12968	60
（八）住宿和餐饮业	209546	204341	2471	2734	37
（九）信息传输、软件和信息技术服务业	301495	263585	37056	854	19
（十）金融业	505683	503204	2233	246	22
（十一）房地产业	73521	71064	1199	1258	29
（十二）租赁和商务服务业	102156	101159	158	839	54
（十三）科学研究、技术服务业	1637032	1582819	44299	9914	255
（十四）水利、环境和公共设施管理业	355434	316577	288	38569	65
（十五）居民服务、修理和其他服务业	29896	29374		522	28
（十六）教育	2567191	2490878	21250	55063	391
（十七）卫生和社会工作	1229485	1187064	10970	31451	87
（十八）文化、体育和娱乐业	500765	493654	2454	4657	153
（十九）公共管理、社会保障和社会组织	2505793	2460209	6690	38894	752

2—6 续表3 （2012年） 计量单位：人、千元、个、元

行业名称	单位从业人员平均工资	#在岗职工平均工资	劳务派遣人员平均工资	其他从业人员平均工资
总　　计	**47696**	**49142**	**34063**	**28016**
一、按隶属关系分组				
1. 中央	57245	60684	35878	22390
2. 地方	44442	45507	29462	28340
二、按企业、事业、机关分组				
（一）企业	45891	46649	36833	41780
1. 中央	55807	59240	35922	25097
2. 地方	39226	39005	41799	43921
（二）事业	49897	52287	24325	21606
1. 中央	70752	74135	35727	21938
2. 地方	48013	50327	20404	21603
（三）机关	49694	51464	16862	16799
1. 中央	51092	52996	13188	12086
2. 地方	49587	51345	17083	17135
（四）民间非营利组织				
1. 中央				
2. 地方				
（五）其他	46519	46519		
1. 中央				
2. 地方	46519	46519		
三、按国民经济行业分组				
（一）农、林、牧、渔业	45661	45661		
（二）采 矿 业	51767	50399	39868	60570
（三）制 造 业	37637	37829	38401	28021
（四）电力、热力、燃气及水生产和供应业	47520	47589		5000
（五）建筑业	34033	33634	38572	10583
（六）批发和零售业	36365	36126	40860	18010
（七）交通运输、仓储和邮政业	57249	59554	34770	23621
（八）住宿和餐饮业	25800	25984	29071	15803
（九）信息传输、软件和信息技术服务业	61858	73854	29574	16423
（十）金融业	92701	94445	26904	5591
（十一）房地产业	42326	42758	24469	48385
（十二）租赁和商务服务业	27162	27318	22571	16451
（十三）科学研究、技术服务业	64631	67106	32406	26437
（十四）水利、环境和公共设施管理业	38359	44721	18000	17766
（十五）居民服务、修理和其他服务业	27888	28271		15818
（十六）教育	51708	53821	16905	26096
（十七）卫生和社会工作	54129	56616	23095	24726
（十八）文化、体育和娱乐业	41093	41800	19951	18407
（十九）公共管理、社会保障和社会组织	48343	50173	18130	16006

2—6 续表4 （2012年） 计量单位：人、千元、个、元

行业名称	在岗职工（含劳务派遣）			
	期末人数	平均人数	工资总额	平均工资
总　　计	**353069**	**352039**	**17052594**	**48440**
一、按隶属关系分组				
1. 中央	92626	92147	5300202	57519
2. 地方	260443	259892	11752392	45220
二、按企业、事业、机关分组				
（一）企业	193359	193222	8886602	45992
1. 中央	79441	79031	4427008	56016
2. 地方	113918	114191	4459594	39054
（二）事业	114679	113997	5871580	51506
1. 中央	10034	9934	705197	70988
2. 地方	104645	104063	5166383	49647
（三）机关	44536	44325	2271385	51244
1. 中央	3151	3182	167997	52796
2. 地方	41385	41143	2103388	51124
（四）民间非营利组织				
1. 中央				
2. 地方				
（五）其他	495	495	23027	46519
1. 中央				
2. 地方	495	495	23027	46519
三、按国民经济行业分组				
（一）农、林、牧、渔业	1038	1047	47807	45661
（二）采 矿 业	5960	6247	302384	48405
（三）制 造 业	38312	38826	1469025	37836
（四）电力、热力、燃气及水生产和供应业	17527	17190	818060	47589
（五）建筑业	32901	33334	1142090	34262
（六）批发和零售业	24036	23804	869442	36525
（七）交通运输、仓储和邮政业	45791	44583	2570790	57663
（八）住宿和餐饮业	7847	7949	206812	26017
（九）信息传输、软件和信息技术服务业	4723	4822	300641	62348
（十）金融业	5434	5411	505437	93409
（十一）房地产业	1759	1711	72263	42234
（十二）租赁和商务服务业	3314	3710	101317	27309
（十三）科学研究、技术服务业	25350	24954	1627118	65205
（十四）水利、环境和公共设施管理业	7041	7095	316865	44660
（十五）居民服务、修理和其他服务业	1043	1039	29374	28271
（十六）教育	47497	47538	2512128	52845
（十七）卫生和社会工作	21730	21442	1198034	55873
（十八）文化、体育和娱乐业	11913	11933	496108	41574
（十九）公共管理、社会保障和社会组织	49853	49404	2466899	49933

市区城镇集体单位从业人员和工资总额

2—7 （2012年） 计量单位：人、千元、个、元

行业名称	年末单位从业人员	#女　性	1. 在岗职工	2. 劳务派遣人员	3. 其他从业人员
总　　计	**16553**	**6479**	**15902**	**74**	**577**
一、按企业、事业、机关分组					
1. 企业	14974	5599	14405	74	495
2. 事业	1433	854	1351		82
3. 机关	146	26	146		
二、按国民经济行业分组					
（一）农、林、牧、渔业					
（二）采 矿 业					
（三）制 造 业	7614	2628	7401	9	204
（四）电力、热力、燃气及水生产和供应业					
（五）建筑业	377	73	143		234
（六）批发和零售业	2825	1270	2820		5
（七）交通运输、仓储和邮政业	588	183	588		
（八）住宿和餐饮业	583	334	511	65	7
（九）信息传输、软件和信息技术服务业	75	31	75		
（十）金融业					
（十一）房地产业	294	39	294		
（十二）租赁和商务服务业	1939	742	1939		
（十三）科学研究、技术服务业					
（十四）水利、环境和公共设施管理业	26	7	26		
（十五）居民服务、修理和其他服务业	680	259	659		21
（十六）教育	162	100	162		
（十七）卫生和社会工作	817	597	775		42
（十八）文化、体育和娱乐业	404	183	344		60
（十九）公共管理、社会保障和社会组织	169	33	165		4

2—7 续表 1　　(2012 年)　　计量单位：人、千元、个、元

行业名称	单位从业人员平均人数	# 在岗职工	劳务派遣人　员	其他从业人　员
总　计	**16619**	**16043**	**82**	**494**
一、按企业、事业、机关分组				
1. 企业	15042	14549	82	411
2. 事业	1432	1349		83
3. 机关	145	145		
二、按国民经济行业分组				
（一）农、林、牧、渔业				
（二）采 矿 业				
（三）制 造 业	7686	7469	9	208
（四）电力、热力、燃气及水生产和供应业				
（五）建筑业	287	143		144
（六）批发和零售业	2845	2840		5
（七）交通运输、仓储和邮政业	600	600		
（八）住宿和餐饮业	645	565	73	7
（九）信息传输、软件和信息技术服务业	75	75		
（十）金融业				
（十一）房地产业	285	285		
（十二）租赁和商务服务业	1950	1950		
（十三）科学研究、技术服务业				
（十四）水利、环境和公共设施管理业	26	26		
（十五）居民服务、修理和其他服务业	673	652		21
（十六）教育	162	162		
（十七）卫生和社会工作	814	769		45
（十八）文化、体育和娱乐业	403	343		60
（十九）公共管理、社会保障和社会组织	168	164		4

2—7 续表2　　(2012年)　　计量单位：人、千元、个、元

行业名称	单位从业人员工资总额	在岗职工工资总额	劳务派遣人员工资总额	其他从业人员工资总额	单位数
总　计	**403300**	**390891**	**1927**	**10482**	**253**
一、按企业、事业、机关分组					
1. 企业	353819	343511	1927	8381	193
2. 事业	43336	41235		2101	59
3. 机关	6145	6145			1
二、按国民经济行业分组					
（一）农、林、牧、渔业					
（二）采矿业					
（三）制造业	184289	182473	118	1698	61
（四）电力、热力、燃气及水生产和供应业					
（五）建筑业	8855	3424		5431	4
（六）批发和零售业	70799	70762		37	59
（七）交通运输、仓储和邮政业	14140	14140			8
（八）住宿和餐饮业	15316	13410	1809	97	10
（九）信息传输、软件和信息技术服务业	1447	1447			2
（十）金融业					
（十一）房地产业	3084	3084			3
（十二）租赁和商务服务业	42221	42221			48
（十三）科学研究、技术服务业					
（十四）水利、环境和公共设施管理业	1654	1654			1
（十五）居民服务、修理和其他服务业	13281	13117		164	10
（十六）教育	3359	3359			3
（十七）卫生和社会工作	25161	23579		1582	36
（十八）文化、体育和娱乐业	12547	11132		1415	6
（十九）公共管理、社会保障和社会组织	7147	7089		58	2

2—7 续表 3　　（2012 年）　　计量单位：人、千元、个、元

行业名称	单位从业人员平均工资	# 在岗职工平均工资	劳务派遣人员平均工资	其他从业人员平均工资
总　　计	**24267**	**24365**	**23500**	**21219**
一、按企业、事业、机关分组				
1. 企业	23522	23611	23500	20392
2. 事业	30263	30567		25313
3. 机关	42379	42379		
二、按国民经济行业分组				
（一）农、林、牧、渔业				
（二）采 矿 业				
（三）制 造 业	23977	24431	13111	8163
（四）电力、热力、燃气及水生产和供应业				
（五）建筑业	30854	23944		37715
（六）批发和零售业	24885	24916		7400
（七）交通运输、仓储和邮政业	23567	23567		
（八）住宿和餐饮业	23746	23735	24781	13857
（九）信息传输、软件和信息技术服务业	19293	19293		
（十）金融业				
（十一）房地产业	10821	10821		
（十二）租赁和商务服务业	21652	21652		
（十三）科学研究、技术服务业				
（十四）水利、环境和公共设施管理业	63615	63615		
（十五）居民服务、修理和其他服务业	19734	20118		7810
（十六）教育	20735	20735		
（十七）卫生和社会工作	30910	30662		35156
（十八）文化、体育和娱乐业	31134	32455		23583
（十九）公共管理、社会保障和社会组织	42542	43226		14500

2—7 续表4 （2012年） 计量单位：人、千元、个、元

行业名称	在岗职工（含劳务派遣）			
	期末人数	平均人数	工资总额	平均工资
总　　计	**15976**	**16125**	**392818**	**24361**
一、按企业、事业、机关分组				
（一）企业	14479	14631	345438	23610
（二）事业	1351	1349	41235	30567
（三）机关	146	145	6145	42379
二、按国民经济行业分组				
（一）农、林、牧、渔业				
（二）采 矿 业				
（三）制 造 业	7410	7478	182591	24417
（四）电力、热力、燃气及水生产和供应业				
（五）建筑业	143	143	3424	23944
（六）批发和零售业	2820	2840	70762	24916
（七）交通运输、仓储和邮政业	588	600	14140	23567
（八）住宿和餐饮业	576	638	15219	23854
（九）信息传输、软件和信息技术服务业	75	75	1447	19293
（十）金融业				
（十一）房地产业	294	285	3084	10821
（十二）租赁和商务服务业	1939	1950	42221	21652
（十三）科学研究、技术服务业				
（十四）水利、环境和公共设施管理业	26	26	1654	63615
（十五）居民服务、修理和其他服务业	659	652	13117	20118
（十六）教育	162	162	3359	20735
（十七）卫生和社会工作	775	769	23579	30662
（十八）文化、体育和娱乐业	344	343	11132	32455
（十九）公共管理、社会保障和社会组织	165	164	7089	43226

市区城镇其他单位从业人员和工资总额

2—8　　　(2012年)　　　计量单位：人、千元、个、元

行业名称	年末单位从业人员	#女　性	1. 在岗职工	2. 劳务派遣人员	3. 其他从业人员
总　　计	**174426**	**73708**	**151940**	**8580**	**13906**
一、按经济注册类型分组					
（一）内资	148196	60607	129414	5000	13782
1. 股份合作	4467	2085	4237	155	75
2. 联营	112	35	112		
其中：国有联营	42	10	42		
集体联营					
3. 有限责任公司	76748	23682	69492	3279	3977
其中：国有独资	17881	4821	17357	507	17
4. 股份有限公司	64282	33252	53176	1566	9540
5. 其他	2587	1553	2397		190
（二）港澳台投资经济	7706	3921	7326	328	52
（三）外商投资	18524	9180	15200	3252	72
二、按国民经济行业分组					
（一）农、林、牧、渔业					
（二）采矿业					
（三）制造业	68261	29171	67135	893	233
（四）电力、热力、燃气及水生产和供应业	5770	1579	5164	606	
（五）建筑业	29835	6233	24716	1478	3641
（六）批发和零售业	19147	9569	18162	814	171
（七）交通运输、仓储和邮政业	2258	910	2176		82
（八）住宿和餐饮业	4215	2405	3425	790	
（九）信息传输、软件和信息技术服务业	4539	2431	1567	2972	
（十）金融业	28440	16273	18464	548	9428
（十一）房地产业	5021	1649	4971	20	30
（十二）租赁和商务服务业	1832	851	1373	459	
（十三）科学研究、技术服务业	1496	440	1365		131
（十四）水利、环境和公共设施管理业	648	389	648		
（十五）居民服务、修理和其他服务业	113	33	113		
（十六）教育	1824	1097	1634		190
（十七）卫生和社会工作	950	628	950		
（十八）文化、体育和娱乐业	77	50	77		
（十九）公共管理、社会保障和社会组织					

2—8 续表1　　（2012年）　　计量单位：人、千元、个、元

行业名称	单位从业人员平均人数	#在岗职工	劳务派遣人员	其他从业人员
总　计	**177128**	**155689**	**8325**	**13114**
一、按经济注册类型分组				
（一）内资	150681	132897	4793	12991
1. 股份合作	4428	4199	153	76
2. 联营	112	112		
其中：国有联营	42	42		
集体联营				
3. 有限责任公司	77119	70767	3063	3289
其中：国有独资	18089	17755	322	12
4. 股份有限公司	66428	55415	1577	9436
5. 其他	2594	2404		190
（二）港澳台投资经济	8729	8299	377	53
（三）外商投资	17718	14493	3155	70
二、按国民经济行业分组				
（一）农、林、牧、渔业				
（二）采 矿 业				
（三）制 造 业	73576	72466	892	218
（四）电力、热力、燃气及水生产和供应业	5678	5255	423	
（五）建筑业	28725	24304	1443	2978
（六）批发和零售业	18850	17834	843	173
（七）交通运输、仓储和邮政业	2240	2164		76
（八）住宿和餐饮业	4120	3264	856	
（九）信息传输、软件和信息技术服务业	4475	1562	2913	
（十）金融业	27868	18068	479	9321
（十一）房地产业	4767	4722	17	28
（十二）租赁和商务服务业	1841	1382	459	
（十三）科学研究、技术服务业	1483	1353		130
（十四）水利、环境和公共设施管理业	602	602		
（十五）居民服务、修理和其他服务业	113	113		
（十六）教育	1821	1631		190
（十七）卫生和社会工作	892	892		
（十八）文化、体育和娱乐业	77	77		
（十九）公共管理、社会保障和社会组织				

2—8 续表 2　　(2012 年)　　计量单位：人、千元、个、元

行业名称	单位从业人员工资总额	在岗职工工资总额	劳务派遣人员工资总额	其他从业人员工资总额	单位数
总　计	**6570559**	**5998820**	**331386**	**240353**	**600**
一、按经济注册类型分组					
（一）内资	5515734	5107420	171892	236422	518
1. 股份合作	272069	265556	4891	1622	19
2. 联营	2724	2724			2
其中：国有联营	876	876			1
集体联营					
3. 有限责任公司	2597478	2429447	88076	79955	333
其中：国有独资	741198	735597	5226	375	19
4. 股份有限公司	2537866	2307532	78925	151409	145
5. 其他	105597	102161		3436	19
（二）港澳台投资经济	239199	229239	8831	1129	34
（三）外商投资	815626	662161	150663	2802	48
二、按国民经济行业分组					
（一）农、林、牧、渔业					
（二）采 矿 业					
（三）制 造 业	1975944	1947576	21937	6431	135
（四）电力、热力、燃气及水生产和供应业	341596	332167	9429		5
（五）建筑业	823147	697524	55939	69684	65
（六）批发和零售业	540458	523288	14042	3128	113
（七）交通运输、仓储和邮政业	79487	77703		1784	7
（八）住宿和餐饮业	115639	85711	29928		22
（九）信息传输、软件和信息技术服务业	328432	183080	145352		9
（十）金融业	1828016	1644293	32838	150885	85
（十一）房地产业	267734	266204	392	1138	120
（十二）租赁和商务服务业	69548	48019	21529		9
（十三）科学研究、技术服务业	71716	67849		3867	11
（十四）水利、环境和公共设施管理业	12665	12665			1
（十五）居民服务、修理和其他服务业	2448	2448			2
（十六）教育	74539	71103		3436	11
（十七）卫生和社会工作	37900	37900			4
（十八）文化、体育和娱乐业	1290	1290			1
（十九）公共管理、社会保障和社会组织					

2—8 续表3　　（2012年）　　计量单位：人、千元、个、元

行业名称	单位从业人员平均工资	#在岗职工平均工资	劳务派遣人员平均工资	其他从业人员平均工资
总　　计	**37095**	**38531**	**39806**	**18328**
一、按经济注册类型分组				
（一）内资	36605	38431	35863	18199
1. 股份合作	61443	63243	31967	21342
2. 联营	24321	24321		
其中：国有联营	20857	20857		
集体联营				
3. 有限责任公司	33681	34330	28755	24310
其中：国有独资	40975	41430	16230	31250
4. 股份有限公司	38205	41641	50048	16046
5. 其他	40708	42496		18084
（二）港澳台投资经济	27403	27622	23424	21302
（三）外商投资	46034	45688	47754	40029
二、按国民经济行业分组				
（一）农、林、牧、渔业				
（二）采矿业				
（三）制造业	26856	26876	24593	29500
（四）电力、热力、燃气及水生产和供应业	60161	63210	22291	
（五）建筑业	28656	28700	38766	23400
（六）批发和零售业	28672	29342	16657	18081
（七）交通运输、仓储和邮政业	35485	35907		23474
（八）住宿和餐饮业	28068	26259	34963	
（九）信息传输、软件和信息技术服务业	73393	117209	49898	
（十）金融业	65596	91006	68555	16188
（十一）房地产业	56164	56375	23059	40643
（十二）租赁和商务服务业	37777	34746	46904	
（十三）科学研究、技术服务业	48359	50147		29746
（十四）水利、环境和公共设施管理业	21038	21038		
（十五）居民服务、修理和其他服务业	21664	21664		
（十六）教育	40933	43595		18084
（十七）卫生和社会工作	42489	42489		
（十八）文化、体育和娱乐业	16753	16753		
（十九）公共管理、社会保障和社会组织				

2—8 续表4 （2012年） 计量单位：人、千元、个、元

行业名称	在岗职工（含劳务派遣）			
	期末人数	平均人数	工资总额	平均工资
总　计	**160520**	**164014**	**6330206**	**38596**
一、按经济注册类型分组				
（一）内资	134414	137690	5279312	38342
1. 股份合作	4392	4352	270447	62143
2. 联营	112	112	2724	24321
其中：国有联营	42	42	876	20857
集体联营				
3. 有限责任公司	72771	73830	2517523	34099
其中：国有独资	17864	18077	740823	40982
4. 股份有限公司	54742	56992	2386457	41874
5. 其他	2397	2404	102161	42496
（二）港澳台投资经济	7654	8676	238070	27440
（三）外商投资	18452	17648	812824	46058
二、按国民经济行业分组				
（一）农、林、牧、渔业				
（二）采 矿 业				
（三）制 造 业	68028	73358	1969513	26848
（四）电力、热力、燃气及水生产和供应业	5770	5678	341596	60161
（五）建筑业	26194	25747	753463	29264
（六）批发和零售业	18976	18677	537330	28770
（七）交通运输、仓储和邮政业	2176	2164	77703	35907
（八）住宿和餐饮业	4215	4120	115639	28068
（九）信息传输、软件和信息技术服务业	4539	4475	328432	73393
（十）金融业	19012	18547	1677131	90426
（十一）房地产业	4991	4739	266596	56256
（十二）租赁和商务服务业	1832	1841	69548	37777
（十三）科学研究、技术服务业	1365	1353	67849	50147
（十四）水利、环境和公共设施管理业	648	602	12665	21038
（十五）居民服务、修理和其他服务业	113	113	2448	21664
（十六）教育	1634	1631	71103	43595
（十七）卫生和社会工作	950	892	37900	42489
（十八）文化、体育和娱乐业	77	77	1290	16753
（十九）公共管理、社会保障和社会组织				

分县（市）区单位从业人员和工资总额

2—9 （2012年） 计量单位：人、千元、个、元

行政单位	年末单位从业人员	#在岗职工	单位从业人员年平均人数	#在岗职工	单位从业人员工资总额	#在岗职工
全市总计	**906841**	**869235**	**908129**	**871900**	**35416953**	**34586977**
市区合计	557684	529565	559079	532178	24398864	23775618
#长安区	117260	113803	121380	118123	4804889	4734695
桥东区	88742	87231	87938	86527	3945102	3919325
桥西区	111200	100973	110058	100107	5425268	5326032
新华区	86983	83882	86348	83620	3963531	3898349
裕华区	71204	68774	70930	68549	3160683	3117971
矿　区	13237	10865	13515	11194	614526	468709
高新区	36859	35906	36347	36033	1383588	1354084
井陉县	27665	27108	27521	27073	881784	869189
正定县	30295	26425	29938	26042	1008786	924375
栾城县	23837	23751	23838	23742	790064	787418
行唐县	14253	14200	14167	14114	379217	377848
灵寿县	15050	14979	14922	14864	417632	415491
高邑县	10942	10719	10961	10742	279084	276218
深泽县	6980	6972	6980	6972	175453	175338
赞皇县	15408	15406	16384	16382	396628	396607
无极县	15118	14775	15043	14697	424914	414347
平山县	19111	19079	19735	19703	714702	713895
元氏县	18672	18265	17767	17359	481965	474896
赵　县	14823	14750	14848	14775	414644	412586
辛集市	27566	26870	27649	26997	801475	793362
藁城市	35974	35050	35965	35083	1350076	1323588
晋州市	19728	19653	19709	19645	574502	573052
新乐市	18349	17307	18344	17286	547243	526525
鹿泉市	35386	34361	35179	34246	1379920	1356624

2—9 续表　　(2012 年)　　计量单位：人、千元、个、元

行政单位	单位数	单位从业人员平均工资	# 在岗职工平均工资
全市总计	**8927**	**39000**	**39669**
市区合计	3053	43641	44676
# 长安区	517	39586	40083
桥东区	361	44862	45296
桥西区	732	49295	53203
新华区	624	45902	46620
裕华区	379	44561	45485
矿　区	135	45136	41871
高新区	121	37550	37579
井陉县	344	31924	32105
正定县	474	33696	35496
栾城县	297	33143	33166
行唐县	305	26768	26771
灵寿县	289	27988	27953
高邑县	226	25462	25714
深泽县	216	25137	25149
赞皇县	271	24208	24210
无极县	256	28247	28193
平山县	390	36215	36233
元氏县	406	27127	27357
赵　县	385	27926	27925
辛集市	515	28987	29387
藁城市	349	37539	37727
晋州市	443	29149	29170
新乐市	339	29832	30460
鹿泉市	369	39226	39614

三、固定资产投资　建筑业

全市全社会固定资产投资

3—1　　(2012 年)　　计量单位：万元

指标名称	合　计	固定资产投资			农村个人投　资
		建设项目投资	# 农村非农户	房地产开发	
一、全社会固定资产投资	37286458	28401223	2595747	8332125	553110
二、固定资产投资	36733348	28401223	2595747	8332125	
1. 按经济类型分					
国有经济	5003328	4980536		22792	
集体经济	4640253	4620558	680144	19695	
私营个体经济	13066695	9352311	1285735	3714384	
股份合作	440360	258405	19140	181955	
联营经济	47296	47296	20460		
股份制经济	10361612	6440495	187730	3921117	
外商投资	814384	416291	17000	398093	
港澳台投资	151597	100400	8240	51197	
其他	2207823	2184931	377298	22892	
2. 按构成分					
建筑工程	19537274	13835301	1069579	5701973	
安装工程	3395196	2565457	320504	829739	
设备工器具购置	8468620	8237231	841252	231389	
其他费用	5332258	3763234	364412	1569024	
3. 本年新增固定资产	24084818	20408744	2151287	3676074	
4. 按资金来源分					
资金来源合计	39860924	28592521	2604962	11268403	
上年末结余资金	1809061	514449	18950	1294612	
本年资金来源小计	38051863	28078072	2586012	9973791	
国家预算内资金	1452717	1452717	11185		
国内贷款	1236204	512813	22850	723391	
债券	3403	3403			
利用外资	2791	2791			
# 外商直接投资					
自筹资金	31769061	25020858	2476888	6748203	
其他资金来源	3587687	1085490	75089	2502197	
5. 按三次产业分					
* 三次产业小计	36733348	28401223	2595747	8332125	
第一产业	787624	787624	298794		
第二产业	13922774	13922774	1517720		
第三产业	22022950	13690825	779233	8332125	

注：* 三次产业小计不包含农村个人投资。

分县（市）区全社会固定资产投资

3—2 （2012 年） 计量单位：万元

行政单位	全社会固定资产投资	一、固定资产投资				二、农村个人
		合　计	建设项目投资	# 农村非农户	房地产开发	
全市总计	**37286458**	**36733348**	**28401223**	**2595747**	**8332125**	**553110**
市区合计	8592866	8592866	8592866			
#长安区	2756678	2756678	828790		1927888	
桥东区	2863006	2863006	796394		2066612	
桥西区	2875756	2875756	2157921		717835	
新华区	2630745	2630745	2045585		585160	
裕华区	3121798	3121798	1128058		1993740	
矿　区	426655	426655	426655			
高新区	1447646	1447646	1209463		238183	
井陉县	1616739	1607518	1607288	242150	230	9221
正定县	1565662	1504949	1469213	4943	35736	60713
栾城县	1242447	1221569	1208350	284939	13219	20878
行唐县	1001322	956414	929029	126220	27385	44908
灵寿县	680579	661124	657374	70737	3750	19455
高邑县	435908	428990	428990	61434		6918
深泽县	461678	447820	425761	133192	22059	13858
赞皇县	863155	852522	838547	196014	13975	10633
无极县	818212	758628	743455	223762	15173	59584
平山县	1294993	1253611	1193925	195206	59686	41382
元氏县	1282056	1219273	1142622		76651	62783
赵　县	918833	896820	892298	5128	4522	22013
辛集市	1726835	1690483	1593770	199519	96713	36352
藁城市	2232545	2182417	2182023	95850	394	50128
晋州市	1540043	1501439	1434218	292660	67221	38604
新乐市	1341807	1307589	1196482	315240	111107	34218
鹿泉市	2141360	2119898	1865012	148753	254886	21462

注：市区合计数为跨区项目数据调整后数。

全市及市区建设项目投资情况

3—3　　（2012年）　　计量单位：万元

项目名称	建设项目投资	# 市区	地方建设项目投资	# 市区
本年完成投资	**28401223**	**8592866**	**27479819**	**8040391**
#住宅	743231	493958	743231	493958
1. 建筑工程	13835301	5605995	13304261	5280395
2. 安装工程	2565457	736694	2507987	712755
3. 设备工器具购置	8237231	1179386	7936416	1002593
4. 其他费用	3763234	1070791	3731155	1044648
本年新增固定资产	20408744	6531789	20085259	6266254
本年施工房屋面积（平方米）	53265304	21183323	52941813	21008932
#住宅（平方米）	6899081	4308542	6899081	4308542
本年竣工房屋面积（平方米）	10789583	1118756	10746469	1075642
#住宅（平方米）	1792964	387865	1792964	387865
本年竣工房屋价值	2006641	624153	1998206	615718
#住宅	653986	416402	653986	416402
施工项目个数（个）	4665	610	4627	586
#本年新开工（个）	3733	360	3710	345
本年投产项目个数（个）	3440	345	3419	328
本年资金来源合计	28592521	8622531	27657059	8060648
1. 上年末结余资金	514449	334294	501749	334294
2. 本年资金来源小计	28078072	8288237	27155310	7726354
（1）国家预算内资金	1452717	944359	1222866	715309
（2）国内贷款	512813	156482	490813	134482
（3）债券	3403	1103	3403	1103
（4）利用外资	2791		2791	
#外商直接投资				
（5）自筹资金	25020858	6782736	24351047	6473003
#企事业单位自有资金	3700937	761266	3356891	689069
（6）其他资金来源	1085490	403557	1084390	402457
本年各项应付款合计	528056	407120	497330	376394

注：建设项目投资包括城镇投资和农村非农户投资。

3—3 续表 1　　　　（2012 年）　　　　计量单位：万元

项目名称	建设项目投资	# 市区	地方建设项目投资	# 市区
#工程款	7833	866	7833	866
总计中按登记注册类型分：	28401223	8592866	27479819	8040391
内资企业	27671361	8479021	26760615	7931104
国有企业	4980536	2732360	4514105	2323528
集体企业	4620558	2948919	4620558	2948919
股份合作企业	258405	44434	258405	44434
联营企业	47296	23776	47296	23776
国有联营企业	1089	1089	1089	1089
集体联营企业	26820	3300	26820	3300
国有与集体联营企业	19387	19387	19387	19387
有限责任公司	3946074	1148392	3898474	1148392
股份有限公司	2494421	889175	2097706	750090
私营企业	9139140	483300	9139140	483300
其他企业	2184931	208665	2184931	208665
港、澳、台商投资企业	100400	34860	95842	30302
合资经营企业（港或澳、台资）	80139	20799	80139	20799
港、澳、台商独资经营企业	5903	2703	5903	2703
港、澳、台商投资股份有限公司	10008	7008	5450	2450
其他港、澳、台商投资企业	4350	4350	4350	4350
外商投资企业	416291	71465	410191	71465
中外合资经营企业	87742	22412	87742	22412
外资企业	236676	29580	236676	29580
外商投资股份有限公司	62573	19473	56473	19473
其他外商投资企业	29300		29300	
个体经营	213171	7520	213171	7520
个体户	136314		136314	
个人合伙	76857	7520	76857	7520
总计中按隶属关系分：				
中央	921404	552475		

3—3 续表2　　　　（2012年）　　　　计量单位：万元

项目名称	建设项目投资	# 市区	地方建设项目投资	# 市区
地方	27479819	8040391	27479819	8040391
省	1884914	1256771	1884914	1256771
市	1523902	1507680	1523902	1507680
县（县级市）	3663560	588165	3663560	588165
其他	20407443	4687775	20407443	4687775
总计中按建设性质分：				
新建	14563565	6486584	14147303	6114372
扩建	5380790	565953	5119760	565953
改建	6590253	879056	6560596	868178
单纯建造生活设施	299515	605	294245	605
迁建	833275	9545	793475	9545
恢复	21080	5277	21080	5277
单纯购置	712745	645846	543360	476461
总计中按控股情况分：				
国有控股	5901357	3136440	4984511	2588523
集体控股	5160717	3103942	5156159	3099384
私人控股	14064396	1633020	14064396	1633020
港澳台商控股	30703	2703	30703	2703
外商控股	273353	55913	273353	55913
总计中按建设状态分：				
在建	12166418	4696813	11564713	4413887
全部投产	16234805	3896053	15915106	3626504
总计中按开发区级别式分：				
国务院批准的	1184165	1183475	1106596	1105906
省批准的	1760416	83177	1722776	82077
省以下批准的	359367	11834	359367	11834
不属于开发区的项目	25097275	7314380	24291080	6840574
总计中按行业分：				

3—3 续表 3　　（2012 年）　　计量单位：万元

项目名称	建设项目投资	# 市区	地方建设项目投资	# 市区
农、林、牧、渔业	787624	12385	787624	12385
农业	327110	6855	327110	6855
林业	49775		49775	
畜牧业	257622		257622	
渔业	16545		16545	
农、林、牧、渔服务业	136572	5530	136572	5530
采矿业	659482	37870	659482	37870
煤炭开采和洗选业	281397	30370	281397	30370
石油和天然气开采业	4926		4926	
黑色金属矿采选业	93809		93809	
非金属矿采选业	252908	7500	252908	7500
开采辅助活动	26442		26442	
制造业	12750331	1069658	12366114	1028430
农副食品加工业	648471	1431	648471	1431
食品制造业	401679	2150	401679	2150
酒、饮料和精制茶制造业	205910	17399	205910	17399
纺织业	1017006	19317	1017006	19317
纺织服装、服饰业	178074	9987	170784	2697
皮革、毛皮、羽毛及其制品和制鞋业	401493		401493	
木材加工和木、竹、藤、棕、草制品业	185479	1680	185479	1680
家具制造业	345704		345704	
造纸和纸制品业	233460		233460	
印刷和记录媒介复制业	126861	22520	106341	2000
文教、工美、体育和娱乐用品制造业	58345		58345	
石油加工、炼焦和核燃料加工业	410125	62256	152495	62256
化学原料和化学制品制造业	1518691	19435	1518691	19435
医药制造业	913034	209820	909685	209820
化学纤维制造业	302325		302325	
橡胶和塑料制品业	461496	36045	461496	36045
非金属矿物制品业	1319009	53383	1319009	53383
黑色金属冶炼和压延加工业	186690	19812	186690	19812
有色金属冶炼和压延加工业	94579		94579	
金属制品业	490159	18799	490159	18799
通用设备制造业	632873	32073	625073	32073

3—3 续表 4　　　　(2012 年)　　　　计量单位：万元

项目名称	建设项目投资	# 市区	地方建设项目投资	# 市区
专用设备制造业	673352	37480	673352	37480
汽车制造业	331929	17138	331929	17138
铁路、船舶、航空航天和其他运输设备制造业	106831	1691	66119	779
电气机械和器材制造业	949004	435923	922664	435923
计算机、通信和其他电子设备制造业	244644	17739	236574	17739
仪器仪表制造业	34015	10164	34015	10164
其他制造业	213532	20836	201026	8330
废弃资源综合利用业	51681		51681	
金属制品、机械和设备修理业	13880	2580	13880	2580
电力、热力、燃气及水生产和供应业	512961	154296	504731	154296
电力、热力生产和供应业	306665	111015	298435	111015
燃气生产和供应业	106900	36181	106900	36181
水的生产和供应业	99396	7100	99396	7100
批发和零售业	1535343	453677	1466988	403032
交通运输、仓储和邮政业	1767221	710843	1668121	611743
住宿和餐饮业	524300	121377	524300	121377
信息传输、软件和信息技术服务业	223609	208948	201687	187026
金融业	160539	119851	153163	112475
房地产业	4318500	3092180	4310065	3083745
租赁和商务服务业	812139	630116	808639	626616
科学研究和技术服务业	300440	168409	282677	150646
水利、环境和公共设施管理业	2041512	929903	1770197	658588
水利管理业	68550	11300	68550	11300
生态保护和环境治理业	110880	28000	110880	28000
公共设施管理业	1862082	890603	1590767	619288
居民服务、修理和其他服务业	307350	33644	307350	33644
教育	715742	291591	715742	291591
卫生和社会工作	215059	139658	200613	125212
文化、体育和娱乐业	255351	104470	249351	98470
公共管理、社会保障和社会组织	513720	313990	502975	303245

分县（市）区建设项目城镇投资情况

3—4　　（2012 年）　　计量单位：万元、平方米、个

指标名称	全　市	市　区	长安区	桥东区	桥西区
本年完成投资	**25805476**	**8592866**	**828790**	**796394**	**2157921**
#住宅	629903	493958	177951		12800
本年完成投资中：					
建筑工程	12765722	5605995	540170	526413	1757126
安装工程	2244953	736694	38116	61257	180466
设备工器具购置	7395979	1179386	169652	73254	99583
本年新增固定资产	18257457	6531789	217866	304674	1864276
本年施工房屋面积	46310239	21183323	2568365	524223	4216672
#住宅	5626682	4308542	1977894		51000
本年竣工房屋面积	8920092	1118756	69446		104528
#住宅	1099033	387865			16000
本年竣工房屋价值	1707857	624153	20116		28273
#住宅	545475	416402			11600
施工项目个数	3800	610	56	45	207
#本年新开工	2939	360	41	29	134
本年投产项目个数	2752	345	31	29	135
本年资金来源合计	25987559	8622531	848400	814073	2088975
1. 上年末结余资金	495499	334294	81305	5150	24570
2. 本年资金来源小计	25492060	8288237	767095	808923	2064405
（1）国家预算内资金	1441532	944359	31220	153572	622493
（2）国内贷款	489963	156482	24412	18570	45200
（3）债券	3403	1103			1103
（4）利用外资	2791				
（5）自筹资金	22543970	6782736	494872	615681	1342031
（6）其他资金来源	1010401	403557	216591	21100	53578

3—4 续表1　　（2012年）　　计量单位：万元、平方米、个

指标名称	新华区	裕华区	矿　区	开发区	井陉县
本年完成投资	**2045585**	**1128058**	**426655**	**1209463**	**1365138**
#住宅	212190	51410	39607		20
本年完成投资中：					
建筑工程	918238	985205	39500	839343	553406
安装工程	244068	1379	12517	198891	190370
设备工器具购置	652066	12409	100821	71601	504287
本年新增固定资产	1914689	977831	291460	960993	1165606
本年施工房屋面积	7062369	3488475	261328	3061891	260031
#住宅	1739440	419080	121128		200
本年竣工房屋面积	261865	682917			60570
#住宅	201865	170000			200
本年竣工房屋价值	42098	533666			23305
#住宅	31498	373304			20
施工项目个数	122	49	46	85	288
#本年新开工	85	16	34	21	278
本年投产项目个数	65	21	37	27	267
本年资金来源合计	2070721	1145551	437312	1217499	1381558
1. 上年末结会资金	134328	88941			16351
2. 本年资金来源小计	1936393	1056610	437312	1217499	1365207
（1）国家预算内资金	109934	27140			36675
（2）国内贷款	67300			1000	62550
（3）债券					
（4）利用外资					1291
（5）自筹资金	1743513	932828	437312	1216499	1239665
（6）其他资金来源	15646	96642			25026

3—4 续表2　　（2012年）　　计量单位：万元、平方米、个

指标名称	正定县	栾城县	行唐县	灵寿县
本年完成投资	**1464270**	**923411**	**802809**	**586637**
#住宅		7800	1030	
本年完成投资中：				
建筑工程	578344	528429	297793	94391
安装工程	45129	98107	107272	28792
设备工器具购置	745535	125000	279396	89605
本年新增固定资产	767124	404650	476800	582334
本年施工房屋面积	2758391	1579021	518249	10120
#住宅		48772	2357	
本年竣工房屋面积	1164801	257750	15218	
#住宅		48772	2357	
本年竣工房屋价值	178532	51717	4197	
#住宅		13000	1237	
施工项目个数	165	153	221	88
#本年新开工	143	119	197	71
本年投产项目个数	120	117	158	72
本年资金来源合计	1469835	936587	810354	588550
1. 上年末结余资金	289	39615		
2. 本年资金来源小计	1469546	896972	810354	588550
（1）国家预算内资金	13461	14767	20636	
（2）国内贷款	24300	4100	2820	6650
（3）债券				
（4）利用外资				
（5）自筹资金	1394245	862208	474614	581900
（6）其他资金来源	37540	15897	312284	

3—4 续表3　　（2012年）　　计量单位：万元、平方米、个

指标名称	高邑县	深泽县	赞皇县	无极县
本年完成投资	**367556**	**292569**	**642533**	**519693**
#住宅	548	157	14370	2941
本年完成投资中：				
建筑工程	190186	100850	246469	214326
安装工程	7500	26262	37195	54543
设备工器具购置	164270	149214	319176	169774
本年新增固定资产	207378	167401	454863	282444
本年施工房屋面积	552902	822838	1862872	2428474
#住宅	2192	6380	162220	59666
本年竣工房屋面积	147258		292779	782384
#住宅			46800	31400
本年竣工房屋价值	32941		39355	56927
#住宅			7915	2161
施工项目个数	50	107	263	171
#本年新开工	38	51	198	145
本年投产项目个数	39	55	149	113
本年资金来源合计	369024	306281	642528	528602
1. 上年末结余资金				8340
2. 本年资金来源小计	369024	306281	642528	520262
（1）国家预算内资金	1744	13563	7428	5564
（2）国内贷款	11430		36270	10320
（3）债券				
（4）利用外资				
（5）自筹资金	355302	280800	507400	501608
（6）其他资金来源	548	11918	91430	2770

3—4 续表 4　　（2012 年）　　计量单位：万元、平方米、个

指标名称	平山县	元氏县	赵　县	辛集市
本年完成投资	**998719**	**1142622**	**887170**	**1394251**
#住宅	22000	23442	3340	
本年完成投资中：				
建筑工程	342041	605111	267644	729026
安装工程	86097	166162	76322	127964
设备工器具购置	530693	179520	389035	479577
本年新增固定资产	960710	451294	389876	884637
本年施工房屋面积	550846	1912296	1507718	2600204
#住宅	106680	483033	35900	
本年竣工房屋面积	310700	229866	393690	713416
#住宅	106680	118622	900	
本年竣工房屋价值	34398	27946	39061	120402
#住宅	2560	11300	60	
施工项目个数	88	123	213	240
#本年新开工	66	56	160	205
本年投产项目个数	48	76	130	189
本年资金来源合计	995639	1169341	887198	1394268
1. 上年末结余资金		280		
2. 本年资金来源小计	995639	1169061	887198	1394268
（1）国家预算内资金	138008	3500	17291	1498
（2）国内贷款	2000	63799	17828	
（3）债券	2300			
（4）利用外资			1500	
（5）自筹资金	852202	1054884	845527	1392770
（6）其他资金来源	1129	46878	5052	

3—4 续表5 （2012年） 计量单位：万元、平方米、个

指标名称	藁城市	晋州市	新乐市	鹿泉市
本年完成投资	**2086173**	**1141558**	**881242**	**1716259**
#住宅		646	26564	33087
本年完成投资中：				
建筑工程	921224	137899	538135	814453
安装工程	155008	28657	65073	207806
设备工器具购置	949887	474271	179421	487932
本年新增固定资产	1514024	847817	765941	1402769
本年施工房屋面积	1294399	2905716	1293344	2269495
#住宅		10572	238403	161765
本年竣工房屋面积	735724	550947	832357	1313876
#住宅		5072	204765	145600
本年竣工房屋价值	116446	34825	113344	210308
#住宅		346	21914	68560
施工项目个数	253	278	118	371
#本年新开工	244	225	97	286
本年投产项目个数	239	240	89	306
本年资金来源合计	2098137	1155714	886129	1745283
1. 上年末结余资金			5000	91330
2. 本年资金来源小计	2098137	1155714	881129	1653953
（1）国家预算内资金	55258	20805	46308	100667
（2）国内贷款			6000	85414
（3）债券				
（4）利用外资				
（5）自筹资金	2042879	1134909	825886	1414435
（6）其他资金来源			2935	53437

分县（市）区建设项目农村非农户投资情况

3—5　　(2012年)　　计量单位：万元、平方米、个

指标名称	全　市	井陉县	正定县
本年完成投资	**2595747**	**242150**	**4943**
#住宅	113328		
本年完成投资中：			
建筑工程	1069579	117285	3143
安装工程	320504	49110	
设备工器具购置	841252	51995	1800
本年新增固定资产	2151287	219557	
本年施工房屋面积	6955065	73613	36360
#住宅	1272399		
本年竣工房屋面积	2302133	22000	
#住宅	709531		
本年竣工房屋价值	298784	496	
#住宅	108511		
施工项目个数	865	67	3
#本年新开工	794	67	3
本年投产项目个数	688	66	
一、本年资金来源合计	2604962	243100	4943
1. 上年末结余资金	18950	1850	
2. 本年资金来源小计	2586012	241250	4943
（1）国家预算内资金	11185	3250	
（2）国内贷款	22850	1000	
（3）自筹资金	2476888	234020	4943
（4）其他资金来源	75089	2980	

3—5 续表 1　　（2012 年）　　计量单位：万元、平方米、个

指标名称	栾城县	行唐县	灵寿县	高邑县	深泽县
本年完成投资	**284939**	**126220**	**70737**	**61434**	**133192**
#住宅	1000	2600		31724	6995
本年完成投资中：					
建筑工程	151498	61582	13540	51373	36307
安装工程	51108	10720	3850	213	10879
设备工器具购置	70418	33051	10230	9768	74111
本年新增固定资产	278349	101946	70737	28115	49433
本年施工房屋面积	512659	65556		196395	889794
#住宅	235698	2600		164258	307050
本年竣工房屋面积	381082	15580		59785	11600
#住宅	235698	2600		31500	840
本年竣工房屋价值	67915	4600		9290	1110
#住宅	51500	1980		4500	102
施工项目个数	84	66	21	17	80
#本年新开工	63	65	21	15	71
本年投产项目个数	81	49	21	15	26
一、本年资金来源合计	284999	126330	70737	61465	136795
1. 上年末结余资金	16100				
2. 本年资金来源小计	268899	126330	70737	61465	136795
（1）国家预算内资金					
（2）国内贷款		500		3650	1210
（3）自筹资金	268899	70893	70737	57815	135585
（4）其他资金来源		54937			0

3—5 续表 2　　　　(2012 年)　　　　计量单位：万元、平方米、个

指标名称	赞皇县	无极县	平山县	赵　县
本年完成投资	**196014**	**223762**	**195206**	**5128**
#住宅		7880	45450	
本年完成投资中：				
建筑工程	62579	82753	122498	1920
安装工程	28459	35851	13002	1098
设备工器具购置	94826	66476	51506	2110
本年新增固定资产	184718	145741	186626	5128
本年施工房屋面积	93320	765437	437651	5180
#住宅		123200	369100	
本年竣工房屋面积	90700	479420	379440	4200
#住宅		51600	316800	
本年竣工房屋价值	14703	59384	47700	420
#住宅		3640	33200	
施工项目个数	97	104	39	2
#本年新开工	94	90	36	1
本年投产项目个数	90	78	29	2
一、本年资金来源合计	196014	225945	195636	5128
1. 上年末结余资金		1000		
2. 本年资金来源小计	196014	224945	195636	5128
（1）国家预算内资金			4200	
（2）国内贷款	200		2490	
（3）自筹资金	187032	224055	187646	5128
（4）其他资金来源	8782	890	1300	0

3—5 续表3　　(2012年)　　计量单位：万元、平方米、个

指标名称	辛集市	藁城市	晋州市	新乐市	鹿泉市
本年完成投资	**199519**	**95850**	**292660**	**315240**	**148753**
#住宅	7160		19	10500	
本年完成投资中：					
建筑工程	66337	20208	26759	168454	83343
安装工程	24816	7074	14721	40518	29085
设备工器具购置	107486	57731	96504	89894	23346
本年新增固定资产	132150	95850	197488	314740	140709
本年施工房屋面积	139455	216399	445790	430430	2647026
#住宅	24465		260	45768	
本年竣工房屋面积	64074	211399	133174	375153	74526
#住宅	24465		260	45768	
本年竣工房屋价值	17817	12083	7892	49085	6289
#住宅	6460		19	7110	
施工项目个数	37	28	88	84	48
#本年新开工	37	28	86	80	37
本年投产项目个数	23	28	60	76	44
一、本年资金来源合计	199519	95850	294007	315445	149049
1. 上年末结余资金					
2. 本年资金来源小计	199519	95850	294007	315445	149049
(1) 国家预算内资金					3735
(2) 国内贷款				13800	
(3) 自筹资金	199519	95850	294007	296645	144114
(4) 其他资金来源				5000	1200

全市房地产开发企业投资完成情况

3—6　　（2012年）　　计量单位：个、万人、平方米

指标名称	数值	指标名称	数值
企业个数	468		
计划总投资	31203101	2. 本年资金来源小计	9973791
自开始建设累计完成投资	19450182	（1）国内贷款	723391
本年完成投资	8332125	其中：银行贷款	606752
其中：配套工程投资	22059	其中：非银行金融机构贷款	116639
按构成分		（2）利用外资	
建筑工程	5701973	其中：外商直接投资	
安装工程	829739	（3）自筹资金	6748203
设备工器具购置	231389	其中：自有资金	4046591
其他费用	1569024	股东投入资金	81206
其中：旧建筑物购置费	184285	借入资金	382013
其中：土地购置费	735942	（4）其他资金来源	2502197
按工程用途分		其中：定金及预收款	1455931
商品住宅	5922728	其中：个人按揭贷款	445086
其中：90平方米以下	1586626	二、本年各项应付款合计	1181153
其中：144平方米以上	910162	其中：工程款	605915
其中：别墅、高档公寓	168075	三、土地部分	
办公楼	532433	待开发土地面积	179894
商业营业用房	1389144	本年购置土地面积	2742309
其他	487820	本年土地成交价款	588183
本年新增固定资产	3676074	其中：拆迁补偿费	30401
一、本年资金来源合计	11268403	土地使用权出让金	349973
1. 上年末结余资金	1294612	契税	11875

全市房地产开发企业分组完成情况

3—7　　（2012 年）　　计量单位：个、万元

指标名称	企业个数	完成额
合　计	**468**	**8332125**
按登记注册类型分		
内资	448	7882835
国有	7	22792
集体	3	19695
股份合作	4	181955
联营企业		
国有联营		
集体联营		
国有与集体联营		
其他联营		
有限责任公司	156	3585715
国有独资公司	1	
其他有限责任公司	155	3585715
股份有限公司	24	335402
私营	246	3714384
其他	8	22892
港澳台商投资	9	51197
与港澳台商合资经营	4	29716
与港澳台商合作经营	1	
港澳台商独资	4	21481
港澳台商投资股份有限公司		
外商投资	9	398093
中外合资经营	5	35000
中外合作经营		
外资企业	4	363093
外商投资股份有限公司		

3—7 续表　　(2012 年)　　计量单位：个、万元

指标名称	企业个数	完成额
按控股情况分		
国有控股	18	196201
集体控股	11	201650
私人控股	361	6047507
港澳台商控股	8	51197
外商控股	10	400480
其他	58	1435090
按隶属关系分		
中央	1	
地方	465	8332125
省（自治区、直辖市）	13	242335
地（区、市、州、盟）	34	235579
县（区、市、旗）	28	370240
其他	390	7483971
按资质等级分		
一级	3	372323
二级	29	1304182
三级	60	792824
四级	123	1335638
暂定	241	4474090
其他	10	53068
按企业营业状况分		
营业	452	8330803
停业（歇业）	8	1322
筹建		
当年关闭	1	
当年破产		
其他	5	

分县（市）区房地产开发完成情况

3—8　　（2012 年）　　计量单位：个、万元、平方米

指标名称	本年完成投资	其中：配套工程投资	商品住宅	其中：90 平方米以下	其中：140 平方米以上	其中：别墅、高档公寓	办公楼	商业营业用房	其他	本年新增固定资产
石家庄市	**8332125**	**22059**	**5922728**	**1586626**	**910162**	**168075**	**532433**	**1389144**	**487820**	**3676074**
市　　区	7529418	16327	5229418	1428695	655734	70057	526282	1320876	452842	2986944
长 安 区	1927888	1617	1490479	455887	45146		47258	317640	72511	713056
桥 东 区	2066612		1274896	495068	157303		156588	560246	74882	457615
桥 西 区	717835		394832	42824	102018	2600	71728	195481	55794	371541
新 华 区	585160	5	359484	113254	88379	61457	77861	73235	74580	182034
裕 华 区	1993740	12494	1495009	217375	245238	6000	166347	167982	164402	1262698
井陉矿区										
高 新 区	238183	2211	214718	104287	17650		6500	6292	10673	
井 陉 县	230		230							957
正 定 县	35736	220	32456	1079	25671		1030	1500	750	100878
栾 城 县	13219		6719	650	1060			6100	400	11320
行 唐 县	27385		23645	16892	6753			3500	240	27385
灵 寿 县	3750		3750	1700	918					1700
高 邑 县										
深 泽 县	22059		15836	2747	8100		300	4400	1523	37467
赞 皇 县	13975		9105	2625	1420		20	4815	35	1000
无 极 县	15173		10611	1835	303		23	3620	919	28738
平 山 县	59686	1960	32823	9687	3143		4331	14195	8337	33304
元 氏 县	76651		74051		50796			2600		62151
赵　　县	4522		3364	2153	403		10	400	748	2966
辛 集 市	96713	3552	71188	22206	5071		258	13705	11562	60103
藁 城 市	394		314					80		400
晋 州 市	67221		54488	10516	14299	378		7889	4844	62128
新 乐 市	111107		111107	16038	25000					94107
鹿 泉 市	254886		243623	69803	111491	97640	179	5464	5620	164526

3—8 续表1 （2012 年） 计量单位：个、万元、平方米

指标名称	2. 本年资金来源小计	（3）自筹资金	本年购置土地面积	本年土地成交价款	其中：拆迁补偿费	土地使用权出让金	契税
石家庄市	**9973791**	**6748203**	**2742309**	**588183**	**30401**	**349973**	**11875**
市　　区	8853265	6022315	2208668	540637	23770	338940	11666
长 安 区	2552136	2375688	1497135	386596	2200	231030	9316
桥 东 区	2013592	1840766	337676	44290	13370	10913	
桥 西 区	1017883	282896	153191	38607		38607	1503
新 华 区	706435	463635	117976	48790	8200	40590	135
裕 华 区	1966741	714304	37190	4554			
井陉矿区							
高 新 区	596478	345026	65500	17800		17800	712
井 陉 县	1351						
正 定 县	35175	30450	82626	14550		2500	
栾 城 县	42228	36428					
行 唐 县	27385	27385	127412	8800			
灵 寿 县	1700	1700					
高 邑 县							
深 泽 县	18360	13450	15000	600	300	300	
赞 皇 县	17395	17395	31032	2785	2785		
无 极 县	17116	9034	11771	1700			
平 山 县	90981	34200	151833	10317	2503	632	32
元 氏 县	33938	23795					
赵　　县	2048	540					
辛 集 市	191652	60750					
藁 城 市							
晋 州 市	38410	21590	15600	2109		2109	
新 乐 市	99207	45680					
鹿 泉 市	503580	403491	98367	6685	1043	5492	177

3—8 续表 2　　　　(2012 年)　　　　计量单位：个、万元、平方米

指标名称	房屋施工面积	住宅	90 平米以下住房	144 平米以上住房	别墅、高档公寓	办公楼	商业营业用房	其他房屋
石家庄市	**46771814**	**36635998**	**9774927**	**6106511**	**1401037**	**1916463**	**5338817**	**2880536**
市　　区	36676503	28016679	7917055	3147866	392303	1735861	4589075	2334888
长安区	16480079	13570537	3131486	274398		488346	1735596	685600
桥东区	3243660	1783072	588354	260052		238462	1016126	206000
桥西区	3790502	2551764	632682	710560	26566	404028	513762	320948
新华区	3868714	2632316	787857	540642	243937	312782	538638	384978
裕华区	8086412	6471764	2220209	1240164	121800	271243	673200	670205
井陉矿区								
高新区	1207136	1007226	556467	122050		21000	111753	67157
井陉县	14550	14550						
正定县	990879	813762	17521	115868		106544	21650	48923
栾城县	535925	468830	11302	212840			10583	56512
行唐县	137312	102005	84976	17029			35307	
灵寿县	104000	104000	4000	33680				
高邑县								
深泽县	444234	412200	122790	118316		1500	30000	534
赞皇县	234075	172708	7900	43621		9395	43681	8291
无极县	194400	140337	54363	2911		140	39757	14166
平山县	1047247	724208	224123	250027	9000	54598	132046	136395
元氏县	539700	509700	18090	349039			30000	
赵　　县	77493	66330	16739	1440		592	358	10213
辛集市	1238314	952150	231859	82089		4333	124016	157815
藁城市	25599	24343					1256	
晋州市	937987	758462	142166	164132	9600		98282	81243
新乐市	377885	377885	46690	130000				
鹿泉市	3195711	2977849	875353	1437653	990134	3500	182806	31556

3—8 续表 3　　（2012 年）　　计量单位：个、万元、平方米

指标名称	房屋竣工面积	住宅				办公楼	商业营业用房	其他房屋
			90 平米以下住房	144 平米以上住房	别墅、高档公寓			
石家庄市	**8709344**	**6816427**	**1795608**	**1823359**	**292495**	**251313**	**1097442**	**544162**
市　区	5822136	4167633	1273901	844319	121800	248100	920460	485943
长安区	2050939	1391202	542747	77305		114000	437557	108180
桥东区	177000	134000	50000	11000			43000	
桥西区	562026	475719	82015	118708		19733	28932	37642
新华区	819059	548131	193642	172794		53164	130934	86830
裕华区	2213112	1618581	405497	464512	121800	61203	280037	253291
井陉矿区								
高新区								
井陉县	10156	10156						
正定县	350730	350730	7000	24890				
栾城县	202000	202000	3360	198640				
行唐县	75206	75206	62988	12218				
灵寿县	4000	4000	4000					
高邑县								
深泽县	183125	168125	70650	81486			15000	
赞皇县	10865	10865	400	10465				
无极县	121530	69008	7250	2911		140	38396	13986
平山县	149042	138491	68020	19415			6706	3845
元氏县	243800	243800		223065				
赵　县	19396	19038	16308	1440			358	
辛集市	396323	276025	42266			3073	87868	29357
藁城市	25599	24343					1256	
晋州市	228514	207414	12960	2250			21100	
新乐市	281885	281885	15320	124000				
鹿泉市	585037	567708	211185	278260	170695		6298	11031

3—8 续表 4　　　　(2012 年)　　　　计量单位：个、万元、平方米

指标名称	商品住宅竣工套数				房屋竣工价值				
		90 平米以下住房	144 平米以上住房	别墅、高档公寓		住宅	办公楼	商业营业用房	其他房屋
石家庄市	**59881**	**23505**	**8843**	**1615**	**2448457**	**1779826**	**99024**	**412829**	**156778**
市　　区	39654	16647	5079	1176	1856965	1235666	98858	375435	147006
长 安 区	13905	7052	498		539250	335108	27257	149880	27005
桥 东 区	1771	977	73		30270	26070		4200	
桥 西 区	4214	978	706		251134	208365	5919	18358	18492
新 华 区	5940	3053	1190		160632	122472	8699	18567	10894
裕 华 区	13824	4587	2612	1176	875679	543651	56983	184430	90615
井陉矿区									
高 新 区									
井 陉 县	72				957	957			
正 定 县	3091	79	170		97786	97786			
栾 城 县	792	38	754		11320	11320			
行 唐 县	781	705	76		20561	20561			
灵 寿 县	50	50			170	170			
高 邑 县									
深 泽 县	1274	785	337		37467	32467		5000	
赞 皇 县	80	8	72		1000	1000			
无 极 县	543	81	18		18737	8568	10	7562	2597
平 山 县	1498	909	126		22619	21132		1000	487
元 氏 县	517		372		42122	42122			
赵　　县	226	205	9		2966	2863		103	
辛 集 市	2462	508			56027	35821	156	15900	4150
藁 城 市	180				394	314		80	
晋 州 市	1711	162	15		62128	55953		6175	
新 乐 市	2238	210	858		64337	64337			
鹿 泉 市	4712	3118	957	439	152901	148789		1574	2538

3—8 续表5　　（2012年）　　计量单位：个、万元、平方米

指标名称	商品房销售面积	住宅				办公楼	商业营业用房	其他房屋
			90平米以下住房	144平米以上住房	别墅、高档公寓			
石家庄市	**7687331**	**6970793**	**1637911**	**1988123**	**746666**	**174627**	**367222**	**174689**
市　　区	4956256	4304596	991146	992232	147311	171627	318445	161588
长安区	1245841	1144132	228595	41047			101293	416
桥东区	536230	481027	256894	64295			26098	29105
桥西区	775966	678732	76066	263047		65294	11998	19942
新华区	735901	644727	148187	322404	84225		29241	61933
裕华区	1607480	1320352	249778	297439	63086	106333	130603	50192
井陉矿区								
高新区	54838	35626	31626	4000			19212	
井陉县	3689	3689						
正定县	242597	242597	63155	104299				
栾城县	6768	6768	1430	5338				
行唐县	45206	45206	34988	10218				
灵寿县	11374	11374	6000	4868				
高邑县								
深泽县	21889	21889	900					
赞皇县	38204	38204	900	29965				
无极县	57085	55066	7250	3905			2019	
平山县	171080	149140	58827	19743		3000	14260	4680
元氏县	42212	42212	7229	34983				
赵　县	33452	30439	14943	1540			309	2704
辛集市	352649	341896	37611	6100			7928	2825
藁城市	21903	21903						
晋州市	261088	239988	45534	2250			21100	
新乐市	380490	380490	87120	128000				
鹿泉市	1041389	1035336	280878	644682	599355		3161	2892

3—8 续表 6　　（2012 年）　　计量单位：个、万元、平方米

指标名称	商品房销售额	住宅	办公楼	商业营业用房	其他房屋	商品房平均销售价格（元/平方米）	住宅
石家庄市	**3790574**	**3285711**	**146439**	**265781**	**92643**	**4931**	**4714**
市　　区	2923033	2443692	145639	244373	89329	5898	5677
长 安 区	624275	562347		61853	75	5011	4915
桥 东 区	358065	304996		29256	23813	6677	6341
桥 西 区	533592	430054	49572	22190	31776	6876	6336
新 华 区	328059	303521		11296	13242	4458	4708
裕 华 区	1058713	828752	96067	113471	20423	6586	6277
井陉矿区							
高 新 区	20329	14022		6307		3707	3936
井 陉 县	1051	1051				2849	2849
正 定 县	81957	81957				3378	3378
栾 城 县	1600	1600				2364	2364
行 唐 县	13561	13561				3000	3000
灵 寿 县	3462	3462				3044	3044
高 邑 县							
深 泽 县	4502	4502				2057	2057
赞 皇 县	8602	8602				2252	2252
无 极 县	12182	10610		1572		2134	1927
平 山 县	42313	35956	800	4621	936	2473	2411
元 氏 县	13873	13873				3287	3287
赵　　县	5673	4926		98	649	1696	1618
辛 集 市	129021	125008		3173	840	3659	3656
藁 城 市	7540	7540				3442	3442
晋 州 市	84514	73644		10870		3237	3069
新 乐 市	83057	83057				2183	2183
鹿 泉 市	374633	372670		1074	889	3597	3600

全市建筑业企业生产情况

3—9　　　　（2012年）　　　　计量单位：个．千元

指标名称	企业个数		合同情况		承包工程完成情况	
	建筑业企业个数	亏损企业个数	签订的合同额	本年新签合同额	直接从建设单位承揽工程完成的产值	自行完成施工产值
总　计	**271**	**31**	**167159031**	**101132552**	**89910970**	**89104393**
其中：国有及国有控股企业	33	5	102250841	57615691	52894522	52894522
内资企业	268	30	166503895	100583706	89433042	88626465
国有企业	22	3	48894485	25702645	27180050	27180050
集体企业	6		428692	406342	428692	428692
有限责任公司	95	13	91490946	57240892	48322113	47668189
股份有限公司	23	5	3481958	2670055	1544188	1544188
私营企业	118	9	16792375	11430889	9470888	9318235
港、澳、台商投资企业	2	1	326129	325590	323219	323219
房屋和土木工程建筑业	174	19	153854784	91041370	79678188	79342169
建筑安装业	48	6	10617331	7921197	8011811	7549753
建筑装饰业	39	4	2417388	1903177	1992234	1983734
其他建筑业	10	2	269528	266808	228737	228737
施工总承包	176	20	161959512	97155173	85871610	85073533
特级	4	1	45956429	28111594	24974171	24974171
一级	44	7	100212948	58130564	51690849	50965591
二级	72	6	12591942	8320889	6644592	6571773
三级及以下	56	6	3198193	2592126	2561998	2561998
专业承包	95	11	5199519	3977379	4039360	4030860
一级	21	1	2956829	2491593	2664186	2664186
二级	39	7	1243324	829855	819891	811391
三级及以下	35	3	999366	655931	555283	555283

3—9 续表1　（2012年）　计量单位：千元

指标名称	建筑业总产值					
	建筑业总产值	其中：装饰装修产值	其中：在外省完成的产值	按构成分：1. 建筑工程产值	2. 安装工程产值	3. 其他产值
总　计	**92004926**	**4354403**	**34383510**	**73643403**	**13974138**	**4387385**
其中：国有及国有控股企业	54419682	1606464	25341859	45789730	7475490	1154462
内资企业	91526998	4044284	34317825	73333284	13806329	4387385
国有企业	28480300	568540	13238155	23604065	4376101	500134
集体企业	428692	3000	414440	14252		
有限责任公司	49083380	2081016	19799456	37183797	8513714	3385869
股份有限公司	1544188	194999	1448464	41976	53748	
私营企业	9503327	1196729	767294	8195407	860286	447634
港、澳、台商投资企业	323219	310119	310119	13100		
房屋和土木工程建筑业	81479647	2106334	28640047	70293768	7896921	3288958
建筑安装业	8268510	308039	5432579	1743180	6024139	501191
建筑装饰业	2001403	1938030	234413	1510359	53078	437966
其他建筑业	255366	2000	76471	96096		159270
施工总承包	87927362	2414373	33931615	71560788	12695743	3670831
特级	25203154	836087	13225965	21760019	3012130	431005
一级	52346550	1369750	20375299	40413062	8930924	3002564
二级	7781142	174550	317181	6937825	622334	220983
三级及以下	2596516	33986	13170	2449882	130355	16279
专业承包	4077564	1940030	451895	2082615	1278395	716554
一级	2692476	1672279	336630	1390265	814768	487443
二级	829805	253500	98140	282248	334520	213037
三级及以下	555283	14251	17125	410102	129107	16074

3—9 续表2　　　　（2012年）　　　　计量单位：千元、平方米

指标名称	竣工产值	房屋建筑施工面积			
		房屋建筑施工面积	其中：本年新开工面积	其中：实行投标承包面积	其中：本年新开工
总　　计	**41581606**	**60387201**	**27850001**	**54998266**	**27223160**
其中：国有及国有控股企业	19957171	21466460	7616202	21390635	7572995
内资企业	41252778	60387201	27850001	54998266	27223160
国有企业	11053387	6304983	2133908	6229158	2090701
集体企业	101850	243248	224623	242506	224623
有限责任公司	22510005	37370044	17391033	36812906	17260980
股份有限公司	928436	2064439	1073361	1723323	888583
私营企业	5361780	10538765	5316495	8199474	5047692
港、澳、台商投资企业	310119				
房屋和土木工程建筑业	35992932	59326962	27265542	54016657	26713331
建筑安装业	3755629	1060239	584459	981609	509829
建筑装饰业	1668947				
其他建筑业	164098				
施工总承包	38436421	59762691	27559891	54466386	27011280
特级	11429883	14786073	5222077	14786073	5222077
一级	20180290	34754897	16350340	31298721	16239013
二级	5294681	7498419	4176942	6161504	3844300
三级及以下	1531567	2723302	1810532	2220088	1705890
专业承包	3145185	624510	290110	531880	211880
一级	2252122	450000	130000	450000	130000
二级	478663	55160	40760	1160	1160
三级及以下	414400	119350	119350	80720	80720

3—9 续表3　　（2012年）　　计量单位：千元、台、人

指标名称	施工机械设备		从业人员情况			
	年末自有施工机械设备（净值）	年末自有施工机械设备（总台数）	计算建筑业劳动生产率的平均人数	年末从业人员数	其中：工程技术人员	其中：现场施工工人
总　计	**2422310**	**71221**	**111762**	**135201**	**33352**	**84080**
其中：国有及国有控股企业	1111099	28785	32530	41691	11811	22163
内资企业	2421734	71114	111383	134586	33172	83871
国有企业	770427	20276	22094	28399	7303	14996
集体企业	6676	326	978	1195	244	830
有限责任公司	920359	25832	43986	52714	14911	31689
股份有限公司	78019	4119	6392	8011	1216	4466
私营企业	606390	18460	36395	42783	9318	30554
港、澳、台商投资企业	125	12	199	435	65	139
房屋和土木工程建筑业	2241102	63074	100769	121394	28623	75949
建筑安装业	109781	5984	6880	8949	3444	5363
建筑装饰业	31115	1774	3334	4005	922	2377
其他建筑业	40312	389	779	853	363	391
施工总承包	2265774	68035	100544	122380	29779	76202
特级	285203	7732	7059	8873	3312	5771
一级	1328067	32722	44279	57612	15014	33644
二级	528557	19698	34594	40662	8560	26919
三级及以下	123947	7883	14612	15233	2893	9868
专业承包	156536	3186	11218	12821	3573	7878
一级	91284	2051	5147	5857	1924	3488
二级	36257	707	2985	3430	1036	2121
三级及以下	28995	428	3086	3534	613	2269

全市建筑业企业财务状况

3—10　　(2012年)　　计量单位：千元

	固定资产原价	在建工程	资产合计	流动负债合计	流动资产合计	固定资产合计
总　　计	**10129574**	**1183445**	**54085501**	**38039238**	**43492089**	**7419218**
其中：国有及国有控股企业	5472483	92688	31619540	26007005	26966667	3118852
内资企业	10084894	1183445	53702499	37821312	43141284	7396238
国有企业	4068587	73710	20896175	16868626	17654027	2039330
集体企业	55030	10698	211382	40041	125048	71096
有限责任公司	3631555	479204	22825578	17107321	18562714	2969094
股份有限公司	396258	25448	1029696	372120	739969	270733
私营企业	1841303	555145	7851285	3022882	5386355	1876175
港、澳、台商投资企业	39197		175463	106858	149349	20362
房屋和土木工程建筑业	9143456	1099375	48643982	35521465	39161301	6642859
建筑安装业	743479	64282	3787139	2109896	3045294	601595
建筑装饰业	125793	19528	1336177	331437	1051161	104442
其他建筑业	116846	260	318203	76440	234333	70322
施工总承包	9525179	1161730	50688441	36858833	40866507	6976002
特级	1108196	32062	11054297	9275778	9693316	802573
一级	5908162	957402	30049964	23040567	24399853	4080252
二级	1840349	114353	6900568	3393897	4915514	1421260
三级及以下	668472	57913	2683612	1148591	1857824	671917
专业承包	604395	21715	3397060	1180405	2625582	443216
一级	304132	15548	1706600	615210	1279560	232152
二级	181209	5134	956464	337892	711403	126940
三级及以下	119054	1033	733996	227303	634619	84124

3—10 续表1　　（2012年）　　计量单位：千元

	非流动负债合计	负债合计	所有者权益合计	其中：实收资本	国家资本	集体资本
总　计	**927418**	**40364353**	**13718723**	**9511921**	**2883978**	**966601**
其中：国有及国有控股企业	812969	26922177	4697363	3379397	2808178	30000
内资企业	925453	40144462	13555612	9435086	2883978	966601
国有企业	714375	17681307	3214868	2197799	1927178	
集体企业		90186	121196	80238		66538
有限责任公司	193946	17491061	5334517	3905873	956800	453843
股份有限公司		513619	516077	373544		116330
私营企业	11812	3794145	4054715	2732022		219890
港、澳、台商投资企业		105858	68605	26235		
房屋和土木工程建筑业	653677	37387603	11253954	7896967	2735129	893997
建筑安装业	273459	2391399	1395740	972182	109249	67604
建筑装饰业	282	479680	856497	515311	16400	
其他建筑业		105671	212532	127461	23200	5000
施工总承包	914617	38962724	11725717	8131569	2799907	864399
特级	379900	9655678	1398619	741000	730000	
一级	504305	24243002	5806962	4348910	1835431	507843
二级	24352	3536884	3363684	2241221	222446	238768
三级及以下	6060	1527160	1156452	800438	12030	117788
专业承包	12801	1401629	1993006	1380352	84071	102202
一级	282	762708	943892	537711	75571	7200
二级	1965	399825	554214	402524	8500	35000
三级及以下	10554	239096	494900	440117		60002

3—10 续表 2　　(2012 年)　　计量单位：千元

			营业收入		营业成本	
	法人资本	个人资本		主营业务成　本		主营业务成　本
总　计	**1837511**	**3805698**	**72645273**	**72050090**	**66345302**	**65733986**
其中：国有及国有控股企业	521219	20000	41380278	40863775	38368891	37924414
内资企业	1778809	3805698	72069864	71480159	65875921	65267422
国有企业	270621		22604109	22127504	20773075	20360809
集体企业	13700		406109	399872	336471	330130
有限责任公司	733320	1761910	37821648	37748949	34912894	34854422
股份有限公司	95924	161290	1336446	1334688	1189698	1188212
私营企业	659234	1852898	8164549	8132194	7048243	6918309
港、澳、台商投资企业	8102		327350	327350	266027	266027
房屋和土木工程建筑业	1288541	2979300	64577019	64002719	59412780	58817536
建筑安装业	244865	550464	5936006	5918530	5160831	5146434
建筑装饰业	275573	205205	1879442	1876393	1558289	1556925
其他建筑业	28532	70729	252806	252448	213402	213091
施工总承包	1347451	3119812	68759280	68187107	63091780	62567125
特级	11000		16988466	16952068	15916846	15884335
一级	536290	1469346	41612785	41190775	38357047	37991422
二级	503771	1276236	7792574	7679912	6835469	6766356
三级及以下	296390	374230	2365455	2364352	1982418	1925012
专业承包	490060	685886	3885993	3862983	3253522	3166861
一级	255263	181544	2499807	2490810	2085398	2077743
二级	163612	195412	985954	978741	832678	758514
三级及以下	71185	308930	400232	393432	335446	330604

3—10 续表3　　　　（2012年）　　　　计量单位：千元

	营业税金及附加	其他业务利　润	管理费用	其中：税金	财务费用	利息收入
总　计	**2281330**	**108224**	**2299606**	**54448**	**285409**	**40389**
其中：国有及国有控股企业	1263686	88534	1330460	18918	160159	14692
内资企业	2263296	105562	2261306	53842	284636	39695
国有企业	641244	81723	982837	17949	116648	14094
集体企业	15518	-104	13088	572	1374	11
有限责任公司	1231802	17227	882655	23572	95882	23453
股份有限公司	47177	468	36759	2461	9425	888
私营企业	269644	6197	333691	8990	55167	562
港、澳、台商投资企业	9725		26455	498	957	190
房屋和土木工程建筑业	2036637	103607	1894482	44862	270512	18287
建筑安装业	172539	2982	288857	7352	7527	2835
建筑装饰业	63693	1589	96710	1818	7646	18951
其他建筑业	8461	46	19557	416	-276	316
施工总承包	2162131	101148	2048895	48612	273902	19611
特级	556367	3886	313353	85	60254	2593
一级	1253082	80029	1302504	28713	153738	15478
二级	266371	16524	347030	12738	37928	-14
三级及以下	86311	709	86008	7076	21982	1554
专业承包	119199	7076	250711	5836	11507	20778
一级	77082	1327	159680	2306	8711	19170
二级	32028	3791	56505	2415	1313	596
三级及以下	10089	1958	34526	1115	1483	1012

3—10 续表 4　　（2012 年）　　计量单位：千元

	其中：利息支出	营业利润	利润总额	应交所得税	应付职工薪酬
总　计	**250382**	**1322252**	**1322738**	**293552**	**3724745**
其中：国有及国有控股企业	151118	265594	268445	84635	1739115
内资企业	249235	1277658	1277503	282799	3708108
国有企业	114457	88168	89326	42585	1296329
集体企业	28	33474	27565	1916	30250
有限责任公司	97988	648940	652699	136566	1294182
股份有限公司	2590	44019	44558	9089	134962
私营企业	33485	421491	421732	84861	908844
港、澳、台商投资企业	1147	25593	26175	6226	9253
房屋和土木工程建筑业	221625	927996	925622	218884	3368546
建筑安装业	8236	237598	243169	37398	237547
建筑装饰业	20502	147664	145849	35542	97221
其他建筑业	19	8994	8098	1728	21431
施工总承包	227236	1085918	1087668	234021	3416974
特级	54116	141865	142665	26129	352772
一级	147301	500423	511186	125693	1819530
二级	23419	267998	267889	55096	906923
三级及以下	2400	175632	165928	27103	337749
专业承包	23146	236334	235070	59531	307771
一级	20043	170508	169697	39704	172480
二级	860	48543	48164	16618	75171
三级及以下	2243	17283	17209	3209	60120

全市建筑业企业房屋建筑竣工面积情况

3—11　　　　（2012年）　　　　计量单位：平方米

项　目	合　计	住宅房屋	商业及服务用房屋	商厦房屋（批发和零售用房）	宾馆用房屋（住宿用房）	餐饮用房屋（餐饮用房）
总　计	**16189848**	**10585633**	**819481**	**446575**	**56899**	**8796**
其中：国有及国有控股企业		4708937	2158059	356627	204315	29533
内资企业	16189848	10585633	819481	446575	56899	8796
国有企业	1773769	624771	127971	70816		
集体企业	70038	52180				
有限责任公司	9273790	6293018	508376	264232	29533	8796
股份有限公司	722355	497711	34405		24868	
私营企业	3476065	2449043	138186	111527	2498	
港、澳、台商投资企业						
房屋和土木工程建筑业	15931218	10500633	819481	446575	56899	8796
建筑安装业	258630	85000				
建筑装饰业						
其他建筑业						
施工总承包	15979508	10428923	819481	446575	56899	8796
特级	2682803	1301577	165059	69902	29533	
一级	8022015	4962142	533236	295232	24868	8796
二级	3839052	2962877	116299	76554	2498	
三级及以下	1435638	1202327	4887	4887		
专业承包	210340	156710				
一级	100000	85000				
二级	55160	55160				
三级及以下	55180	16550				

3—11 续表 1　　(2012 年)　　计量单位：平方米

项　目	办公用房屋	科研、教育、医疗用房屋	科学研究用房屋	教育用房屋	医疗用房屋（卫生医疗用房）
总　计	**618118**	**668573**	**63546**	**386294**	**218733**
其中：国有及国有控股企业	89574	108439	19589	76400	12450
内资企业	618118	668573	63546	386294	218733
国有企业	67411	31716	9593	22123	
集体企业	7630	920	920		
有限责任公司	308553	343385	25084	188497	129804
股份有限公司	107630	18041		18041	
私营企业	96452	251972	27949	135094	88929
港、澳、台商投资企业					
房屋和土木工程建筑业	603118	638573	57126	386294	195153
建筑安装业	15000	30000	6420		23580
建筑装饰业					
其他建筑业					
施工总承包	603118	668573	63546	386294	218733
特级	43282	95698	28746	41103	25849
一级	374993	245617	33880	95951	115786
二级	163802	195779		162731	33048
三级及以下	21041	131479	920	86509	44050
专业承包	15000				
一级	15000				
二级					
三级及以下					

3—11 续表 2　　（2012 年）　　计量单位：平方米

项　目	文化、体育和娱乐用房	厂房及建筑物		仓　库	其他未列明的房屋建筑物
			厂　房		
总　计	**26871**	**2833654**	**2136091**	**59735**	**577783**
其中：国有及国有控股企业		1648805	1572509	24969	322464
内资企业	26871	2833654	2136091	59735	577783
国有企业		760668	684372		161232
集体企业		9308	9308		
有限责任公司		1408519	1185618	55886	356053
股份有限公司		64568	64568		
私营企业	2668	473397	192225	3849	60498
港、澳、台商投资企业					
房屋和土木工程建筑业	26871	2738024	2091091	59735	544783
建筑安装业		95630	45000		33000
建筑装饰业					
其他建筑业					
施工总承包	26871	2795024	2136091	59735	577783
特级		888137	888137	27818	161232
一级	24203	1528487	1132496	25843	327494
二级	2668	315004	106150	1574	81049
三级及以下		63396	9308	4500	8008
专业承包		38630			
一级					
二级					
三级及以下		38630			

全市建筑业企业房屋建筑竣工造价情况

3—12　　(2012 年)　　计量单位：千元

项　　目	合　　计	住宅房屋	商业及服务用房屋	商厦房屋（批发和零售用房）
总　　计	**22624373**	**11422925**	**1247301**	**641156**
其中：国有及国有控股企业	10003433	3119148	643409	378351
内资企业	22624373	11422925	1247301	641156
国有企业	4254207	1055468	226583	164851
集体企业	87598	61190		
有限责任公司	12654167	6223204	859986	387901
股份有限公司	801837	502717	47213	
私营企业	3566050	2583612	103059	88404
港、澳、台商投资企业				
房屋和土木工程建筑业	21642588	11390425	1247301	641156
建筑安装业	981785	32500		
建筑装饰业				
其他建筑业				
施工总承包	22509688	11330729	1247301	641156
特级	5592918	1863676	366826	163500
一级	11769648	5265951	833109	456101
二级	3871174	3142348	43416	17605
三级及以下	1275948	1058754	3950	3950
专业承包	114685	92196		
一级	40000	32500		
二级	44526	44526		
三级及以下	30159	15170		

3—12 续表1　　（2012年）　　计量单位：千元

项　　目	宾馆用房屋（住宿用房）	餐饮用房屋（餐饮用房）	办公用房屋	科研、教育、医疗用房屋
总　　计	**82154**	**33996**	**674978**	**885905**
其中：国有及国有控股企业	44400		159793	211097
内资企业	82154	33996	674978	885905
国有企业			78463	61748
集体企业			13278	1030
有限责任公司	44400	33996	272386	485925
股份有限公司	34815		145282	16240
私营企业	2939		128199	281962
港、澳、台商投资企业				
房屋和土木工程建筑业	82154	33996	667478	862736
建筑安装业			7500	23169
建筑装饰业				
其他建筑业				
施工总承包	82154	33996	667478	885905
特级	44400		123007	198953
一级	34815	33996	322781	367964
二级	2939		192179	203783
三级及以下			29511	115205
专业承包			7500	
一级			7500	
二级				
三级及以下				

3—12 续表2　（2012年）　计量单位：千元

项　目	科学研究用房屋	教育用房屋	医疗用房屋（卫生医疗用房）	文化、体育和娱乐用房
总　计	**133092**	**473669**	**279144**	**58207**
其中：国有及国有控股企业	80008	104639	26450	
内资企业	133092	473669	279144	58207
国有企业	25309	36439		
集体企业	1030			
有限责任公司	69076	253294	163555	
股份有限公司		16240		
私营企业	37677	128696	115589	3017
港、澳、台商投资企业				
房屋和土木工程建筑业	128134	473669	260933	58207
建筑安装业	4958		18211	
建筑装饰业				
其他建筑业				
施工总承包	133092	473669	279144	58207
特级	73299	72856	52798	
一级	58763	160856	148345	55190
二级		165731	38052	3017
三级及以下	1030	74226	39949	
专业承包				
一级				
二级				
三级及以下				

3—12 续表 3　　(2012 年)　　计量单位：千元

项　目	厂房及建筑物	厂房	仓库	其他未列明的房屋建筑物
总　计	**5990425**	**5304399**	**98235**	**2246397**
其中：国有及国有控股企业	4584746	4441616	33920	1251320
内资企业	5990425	5304399	98235	2246397
国有企业	2206285	2063155		625660
集体企业	12100	12100		
有限责任公司	3192957	2886534	78260	1541449
股份有限公司	90385	90385		
私营企业	366938	252225	19975	79288
港、澳、台商投资企业				
房屋和土木工程建筑业	5535208	4958651	98235	1782998
建筑安装业	455217	345748		463399
建筑装饰业				
其他建筑业				
施工总承包	5975436	5304399	98235	2246397
特级	2378461	2378461	36335	625660
一级	3372909	2814096	39758	1511986
二级	168016	99742	18142	100273
三级及以下	56050	12100	4000	8478
专业承包	14989			
一级				
二级				
三级及以下	14989			

分县（市）区建筑业企业主要指标情况

3—13　　(2012 年)　　计量单位：个、千元、人

行政单位	建筑业企业个数	签订的合同额	建筑业总产值	装饰装修产值	在外省完成的产值	竣工产值
全市总计	**271**	**167159031**	**92004926**	**4354403**	**34383510**	**41581606**
#长安区	33	25799643	13610916	414485	4263233	5522764
桥东区	17	7200570	6802947	496782	1444672	5460447
桥西区	39	29164539	16380442	1257976	4706815	9400761
新华区	29	59124498	31333436	1830300	15480637	12273626
裕华区	28	16436423	9575891	177509	3549359	3272414
矿　区	2	13325	12370			
高新区	11	3269933	2191746	28284	756497	539219
井陉县	8	424974	370088	28442		325083
正定县	9	2118880	983365			549097
栾城县	7	576017	374892	91844		408002
行唐县	1	96820	86300	23120		22490
灵寿县	3	234562	234562			26100
高邑县	4	302252	185843			167166
深泽县	5	686454	453365	500	84340	362193
赞皇县	7	407817	339784			23650
无极县	4	384505	354317			184971
平山县	6	373661	172839		58000	145815
元氏县	2	1478440	226044			176244
赵　县	6	675627	486189			448559
辛集市	10	2229089	1265757	1500		818948
藁城市	7	2207623	1034963		101517	486297
晋州市	4	126230	84020			166430
新乐市	5	371227	293513	661		306922
鹿泉市	24	13455922	5151337	3000	3938440	494408

3—13 续表 1　　（2012 年）　　计量单位：个、千元、人

行政单位	计算建筑业劳动生产率的平均人数	年末从业人员数	房屋建筑竣工价值	所有者权益合计	其中：实收资本	营业收入
全市总计	**111762**	**135201**	**22624373**	**13718723**	**9511921**	**72645273**
#长安区	12938	16836	2103117	1471122	1268265	10396154
桥东区	10405	12485	745033	1709434	1015945	6168828
桥西区	13855	17608	5615651	2827012	2091376	12850505
新华区	11911	16228	8639746	1784493	1274348	21385286
裕华区	11748	15367	1049553	1340223	979094	7848383
矿　区	262	280		12460	14000	12375
高新区	3751	4532	45200	757686	303040	1658978
井陉县	1935	2635	254316	158886	120349	376067
正定县	6955	7045	532539	355210	265420	733084
栾城县	2311	2453	268349	149806	125780	402469
行唐县	376	380	22490	60420	24000	86300
灵寿县	678	890	26100	54555	19700	234562
高邑县	1900	1980	167166	76701	67405	185843
深泽县	6877	7354	343513	243480	216160	453373
赞皇县	2075	1555	23650	142837	99372	231075
无极县	1103	1046	162367	98043	73200	353188
平山县	2412	2681	145815	162026	88676	253386
元氏县	1005	2263	176244	67806	42580	213544
赵　县	2578	3026	446089	214220	124000	485639
辛集市	4991	5366	753568	318911	230364	1129364
藁城市	4463	4814	429491	427793	123849	1036370
晋州市	1004	1338	96450	49070	47700	147960
新乐市	1672	1816	299106	141343	88592	313631
鹿泉市	4557	5223	278820	1095186	808706	5688909

3—13 续表 2　　　　(2012 年)　　　　计量单位：个、千元、人

行政单位	营业成本	营业税金及附加	管理费用	财务费用	营业利润	利润总额
全市总计	**66345302**	**2281330**	**2299606**	**285409**	**1322252**	**1322738**
#长安区	9688476	339823	252104	36855	95696	97469
桥东区	5404440	191873	402776	41039	128750	125541
桥西区	11808917	409839	405776	51545	170836	168954
新华区	19870290	697551	466475	32783	256392	262465
裕华区	7227440	218760	252415	31996	105374	109934
矿　区	11556	730	105		-16	-16
高新区	1357857	40833	98632	15760	145321	147002
井陉县	320444	14371	26527	1751	11202	9877
正定县	645064	24288	17680	8336	33062	33686
栾城县	362145	14983	8897	248	14674	14674
行唐县	76074	5048	860	1200	3118	3118
灵寿县	200854	10998	5088	668	13360	8651
高邑县	170799	5878	2627	968	4152	4152
深泽县	404800	10733	16459	5721	12216	10086
赞皇县	186836	4763	4200	8392	21220	19168
无极县	302283	5803	8388	1079	31280	31280
平山县	217083	10983	4083	381	20712	20712
元氏县	182691	7180	6546	608	15762	15450
赵　县	412086	19323	15776	8763	19487	19266
辛集市	1022712	40231	33445	3258	18205	19610
藁城市	896930	37316	23749	1193	71649	71708
晋州市	123170	6225	5505	3022	5540	7692
新乐市	275790	12714	2759	1579	32754	32750
鹿泉市	5176565	151084	238734	28264	91506	89509

四、能源消费

全市规模以上工业企业能源购进、消费及库存

4—1 (2012年)

能源名称	计量单位	年初库存	购进量		消费量			年末库存
			实物量	金额（万元）	合计	1. 工业生产消费	2. 非工业生产消费	
能源合计	吨标准煤				60432854	60249111	183743	
焦炉煤气	万立方米		18157	7980	41675	41675		
高炉煤气	万立方米				1517416	1517416		
转炉煤气	万立方米				93140	93140		
发生炉煤气	万立方米		1109	493	1109	1109		
天然气（气态）	万立方米		10751	28196	10825	10668	157	
液化天然气（液态）	吨		4	4	4	4		
原油	吨	484383	4255957	2636982	4184627	4184627		555713
汽油	吨	7958	65637	52415	66540	56569	9971	6302
煤油	吨	317	1169	735	1202	1187	15	3477
柴油	吨	29460	159072	110952	160718	150652	10066	29786
燃料油	吨	155	166	67	173	173		148
液化石油气	吨		400	236	400	400		
炼厂干气	吨				155284	155284		
润滑油	吨	2	8	9	8	2	6	2
溶剂油	吨		29	17	18	18		11
其它石油制品	吨	130	174803	90796	445373	445373		100
热力	百万千焦		26691584	190634	30967941	29959383	1008558	
电力	万千瓦时		2507154	1600874	3220019	3191829	28189	
城市垃圾用于燃料	吨				81069	81069		
生物质废料用于燃料	吨		387462	18550	375783	375783		
余热余压	百万千焦				6253946	6253946		

市区规模以上工业企业能源购进、消费及库存

4—2 （2012年）

能源名称	计量单位	年初库存	购进量		消费量			年末库存
			实物量	金额（万元）	合计	1. 工业生产消费	2. 非工业生产消费	
能源合计	吨标准煤				21733043	21671667	61375	
焦炉煤气	万立方米		18157	7980	18157	18157		
高炉煤气	万立方米				291953	291953		
转炉煤气	万立方米				14461	14461		
发生炉煤气	万立方米		1109	493	1109	1109		
天然气（气态）	万立方米		4501	11944	4501	4386	115	
原油	吨		62	44	62	62		
汽油	吨	9	4064	3617	4260	2670	1589	10
煤油	吨	2	116	90	117	117		2
柴油	吨	3176	10847	8483	12144	10929	1215	1877
燃料油	吨	140						140
液化石油气	吨		60	38	60	60		
热力	百万千焦		14179776	89756	16534760	15643169	891591	
电力	万千瓦时		449979	295814	825274	808184	17090	
生物质废料用于燃料	吨		273304	7653	273304	273304		
余热余压	百万千焦				809042	809042		

全市规模以上工业企业产值综合能耗

4—3

（2012 年）

行业名称	综合能源消费量（吨标准煤）		工业总产值（万元）		产值能耗（吨标准煤/万元）	
	本年	去年同期	本年	去年同期	本年	去年同期
总　计	**29597631**	**28715022**	**76606298**	**69138334**	**0.39**	**0.42**
煤炭开采和洗选业	587173	630634	1842695	1643799	0.32	0.38
黑色金属矿采选业	124952	123713	701729	686181	0.18	0.18
有色金属矿采选业	434	334	55053	44208	0.01	0.01
非金属矿采选业	10935	20586	244208	274270	0.04	0.08
农副食品加工业	987560	971657	5971857	4987695	0.17	0.19
食品制造业	183492	161614	1330042	1070717	0.14	0.15
酒、饮料和精制茶制造业	84898	114179	580343	587072	0.15	0.19
烟草制品业	8446	8865	626727	505006	0.01	0.02
纺织业	620550	593196	5844126	5137817	0.11	0.12
纺织服装、服饰业	57402	53489	1457697	1272214	0.04	0.04
皮革、毛皮、羽毛及其制品和制鞋业	333632	331883	6776397	5648560	0.05	0.06
木材加工和木、竹、藤、棕、草制品业	303924	306101	996489	733594	0.3	0.42
家具制造业	52763	52471	500680	383213	0.11	0.14
造纸和纸制品业	218795	223037	1292980	1071845	0.17	0.21
印刷和记录媒介复制业	22519	19724	555578	483320	0.04	0.04
文教、工美、体育和娱乐用品制造业	19138	17739	478734	372489	0.04	0.05
石油加工、炼焦和核燃料加工业	1183493	1190438	3761240	3552114	0.31	0.34
化学原料和化学制品制造业	3961850	3876871	7684247	6587494	0.52	0.59
医药制造业	947941	1057772	4247660	3954817	0.22	0.27
化学纤维制造业	141493	143576	456994	409378	0.31	0.35
橡胶和塑料制品业	308009	342303	2289799	2238021	0.13	0.15
非金属矿物制品业	3291051	3412657	4909811	4801565	0.67	0.71
黑色金属冶炼和压延加工业	6565304	5956581	7948383	8750903	0.83	0.68
有色金属冶炼和压延加工业	19840	20535	252273	202367	0.08	0.1
金属制品业	275042	273192	3184679	2801544	0.09	0.1
通用设备制造业	141698	142909	2181174	2029600	0.06	0.07
专用设备制造业	182948	172338	1807176	1428070	0.1	0.12
汽车制造业	65276	75865	544744	579762	0.12	0.13
铁路、船舶、航空航天和其他运输设备制造业	19742	21429	308554	294877	0.06	0.07
电气机械和器材制造业	92143	85061	2627322	1919843	0.04	0.04
计算机、通信和其他电子设备制造业	49431	41961	904899	827942	0.05	0.05
仪器仪表制造业	3893	4954	141623	121394	0.03	0.04
其他制造业	581	711	42306	42430	0.01	0.02
废弃资源综合利用业	12311	18574	146454	162426	0.08	0.11
金属制品、机械和设备修理业	18146	17293	120604	110204	0.15	0.16
电力、热力生产和供应业	8692575	8222786	3648044	3294047	2.38	2.5
燃气生产和供应业	816	1057	82450	72534	0.01	0.01
水的生产和供应业	7437	6938	60528	55004	0.12	0.13

全市主要能源调出调入情况

4—4 (2012 年) 计量单位：吨

能源名称	调出量	# 调出省外	调入量	# 省外调入
原　　油	76720	76720	575715	575715
汽　　油	44576	44576	32461	32461
柴　　油	68135	68135	331397	331397
燃 料 油			2985	2985
天 然 气			15090	15090
液化天然气			3366	3366

市区主要能源调出调入情况

4—5 (2012 年) 计量单位：吨

能源名称	调出量	# 调出省外	调入量	# 省外调入
原　　油	61376	61376	460572	460572
汽　　油	35661	35661	25969	25969
柴　　油	54508	54508	265118	265118
燃 料 油			2388	2388
天 然 气			12072	12072
液化天然气			2693	2693

全市规模以下工业企业主要能源消费情况

4—6 (2012年)

行业名称	汽油（吨）	柴油（吨）	电 力（万千瓦时）
总 计	**381297**	**286725**	**1371271**
(一) 采矿业	8065	26400	46602
煤炭开采和洗选业	47	486	5524
黑色金属矿采选业	778	7475	15910
有色金属矿采选业	68	1276	534
非金属矿采选业	6596	16159	22038
其他采矿业	576	1005	2596
(二) 制造业	372355	259626	1324035
农副食品加工业	24111	20043	191478
食品制造业	6747	9884	20790
饮料制造业	1331	1366	20909
烟草制品业	146	659	928
纺织业	17079	10866	94377
纺织服装、鞋、帽制造业	91078	5309	114976
皮革、毛皮、羽毛（绒）及其制品业	5780	8915	25891
木材加工及木、竹、藤、棕、草制品业	1594	1820	16586
家具制造业	28186	34244	156681
造纸及纸制品业	8568	2574	71681
印刷业和记录媒介的复制	1699	564	11004

4—6 续表 （2012 年）

行业名称	汽油 （吨）	柴油 （吨）	电　　力 （万千瓦时）
文教体育用品制造业	274	26	5020
石油加工、炼焦及核燃料加工业	2044	1562	11568
化学原料及化学制品制造业	82234	56132	153588
医药制造业	1480	310	1826
化学纤维制造业	474	333	942
橡胶制品业	621	392	5470
塑料制品业	8711	6257	45689
非金属矿物制品业	24261	31051	126748
黑色金属冶炼及压延加工业	15702	30738	89350
有色金属冶炼及压延加工业	4555	1912	16037
金属制品业	7835	4305	67563
通用设备制造业	16191	15063	19618
专用设备制造业	2093	1014	8186
交通运输设备制造业	1372	1342	933
电气机械及器材制造业	163	126	521
通信设备、计算机及其他电子设备制造业	677	1873	2097
仪器仪表及文化、办公用机械制造业	300	624	576
工艺品及其他制造业	1430	1652	6845
废弃资源和废旧材料回收加工业	15622	8672	36159
（三）电力、燃气及水的生产和供应业	876	699	635
电力、热力的生产和供应业	876	699	635
燃气生产和供应业			
水的生产和供应业			

市区规模以下工业企业主要能源消费情况

4—7 (2012 年)

行业名称	汽油（吨）	柴油（吨）	电　力（万千瓦时）
总　计	**305038**	**229380**	**1097017**
（一）采矿业	6452	21120	37282
煤炭开采和洗选业	38	389	4419
黑色金属矿采选业	622	5980	12728
有色金属矿采选业	54	1021	427
非金属矿采选业	5277	12927	17630
其他采矿业	461	804	2077
（二）制造业	297884	207701	1059228
农副食品加工业	19289	16034	153182
食品制造业	5398	7907	16632
饮料制造业	1065	1093	16727
烟草制品业	117	527	742
纺织业	13663	8693	75502
纺织服装、鞋、帽制造业	72862	4247	91981
皮革、毛皮、羽毛（绒）及其制品业	4624	7132	20713
木材加工及木、竹、藤、棕、草制品业	1275	1456	13269
家具制造业	22549	27395	125345
造纸及纸制品业	6854	2059	57345
印刷业和记录媒介的复制	1359	451	8803
文教体育用品制造业	219	21	4016
石油加工、炼焦及核燃料加工业	1635	1250	9254
化学原料及化学制品制造业	65787	44906	122870
医药制造业	1184	248	1461
化学纤维制造业	379	266	754
橡胶制品业	497	314	4376
塑料制品业	6969	5006	36551
非金属矿物制品业	19409	24841	101398
黑色金属冶炼及压延加工业	12562	24590	71480
有色金属冶炼及压延加工业	3644	1530	12830
金属制品业	6268	3444	54050
通用设备制造业	12953	12050	15694
专用设备制造业	1674	811	6549
交通运输设备制造业	1098	1074	746
电气机械及器材制造业	130	101	417
通信设备、计算机及其他电子设备制造业	542	1498	1678
仪器仪表及文化、办公用机械制造业	240	499	461
工艺品及其他制造业	1144	1322	5476
废弃资源和废旧材料回收加工业	12498	6938	28927
（三）电力、燃气及水的生产和供应业	701	559	508
电力、热力的生产和供应业	701	559	508
燃气生产和供应业			
水的生产和供应业			

全市有关行业能源消费量

4—8　　(2012 年)

能源名称	计量单位	本年消费量	# 农林牧渔水利业	建筑业	批发零售贸易餐饮业	公路运输业
焦炉煤气	万立方米	95			90	
天然气	万立方米	42438		5521	36904	
液化天然气	吨	3130	2184	108	726	
原油	吨	9465	3153	1392	475	273
汽油	吨	293670	11524	19334	23650	16500
煤油	吨	4681	111	202	287	2907
柴油	吨	226935	1499	55234	14524	118222
燃料油	吨	12509	328	11527	82	
液化石油气	吨	6515	183	4867	658	328
热力	百万千焦	18817386	14216	349822	6667177	3519
电力	万千瓦时	1161595	43500	40640	163754	71255

市区有关行业能源消费量

4—9　　(2012 年)

能源名称	计量单位	本年消费量	# 农林牧渔水利业	建筑业	批发零售贸易餐饮业	公路运输业
焦炉煤气	万立方米	76			72	
天然气	万立方米	33950		4417	29523	
液化天然气	吨	2504	1747	86	581	
原油	吨	7572	2523	1114	380	218
汽油	吨	234936	9219	15467	18920	13200
煤油	吨	3744	88	162	229	2326
柴油	吨	181548	1199	44187	11619	94578
燃料油	吨	10007	262	9222	66	
液化石油气	吨	5212	146	3894	526	262
热力	百万千焦	15053908	11373	279858	5333742	2815
电力	万千瓦时	929276	34800	32512	131003	57004

全市行业用电分类情况

4—10 （2012年） 计量单位：万千瓦时

指标名称	全 市	# 市区
全社会用电总计	**4355525**	**1440928**
A、全行业用电合计	3809261	1290306
第一产业	135418	9321
第二产业	3149088	927380
第三产业	524755	353605
B、城乡居民生活用电合计	546264	150622
城镇居民	220456	126020
乡村居民	325808	24602
全行业用电分类	3809261	1290306
一、农、林、牧、渔、水利业	135418	9321
1. 农业	27454	748
2. 林业	812	211
3. 畜牧业	9095	994
4. 渔业	212	23
5. 农、林、牧、渔服务业	97845	7345
# 排灌	81954	6817
二、工业	3110534	911693
1. 轻工业	734246	222927
2. 重工业	2376288	688766
（一）采矿业	49763	11101
1. 煤炭开采和洗选业	13959	10259
2. 石油和天然气开采业	5196	512
3. 黑色金属矿采选业	9907	
4. 有色金属矿采选业	2734	37
5. 非金属矿采选业	14669	246
6. 其他采矿业	3298	47
（二）制造业	2412848	442993
1. 食品、饮料和烟草制造业	83480	7114
# 农副食品加工业	42913	2826
2. 纺织业（轻）	189159	29606
3. 服装鞋帽、皮革羽绒及其制品业	34249	3134
4. 木材加工及制品和家具制品业	38620	1866

4—10 续表 1　　(2012 年)　　计量单位：万千瓦时

指标名称	全　市	# 市区
# 轻工业	3735	911
5. 造纸及纸制品业	55129	3227
6. 印刷业和记录媒介的复制	4065	2087
7. 文体用品制造业	404	15
8. 石油加工、炼焦及核燃料加工业	44415	41081
9. 化学原料及化学制品制造业	466581	26936
# 轻工业	8509	1575
# 肥料制造	282822	838
10. 医药制造业	236843	141853
11. 化学纤维制造业	38108	17948
12. 橡胶和塑料制品业	72061	4632
# 轻工业	18317	1268
13. 非金属矿物制品业	346720	20923
# 轻工业	32498	437
# 水泥制造	150768	15932
14. 黑色金属冶炼及压延加工业	495948	81895
# 铁合金冶炼	39852	492
15. 有色金属冶炼及压延加工业	40072	444
# 铝冶炼	21440	
16. 金属制品业	151495	23597
# 轻工业	5456	486
17. 通用及专用设备制造业	54827	13896
# 轻工业	353	28
18. 交通运输、电气、电子设备制造业	50212	19696
# 轻工业	7978	5013
# 交通运输设备制造业	11077	4369
19. 工艺品及其他制造业（轻）	7768	2850
20. 废弃资源和废旧材料回收加工业	2692	193
（三）电力、燃汽及水的生产和供应业	647923	457599
1. 电力、热力的生产和供应业	616274	447804
# 电厂生产全部耗用电量	359253	333086
线路损失电量	244397	104915

4—10 续表2 （2012年） 计量单位：万千瓦时

指标名称	全　市	# 市区
2. 燃气生产和供应业	4376	2168
3. 水的生产和供应业	27273	7627
# 轻工业	8195	5375
三、建筑业	38554	15687
四、交通运输、仓储和邮政业	109083	82090
1. 交通运输业	90650	78673
# 城市公共交通	774	356
管道运输业	3382	
电气化铁路	46037	45828
2. 仓储业	17033	2427
3. 邮政业	1400	990
五、信息传输、计算机服务和软件业	31065	18826
1. 电信和其他信息传输服务业	30296	18386
2. 计算机服务和软件业	769	440
六、商业、住宿和餐饮业	164122	87520
1. 批发和零售业	136624	68765
2. 住宿和餐饮业	27498	18755
七、金融、房地产、商务及居民服务业	97689	79456
1. 金融业	9439	6907
2. 房地产业	49415	45485
3. 租赁和商务服务业、居民服务和其它服务	38835	27064
八、公共事业及管理组织	122796	85713
1. 科学研究、技术服务和地质勘查业	7148	6538
# 地质勘查业	300	126
2. 水利、环境和公共设施管理业	19006	9373
# 水利管理业	3597	942
# 公共照明	13492	8155
3. 教育、文化、体育和娱乐业	46233	34600
# 教育	35330	26103
4. 卫生、社会保障和社会福利业	22238	15939
5. 公共管理和社会组织、国际组织	28171	19263

分县（市）用电情况

4—11 计量单位：万千瓦时

行政单位	2008 年	2009 年	2010 年	2011 年	2012 年
全市总计	**3246087**	**3404834**	**3835366**	**4132762**	**4355525**
市区合计	1224331	1270267	1346076	1421732	1440928
井 陉 县	54796	47727	64289	73776	74647
正 定 县	146182	155718	182648	195842	207867
栾 城 县	101212	107413	118557	132874	137601
行 唐 县	33983	36337	46003	50135	47218
灵 寿 县	81614	83262	90719	104491	118538
高 邑 县	59904	67192	83258	91400	94981
深 泽 县	46494	49014	83258	60933	60597
赞 皇 县	45884	53910	67834	80274	77551
无 极 县	62778	70039	86889	99095	104441
平 山 县	248840	226256	268878	304127	380828
元 氏 县	115953	120923	137451	146479	157845
赵 县	97701	98862	123154	139105	142643
辛 集 市	200905	231405	288778	306946	335110
藁 城 市	192297	201419	263335	286905	298640
晋 州 市	191616	220207	238508	255629	248267
新 乐 市	82182	88362	94954	111089	138541
鹿 泉 市	259415	255410	278379	271930	289282

五、财政　金融

财政收入情况

5—1　　　　(2012 年)　　　　计量单位：万元

行政单位	全部财政收入	# 公共财政预算收入		
			# 增值税	营业税
石家庄市	**5733903**	**2722764**	**193640**	**878857**
市区合计	3280745	1803141	108376	604065
# 长安区	467903	251352	17335	125807
桥东区	508257	192762	10753	68089
桥西区	685345	332358	20915	141715
新华区	336521	187462	10408	89976
裕华区	428346	261565	10199	138210
矿　区	52088	21253	4279	5742
高新区	295294	120441	20041	34518
井陉县	117798	48889	6150	16007
正定县	130936	81036	4831	36548
栾城县	112516	57985	7372	12895
行唐县	35596	19789	1608	9682
灵寿县	35310	20025	1826	4895
高邑县	38075	20456	2148	7905
深泽县	36611	24421	1267	7711
赞皇县	41285	19257	3031	5207
无极县	55511	29429	3026	7933
平山县	183647	95602	11160	23252
元氏县	86021	37811	5578	9561
赵　县	55151	30009	3490	6828
辛集市	162004	84901	9836	24586
藁城市	1004675	145523	8641	29500
晋州市	90958	55344	4434	16944
新乐市	59028	40088	2139	12756
鹿泉市	208036	109058	8727	42582

5—1 续表　　　　(2012 年)　　　　计量单位：万元

行政单位	公共财政预算收入中：				
	企业所得税	个人所得税	城市维护建设税	耕地占用税	契　税
石家庄市	**207190**	**79527**	**169961**	**78305**	**120174**
市区合计	159375	64041	104942	54714	85706
#长安区	19621	10788	17292	215	
桥东区	54416	8197	15812	67	
桥西区	38386	14666	24086		
新华区	10884	15263	12079	206	
裕华区	18084	8989	14366	4290	
矿　区	1121	466	2647	16	284
高新区	11214	5394	11034	3755	
井陉县	1980	766	3725	110	557
正定县	4442	1030	3381	1053	5590
栾城县	2465	1012	2640	1109	2405
行唐县	1303	556	587	584	426
灵寿县	956	338	516	1297	407
高邑县	666	208	821	527	484
深泽县	790	753	703	1953	309
赞皇县	924	132	668	1363	883
无极县	1940	430	1209	489	1047
平山县	4688	1756	4313	510	959
元氏县	3532	801	1673	733	1246
赵　县	1097	232	1870	1414	1119
辛集市	4246	1310	5363	2045	5083
藁城市	6484	2169	26664	3820	5002
晋州市	1864	1055	3050	2004	1472
新乐市	1048	874	1301	667	450
鹿泉市	9390	2064	6535	3913	7029

财政支出情况

5—2　　(2012年)　　计量单位：万元

行政单位	财政支出	#一般公共服务	公共安全	教　育	科学技术
石家庄市	**4640930**	**481495**	**281155**	**1092790**	**75058**
市区合计	2329600	236743	166239	520170	45086
#长安区	103665	13558	4373	52739	1800
桥东区	105006	17135	3443	47348	1138
桥西区	152492	19628	3411	61129	2036
新华区	114959	26036	4344	49449	1596
裕华区	104300	20878	3545	45424	1777
矿　区	52428	8462	3429	10406	881
高新区	89640	14656	2015	13679	6491
井陉县	104130	12118	6635	27692	1899
正定县	159227	22017	8873	42923	1509
栾城县	114520	12639	5327	32077	3554
行唐县	120061	13406	5274	31670	820
灵寿县	111733	10811	5729	24061	634
高邑县	73260	9513	4247	18590	1187
深泽县	79297	5447	3682	16533	894
赞皇县	102247	7711	4968	15606	562
无极县	102845	11508	5699	27051	1496
平山县	212192	18225	7452	44622	3191
元氏县	124806	10653	7536	27735	1043
赵　县	140668	14128	6902	36366	867
辛集市	180846	21925	8057	44367	1613
藁城市	244332	20395	8273	63921	4924
晋州市	146054	18447	7867	44810	1637
新乐市	116059	11220	6818	27769	1342
鹿泉市	179053	24589	11577	46827	2800

5—2 续表　　(2012 年)　　计量单位：万元

行政单位	财政支出中：				
	文化体育与传媒	社会保障和就业	医疗卫生	城乡社区事务	农林水事务
石家庄市	**66635**	**373861**	**418271**	**467051**	**398896**
市区合计	42202	141761	156101	363922	75049
#长安区	256	10589	6796	5938	1396
桥东区	418	7662	5668	9517	316
桥西区	366	10339	5360	11059	485
新华区	453	7604	5113	15068	1026
裕华区	429	5252	6442	10099	1248
矿　区	532	3267	3173	8102	2907
高新区	112	1649	2106	22494	1455
井陉县	1536	8948	11476	3151	15534
正定县	2767	13144	16411	14894	14659
栾城县	668	10140	13185	7737	15617
行唐县	854	13859	14406	875	21390
灵寿县	1091	13976	12124	331	20625
高邑县	340	8078	7343	600	7585
深泽县	895	7666	10225	2360	10888
赞皇县	1176	10251	9357	5858	17732
无极县	1020	13945	13976	891	11886
平山县	3272	17718	20126	21634	37529
元氏县	929	10575	15312	2311	20234
赵　县	2223	15408	18337	3045	21675
辛集市	1631	22316	22703	3949	22113
藁城市	1234	25318	27692	19976	25727
晋州市	1489	13996	18421	3162	16849
新乐市	1546	14724	12620	1964	14556
鹿泉市	1762	12038	18456	10391	29248

全市金融机构本外币信贷收支情况

5—3　　(2012 年)　　计量单位：万元

指标名称	本年度余额	比年初	
		今　年	去　年
一、各项存款	77063805	9510301	6234783
1. 单位存款	36193233	3924777	2619397
# 活期存款	16280714	1068530	－1222701
定期存款	7841712	87927	3739932
2. 个人存款	38198022	5365294	3486774
# 储蓄存款	37512511	4934996	3329344
3. 财政性存款	783533	3530	－80876
4. 临时性存款	140926	17624	18948
5. 委托存款	154743	－36975	－22482
6. 其他存款	1593348	236051	213020
二、所有者权益	1681348	289238	289172
# 实收资本	724946	207600	－580
三、其他	－4069187	－3453212	557493
资金来源总计	79003547	7261688	4691618
一、各项贷款	40528243	3801132	4282459
1. 短期贷款	16591830	2191898	1936947
# 单位贷款及透支	12886025	1284030	1195776
2. 中长期贷款	22198899	1040803	2226414
# 单位贷款	14489571	－72209	922017
3. 票据融资	1703083	567410	119751
4. 各项垫款	34007	1133	－606
二、有价证券	189432	46554	533893
资金运用总计	79003547	7261688	4691618

全市金融机构人民币信贷收支情况

5—4　　(2012年)　　计量单位：万元

指标名称	本年余额	指标名称	本年余额
一、各项存款	76407468	（1）个人贷款及透支	2452739
1. 单位存款	35708188	# 个人消费贷款	415338
# 活期存款	16125611	（2）单位贷款及透支	12602977
定期存款	7535614	# 经营贷款	12416721
保证金存款	7395180	固定资产贷款	172262
2. 个人存款	38030403	（4）银团贷款	78500
# 储蓄存款	37354986	（5）贸易融资	889786
结构性存款	568954	2. 中长期贷款	22189152
3. 财政性存款	783533	（1）个人贷款	6208221
4. 临时性存款	138548	# 个人消费贷款	4923924
5. 委托存款	154175	（2）单位贷款	14489571
6. 其他存款	1592621	（3）普通并购贷款	229900
二、中长期借款	869	（4）银团贷款	1258459
三、应付及暂收款	1444956	3. 票据融资	1703083
# 应付利息	934028	4. 各项垫款	34007
四、同业往来	684088	二、有价证券	189432
五、外汇买卖	597351	三、股权及其他投资	1615954
六、各项准备	948783	四、应收及预付款	358947
# 贷款损失准备	929732	# 应收利息	142629
七、所有者权益	1675039	五、同业往来	301360
# 实收资本	724946	六、系统内资金往来	33714222
八、其他	-3962121	七、外汇买卖	599033
资金来源总计	77796433	八、固定资产	637283
一、各项贷款	39950667	九、库存现金	427890
1. 短期贷款	16024002	资金运用总计	77796433

市区金融机构人民币信贷收支情况

5—5　　　　（2012年）　　　　计量单位：万元

指标名称	本年余额	指标名称	本年余额
一、各项存款	55240287		
1. 单位存款	31217744	（1）个人贷款及透支	1262483
# 活期存款	12939424	# 个人消费贷款	304889
定期存款	6679239	（2）单位贷款及透支	9550630
保证金存款	7059896	# 经营贷款	9364373
2. 个人存款	21652879	固定资产贷款	172262
# 储蓄存款	21008872	（4）银团贷款	78500
结构性存款	540785	（5）贸易融资	772457
3. 财政性存款	518129	2. 中长期贷款	18761320
4. 临时性存款	105780	（1）个人贷款	4731349
5. 委托存款	153618	# 个人消费贷款	3893228
6. 其他存款	1592137	（2）单位贷款	12551518
二、应付及暂收款	973139	（3）银团贷款	1245553
# 应付利息	574195	3. 票据融资	975905
三、同业往来	670655	4. 各项垫款	31667
四、外汇买卖	482626	二、有价证券	41988
五、各项准备	602526	三、股权及其他投资	842097
# 贷款损失准备	585519	四、应收及预付款	281270
六、所有者权益	1087662	# 应收利息	112336
# 实收资本	371680	五、系统内资金往来	23600130
七、其他	－1366844	六、外汇买卖	484576
资金来源总计	57690048	七、固定资产	444135
一、各项贷款	31433359	八、库存现金	259836
1. 短期贷款	11664067	资金运用总计	57690048

全市金融机构外汇信贷收支情况

5—6　　　　（2012 年）　　　　计量单位：万美元

指标名称	本年余额	比年初	
		今　年	去　年
一、各项存款	104421	40729	-18561
1. 单位存款	77169	38975	-20937
# 活期存款	24676	-10711	-18279
定期存款	48699	48645	-145
保证金存款	3794	1041	-2077
2. 个人存款	26667	2507	2881
# 储蓄存款	25062	2509	2534
保证金存款	51	-3	20
结构性存款	1555	1	327
3. 临时性存款	378	-638	-328
4. 委托存款	90	-163	-218
5. 其他存款	116	48	41
二、中长期借款	278	-62	-77
三、应付及暂收款	5685	-2235	-677
# 应付利息	1182	1053	36
四、同业往来	269	-2	12
五、外汇买卖	96641	79569	-206226
六、各项准备	782	420	214
# 贷款损失准备	782	420	214
七、所有者权益	1004	-507	933
八、其他	-17034	-25325	3676
资金来源总计	192672	93213	-220706
一、各项贷款	91890	31260	36657
1. 短期贷款	90339	31594	36847
（1）个人贷款及透支	28	13	8
（2）单位贷款及透支	45032	15745	13858
（3）贸易融资	45279	15825	22981
2. 中长期贷款	1551	-333	-190
二、应收及预付款	3079	-2966	-1673
# 应收利息	793	283	317
三、同业往来	75	64	-577
四、系统内资金往来		-14736	-49488
五、外汇买卖	96236	79462	-205901
六、库存现金	1392	128	276
资金运用总计	192672	93213	-220706

分县（市）金融机构人民币信贷情况

5—7　　（2012 年）　　计量单位：万元

行政单位	各项存款	# 单位存款		
			# 活期存款	定期存款
全市总计	**76292218**	**35621717**	**16070583**	**7504172**
市区合计	55240287	31217744	12939424	6679239
井 陉 县	1073757	203597	130812	40234
正 定 县	2501722	697427	547656	95426
栾 城 县	1125133	349283	165126	127700
行 唐 县	806722	100829	76685	19565
灵 寿 县	782289	145316	102559	28180
高 邑 县	488820	83688	73173	5805
深 泽 县	748395	90878	77891	8507
赞 皇 县	503862	117465	104780	11934
无 极 县	1117475	154922	119854	23701
平 山 县	1284761	312474	235469	56356
元 氏 县	904145	197455	145380	27043
赵　 县	910225	142449	113590	14532
辛 集 市	2389770	372875	289096	63188
藁 城 市	1965857	429329	309459	82827
晋 州 市	1607327	285356	137941	71574
新 乐 市	947355	143498	115022	16261
鹿 泉 市	1894316	577131	386666	132100

5—7 续表 1　　(2012 年)　　计量单位：万元

行政单位	各项存款中：				
	保证金存款	# 个人存款	# 储蓄存款	财政性存款	其他存款
全市总计	**7395180**	**38001624**	**37326207**	**783533**	**1592621**
市区合计	7059896	21652879	21008872	518129	1592138
井 陉 县	25876	818239	817042	50514	264
正 定 县	50703	1769997	1763733	32709	12
栾 城 县	30374	758354	756934	15735	34
行 唐 县	2253	699885	699885	5933	10
灵 寿 县	14577	621350	621350	13903	4
高 邑 县	4709	399471	399471	5498	2
深 泽 县	3527	643918	643798	12890	13
赞 皇 县	752	379686	379686	6686	13
无 极 县	6367	958382	956281	3334	4
平 山 县	18433	963965	962398	7567	18
元 氏 县	10117	697945	697945	8061	4
赵　 县	6311	745905	744525	15726	28
辛 集 市	6034	1997493	1993059	18362	30
藁 城 市	32615	1489493	1487914	37540	11
晋 州 市	71410	1306702	1305811	13789	13
新 乐 市	3230	802630	798884	1191	13
鹿 泉 市	47996	1295330	1288619	15966	10

5—7 续表2　　（2012年）　　计量单位：万元

行政单位	各项贷款	# 短期贷款	# 个人贷款及透支	单位贷款及透支
全市总计	**39864303**	**15985002**	**2452739**	**12563977**
市区合计	31433359	11664067	1262483	9550630
井 陉 县	384027	244874	24065	188029
正 定 县	1465645	544435	97640	430405
栾 城 县	458521	378786	74891	299794
行 唐 县	269156	135817	69279	66538
灵 寿 县	257701	154001	66770	87231
高 邑 县	214111	76603	18423	50670
深 泽 县	179854	121614	48692	70230
赞 皇 县	235289	119545	50512	61758
无 极 县	249866	141405	72227	68608
平 山 县	441486	128566	21440	105096
元 氏 县	372368	197498	67579	128500
赵　　县	427802	230167	93056	133461
辛 集 市	740265	490078	83031	404846
藁 城 市	769641	351655	144964	178364
晋 州 市	558213	404107	89631	314138
新 乐 市	359065	216168	93702	122467
鹿 泉 市	1047934	385616	74354	303212

5—7 续表3　　(2012年)　　计量单位：万元

行政单位	各项贷款中：			
	短期贷款中：		中长期贷款	
	银团贷款	贸易融资		# 个人贷款
全市总计	**78500**	**889786**	**22156757**	**6204635**
市区合计	78500	772457	18761320	4731349
井 陉 县		32780	47791	24259
正 定 县		16390	883049	207935
栾 城 县		4100	64017	49669
行 唐 县			70673	16975
灵 寿 县			69126	43478
高 邑 县		7510	96242	42066
深 泽 县		2692	46740	23733
赞 皇 县		7275	76109	53249
无 极 县		570	108461	55664
平 山 县		2030	257852	132105
元 氏 县		1418	124371	80143
赵　 县		3650	110118	64762
辛 集 市		2200	204326	113512
藁 城 市		28327	347936	59243
晋 州 市		338	136047	68912
新 乐 市			117108	90368
鹿 泉 市		8050	635471	347213

六、物　价

居民消费价格指数

6—1 (2012年)

类别及品名	以上年同期价格为100		
	全 市	城 市	农 村
居民消费价格总指数	**102.8**	**102.8**	**102.7**
一、食品	103.4	103.4	103.3
1. 粮食	102.5	102.9	101.7
2. 淀粉及制品	104.6	105.0	103.9
3. 干豆类及豆制品	98.0	98.4	96.9
4. 油脂	106.4	105.5	107.9
5. 肉禽及其制品	102.8	103.8	100.6
6. 蛋	96.0	95.9	96.1
7. 水产品	104.6	104.2	105.7
8. 菜	114.8	114.3	116.0
9. 调味品	107.0	105.7	109.7
10. 糖	105.0	105.2	104.7
11. 茶及饮料	103.5	103.1	104.6
12. 干鲜瓜果	95.3	94.6	97.7
13. 糕点饼干面包	103.2	103.1	103.5
14. 液体乳及乳制品	99.6	99.2	101.3
15. 在外用膳食品	103.7	103.9	103.1
16. 其他食品	101.7	101.4	102.4
二、烟酒	102.8	104.0	100.9
1. 烟草	100.0	100.0	100.0
2. 酒	105.5	107.8	101.6
三、衣着	104.3	103.6	106.3
1. 服装	105.0	104.6	106.1

6—1 续表　　(2012 年)

类别及品名	以上年同期价格为 100		
	全　市	城　市	农　村
2. 衣着材料	104.6	106.0	101.9
3. 鞋袜帽	102.1	100.7	106.8
4. 衣着加工服务费	122.1	125.8	111.4
四、家庭设备用品及维修服务	102.7	103.2	101.5
1. 耐用消费品	101.3	101.7	100.7
2. 室内装饰品	104.3	105.2	101.5
3. 床上用品	102.2	102.1	102.5
4. 家庭日用杂品	104.6	105.9	101.6
5. 家庭服务及加工维修服务	105.3	104.2	107.9
五、医疗保健和个人用品	102.2	102.4	101.4
1. 医疗保健	102.0	102.4	101.0
2. 个人用品及服务	102.5	102.7	102.2
六、交通和通信	100.3	100.3	100.4
1. 交通	101.6	101.7	101.3
2. 通信	99.1	99.2	98.8
七、娱乐教育文化用品及服务	102.1	102.1	102.2
1. 文娱用耐用消费品及服务	94.0	92.9	96.1
2. 教育	104.1	104.0	104.3
3. 文化娱乐类	101.3	101.2	101.8
4. 旅游	104.5	105.0	101.9
八、居住	102.9	103.1	102.6
1. 建房及装修材料	101.3	100.9	101.4
2. 住房租金	108.8	110.0	103.0
3. 自有住房	103.4	103.3	103.7
4. 水、电、燃料	101.8	101.5	102.2

商品零售价格指数

6—2　　　　(2012 年)

类别及品名	以上年同期价格为 100		
	全　市	城　市	农　村
商品零售价格总指数	**102.0**	**101.9**	**102.3**
一、食品	103.3	103.4	103.1
1. 粮食	102.7	103.0	101.9
2. 淀粉及制品	104.0	105.0	102.2
3. 干豆类及豆制品	97.9	98.4	95.8
4. 油脂	106.0	105.4	108.3
5. 肉禽及其制品	103.1	104.0	100.0
6. 蛋	95.9	96.0	95.5
7. 水产品	105.0	104.9	105.2
8. 菜	114.5	114.2	115.6
9. 调味品	106.8	105.6	110.4
10. 糖	105.0	105.0	104.9
11. 干鲜瓜果	95.1	94.4	98.1
12. 糕点饼干面包	103.2	103.1	103.4
13. 液体乳及乳制品	99.5	99.2	101.1
14. 在外用膳食品	103.6	103.9	102.6
15. 其他食品	101.8	101.4	103.1
二、饮料、烟酒	103.2	103.8	101.6
1. 茶及饮料	103.6	103.3	104.7
2. 烟草	100.0	100.0	100.0
3. 酒	105.9	107.8	101.3
三、服装、鞋帽	104.2	103.5	106.8
1. 服装	105.1	104.6	106.9
2. 鞋袜帽	102.0	100.7	107.0
3. 其他	108.3	110.9	100.9
四、纺织品	103.0	103.3	102.3
1. 衣着材料	105.1	106.0	102.4
2. 床上用品	102.3	102.3	102.2
五、家用电器及音像器材	98.7	98.9	98.2
1. 家庭设备	101.6	101.9	100.5
2. 文娱用耐用消费品	95.4	95.3	95.6

6—2 续表　　(2012 年)

类别及品名	以上年同期价格为100		
	全　市	城　市	农　村
3. 专业音像器材	95.2	94.4	100.0
六、文化办公用品	96.4	95.5	99.1
七、日用品	103.6	103.7	103.1
1. 日用百货	102.1	101.8	103.0
2. 日用杂品	102.1	102.2	101.4
3. 洗涤用品	108.3	109.8	102.3
4. 其他日用品	101.4	100.4	105.3
八、体育娱乐用品	102.7	103.3	101.1
1. 体育用品	104.6	105.8	101.4
2. 娱乐用品	101.1	101.1	100.9
九、交通、通信用品	97.9	98.0	97.5
1. 交通运输机械	99.0	99.1	98.6
2. 通信器材	95.2	95.3	95.0
十、家具	101.1	100.9	101.6
十一、化妆品	102.0	102.0	102.0
十二、金银珠宝	97.6	97.2	99.7
十三、中西药品及医疗保健用品	103.0	103.3	101.9
1. 医疗器具及用品	105.8	106.1	104.0
2. 中药材及中成药	104.8	105.3	103.1
3. 西药	102.0	102.2	101.2
4. 保健器具及用品	101.0	101.1	99.8
十四、书报杂志及电子出版物	100.8	100.9	100.5
1. 教材及参考书	101.4	101.4	101.5
2. 书报杂志	100.0	100.0	100.0
3. 电子音像制品	101.2	101.8	98.7
十五、燃料	101.8	101.1	104.3
1. 煤炭及制品	101.3	100.3	103.8
2. 石油及制品	102.0	101.4	104.6
十六、建筑材料及五金电料	99.2	98.3	100.8
1. 建筑装璜材料	98.6	97.8	100.1
2. 五金电料	101.1	100.0	103.5

农业生产资料价格指数

6—3　　(2012 年)

类别及品名	以上年同期价格为100	类别及品名	以上年同期价格为100
农业生产资料价格指数	**104.6**		
一、农用手工工具	104.2	1．化学农药	107.0
二、饲料	102.5	2．农药器械	104.4
三、产品畜	108.7	八、农用机油	102.9
四、半机械化农具	102.8	九、其他农业生产资料	108.5
五、机械化农具	101.2	1．农用种子	109.6
六、化学肥料	103.7	2．其他	104.1
七、农药及农药器械	106.6	十、农业生产服务	111.0

工业生产者出厂价格指数

6—4　　(2012 年)

类别及品名	以上年同期为100	类别及名称	以上年同期为100
全部工业品	**98.8**		
轻工业	100.9	工业部门	
以农产品为原料	100.7	冶金工业	89.9
以非农产品为原料	102.0	电力工业	103.7
重工业	97.7	煤炭及炼焦工业	101.4
采掘	100.9	石油工业	102.9
原料	99.6	化学工业	96.6
加工	96.0	机械工业	100.2
生产资料	98.3	建筑材料工业	104.4
采掘	100.9	森林工业	101.7
原料	101.3	食品工业	102.2
加工	96.2	纺织工业	95.4
生活资料	100.2	缝纫工业	103.7
食品	101.4	皮革工业	104.2
衣着	101.5	造纸工业	95.7
一般日用品	96.5	文教艺术用品工业	98.6
耐用消费品	107.8	其它工业	99.6

工业生产者购进价格指数

6—5 (2012年)

行业名称	以上年同期为100	行业名称	以上年同期为100
全部原材料	**99.4**	（四）化工原料类	98.3
（一）燃料、动力类	98.3	（五）木材及纸浆类	101.1
（二）黑色金属材料	96.9	（六）建筑材料及非金属矿类	100.0
# 钢材	96.7	（七）其它工业原材料及半成品类	101.0
其它	97.1	（八）农副产品类	100.3
（三）有色金属材料和电线类	98.0	（九）纺织原料类	100.5

城市房地产价格指数

6—6 (2012年)

项　　目	以上年同期为100	项　　目	以上年同期为100
住宅销售价格指数	-	**房地产租赁价格指数**	**101.1**
一、新建住宅	100.4	一、住宅	101.2
# 商品住宅	100.4	# 普通住宅	101.3
（一）90平方米以下	100.1	高档住宅	100.0
（二）90-144平方米	100.6	**土地交易价格指数**	**107.7**
（三）144平方米以上	100.1	一、居民住宅用地	105.7
二、二手住宅	96.1	#普通住宅用地	105.7
（一）90平方米以下	95.8	二、工业用地	100.0
（二）90-144平方米	97.5	三、商业营业用地	104.1
（三）144平方米以上	94.9	四、其他用地	100.7

七、居民生活

城镇居民家庭基本情况

7—1　　　　(2012年)

指标名称	计量单位		总　计	按相对收入等距5组分组				
				低收入组	较低收入组	中等收入组	较高收入组	高收入组
调查户数	户		300	60.17	60	60.33	59.83	59.67
一、住房情况								
1. 家庭居住人口	人	户	2.56	3.07	2.67	2.56	2.35	2.13
2. 现住房总建筑面积	平方米	人	29.92	23.47	25.41	30.13	35.87	38.17
3. 房屋产权（合计）	-							
租赁公房	-	%	1.66	3.28	1.67			3.33
租赁私房	-	%	5.3	1.64	3.33	6.56	5	10
原有私房	-	%	0.66			1.64		1.67
房改私房	-	%	61.92	55.74	73.33	65.57	65	50
商品房	-	%	30.46	39.34	21.67	26.23	30	35
借用房	-	%						
其他	-	%						
4. 住宅建筑式样（合计）	-							
单栋住宅	-	%	0.66			1.64	1.67	
四居室	-	%	2.32	1.64	3.33	3.28		3.33
三居室	-	%	29.8	29.51	26.67	22.95	36.67	33.33
二居室	-	%	63.58	62.3	68.33	67.21	61.67	58.33
一居室	-	%	3.64	6.56	1.67	4.92		5
普通楼房	-	%						
平房及其他	-	%						
5. 建筑年份	-	户	21.03	20.48	24.2	20	19.55	20.93
6. 装修状况（合计）	-							
有装修	-	%	51.32	45.9	41.67	54.1	61.67	53.33
未装修	-	%	48.68	54.1	58.33	45.9	38.33	46.67
（1）如果装修过最近一次装修年份	年	户	4.96	3.77	3.68	6.18	5.42	5.73
（2）如果装修过最近一次装修花费	元	户	14533.44	14000	10683.33	15508.2	16330	16138.33
7. 现有住房按市场价估计值	元	户	416629.14	387868.85	359033.33	418524.59	469333.33	448833.33
8. 租赁房月租金	元	户	40.11	14	22	32.79	48.33	83.98
（1）租赁公房月租金	元	户	2.92	5.8	2			6.82
（2）租赁私房月租金	元	户	37.19	8.2	20	32.79	48.33	77.17
9. 现住房房租折算	元	户	823.84	783.11	743.33	816.39	914.17	863
10. 购房时间	年	户	12.96	13.15	14.03	13.15	13.43	11.02

7—1 续表 1　　（2012 年）

指标名称	计量单位		总　计	按相对收入等距 5 组分组				
				低收入组	较　低 收入组	中　等 收入组	较　高 收入组	高收入组
11. 购房总金额	元	户	88423.22	87713.25	67821.67	85866.8	103569.37	97199.45
购房实际支出金额	元	户	87858.98	87549.31	67821.67	85860.25	103152.7	94949.45
12. 饮水情况（合计）	–							
自来水	–	%	97.68	100	98.33	95.08	98.33	96.67
矿泉水	–	%	0.33					1.67
纯净水	–	%	1.99		1.67	4.92	1.67	1.67
井、河水	–	%						
其他	–	%						
13. 用水情况（合计）	–							
独用自来水	–	%	100	100	100	100	100	100
公用自来水	–	%						
井、河水	–	%						
其他	–	%						
14. 卫生设备（合计）	–							
无卫生设备	–	%						
有厕所浴室	–	%	95.03	91.8	96.67	96.72	98.33	91.67
有厕所无浴室	–	%	4.97	8.2	3.33	3.28	1.67	8.33
公用	–	%						
15. 取暖设备（合计）	–							
无取暖设备	–	%						
空调设备	–	%						
暖气	–	%	100	100	100	100	100	100
其他	–	%						
16. 炊用燃料使用情况（合计）	–							
煤炭	–	%						
罐装液化石油气	–	%	20.2	24.59	28.33	13.11	26.67	8.33
管道液化石油气	–	%						
管道煤气	–	%						
管道天然气	–	%	79.8	75.41	71.67	86.89	73.33	91.67
柴油	–	%						
其他燃料	–	%						

7—1 续表2　　(2012年)

指标名称	计量单位		总计	按相对收入等距5组分组				
				低收入组	较低收入组	中等收入组	较高收入组	高收入组
17. 除了现住房，还有几处其他住房	套	户	0. 12	0. 13	0. 08	0. 05	0. 17	0. 18
(1) 出租房	套	户	0. 09	0. 07	0. 03	0. 05	0. 17	0. 15
其中：建筑面积	平方米	户	6. 09	5. 16	2. 83	3. 34	9. 57	9. 62
(2) 偶尔居住房	套	户	0. 02	0. 02	0. 05			0. 03
其中：建筑面积	平方米	户	1. 56	1. 23	3. 32			3. 28
(3) 其他用途房	套	户	0. 01	0. 05				
其中：建筑面积	平方米	户	0. 56	2. 79				
二、人口就业情况（按月平均）	户							
(一) 家庭人口数	人	户	2. 56	3. 08	2. 66	2. 54	2. 35	2. 14
1. 有收入者人数	人	户	2. 04	1. 95	2. 06	2. 12	2. 07	2. 01
(1) 就业人口数	人	户	1. 21	1. 55	1. 07	1. 03	1. 07	1. 31
①国有经济单位职工人数	人	户	0. 54	0. 58	0. 47	0. 53	0. 55	0. 57
②城镇集体经济单位职工人数	人	户	0. 06	0. 08	0. 07	0. 07	0. 05	0. 03
③其他经济类型单位职工人数	人	户	0. 23	0. 49	0. 28	0. 16	0. 1	0. 11
④城镇个体或私营企业主人数	人	户	0. 15	0. 16	0. 03	0. 07	0. 13	0. 37
⑤城镇个体或私营企业被雇人数	人	户	0. 2	0. 22	0. 22	0. 21	0. 2	0. 17
⑥离退休再就业人数	人	户	0. 01				0. 02	0. 05
⑦其他就业人数	人	户	0. 01	0. 02			0. 01	
(2) 离退休人数	人	户	0. 83	0. 37	0. 98	1. 09	1	0. 7
(3) 其他有收入者人数	人	户	0. 01	0. 04				
2. 无收入者人数	人	户	0. 51	1. 12	0. 6	0. 42	0. 28	0. 13
(二) 在外就学人数	人	户	0. 03	0. 06	0. 02	0. 04	0. 03	0. 02
(三) 非家庭人口在家用餐	人次	户	2. 33	0. 96	1. 76	2. 91	4. 18	1. 82
(四) 家庭人口在外用餐	人次	户	4. 25	3. 36	3. 95	5. 52	3. 43	5. 01

城镇居民家庭现金收支情况

7—2　　　　（2012 年）　　　　计量单位：元/人

指标名称	总　　计	按相对收入等距5组分组				
		低收入组	较低收入组	中等收入组	较高收入组	高收入组
现金收支情况	–					
一、期初手存现金	3183.45	1932.02	3053.08	2812.83	4274.48	4417.85
二、家庭总收入	24672.32	14032.95	19946.21	24520.17	29772.63	40591.32
其中：可支配收入	23038.46	12099.67	18562.08	23170.05	27919.01	38980.24
（一）工资性收入	13424.99	9935.51	11040.41	13191	15248.39	19745.97
1. 工资及补贴收入	13392.21	9935.51	11040.41	13191	15248.39	19549.03
2. 其他劳动收入	32.78					196.94
（二）经营净收入	2368.02	1388.12	459.41	954.22	2535.26	7695.46
（三）财产性收入	311.19	178.85	59.59	256.82	700.86	454.14
1. 利息收入	82.97	41.95	44.56	96.56	133.39	118.68
2. 股息与红利收入	5.51				30.07	
3. 保险收益						
4. 其他投资收入						
5. 出租房屋收入	212.2	119.35	15.03	160.26	537.4	297.84
6. 知识产权收入						
7. 其他财产性收入	10.5	17.55				37.62
（四）转移性收入	8568.13	2530.46	8386.8	10118.13	11288.11	12695.74
1. 养老金或离退休金	8402.24	2329.93	8276.32	10001.42	11165.82	12403.62
2. 社会救济收入	17.28	71.52				
其中：最低生活保障收入	17.28	71.52				
3. 辞退金						
4. 赔偿收入						
5. 保险收入						
其中：失业保险金						
6. 赡养收入	12.92	24.84		26.06	7.11	2.35
其中：来自城镇居民的赡养收入	1.3				7.11	
7. 捐赠收入	23.23	23.22	25.05	4.01	17.73	50.16
其中：来自城镇居民的捐赠收入	2.59	3.24	5.01	3.82		
8. 提取住房公积金	19.57					117.57
9. 记帐补贴	88.19	73.66	85.43	86.64	97.45	104.4
10. 其它转移性收入	4.7	7.29				17.64
三、出售财物收入	22.58	2.44		0.91	1.77	129.06
1. 出售住房收入						
2. 出售其它物品收入	22.58	2.44		0.91	1.77	129.06
四、借贷收入	1763.69	1429.25	1254.99	2486.99	1513.62	2291.05
1. 提取储蓄存款	1759.65	1426.01	1239.33	2486.99	1513.62	2291.05
2. 借入款	0.78	3.24				
3. 收回借出款						
4. 收回储蓄性保险本						
5. 兑售有价证券						
6. 收回投资本金						
7. 住房贷款						

7—2 续表 （2012 年） 计量单位：元/人

指标名称	总计	按相对收入等距5组分组				
		低收入组	较低收入组	中等收入组	较高收入组	高收入组
8. 汽车贷款						
9. 教育贷款						
10. 其他贷款	3.26		15.66			
11. 其他借贷收入						
五、家庭总支出	16124.96	11963.23	13994.19	17106.36	16881.9	22816.79
（一）消费性支出	13378.41	9318.17	11887.96	14364.69	13959.38	19309.63
（二）财产性支出	20.04				74.92	37.86
1. 非生产性贷款利息支出	16.94				57.99	37.86
2. 其他	3.11				16.94	
（三）转移性支出	1192.09	785.45	808.33	1493.81	1112.96	1986.73
1. 交纳所得税	11.26		0.81	15.62	21.54	24.11
其中：来自工资性收入的个税	11.26		0.81	15.62	21.54	24.11
来自经营净收入的个税						
来自财产性收入的个税						
来自转移性收入的个税						
2. 捐赠支出	622.17	379.32	493.97	608.27	691.75	1075.12
3. 购买彩票	3.62	0.01	0.53	0.18	0.14	20.72
4. 赡养支出	439.62	354.44	263.64	767.23	239.4	609.95
其中：在外就学子女费用	81.13	75.88	55.43		71.13	229.53
5. 各种非储蓄性保险支出	102.25	32.89	47.08	73.81	154.38	248.75
其中：车辆保险支出	94.33	27	45.64	71.66	122.94	248.75
6. 其他转移性支出	13.16	18.78	2.3	28.7	5.75	8.07
（四）社会保障支出	1534.41	1859.62	1297.89	1247.86	1734.63	1482.57
1. 个人交纳的养老基金	724.94	1124.01	627.19	579.9	743.19	422.44
2. 个人交纳的住房公积金	478.13	288.9	421.77	423.88	628.78	722.57
3. 个人交纳的医疗基金	286.76	395.77	197.18	207.47	311.67	308.6
4. 个人交纳的失业基金	43.51	50.93	48.8	36.42	49.49	28.05
5. 其他社会保障支出	1.08		2.96	0.18	1.49	0.9
（五）购房与建房支出						
1. 购房						
2. 建房						
六、借贷支出	5537.55	1579.44	3620.07	4578.29	8660.92	11394.24
1. 存入储蓄款	5431.59	1424	3620.07	4573.26	8497.9	11168.98
2. 借出款						
3. 归还借款	2.22	3.24				8.62
4. 储蓄性保险支出	64.27	152.21		5.03		159.19
5. 购买有价证券						
6. 其他投资支出						
7. 归还住房贷款	39.46				163.02	57.45
8. 归还汽车贷款						
9. 归还教育贷款						
10. 归还其它贷款						
11. 其他借贷支出						
七、期末手存现金	7945.08	3845.47	6613.47	8018.08	10002.7	13243.33

城镇居民家庭消费支出情况

7—3　　　　(2012年)

指标名称	计量单位		总　计	按相对收入等距5组分组				
				低收入组	较低收入组	中等收入组	较高收入组	高收入组
消费支出	元	人	13378.41	9318.17	11887.96	14364.69	13959.38	19309.63
其中：服务性消费支出	元	人	2989.44	2066.63	2658.87	3347.82	2998.94	4300.83
通过互联网购买商品或服务支出	元	人	10.88	6.78	10.52	20.38		17.85
旅游人次	人次	户	1.36	1.6	0.83	2.12	1.04	1.19
旅游花费总额	元	人	496.66	390.98	213.19	741.64	537.58	664.97
有价证券收入	元	人	0.39	1.6				
一、食品	元	人	4809.76	3473.09	4600.3	5223	4942.31	6368.62
(一) 粮油类	元	人	733.67	591.04	726.86	773.93	744.75	888.57
1. 粮食	元	人	448.72	362.2	434.14	483.45	453.83	545.1
. 数量	千克	人	102.71	86.02	100.61	106.58	111.42	115.34
(1) 大米. 单价	元/千克		4.9	4.82	4.97	4.95	4.76	5.01
. 数量	千克	人	20.9	18.31	21.13	21.36	20.22	24.58
. 金额	元	人	102.49	88.21	105.03	105.7	96.18	123.09
(2) 面粉. 单价	元/千克		3.51	3.36	3.47	3.62	3.46	3.7
. 数量	千克	人	21.36	21.74	22.03	19.93	21.52	21.47
. 金额	元	人	74.87	73	76.46	72.06	74.45	79.43
(3) 其他粮食及制品	元	人	271.36	200.98	252.65	305.68	283.2	342.58
. 数量	千克	人	60.46	45.97	57.45	65.29	69.68	69.29
2. 淀粉及薯类	元	人	45.57	32.6	45.15	41.72	53.41	60.93
. 数量	千克	人	9.76	7.42	10.71	8.18	11.62	11.82
3. 干豆类及豆制品	元	人	78.89	60.12	76.85	72.37	88.32	106.16
4. 油脂类	元	人	160.49	136.12	170.73	176.38	149.19	176.38
. 数量	千克	人	9.79	8.71	10.18	10.52	9.46	10.34
(1) 食用植物油. 单价	元/千克		16.4	15.62	16.77	16.77	15.77	17.06
. 数量	千克	人	9.79	8.71	10.18	10.51	9.46	10.34
. 金额	元	人	160.46	136.1	170.73	176.26	149.19	176.38
(2) 食用动物油	元	人	0.03	0.02		0.12		
(二) 肉禽蛋水产品类	元	人	1172.6	882.63	1098.13	1276.71	1242.54	1484.28
1. 肉类	元	人	706.49	526.62	661.64	779.92	761.48	874.74
. 数量	千克	人	24.56	18.86	22.14	26.72	27.53	30
(1) 猪肉. 单价	元/千克		25.27	25.08	26.1	25.73	24.32	25.2
. 数量	千克	人	13.85	10.72	12.61	14.55	16.06	16.67
. 金额	元	人	350.02	268.9	328.97	374.3	390.62	420.16
(2) 牛肉. 单价	元/千克		37.26	37.82	38.32	35.84	36.41	38.04
. 数量	千克	人	3.51	2.63	3.57	3.83	3.81	4.01
. 金额	元	人	130.91	99.45	136.99	137.24	138.83	152.59

7—3 续表1 (2012年)

指标名称	计量单位		总计	按相对收入等距5组分组				
				低收入组	较低收入组	中等收入组	较高收入组	高收入组
(3) 羊肉.单价	元/千克		44.52	42.77	45.67	42.03	44.8	47.99
.数量	千克	人	1.55	1.09	1.45	2.05	1.46	1.84
.金额	元	人	68.96	46.64	66.1	86.11	65.46	88.14
(4) 其他肉及制品	元	人	156.61	111.63	129.58	182.27	166.57	213.85
.数量	千克	人	5.68	4.45	4.54	6.33	6.24	7.52
2. 禽类	元	人	178.5	146.2	164.56	178.46	184.53	236.26
.数量	千克	人	7.71	6.76	6.72	8.12	7.94	9.6
(1) 鸡.单价	元/千克		20.02	19.2	20.7	18.84	20.45	21.05
.数量	千克	人	3.09	2.49	2.96	3.26	3.65	3.26
.金额	元	人	61.78	47.87	61.34	61.46	74.69	68.7
(2) 鸭.单价	元/千克		17.86	16.26	17.2	18.43	18.55	18.9
.数量	千克	人	0.32	0.3	0.23	0.38	0.36	0.34
.金额	元	人	5.7	4.92	3.95	7.03	6.65	6.37
(3) 其他禽类及制品	元	人	111.02	93.41	99.26	109.97	103.19	161.2
.数量	千克	人	4.31	3.97	3.53	4.48	3.94	6.01
3. 蛋类	元	人	134.89	105.31	133.55	127.54	149.38	172.37
.数量	千克	人	15.24	11.98	15.16	14.61	17.04	18.86
(1) 鲜蛋.单价	元/千克		8.63	8.56	8.6	8.49	8.52	8.97
.数量	千克	人	14.64	11.52	14.74	13.83	16.3	18.21
.金额	元	人	126.42	98.67	126.83	117.4	138.87	163.31
(2) 蛋制品	元	人	8.47	6.64	6.72	10.13	10.52	9.06
.数量	千克	人	0.6	0.45	0.42	0.78	0.75	0.65
4. 水产品类	元	人	152.71	104.51	138.38	190.79	147.15	200.91
(1) 鱼.单价	元/千克		17.12	15.86	17.45	17.57	17.55	16.98
.数量	千克	人	4.94	3.42	4.57	5.46	5.04	6.86
.金额	元	人	84.55	54.31	79.73	96.01	88.43	116.42
(2) 虾.单价	元/千克		38.78	37.2	39.16	39.8	38.29	38.9
.数量	千克	人	0.98	0.74	0.84	1.37	0.93	1.11
.金额	元	人	38.15	27.43	32.79	54.7	35.68	43.21
(3) 其他水产品及制品	元	人	30.01	22.77	25.86	40.07	23.04	41.28
.数量	千克	人	1.03	0.82	0.89	1.28	0.89	1.34
(三) 蔬菜类	元	人	498.28	366.98	490.27	518.94	537.88	630.38
1. 鲜菜.单价	元/千克		3.56	3.42	3.54	3.85	3.31	3.7
.数量	千克	人	126.07	97.56	123.99	120.13	147.33	153.8
.金额	元	人	448.97	333.97	438.76	462.53	488.12	569.17
2. 干菜	元	人	31.86	18.05	32.52	39.36	34.83	38.79
3. 菜制品	元	人	17.45	14.96	18.99	17.05	14.93	22.41
(四) 调味品	元	人	96.35	71.57	100.57	106.72	107.33	102.44

7—3 续表 2　　　　(2012 年)

指标名称	计量单位		总　计	按相对收入等距 5 组分组				
				低收入组	较低收入组	中等收入组	较高收入组	高收入组
(五) 糖烟酒饮料类	元	人	510.1	387.22	426.18	707.31	428.02	646.63
1. 糖类	元	人	46.07	29.43	44.64	60.68	34.06	67.64
2. 烟草类	元	人	129.52	110.41	107	191.52	101.75	141.44
3. 酒类	元	人	183.4	117.78	128.66	295.83	150.15	248.52
. 数量	千克	人	7.05	6.06	5.88	8.57	7.02	8.12
(1) 白酒 . 单价	元/千克		74.07	61.09	72.31	96.34	60.03	69.97
. 数量	千克	人	1.92	1.45	1.25	2.61	1.85	2.7
. 金额	元	人	142.33	88.84	90.03	251.04	111.02	189.15
(2) 果酒 . 单价	元/千克		50.26	74.52	90.92	64.7	88.76	31.5
. 数量	千克	人	0.11	0.05	0.04	0.04	0.07	0.4
. 金额	元	人	5.48	3.82	3.7	2.53	6.31	12.72
(3) 啤酒 . 单价	元/千克		5.26	4.97	5.15	5.36	5.78	5.08
. 数量	千克	人	5.01	4.56	4.59	5.93	5.1	5.02
. 金额	元	人	26.4	22.62	23.64	31.77	29.49	25.46
(4) 其他酒	元	人	9.19	2.49	11.3	10.48	3.33	21.19
. 数量	千克	人			0.01			
4. 饮料	元	人	151.11	129.59	145.88	159.28	142.06	189.03
(1) 碳酸饮料 . 单价	元/千克	人	7.52	6.87	6.93	8.45	7.05	8.69
. 数量	千克	人	0.51	0.41	0.74	0.32	0.41	0.68
. 金额	元	人	3.82	2.82	5.16	2.7	2.92	5.93
(2) 瓶装饮用水 . 单价	元/千克		2.26	2.19	2.57	3.53	2.66	1.62
. 数量	千克	人	2.74	2.98	2.72	0.81	2.64	4.85
. 金额	元	人	6.19	6.53	6.97	2.85	7.01	7.84
(3) 茶叶 . 单价	元/千克		156.82	189.59	162.79	123.35	176.05	132.9
. 数量	千克	人	0.29	0.28	0.25	0.28	0.26	0.4
. 金额	元	人	45.62	53.86	41.5	34.88	44.96	52.5
(4) 其他饮料	元	人	95.48	66.39	92.26	118.86	87.17	122.76
(六) 干鲜瓜果类	元	人	469.4	324.44	415.87	499.01	504.63	672.31
1. 鲜果 . 单价	元/千克		5.9	5.54	5.75	6.35	5.67	6.14
. 数量	千克	人	43.88	33.43	40.89	43.48	48.57	58.13
. 金额	元	人	258.9	185.16	235	276.01	275.57	356.89
2. 鲜瓜 . 单价	元/千克		2.87	2.64	2.5	3.12	2.94	3.15
. 数量	千克	人	11.32	8.07	12.53	8.34	12.38	16.95
. 金额	元	人	32.45	21.34	31.31	26.05	36.41	53.34
3. 其他干鲜瓜果类及制品	元	人	178.04	117.94	149.56	196.95	192.65	262.07
(七) 糕点、奶及奶制品	元	人	434.4	297.82	477.1	428.07	516.56	496.28
1. 糕点 . 单价	元/千克		18.77	18.01	20.01	18.16	17.15	20.73
. 数量	千克	人	8.3	6.3	8.27	9.49	9.13	8.92
. 金额	元	人	155.85	113.41	165.45	172.29	156.49	184.91

7—3 续表 3 （2012 年）

指标名称	计量单位		总计	按相对收入等距 5 组分组				
				低收入组	较低收入组	中等收入组	较高收入组	高收入组
2. 奶及奶制品	元	人	278.56	184.42	311.65	255.78	360.06	311.37
（1）鲜乳品．单价	元/千克		7.33	7.24	7.31	7.45	7.03	7.66
．数量	千克	人	23.27	15.2	26.55	23.62	26.74	26.66
．金额	元	人	170.67	110.02	194.08	175.94	187.92	204.06
（2）奶粉．单价	元/千克		110.1	99.41	100.45	47.05	114.78	147.84
．数量	千克	人	0.29	0.13	0.39	0.06	0.76	0.18
．金额	元	人	32.17	12.62	39	2.61	86.95	27.23
（3）酸奶．单价	元/千克		9.1	9.87	8.97	8.47	8.88	9.58
．数量	千克	人	6.43	4.34	7.32	6.43	8.2	6.41
．金额	元	人	58.51	42.82	65.62	54.48	72.82	61.47
（4）其他奶制品	元	人	17.2	18.97	12.95	22.76	12.37	18.61
（八）其他食品	元	人	165.59	108.16	168.86	155.65	185.19	235.22
（九）饮食服务	元	人	729.37	443.21	696.45	756.66	675.41	1212.51
1. 食品加工服务费	元	人	0.85	1.28	0.01	0.07	2.11	0.85
2. 在外饮食	元	人	728.51	441.93	696.43	756.59	673.3	1211.66
二、衣着	元	人	1535.49	1141.06	1486.26	1529.61	1565.24	2143.82
（一）服装．单价	元/件		123.52	110.78	125.91	135.86	107.55	139.6
．数量	件	人	8.33	6.87	8.06	7.45	9.79	10.25
．金额	元	人	1029.28	760.99	1014.92	1011.62	1053.49	1431.23
（二）衣着材料	元	人	13.48	8.02	10.83	9.33	26.25	15.66
（三）鞋类．单价	元/双		116.69	106.59	121.59	102.58	112.94	141.62
．数量	双	人	3.49	2.95	3.31	3.88	3.38	4.13
．金额	元	人	406.94	314.89	402.1	398.29	381.58	584.96
（四）其他衣着用品	元	人	83.14	54.82	56.77	107.98	99.03	109.85
（五）衣着加工服务费	元	人	2.64	2.34	1.65	2.4	4.9	2.12
三、居住	元	人	1642.68	1121.52	1233.98	1569.67	1931.85	2679.72
（一）住房	元	人	313.25	44.24	53.76	195.09	396.04	1079.33
1. 租赁房房租	元	人	65.91	32.4	17.49	136.16	38.41	120.9
2. 住房装潢支出	元	人	179.7	3.12	24.43	19.28	179.45	823.58
3. 维修用建筑材料	元	人	63.79	8.72	9.39	32.81	178.03	123.17
4. 其他住房支出	元	人	3.85		2.45	6.84	0.14	11.68
（二）水电燃料及其他	元	人	1254	1035.57	1132.42	1301.09	1453.47	1446.72
1. 水．单价	元/吨		3.64	3.64	3.64	3.64	3.65	3.65
．数量	吨	人	24.82	22.22	21.75	30.22	25.29	25.42
．金额	元	人	90.42	80.77	79.27	110.1	92.22	92.72
2. 电．单价	元/度		0.52	0.52	0.52	0.52	0.52	0.52
．数量	度	人	633.95	553.09	564.5	650.88	714.23	729.38
．金额	元	人	330.7	288.93	293.88	339.34	372.01	381.51

7—3 续表4 （2012年）

指标名称	计量单位		总计	按相对收入等距5组分组				
				低收入组	较低收入组	中等收入组	较高收入组	高收入组
3. 燃料	元	人	163.75	126.07	152.87	183.01	169.54	202.47
（1）煤炭．单价	元/千克							
．数量	千克	人						
．金额	元	人						
（2）罐装液化石油气．单价	元/千克		6.27	6	6.31	6.43	6.22	6.73
．数量	千克	人	3.72	3.94	4.93	3.49	4.07	1.81
．金额	元	人	23.35	23.62	31.07	22.46	25.34	12.16
（3）管道液化石油气．单价	元/立方米		6.6					6.6
．数量	立方米	人	0.02					0.12
．金额	元	人	0.13					0.78
（4）管道天然气．单价	元/立方米		2.41	2.4	2.41	2.41	2.41	2.4
．数量	立方米	人	58.3	42.65	50.46	66.65	59.92	79.02
．金额	元	人	140.27	102.45	121.8	160.56	144.21	189.54
（5）其他燃料	元	人						
4. 取暖费	元	人	590.37	468.65	540.02	593.06	665.73	743.77
5. 其他相关支出	元	人	78.76	71.15	66.39	75.57	153.97	26.26
（三）居住服务费	元	人	75.43	41.71	47.8	73.49	82.35	153.67
1. 物业管理费	元	人	65.05	36.18	43.07	67.92	77.52	117.26
2. 维修服务费	元	人	6.61	0.98	1.38	0.86	1.33	34.06
3. 其他居住服务费	元	人	3.77	4.55	3.35	4.71	3.5	2.35
四、家庭设备用品及服务	元	人	1140.98	693.47	965.64	1178.29	1083.83	2028.01
（一）耐用消费品	元	人	437.51	229.58	374.89	390.1	397.55	918.71
1. 家具	元	人	85.87	40.67	33.51	35.18	90.2	273.23
2. 家庭设备	元	人	351.63	188.91	341.38	354.92	307.35	645.48
（1）洗衣机．单价	元/台		1232.86	2066	759	1180	998.5	1107
．数量	台	百户	4.67	4.99	5	3.31	3.34	6.7
．金额	元	人	22.52	33.47	14.26	15.37	14.21	34.71
（2）电冰箱．单价	元/台		2335.86	2000	2033.33	2125	2899.5	2575.75
．数量	台	百户	4.67	1.66	5	6.63	3.34	6.7
．金额	元	人	42.66	10.8	38.2	55.37	41.25	80.76
（3）微波炉．单价	元/台		800.38	823.75	924	630		
．数量	台	百户	2.67	6.65	3.33	3.31		
．金额	元	人	8.35	17.79	11.57	8.21		
（4）空调器．单价	元/台		2908.72	2245	2539.67	3099.33	3017.6	3249.91
．数量	台	百户	9.67	6.65	10	4.97	8.36	18.44
．金额	元	人	110.05	48.5	95.44	60.57	107.32	280.2
（5）淋浴热水器．单价	元/台		1271.36	1693.5	1583.8	875	230	699
．数量	台	百户	3.67	3.32	8.33	3.31	1.67	1.68
．金额	元	人	18.25	18.29	49.6	11.4	1.64	5.48

7—3 续表 5　　（2012 年）

指标名称	计量单位		总　计	按相对收入等距 5 组分组				
				低收入组	较　低 收入组	中　等 收入组	较　高 收入组	高收入组
（6）其他家庭设备	元	人	149.8	60.05	132.31	203.99	142.94	244.33
（二）室内装饰品	元	人	11.94	4.36	11.15	9.81	9.62	29.07
（三）床上用品	元	人	97.74	65.3	130.56	83.56	107	110.62
（四）家庭日用杂品	元	人	478.79	383.32	416.96	443.88	481.75	733.46
（五）家具材料	元	人	25.29		8.58	30.33	71.13	26.34
（六）家庭服务	元	人	89.71	10.91	23.5	220.61	16.77	209.82
1. 家政服务	元	人	71.95	2.44		201.24	1.85	184.57
2. 加工维修服务费	元	人	17.76	8.48	23.5	19.37	14.92	25.25
五、医疗保健	元	人	1048.92	581.26	731.25	1358.36	1281.89	1496.22
（一）医疗器具	元	人	30.54	1.81	32.35	3.93		135.67
（二）保健器具	元	人	84.24	21.4	81.5	99.92	58.28	188.59
（三）药品费	元	人	536.56	318.85	341.37	762.17	715.09	628.66
（四）滋补保健品	元	人	106.56	46.78	72.32	93.11	116.47	241.42
（五）医疗费	元	人	276.72	189.91	202.23	357	383	282.21
（六）其他医疗保健支出	元	人	14.3	2.51	1.47	42.24	9.04	19.67
六、交通和通信	元	人	1331.35	892.96	1035.67	1415.54	1282.44	2290.24
（一）交通	元	人	662.94	303.65	460.43	779.95	641.73	1320.45
1. 家庭交通工具	元	人	221.2	10.03	252.1	339.01	11.38	578.45
（1）助力车．单价	元/辆		3815.38		5691.67	1800	1600	2562.5
．数量	辆	百户	4.33		10	3.31	1.67	6.7
．金额	元	人	64.71		213.88	23.45	11.38	80.34
（2）家用汽车．单价	元/辆		46000			38000		54000
．数量	辆	百户	0.67			1.66		1.68
．金额	元	人	120.03			247.56		423.25
（3）其他交通工具	元	人	36.46	10.03	38.22	68		74.85
2. 车辆用燃料及零配件	元	人	226.72	147.14	40.88	222.03	393.95	396.15
（1）燃料	元	人	216.96	142.59	33.92	212.94	385.03	373.59
其中：汽油．单价	元/升		7.55	7.48	7.76	7.56	7.58	7.51
．数量	升	人	28.75	19.07	4.37	28.15	50.8	49.74
．金额	元	人	216.96	142.59	33.92	212.94	385.03	373.59
（2）零配件	元	人	5.35	3.48	5.09	5.96	5.36	7.63
（3）其他	元	人	4.41	1.06	1.87	3.13	3.57	14.93
3. 交通工具服务支出	元	人	44.38	32.09	9.29	24.29	66.99	105.39
（1）维修费	元	人	18.92	12.13	7.52	17.72	27.88	34.62
（2）车辆使用税费	元	人	21.96	18.32	1.12	3.68	34.63	61.33
（3）其他车辆使用费用	元	人	3.51	1.65	0.65	2.89	4.48	9.43
4. 交通费	元	人	170.65	114.38	158.16	194.61	169.41	240.47
（1）飞机	元	人	62.64	24.3	18.79	114.66	81.94	89.32
（2）火车	元	人	34.91	27.72	46.75	30.48	17.51	55.03

7—3 续表 6　　　　（2012 年）

指标名称	计量单位		总　计	按相对收入等距 5 组分组				
				低收入组	较　低 收入组	中　等 收入组	较　高 收入组	高收入组
（3）长途汽车	元	人	12.24	10.28	11.51	7.38	14.72	19.12
（4）市内公共交通	元	人	29.63	31.18	35.84	19.28	29.1	32.63
（5）出租汽车费	元	人	29.77	19.23	44.96	22.15	25.14	40.33
（6）其他交通费	元	人	1.45	1.66	0.32	0.66	1	4.03
（二）通信	元	人	668.41	589.32	575.23	635.59	640.71	969.8
1. 通信工具	元	人	164.03	150.65	133.92	126.93	124.2	309.68
（1）电话机．单价	元/部		89	50		128		
．数量	部	百户	0.67	1.66		1.66		
．金额	元	人	0.23	0.27		0.83		
（2）移动电话．单价	元/部		1416.33	1067.81	1640.62	1380.43	1327.69	1770.91
．数量	部	百户	29.33	43.21	21.67	23.2	21.73	36.87
．金额	元	人	162.61	149.94	133.58	125.9	122.77	305.37
（3）其他通信工具	元	人	1.2	0.44	0.34	0.19	1.42	4.31
2. 通信服务	元	人	504.37	438.67	441.31	508.67	516.51	660.12
（1）电信费	元	人	502.36	436.81	438.41	507.94	515.76	656.07
其中：上网费	元	人	124.33	104.68	105.81	114.3	120.33	192.48
（2）邮费	元	人	0.88	0.86	0.81	0.72	0.39	1.7
（3）其他通信服务费	元	人	1.13	1	2.09		0.36	2.35
七、教育文化娱乐服务	元	人	1466.83	1099.21	1569.87	1739.19	1243.11	1790.23
（一）文化娱乐用品	元	人	268.97	175.84	259.34	375.58	230.71	330.09
1. 彩色电视机．单价	元/台		3364.09		1300	4337.4	3129.75	1499
．数量	台	百户	3.67		1.67	8.29	6.69	1.68
．金额	元	人	48.28		8.14	141.28	89.05	11.75
2. 计算机	元	人	35.34	18.15	70.53	18.26	13.05	61.37
（1）购买整机	元/台		3004.83		4299.5	1550	1180	3350
．数量	台	百户	2		3.33	1.66	1.67	3.35
．金额	元	人	23.52		53.86	10.1	8.39	52.51
（2）计算机外部设备	元	人	4.04	4.15	7.9	3.45	3.59	0.27
（3）各种零配件及耗材	元	人	7.78	14	8.78	4.71	1.07	8.58
3. 摄像机．单价	元/架		1180			1180		
．数量	架	百户	0.33			1.66		
．金额	元	人	1.54			7.69		
4. 照相机．单价	元/架		2499.8	2600	2150	9712.73	999	2725
．数量	架	百户	1.67	1.66	1.67		1.67	3.35
．金额	元	人	16.31	14.04	13.47	8.47	7.11	42.72
5. 其他中高档乐器．单价	元/件		600					600
．数量	件	百户	0.33					1.68
．金额	元	人	0.78					4.7
6. 健身器材．单价	元/件		2205.33	1199				2708.5
．数量	件	百户	1	1.66				3.35
．金额	元	人	8.63	6.48				42.46

7—3 续表 6　　　　(2012 年)

指标名称	计量单位		总　　计	按相对收入等距 5 组分组				
				低收入组	较　低 收入组	中　等 收入组	较　高 收入组	高收入组
7. 音像制品及软件	元	人	2. 18	4. 38		5. 39		0. 24
8. 体育用品	元	人	7. 36	4. 59	22. 04	1. 76	0. 17	7. 69
9. 书报杂志	元	人	41. 39	34. 13	35. 96	50. 73	36. 93	52. 41
10. 纸张文具	元	人	19. 47	24. 9	17. 51	22. 87	16. 94	12. 77
11. 其他文娱用品	元	人	87. 68	69. 17	91. 69	119. 13	67. 46	93. 98
（二）文化娱乐服务	元	人	557. 15	330. 92	350. 44	790. 47	614. 91	799. 81
1. 参观游览	元	人	96. 8	49. 93	71. 69	126. 89	77. 2	181. 61
2. 健身活动	元	人	16. 86	19. 86	3. 63	10. 03	2. 85	52. 71
3. 团体旅游	元	人	331. 06	188. 2	179. 25	506. 99	398. 11	442. 87
4. 其他文娱活动	元	人	106. 09	71. 13	91. 91	135. 8	127. 15	115. 63
5. 文娱用品修理服务费	元	人	6. 34	1. 81	3. 96	10. 76	9. 6	6. 98
（三）教育	元	人	640. 71	592. 45	960. 09	573. 14	397. 49	660. 34
1. 教材	元	人	28. 15	38. 75	18. 19	28. 6	20. 73	32. 89
（1）课本及参考书	元	人	26. 03	38. 75	17. 33	24. 72	17. 3	29. 65
（2）教育软件	元	人						
（3）其他教材	元	人	2. 12		0. 86	3. 88	3. 44	3. 24
2. 教育费用	元	人	612. 55	553. 71	941. 9	544. 53	376. 76	627. 45
（1）非义务教育学杂费	元	人	86. 94	18. 56	181. 69	70. 19	4. 84	178. 25
（2）义务教育学杂费	元	人	25. 24	39. 52	19. 61	16. 81	30. 17	16. 3
（3）托幼费	元	人	102. 34	146. 25	105. 61	181. 31	43. 68	4. 15
（4）成人教育费	元	人	114. 08	45. 01	197. 6	51. 66	77. 46	225. 23
（5）家教费	元	人	11. 11	13. 92	15. 72	16. 74		6. 74
（6）培训班	元	人	229. 47	169. 68	388. 43	198. 89	194. 02	193. 15
（7）学校住宿费	元	人	12. 12	32. 73	6. 44		15. 65	
（8）其他教育费用	元	人	31. 25	88. 04	26. 8	8. 93	10. 94	3. 62
八、其他商品和服务	元	人	402. 4	315. 6	265. 01	351. 03	628. 71	512. 77
（一）其他商品	元	人	249. 46	219. 51	157. 9	241. 51	310. 33	349. 99
1. 金银珠宝饰品	元	人	34. 05	130. 09	10. 13	125. 03	118. 99	21. 94
2. 手表．单价	元/只		717. 83	290. 25	1647. 5	323. 67	1048. 25	745
．数量	只	人	0. 04	0. 02	0. 03	0. 06	0. 03	0. 06
．金额	元	人	27. 16	6. 27	41. 27	18. 98	29. 83	46. 71
3. 理发美容用具	元	人	2. 33	1. 52	2. 4	0. 86	0. 64	7. 07
4. 化妆品	元	人	106. 17	68. 44	89. 56	85. 18	76. 2	239. 99
5. 其他杂品	元	人	29. 75	13. 19	14. 54	11. 47	84. 68	34. 28
（二）服务	元	人	152. 94	96. 09	107. 1	109. 52	318. 39	162. 78
1. 旅馆住宿费	元	人	16. 11	14. 05	28. 75	9. 32	0. 92	28. 16
2. 理发洗澡费	元	人	54. 09	42. 03	41. 53	41. 73	72. 44	81. 97
3. 美容费	元	人	19. 21	15. 89	20. 29	14. 57	16. 42	31. 32
4. 其他服务	元	人	63. 54	24. 12	16. 53	43. 91	228. 6	21. 32

城镇居民家庭非现金收入情况

7—4　　（2012 年）　　计量单位：元/人

指标名称	总　计	按相对收入等距 5 组分组				
		低收入组	较低收入组	中等收入组	较高收入组	高收入组
非现金（实物与服务）收入总计	**265.24**	**12.31**	**75.61**	**991.06**	**155.97**	**116.81**
一、食品	26.89	7.22	28.03	37.57	55.28	9.91
（一）粮油类	7.17	0.65	6.9	9.7	13.39	7.05
（二）肉禽蛋水产品类	6.68	2.89	6.75	8.14	13.91	2.35
（三）蔬菜类	0.79	1.3		1.21	1.28	
（四）糖烟酒饮料类	7.46	1.94	5.02	14.36	16.28	0.5
（五）干鲜瓜果类	1.27	0.43	0.81	2.14	3.09	
（六）糕点、奶及奶制品	0.95		1.57	1.69	1.56	
（七）其他食品	1.74		6.39	0.33	1.85	
（八）饮食服务	0.84		0.59		3.91	
二、衣着	1.76			0.65	1.99	7.59
三、居住						
（一）住房						
（二）水电燃料及其他						
（三）居住服务费						
四、家庭设备用品及服务						
五、医疗保健	228.79	5.09	46.07	941.12	96.28	71.1
其中：医疗基金	24.98		9.35	89.29	9.57	20.4
（一）药品费	220.47	4.13	37.71	918.28	89.78	67.6
（二）滋补保健品	0.58					3.5
（三）医疗费	7.74	0.97	8.35	22.83	6.5	
六、交通和通信	2.22			9.77	1.42	
通信	2.22			9.77	1.42	
七、教育文化娱乐服务	4.57					27.43
文化娱乐服务	4.57					27.43
八、其他商品和服务	1.02		1.5	1.95	1	0.78

城镇居民每百户家庭耐用消费品拥有量

7—5　　（2012年）

指标名称	计量单位	总　计	按相对收入等距5组分组				
			低收入组	较　低 收入组	中　等 收入组	较　高 收入组	高收入组
1. 摩托车	辆	5.96	6.56	5	3.28	6.67	8.33
2. 助力车	辆	44.7	31.15	75	50.82	28.33	38.33
3. 家用汽车	辆	19.21	21.31	6.67	19.67	21.67	26.67
4. 洗衣机	台	96.69	98.36	98.33	95.08	101.67	90
5. 电冰箱	台	99.34	100	95	100	101.67	100
6. 彩色电视机	台	113.58	109.84	106.67	119.67	115	116.67
7. 计算机	台	73.84	80.33	73.33	65.57	73.33	76.67
8. 组合音响	套	17.22	21.31	18.33	11.48	15	20
9. 摄像机	架	9.6	13.11	3.33	11.48	13.33	6.67
10. 照相机	架	45.03	47.54	41.67	42.62	45	48.33
11. 钢琴	架	1.66		3.33	1.64	3.33	
12. 其他中高档乐器	件	1.32	1.64	3.33			1.67
13. 微波炉	台	68.54	65.57	71.67	62.3	68.33	75
14. 空调器	台	132.12	119.67	116.67	132.79	141.67	150
15. 淋浴热水器	台	95.03	91.8	96.67	96.72	98.33	91.67
16. 消毒碗柜	台	4.3	6.56	1.67	1.64	5	6.67
17. 洗碗机	台	0.99	1.64				3.33
18. 健身器材	套	3.64	3.28		4.92	3.33	6.67
19. 固定电话	部	44.04	31.15	46.67	49.18	43.33	50
20. 移动电话	部	177.15	203.28	173.33	170.49	170	168.33

农村住户调查基本情况

7—6 （2012年）

指标名称	计量单位	全　市	长安区	桥东区	桥西区	新华区
一、调查户数	户	1900	20	20	20	20
二、调查人口	人	7165	83	62	63	72
1. 整半劳动力数	人	5278	58	47	48	60
# 整劳动力	人	3150	38	28	22	33
2. 劳动力文化程度		4992	50	44	44	47
（1）不识字或识字很少	人	113				
（2）小学程度	人	585			3	
（3）初中程度	人	2956	24	15	12	12
（4）高中程度	人	996	12	20	21	23
（5）中专以上	人	342	14	9	8	12
三、年末生产用固定资产原值	元/人	4840				
农业	元/人	1394				
林业	元/人	2				
牧业	元/人	316				
采矿业	元/人	15				
制造业	元/人	1302				
建筑业	元/人	81				
交通运输业、仓储和邮政业	元/人	882				
批发和零售贸易业	元/人	411				
住宿和餐饮业	元/人	15				
居民服务与其他服务业	元/人	185				
卫生、社会保障和福利业	元/人	40				
文化、体育和娱乐业	元/人	3				
其他	元/人	188				
四、年末拥有主要固定资产						
房屋及建筑物	平方米/人	33929				
小型和手扶拖拉机	台/人	482				
五、经营耕地面积	亩/人	1				
# 有效灌溉面积	亩/人	1				
六、年内新建（购）房屋面积	平方米/人	1		2		
年末住房面积	平方米/人	40	46	44	56	47
年内新建（购）房屋价值	元/人	783		7154		
年末住房价值	元/人	26483	45526	145533	70635	109371

7—6 续表 1　　（2012 年）

指标名称	计量单位	裕华区	矿　区	井陉县	正定县	栾城县
一、调查户数	户	20	100	100	100	100
二、调查人口	人	92	369	411	417	433
1. 整半劳动力数	人	68	243	287	319	305
# 整劳动力	人	39	145	184	207	201
2. 劳动力文化程度		61	200	280	317	297
（1）不识字或识字很少	人	2	1	3	1	6
（2）小学程度	人		8	21	32	29
（3）初中程度	人	29	109	180	196	165
（4）高中程度	人	16	64	49	60	67
（5）中专以上	人	14	18	27	28	30
三、年末生产用固定资产原值	元/人		1971	4004	10357	2282
农业	元/人		200	1197	39	1585
林业	元/人			9		
牧业	元/人		22	403	2999	289
采矿业	元/人			24		
制造业	元/人			176	1589	23
建筑业	元/人		409	24	84	23
交通运输业、仓储和邮政业	元/人		1329	1744	2498	247
批发和零售贸易业	元/人			231	2372	35
住宿和餐饮业	元/人				11	
居民服务与其他服务业	元/人			156	729	27
卫生、社会保障和福利业	元/人			39	36	7
文化、体育和娱乐业	元/人		4			46
其他	元/人		7			
四、年末拥有主要固定资产						
房屋及建筑物	平方米/人			1404	6001	181
小型和手扶拖拉机	台/人		2	41	2	58
五、经营耕地面积	亩/人			1	1	1
# 有效灌溉面积	亩/人				1	1
六、年内新建（购）房屋面积	平方米/人				1	2
年末住房面积	平方米/人	66	44	38	37	59
年内新建（购）房屋价值	元/人		589		701	1038
年末住房价值	元/人	41522	20986	20001	23882	29924

7—6 续表 2　　(2012 年)

指标名称	计量单位	行唐县	灵寿县	高邑县	深泽县	赞皇县
一、调查户数	户	100	100	100	100	100
二、调查人口	人	347	338	386	326	345
1. 整半劳动力数	人	252	257	276	266	271
# 整劳动力	人	150	166	151	117	157
2. 劳动力文化程度		252	257	274	266	271
（1）不识字或识字很少	人	16	9	17		14
（2）小学程度	人	29	53	45	30	74
（3）初中程度	人	168	129	150	179	148
（4）高中程度	人	29	48	47	34	24
（5）中专以上	人	10	18	15	23	11
三、年末生产用固定资产原值	元/人	2030	3369	8527	4092	1179
农业	元/人	1125	1796	6721	1614	1115
林业	元/人			10		
牧业	元/人			70	92	63
采矿业	元/人					
制造业	元/人			1036	365	
建筑业	元/人				77	
交通运输业、仓储和邮政业	元/人		1274	570	1171	
批发和零售贸易业	元/人				429	
住宿和餐饮业	元/人					
居民服务与其他服务业	元/人			104	215	
卫生、社会保障和福利业	元/人				61	
文化、体育和娱乐业	元/人					
其他	元/人	905	298	17	69	
四、年末拥有主要固定资产						
房屋及建筑物	平方米/人			2820	1330	20
小型和手扶拖拉机	台/人	18	33	36	8	67
五、经营耕地面积	亩/人	2	1	1	1	1
# 有效灌溉面积	亩/人	1	1	1	1	1
六、年内新建房屋面积	平方米/人			1	1	6
年末住房面积	平方米/人	34	34	39	43	31
年内新建房屋价值	元/人			647	920	5115
年末住房价值	元/人	10720	11619	20702	20779	17698

7—6 续表3　　(2012年)

指标名称	计量单位	无极县	平山县	元氏县	赵　县	辛集市
一、调查户数	户	100	100	100	100	100
二、调查人口	人	373	411	387	395	338
1. 整半劳动力数	人	271	300	275	295	259
# 整劳动力	人	158	193	170	178	144
2. 劳动力文化程度		224	300	262	285	255
(1) 不识字或识字很少	人	4	16	1	8	5
(2) 小学程度	人	35	37	30	39	27
(3) 初中程度	人	137	182	169	159	160
(4) 高中程度	人	48	48	58	59	46
(5) 中专以上	人		17	4	20	17
三、年末生产用固定资产原值	元/人	21928	3325	5576	3122	3612
农业	元/人	1595	893	1248	2082	2328
林业	元/人					20
牧业	元/人		310	23	58	572
采矿业	元/人					
制造业	元/人	17955		13		
建筑业	元/人		9	101	228	59
交通运输业、仓储和邮政业	元/人	75	730	3481	578	299
批发和零售贸易业	元/人	817	146	47	153	305
住宿和餐饮业	元/人			258		
居民服务与其他服务业	元/人	404	423		5	15
卫生、社会保障和福利业	元/人	13	231	96	6	15
文化、体育和娱乐业	元/人					
其他	元/人	1069	496	310	13	
四、年末拥有主要固定资产						
房屋及建筑物	平方米/人	11652	77	2070	776	1244
小型和手扶拖拉机	台/人	7	44	38	49	28
五、经营耕地面积	亩/人	1	1	1	1	2
# 有效灌溉面积	亩/人	1	1	1	1	2
六、年内新建房屋面积	平方米/人		3		2	1
年末住房面积	平方米/人	42	35	32	40	39
年内新建房屋价值	元/人	751	1754		1343	1094
年末住房价值	元/人	24367	14149	30749	27859	36245

7—6 续表3 （2012年）

指标名称	计量单位	藁城市	晋州市	新乐市	鹿泉市
一、调查户数	户	100	100	100	100
二、调查人口	人	361	376	374	409
1. 整半劳动力数	人	291	289	255	286
# 整劳动力	人	167	198	176	128
2. 劳动力文化程度		274	277	239	216
（1）不识字或识字很少	人	5	3	2	
（2）小学程度	人	32	26	22	13
（3）初中程度	人	153	214	156	110
（4）高中程度	人	73	26	51	73
（5）中专以上	人	11	8		
三、年末生产用固定资产原值	元/人	3461	5669	2010	4514
农业	元/人	924	1117	927	162
林业	元/人				
牧业	元/人	222	170		337
采矿业	元/人				244
制造业	元/人	42	3324	227	49
建筑业	元/人	305		107	122
交通运输业、仓储和邮政业	元/人	449	41	709	1193
批发和零售贸易业	元/人	861	990	40	1125
住宿和餐饮业	元/人				
居民服务与其他服务业	元/人	170			1086
卫生、社会保障和福利业	元/人		27		196
文化、体育和娱乐业	元/人				
其他	元/人	488			
四、年末拥有主要固定资产					
房屋及建筑物	平方米/人	1445	2934		1975
小型和手扶拖拉机	台/人	12	22	7	10
五、经营耕地面积	亩/人	1	1	1	1
# 有效灌溉面积	亩/人	1	1	1	1
六、年内新建房屋面积	平方米/人				
年末住房面积	平方米/人	41	43	41	40
年内新建房屋价值	元/人				
年末住房价值	元/人	31870	30705	19468	32225

农村居民每百户家庭耐用消费品拥有量

7—7　　（2012 年）

指标名称	计量单位	全　市	长安区	桥东区	桥西区	新华区
洗衣机	件	92	120	100	105	155
电冰箱	台	80	120	105	100	150
空调机	台	60	120	150	145	150
抽油烟机	台	19	70	100	100	145
吸尘器	台	3	20	60	10	45
微波炉	台	17	70	80	65	60
热水器	台	59	85	100	90	145
#太阳能热水器	台	53	85	75	85	100
自行车	辆	183	205	185	275	250
#电动自行车	台	81	135	85	105	135
摩托车	台	49	15			
汽车（生活用）	部	11	35	35	5	60
固定电话机	部	23	50	40	15	
移动电话	台	204	250	240	230	295
#接入互联网的	台	26	105		10	80
彩色电视机	台	124	130	120	100	185
#接入有线电视网的	台	51	130	120	50	185
黑白电视机	台	1				
摄像机	台	2		20	10	
影碟机	台	13		5	5	
照相机	台	9	35	50	30	30
家用计算机	台	41	60	100	90	50
#接入互联网的	架	32	55	100	90	50
中高档乐器	台	1				

7—7 续表1　　(2012年)

指标名称	计量单位	裕华区	矿　区	井陉县	正定县	栾城县
洗衣机	件	100	102	106	107	104
电冰箱	台	100	75	90	100	103
空调机	台	125	51	45	115	75
抽油烟机	台	70	40	9	45	19
吸尘器	台	5	1		1	
微波炉	台	50	5	20	36	22
热水器	台	95	68	64	92	100
#太阳能热水器	台	95	60	55	86	90
自行车	辆	330	160	123	203	288
#电动自行车	台	160	68	35	126	177
摩托车	台	10	90	71	58	26
汽车（生活用）	部	20	5	8	15	22
固定电话机	部	60	3	37	36	27
移动电话	台	330	246	258	246	296
#接入互联网的	台		7	25	35	54
彩色电视机	台	185	116	127	145	165
#接入有线电视网的	台	185	89	96	97	52
黑白电视机	台			3		
摄像机	台			1	3	2
影碟机	台	100	1	50	14	29
照相机	台	50	11	11	10	7
家用计算机	台	95	46	44	49	41
#接入互联网的	架	95	42	35	27	28
中高档乐器	台		1	7	1	3

7—7 续表2 （2012年）

指标名称	计量单位	行唐县	灵寿县	高邑县	深泽县	赞皇县
洗衣机	件	39	59	94	102	20
电冰箱	台	18	56	79	80	15
空调机	台	6	12	64	71	14
抽油烟机	台		2	8	8	2
吸尘器	台			4	1	
微波炉	台		5	11	25	6
热水器	台	8	14	46	63	12
#太阳能热水器	台	5	13	44	60	10
自行车	辆	125	94	201	197	94
#电动自行车	台	1	35	82	86	15
摩托车	台	46	56	57	34	61
汽车（生活用）	部		4	9	3	4
固定电话机	部	1	2	44	30	27
移动电话	台	138	136	178	191	76
#接入互联网的	台		12	57		1
彩色电视机	台	103	92	133	121	94
#接入有线电视网的	台	1	2	20	10	
黑白电视机	台	1	4	5		
摄像机	台				1	
影碟机	台	4	1	12		4
照相机	台	1	1		7	9
家用计算机	台	13	7	36	51	23
#接入互联网的	架	2		9	38	8
中高档乐器	台					

7—7 续表 3　　(2012 年)

指标名称	计量单位	无极县	平山县	元氏县	赵　县	辛集市
洗衣机	件	106	101	84	101	108
电冰箱	台	75	82	56	85	89
空调机	台	55	27	33	41	55
抽油烟机	台	16	2	20	3	13
吸尘器	台	16			1	1
微波炉	台	20	3	3	1	16
热水器	台	64	27	53	35	63
#太阳能热水器	台	54	27	31	31	62
自行车	辆	153	132	140	245	249
#电动自行车	台	79	57	60	105	100
摩托车	台	38	77	38	70	36
汽车（生活用）	部	16	9	3	13	10
固定电话机	部	32	3	48	16	7
移动电话	台	144	239	114	240	232
#接入互联网的	台	22	9	76	1	50
彩色电视机	台	100	116	98	127	134
#接入有线电视网的	台	52	29	49	41	115
黑白电视机	台	1				
摄像机	台	7				2
影碟机	台	14	17		12	7
照相机	台		1	43	3	8
家用计算机	台	43	13	46	46	48
#接入互联网的	架	39	6	45	42	48
中高档乐器	台		1			

7—7 续表 4　　（2012 年）

指标名称	计量单位	藁城市	晋州市	新乐市	鹿泉市
洗衣机	件	103	100	102	102
电冰箱	台	100	98	100	95
空调机	台	83	68	99	96
抽油烟机	台	29	8	13	31
吸尘器	台	7	4		
微波炉	台	33	18	14	24
热水器	台	90	93	77	44
#太阳能热水器	台	85	92	70	39
自行车	辆	180	267	170	203
#电动自行车	台	88	92	97	121
摩托车	台	20	56	59	24
汽车（生活用）	部	15	9	13	14
固定电话机	部	29	16	37	13
移动电话	台	201	197	220	250
#接入互联网的	台	25	11	40	39
彩色电视机	台	120	129	147	151
#接入有线电视网的	台	105	33	2	40
黑白电视机	台				
摄像机	台	2	1	12	
影碟机	台	29	1	28	4
照相机	台	7	7	2	2
家用计算机	台	53	68	32	36
#接入互联网的	架	43	63	30	27
中高档乐器	台		1		

农村住户粮食收支情况

7—8　　(2012 年)　　计量单位：千克/人

指标名称	全　市	长安区	桥东区	桥西区
一、期初粮食结存	64			
二、期内粮食收入合计	900	326	95	119
(一) 家庭经营生产粮食	791	269		
# 谷物	789	269		
(二) 购入粮食	109	56	95	119
# 谷物	106	55	90	111
三、期内粮食支出合计	680	233	96	121
(一) 主食用粮	148	83	96	120
# 谷物	145	82	90	112
(三) 出售粮食	468	144		
# 谷物	467	144		
(四) 种籽用粮食	8	2		1
(五) 饲料用粮食	55	3		
四、期末粮食结存实际调查数	551	92		22

7—8 续表 1　　(2012 年)　　计量单位：千克/人

指标名称	新华区	裕华区	矿　区	井陉县
一、期初粮食结存			19	4
二、期内粮食收入合计	55	101	187	741
(一) 家庭经营生产粮食			87	314
# 谷物			87	312
(二) 购入粮食	55	101	100	426
# 谷物	54	99	97	422
三、期内粮食支出合计	149	102	198	680
(一) 主食用粮	51	102	142	177
# 谷物	50	99	139	172
(三) 出售粮食	94		47	148
# 谷物	94		47	145
(四) 种籽用粮食	4		1	5
(五) 饲料用粮食			8	350
四、期末粮食结存实际调查数	81	108	81	396

7—8 续表 2　　(2012 年)　　计量单位：千克/人

指标名称	正定县	栾城县	行唐县	灵寿县
一、期初粮食结存		12	418	53
二、期内粮食收入合计	1059	1081	1593	533
（一）家庭经营生产粮食	947	998	1498	486
# 谷物	947	998	1498	474
（二）购入粮食	112	83	94	47
# 谷物	110	78	93	47
三、期内粮食支出合计	785	841	787	506
（一）主食用粮	112	113	139	165
# 谷物	110	108	137	165
（三）出售粮食	579	715	626	310
# 谷物	579	715	626	300
（四）种籽用粮食	12	11	6	13
（五）饲料用粮食	82	1	15	18
四、期末粮食结存实际调查数	786	599	1019	590

7—8 续表 3　　(2012 年)　　计量单位：千克/人

指标名称	高邑县	深泽县	赞皇县	无极县
一、期初粮食结存			366	47
二、期内粮食收入合计	982	1401	438	1006
（一）家庭经营生产粮食	904	1268	397	917
# 谷物	904	1268	397	917
（二）购入粮食	78	133	40	90
# 谷物	72	126	39	87
三、期内粮食支出合计	1364	1238	263	422
（一）主食用粮	242	192	195	139
# 谷物	236	185	193	136
（三）出售粮食	1084	948	60	254
# 谷物	1084	948	59	254
（四）种籽用粮食	12	22	2	7
（五）饲料用粮食	26	75	6	23
四、期末粮食结存实际调查数	520	1071	540	532

7—8 续表4　　（2012 年）　　计量单位：千克/人

指标名称	平山县	元氏县	赵　县	辛集市
一、期初粮食结存		174	22	
二、期内粮食收入合计	390	1097	1261	1420
（一）家庭经营生产粮食	299	1075	1182	1261
# 谷物	288	1075	1182	1250
（二）购入粮食	91	22	79	159
# 谷物	90	20	74	155
三、期内粮食支出合计	314	1060	971	1172
（一）主食用粮	149	100	141	188
# 谷物	147	98	136	183
（三）出售粮食	108	956	810	852
# 谷物	105	956	810	844
（四）种籽用粮食	4	3	14	18
（五）饲料用粮食	52	1	6	113
四、期末粮食结存实际调查数	478	207	835	863

7—8 续表5　　（2012 年）　　计量单位：千克/人

指标名称	藁城市	晋州市	新乐市	鹿泉市
一、期初粮食结存			175	
二、期内粮食收入合计	979	1090	1196	605
（一）家庭经营生产粮食	934	815	1156	551
# 谷物	930	815	1153	551
（二）购入粮食	46	276	40	54
# 谷物	45	273	39	51
三、期内粮食支出合计	504	706	663	341
（一）主食用粮	127	195	114	109
# 谷物	127	193	113	106
（三）出售粮食	367	265	521	227
# 谷物	367	265	518	227
（四）种籽用粮食	9	15	3	4
（五）饲料用粮食		231	26	
四、期末粮食结存实际调查数	222	556	834	385

农村住户收入情况

7—9 （2012年） 计量单位：元/人

指标名称	全　市	长安区	桥东区	桥西区	新华区
一、全年总收入	11640	12724	14341	17894	13297
（一）工资性收入	5625	9043	12661	12262	8303
1．在非企业组织中劳动得到收入	326	432	4280		
2．在本乡地域内劳动得到收入	4316	7774	6851	12262	8303
3．外出从业得到收入	983	837	1530		
（二）家庭经营收入	5259	1980			571
1．第一产业收入	3166	1071			-1
# 农业收入	2310	655			-1
牧业收入	841	416			
2．第二产业收入	754				
（1）工业收入	606				
（2）建筑业收入	148				
3．第三产业收入	1340	909			573
# 交通．运输．邮电业收入	461	502			
批零贸易业．饮食业收入	556	407			524
社会服务业收入	181				
（三）财产性收入	275	1196	1373	1548	4330
（四）转移性收入	481	505	307	4084	92
二、全年纯收入	8993	12390	14199	17888	13125
（一）工资性收入	5625	9043	12661	12262	8303
（二）家庭经营纯收入	2637	1738		-5	399
1．第一产业纯收入	1659	829		-5	-170
# 农业收入	1485	446		-2	-170
牧业收入	169	383			
2．非农产业纯收入	978	909			569
A．第二产业纯收入	291				
（1）工业收入	207				
（2）建筑业收入	84				
B．第三产业纯收入	687	909			569
（1）交通．运输．邮电业收入	230	502			-3
（2）批零贸易业．饮食业收入	288	407			524
（3）社会服务业收入	88				-1
（4）文教卫生业收入	38				
（5）其他行业收入	43				49
（三）财产性纯收入	275	1196	1373	1548	4330
（四）转移性纯收入	456	412	165	4084	92

7—9 续表1　　　　(2012年)　　　　计量单位：元/人

指标名称	裕华区	矿　区	井陉县	正定县	栾城县
一、全年总收入	16445	13105	11632	18512	12759
（一）工资性收入	14744	8229	6068	6856	6656
1. 在非企业组织中劳动得到收入	819	796	348	343	303
2. 在本乡地域内劳动得到收入	13926	7351	3199	4756	4568
3. 外出从业得到收入		82	2521	1757	1784
（二）家庭经营收入		3469	5121	10916	5224
1. 第一产业收入		429	3403	4577	4243
# 农业收入		213	1041	2016	3409
牧业收入		216	2362	2561	834
2. 第二产业收入		1174	336	1523	390
（1）工业收入			304	1418	203
（2）建筑业收入		1174	33	105	187
3. 第三产业收入		1866	1382	4816	591
# 交通．运输．邮电业收入		1777	840	1031	181
批零贸易业．饮食业收入			228	2799	292
社会服务业收入			256	846	81
（三）财产性收入	1597	13	156	240	216
（四）转移性收入	104	1394	287	500	663
二、全年纯收入	16432	11270	7968	10996	10619
（一）工资性收入	14744	8229	6068	6856	6656
（二）家庭经营纯收入		1637	1512	3502	3130
1. 第一产业纯收入		262	870	1666	2278
# 农业收入		116	601	1245	2122
牧业收入		146	271	422	156
2. 非农产业纯收入		1375	642	1836	852
A. 第二产业纯收入		491	-176	464	385
（1）工业收入			-200	418	201
（2）建筑业收入		491	24	46	183
B. 第三产业纯收入		884	818	1372	468
（1）交通．运输．邮电业收入		820	391	426	131
（2）批零贸易业．饮食业收入			180	802	259
（3）社会服务业收入			200	83	74
（4）文教卫生业收入			47	61	33
（5）其他行业收入		64			-29
（三）财产性纯收入	1597	13	156	240	216
（四）转移性纯收入	91	1391	233	398	616

7—9 续表2 （2012年） 计量单位：元/人

指标名称	行唐县	灵寿县	高邑县	深泽县	赞皇县
一、全年总收入	5703	5135	9558	10275	4515
（一）工资性收入	1119	2342	4984	4269	2820
1. 在非企业组织中劳动得到收入	60	89	374	356	16
2. 在本乡地域内劳动得到收入	646	1929	3945	2025	2675
3. 外出从业得到收入	413	324	665	1887	130
（二）家庭经营收入	4211	2421	3684	5216	1592
1. 第一产业收入	3854	2332	2870	3599	1094
# 农业收入	3416	1243	2634	2976	946
牧业收入	417	1061	236	623	66
2. 第二产业收入	24		134	524	320
（1）工业收入			17	426	293
（2）建筑业收入	24		117	97	27
3. 第三产业收入	333	90	680	1093	178
# 交通．运输．邮电业收入	49	45	192	315	138
批零贸易业．饮食业收入	195	35	157	450	31
社会服务业收入	34		153	72	2
（三）财产性收入	75	43	625	77	-8
（四）转移性收入	298	329	265	713	111
二、全年纯收入	4038	3804	8346	7586	3780
（一）工资性收入	1119	2342	4984	4269	2820
（二）家庭经营纯收入	2548	1114	2473	2534	859
1. 第一产业纯收入	2397	1143	1787	1743	567
# 农业收入	2321	646	1641	1662	510
牧业收入	75	475	156	81	32
2. 非农产业纯收入	151	-30	686	791	292
A. 第二产业纯收入	-1		65	155	169
（1）工业收入			-52	146	142
（2）建筑业收入	-1		117	10	27
B. 第三产业纯收入	152	-30	621	635	123
（1）交通．运输．邮电业收入	29	-47	141	154	83
（2）批零贸易业．饮食业收入	195	29	157	265	31
（3）社会服务业收入	34		146	20	2
（4）文教卫生业收入	9			-4	
（5）其他行业收入	-115	-12	176	200	6
（三）财产性纯收入	75	43	625	77	-8
（四）转移性纯收入	295	305	264	707	109

7—9 续表 3　　（2012 年）　　计量单位：元/人

指标名称	无极县	平山县	元氏县	赵　县	辛集市
一、全年总收入	13517	6161	10704	10904	13998
（一）工资性收入	4695	3745	4823	4213	4224
1. 在非企业组织中劳动得到收入	210	94	360	215	514
2. 在本乡地域内劳动得到收入	3074	2671	3740	2945	2805
3. 外出从业得到收入	1411	981	723	1054	904
（二）家庭经营收入	8536	2011	5643	5901	8334
1. 第一产业收入	2311	1776	2709	4911	7273
# 农业收入	1867	1077	2709	4555	5160
牧业收入	443	562		355	2097
2. 第二产业收入	3835	23	504	317	69
（1）工业收入	3835	23	227		
（2）建筑业收入			277	317	69
3. 第三产业收入	2390	212	2430	673	992
# 交通．运输．邮电业收入	214	134	1783	129	130
批零贸易业．饮食业收入	1454	20	399	248	626
社会服务业收入	190	12		150	219
（三）财产性收入	86	4	129	262	310
（四）转移性收入	199	401	109	528	1131
二、全年纯收入	9097	4714	8819	9079	10073
（一）工资性收入	4695	3745	4823	4213	4224
（二）家庭经营纯收入	4117	574	3757	4126	4437
1. 第一产业纯收入	1427	561	2218	3278	3607
# 农业收入	1272	491	2219	3201	3269
牧业收入	155	19	-2	77	325
2. 非农产业纯收入	2690	13	1539	848	830
A. 第二产业纯收入	1429	19	355	302	60
（1）工业收入	1429	19	147		
（2）建筑业收入		-1	208	302	60
B. 第三产业纯收入	1261	-5	1184	547	770
（1）交通．运输．邮电业收入	156	47	768	62	110
（2）批零贸易业．饮食业收入	699	1	245	214	434
（3）社会服务业收入	74	-21		147	210
（4）文教卫生业收入	32	-14	197	70	16
（5）其他行业收入	299	-18	-26	53	
（三）财产性纯收入	86	4	129	262	310
（四）转移性纯收入	199	391	109	478	1103

7—9 续表4 （2012年） 计量单位：元/人

指标名称	藁城市	晋州市	新乐市	鹿泉市
一、全年总收入	16012	16589	11840	13495
（一）工资性收入	7025	8079	6573	7439
1. 在非企业组织中劳动得到收入	188	280	242	386
2. 在本乡地域内劳动得到收入	6834	7799	5535	4830
3. 外出从业得到收入	3		795	2222
（二）家庭经营收入	8676	8338	4767	4757
1. 第一产业收入	5515	3674	3214	2200
# 农业收入	3959	2820	2833	1175
牧业收入	1556	854	381	1025
2. 第二产业收入	344	3722	798	195
（1）工业收入	136	3722	631	195
（2）建筑业收入	208		167	
3. 第三产业收入	2817	942	755	2362
# 交通．运输．邮电业收入	414	49	365	667
批零贸易业．饮食业收入	1663	789	252	547
社会服务业收入	433		28	814
（三）财产性收入	30	35	301	577
（四）转移性收入	282	137	199	722
二、全年纯收入	11714	11555	10059	11245
（一）工资性收入	7025	8079	6573	7439
（二）家庭经营纯收入	4438	3304	2988	2525
1. 第一产业纯收入	2879	1649	1985	1202
# 农业收入	2814	1448	1906	824
牧业收入	65	201	79	379
2. 非农产业纯收入	1559	1655	1003	1322
A. 第二产业纯收入	144	1090	447	93
（1）工业收入	58	1090	422	101
（2）建筑业收入	85		25	−8
B. 第三产业纯收入	1416	566	556	1229
（1）交通．运输．邮电业收入	254	31	242	366
（2）批零贸易业．饮食业收入	821	466	191	267
（3）社会服务业收入	214		14	433
（4）文教卫生业收入		69	110	71
（5）其他行业收入	127		−1	93
（三）财产性纯收入	30	35	301	577
（四）转移性纯收入	222	137	197	704

农村住户现金收支情况

7—10　　(2012年)　　计量单位：元/人

指标名称	全　市	长安区	桥东区	桥西区	新华区
一、期内现金收入	10928	12379	14341	17894	13469
（一）工资性收入	5624	9043	12661	12262	8303
1. 在非企业组织中劳动得到收入	326	432	4280		
2. 在本乡地域内劳动得到收入	4315	7774	6851	12262	8303
3. 外出从业得到收入	983	837	1530		
（二）家庭经营现金收入	4574	1635			759
1. 第一产业现金收入	2485	726			186
# 农业现金收入	1627	380			186
牧业现金收入	843	346			
2. 第二产业现金收入	748				
（1）工业收入	601				
（2）建筑业收入	148				
3. 第三产业现金收入	1340	909			573
# 交通．运输．邮电业收入	461	502			
批零贸易业．饮食业收入	556	407			524
社会服务业收入	181				
（三）财产性收入	255	1196	1373	1548	4315
（四）转移性收入	475	505	307	4084	92
# 粮食直接补贴收入	59	4	155		31
二．非收入现金所得	528	268	145	140	
（一）非借贷性现金所得	222	90	145	140	
（二）借贷性现金所得	306	178			
三．期内现金支出	8156	7121	10483	10185	5142
（一）生产费用支出	2486	236		5	172
# 家庭经营费用支出	2264	236		5	172
购置生产性固定资产支出	221				
（二）税费支出	16				
（三）生活消费支出	5234	6731	10121	8554	4667
（四）财产性支出	2		32		
（五）转移性支出	418	154	330	1625	302
四．非消费性支出	748	1413	519	3895	425
五．期末金融资产余额	12160	10312	8415	30613	31335

7—10 续表1　　　　（2012年）　　　　计量单位：元/人

指标名称	裕华区	矿　区	井陉县	正定县	栾城县
一、期内现金收入	16445	13034	11205	17765	12187
（一）工资性收入	14744	8213	6067	6856	6652
1. 在非企业组织中劳动得到收入	819	795	347	343	303
2. 在本乡地域内劳动得到收入	13926	7336	3199	4756	4567
3. 外出从业得到收入		82	2521	1757	1782
（二）家庭经营现金收入		3424	4722	10233	4716
1. 第一产业现金收入		384	3004	3894	3735
# 农业现金收入		130	662	1339	2903
牧业现金收入		254	2342	2555	832
2. 第二产业现金收入		1174	336	1523	390
（1）工业收入			304	1418	203
（2）建筑业收入		1174	33	105	187
3. 第三产业现金收入		1866	1382	4816	591
# 交通．运输．邮电业收入		1777	840	1031	181
批零贸易业．饮食业收入			228	2799	292
社会服务业收入			256	846	81
（三）财产性收入	1597	3	151	215	182
（四）转移性收入	104	1394	264	461	637
# 粮食直接补贴收入	1	6	4	16	21
二．非收入现金所得	4	389	1289	1285	392
（一）非借贷性现金所得	4	106	683	658	378
（二）借贷性现金所得		282	606	628	14
三．期内现金支出	6304	10106	9198	15399	10518
（一）生产费用支出		1701	3351	6756	2049
# 家庭经营费用支出		1698	3285	6593	1935
购置生产性固定资产支出		3	67	162	113
（二）税费支出			46	108	
（三）生活消费支出	5895	7722	5532	7870	7798
（四）财产性支出				26	
（五）转移性支出	409	682	269	640	671
四．非消费性支出	456	1268	962	1390	605
五．期末金融资产余额	10625	9158	10522	12174	8857

7—10 续表 2 （2012 年） 计量单位：元/人

指标名称	行唐县	灵寿县	高邑县	深泽县	赞皇县
一、期内现金收入	3934	4764	9817	9578	3918
（一）工资性收入	1119	2342	4984	4267	2820
1. 在非企业组织中劳动得到收入	60	89	374	356	16
2. 在本乡地域内劳动得到收入	646	1929	3945	2023	2675
3. 外出从业得到收入	413	324	665	1887	130
（二）家庭经营现金收入	2444	2058	4057	4575	971
1. 第一产业现金收入	2087	1968	3243	2958	472
# 农业现金收入	1663	884	2911	2346	314
牧业现金收入	416	1056	328	612	65
2. 第二产业现金收入	24		134	524	320
（1）工业收入			17	426	293
（2）建筑业收入	24		117	97	27
3. 第三产业现金收入	333	90	680	1093	178
# 交通．运输．邮电业收入	49	45	192	315	138
批零贸易业．饮食业收入	195	35	157	450	31
社会服务业收入	34		153	72	2
（三）财产性收入	73	35	511	24	16
（四）转移性收入	298	329	265	713	111
# 粮食直接补贴收入	110	9	121	114	76
二．非收入现金所得	99	77	27	244	4
（一）非借贷性现金所得	47	26	23	192	
（二）借贷性现金所得	53	51	4	52	4
三．期内现金支出	5458	6058	3826	8999	3748
（一）生产费用支出	1787	1982	646	2616	655
# 家庭经营费用支出	1516	1070	642	2349	655
购置生产性固定资产支出	252	912	4	267	
（二）税费支出			1	32	
（三）生活消费支出	3461	3897	3009	5842	2554
（四）财产性支出			1		
（五）转移性支出	210	178	170	510	539
四．非消费性支出	330	340	303	634	93
五．期末金融资产余额	4654	1638	8987	13174	3738

7—10 续表3 （2012年） 计量单位：元/人

指标名称	无极县	平山县	元氏县	赵　县	辛集市
一、期内现金收入	12256	5610	10475	9648	12998
（一）工资性收入	4695	3745	4823	4212	4218
1. 在非企业组织中劳动得到收入	210	94	360	214	514
2. 在本乡地域内劳动得到收入	3074	2670	3740	2944	2800
3. 外出从业得到收入	1411	981	723	1054	904
（二）家庭经营现金收入	7279	1464	5427	4663	7425
1. 第一产业现金收入	1054	1230	2493	3673	6364
# 农业现金收入	620	485	2493	3344	4260
牧业现金收入	434	596		328	2090
2. 第二产业现金收入	3835	23	504	317	69
（1）工业收入	3835	23	227		
（2）建筑业收入			277	317	69
3. 第三产业现金收入	2390	212	2430	673	992
# 交通．运输．邮电业收入	214	134	1783	129	130
批零贸易业．饮食业收入	1454	20	399	248	626
社会服务业收入	190	12		150	219
（三）财产性收入	82	3	116	245	227
（四）转移性收入	199	398	109	528	1127
# 粮食直接补贴收入	33	37	109	33	25
二．非收入现金所得	784	265	1316	1442	1015
（一）非借贷性现金所得	87	247	7	327	342
（二）借贷性现金所得	697	18	1310	1115	673
三．期内现金支出	8089	5874	6359	8636	11343
（一）生产费用支出	2917	1160	3556	1551	3597
# 家庭经营费用支出	2907	1134	1476	1546	3566
购置生产性固定资产支出	9	25	2080	5	30
（二）税费支出	49		37		1
（三）生活消费支出	4827	4388	2719	6542	6442
（四）财产性支出					
（五）转移性支出	296	326	47	544	1303
四．非消费性支出	141	548		1480	576
五．期末金融资产余额	38775	6937	5919	10606	20120

7—10 续表 4　　(2012 年)　　计量单位：元/人

指标名称	藁城市	晋州市	新乐市	鹿泉市
一、期内现金收入	15000	15458	10373	12767
(一) 工资性收入	7025	8079	6573	7439
1. 在非企业组织中劳动得到收入	188	280	242	386
2. 在本乡地域内劳动得到收入	6834	7799	5535	4830
3. 外出从业得到收入	3		795	2222
(二) 家庭经营现金收入	7671	7207	3324	4034
1. 第一产业现金收入	4510	2643	1771	1477
# 农业现金收入	2954	1792	1390	467
牧业现金收入	1556	850	381	1010
2. 第二产业现金收入	344	3622	798	195
(1) 工业收入	136	3622	631	195
(2) 建筑业收入	208		167	
3. 第三产业现金收入	2817	942	755	2362
# 交通．运输．邮电业收入	414	49	365	667
批零贸易业．饮食业收入	1663	789	252	547
社会服务业收入	433		28	814
(三) 财产性收入	22	35	277	573
(四) 转移性收入	282	137	199	722
# 粮食直接补贴收入	63	110	190	40
二．非收入现金所得	6		95	861
(一) 非借贷性现金所得	6		64	746
(二) 借贷性现金所得			31	115
三．期内现金支出	8744	9162	6537	8113
(一) 生产费用支出	4004	4586	1661	2199
# 家庭经营费用支出	4004	4586	1620	1931
购置生产性固定资产支出			41	267
(二) 税费支出	3	24		
(三) 生活消费支出	4544	4395	4551	5516
(四) 财产性支出				
(五) 转移性支出	193	157	325	398
四．非消费性支出	320	2881	327	553
五．期末金融资产余额	19278	17652	9000	12791

农村住户支出情况

7—11 （2012年） 计量单位：元/人

指标名称	全　市	长安区	桥东区	桥西区	新华区
总　支　出	**8381**	**7204**	**10483**	**10185**	**5142**
一、家庭经营费用支出	2283	242		5	172
1. 第一产业生产费用支出	1392	242		5	168
# 农业生产费用支出	732	210		2	168
牧业生产费用支出	650	33			
2. 第二产业生产费用支出	363				
（1）工业生产费用支出	305				
（2）建筑业生产费用支出	58				
3. 第三产业生产费用支出	528				4
（1）交通运输邮电业生产费用支出	171				3
（2）批零贸易餐饮业生产费用支出	233				
（3）社会服务业生产费用支出	80				1
（4）文教卫生业生产费用支出	17				
（5）其他行业生产费用支出	27				
二、购置生产性固定资产支出	221				
三、建造生产性固定资产雇工支出	1				
四、税费支出	16				
五、生活消费支出	5439	6807	10121	8554	4667
# 服务性支出	1315	1767	2826	2356	1593
1. 食品消费支出	1809	2769	3177	3000	1559
2. 衣着消费支出	437	769	958	1594	448
3. 居住消费支出	1222	478	427	913	641
4. 家庭设备．用品消费支出	375	694	300	708	569
5. 交通和通讯消费支出	639	553	2726	851	467
6. 文化教育．娱乐消费支出	424	937	1559	911	579
7. 医疗保健消费支出	412	365	579	388	262
8. 其他商品和服务消费支出	121	242	395	189	143
六、财产性支出	2		32		
七、转移性支出	419	154	330	1625	302

7—11 续表 1　　(2012 年)　　计量单位：元/人

指标名称	裕华区	矿　区	井陉县	正定县	栾城县
总　支　出	**6304**	**10206**	**9456**	**15584**	**10626**
一、家庭经营费用支出		1701	3297	6616	1942
1. 第一产业生产费用支出		152	2426	2708	1840
# 农业生产费用支出		84	360	768	1181
牧业生产费用支出		68	2065	1939	659
2. 第二产业生产费用支出		656	452	926	2
（1）工业生产费用支出			445	873	
（2）建筑业生产费用支出		656	7	53	2
3. 第三产业生产费用支出		892	419	2982	99
（1）交通运输邮电业生产费用支出		868	332	423	34
（2）批零贸易餐饮业生产费用支出			32	1780	30
（3）社会服务业生产费用支出			46	705	5
（4）文教卫生业生产费用支出			9	75	
（5）其他行业生产费用支出		24			29
二、购置生产性固定资产支出		3	67	162	113
三、建造生产性固定资产雇工支出					
四、税费支出			46	108	
五、生活消费支出	5895	7821	5774	8030	7890
# 服务性支出	2041	1620	1912	1767	1856
1. 食品消费支出	2350	1894	2039	2315	2162
2. 衣着消费支出	609	629	462	731	500
3. 居住消费支出	736	1814	1196	2225	1718
4. 家庭设备．用品消费支出	315	724	361	686	745
5. 交通和通讯消费支出	449	1258	456	719	1316
6. 文化教育．娱乐消费支出	807	653	356	592	611
7. 医疗保健消费支出	502	717	759	571	743
8. 其他商品和服务消费支出	128	131	145	190	95
六、财产性支出				26	
七、转移性支出	409	682	273	642	681

7—11 续表2　　（2012 年）　　计量单位：元/人

指标名称	行唐县	灵寿县	高邑县	深泽县	赞皇县
总　支　出	**5626**	**6355**	**4210**	**9323**	**4053**
一、家庭经营费月支出	1527	1083	642	2378	655
1. 第一产业生产费用支出	1382	1069	628	1742	449
# 农业生产费用支出	1020	478	544	1206	361
牧业生产费用支出	342	586	75	536	30
2. 第二产业生产费用支出	24			336	151
（1）工业生产费用支出				255	151
（2）建筑业生产费用支出	24			81	
3. 第三产业生产费用支出	121	15	13	300	55
（1）交通运输邮电业生产费用支出	20	7	13	78	55
（2）批零贸易餐饮业生产费用支出		6		141	
（3）社会服务业生产费用支出				35	
（4）文教卫生业生产费用支出					
（5）其他行业生产费用支出	100	2		45	
二、购置生产性固定资产支出	252	912	4	267	
三、建造生产性固定资产雇工支出	19				
四、税费支出			1	32	
五、生活消费支出	3616	4180	3393	6137	2859
# 服务性支出	849	822	651	1358	600
1. 食品消费支出	1334	1789	1646	1987	1159
2. 衣着消费支出	198	225	222	504	100
3. 居住消费支出	1050	926	689	1513	536
4. 家庭设备．用品消费支出	179	170	181	342	84
5. 交通和通讯消费支出	295	435	294	466	339
6. 文化教育．娱乐消费支出	154	205	174	932	528
7. 医疗保健消费支出	349	382	120	343	64
8. 其他商品和服务消费支出	57	50	68	49	47
六、财产性支出			1		
七、转移性支出	211	179	170	510	539

7—11 续表 3　　(2012 年)　　计量单位：元/人

指标名称	无极县	平山县	元氏县	赵　县	辛集市
总　支　出	**8236**	**6254**	**6514**	**8798**	**11702**
一、家庭经营费用支出	2908	1215	1477	1567	3655
1. 第一产业生产费用支出	776	1130	406	1491	3470
# 农业生产费用支出	487	526	406	1215	1735
牧业生产费用支出	289	522		274	1734
2. 第二产业生产费用支出	1191	3	140		5
（1）工业生产费用支出	1191	3	78		
（2）建筑业生产费用支出			62		5
3. 第三产业生产费用支出	940	82	931	76	180
（1）交通运输邮电业生产费用支出	47	39	778	28	
（2）批零贸易餐饮业生产费用支出	676	9	113	23	172
（3）社会服务业生产费用支出	89	5		3	8
（4）文教卫生业生产费用支出	6	22	40	6	
（5）其他行业生产费用支出	122	8		16	
二、购置生产性固定资产支出	9	25	2080	5	30
三、建造生产性固定资产雇工支出					2
四、税费支出	49		37		1
五、生活消费支出	4974	4686	2873	6682	6710
# 服务性支出	940	1209	404	1758	1882
1. 食品消费支出	1825	1617	1342	1949	1907
2. 衣着消费支出	520	341	343	437	407
3. 居住消费支出	1350	933	378	2466	1589
4. 家庭设备．用品消费支出	180	381	184	461	637
5. 交通和通讯消费支出	730	422	366	449	830
6. 文化教育．娱乐消费支出	153	232	65	376	568
7. 医疗保健消费支出	61	608	36	346	691
8. 其他商品和服务消费支出	154	152	158	199	81
六、财产性支出					
七、转移性支出	296	328	47	544	1304

7—11 续表 3　　(2012 年)　　计量单位：元/人

指标名称	藁城市	晋州市	新乐市	鹿泉市
总　支　出	**8914**	**9471**	**6805**	**8326**
一、家庭经营费用支出	4004	4632	1646	1931
1. 第一产业生产费用支出	2556	1940	1168	964
# 农业生产费用支出	1081	1298	866	340
牧业生产费用支出	1475	642	302	624
2. 第二产业生产费用支出	177	2392	329	74
(1) 工业生产费用支出	75	2392	194	74
(2) 建筑业生产费用支出	103		135	
3. 第三产业生产费用支出	1270	300	149	893
(1) 交通运输邮电业生产费用支出	130	16	75	222
(2) 批零贸易餐饮业生产费用支出	784	251	58	206
(3) 社会服务业生产费用支出	207		15	308
(4) 文教卫生业生产费用支出		34		120
(5) 其他行业生产费用支出	149		1	37
二、购置生产性固定资产支出			41	267
三、建造生产性固定资产雇工支出				
四、税费支出	3	24		
五、生活消费支出	4714	4657	4794	5729
# 服务性支出	1067	1045	1335	1578
1. 食品消费支出	1487	1739	1638	1843
2. 衣着消费支出	435	365	532	429
3. 居住消费支出	1089	775	1086	1059
4. 家庭设备．用品消费支出	220	218	345	388
5. 交通和通讯消费支出	667	872	534	670
6. 文化教育．娱乐消费支出	488	448	284	354
7. 医疗保健消费支出	192	138	288	839
8. 其他商品和服务消费支出	137	102	87	147
六、财产性支出				
七、转移性支出	193	157	325	398

分县（市）区农民人均纯收入

7—12　　计量单位：元

行政单位	2008年	2009年	2010年	2011年	2012年
石家庄市	**5469**	**5977**	**6577**	**7822**	**8993**
长安区				10199	12390
桥东区				11525	14199
桥西区				14553	17888
新华区				10762	13125
裕华区				13247	16432
矿区	7025	7657	8461	9817	11270
井陉县	5051	5557	6006	6961	7968
正定县	6726	7399	8139	9459	10996
栾城县	6541	7215	7938	9226	10619
行唐县	3468	3470	3647	3995	4038
灵寿县	2956	2960	3167	3455	3804
高邑县	4970	5448	6105	7204	8346
深泽县	4920	5316	5745	6671	7586
赞皇县	2886	2910	3082	3405	3780
无极县	5806	6272	6790	7876	9097
平山县	2945	3312	3681	4168	4714
元氏县	5226	5878	6600	7656	8819
赵县	5553	6116	6815	7910	9079
辛集县	6291	6890	7652	8789	10073
藁城市	6990	7731	8603	9999	11714
晋州市	6794	7495	8327	9675	11555
新乐市	6642	7360	8169	9035	10059
鹿泉市	7106	7834	8638	10063	11245

八、城市公用设施

城市市政公用设施水平

8—1

（2012年）

指标名称	计量单位	全市	市区	指标名称	计量单位	全市	市区
人均日生活用水量	升	126.93	119.78	污水处理率	%	96.96	95.86
用水普及率	%	99.5	100.00	#污水处理厂集中处理率	%	96.96	95.86
燃气普及率	%	98.25	100.00	人均公园绿地面积	平方米	12.43	14.17
每万人拥有公交车辆	标台	—	17.68	建成区绿化覆盖率	%	38.96	41.02
人均城市道路面积	平方米	17.78	17.07	建成区绿地率	%	35.12	37.16
排水管道密度	公里/平方公里	8.46	10.09	生活垃圾无害化处理率	%	73.82	100.00

城市建设用地情况

8—2

（2012年）

指标名称	计量单位	全市	市区	指标名称	计量单位	全市	市区
土地面积	平方公里	15848	455.80				
建成区土地面积	平方公里	435.91	216.20	工业用地	平方公里	40.78	8.85
城市建设用地面积	平方公里	421.51	212.75	物流仓储用地	平方公里	10.99	3.95
# 居住用地	平方公里	146.96	78.00	交通设施用地	平方公里	61.55	37.39
公共管理与服务	平方公里	48.07	22.60	公用设施用地	平方公里	23.96	10.09
商业服务业设施	平方公里	28.17	12.99	绿地	平方公里	61.03	38.88

城市供水情况

8—3　　(2012 年)

指标名称	计量单位	全市	市区	指标名称	计量单位	全市	市区
综合生产能力	万立方米/日	234.24	126.73	公共服务用水	万立方米	5657.84	4167.7
#地下水	万立方米/日	183.22	75.73	居民家庭用水	万立方米	13374.15	6785.03
供水管道长度	公里	3089.4	1497.06	用水户数	户	1079066	645132
供水总量	万立方米	56463.88	33531.02	#家庭用户	户	1025395	638712
#生产运营用水	万立方米	22309.54	9614.58	用水人口	万人	411.34	251.01

城市节约用水情况

8—4　　(2012 年)

指标名称	计量单位	全市	市区	指标名称	计量单位	全市	市区
实际用水量	万立方米	99148	93969	重复利用量	万立方米	92889	90582
#工业	万立方米	93873	93737	#工业	万立方米	90612	90582
新水取水量	万立方米	6259	3387	节约用水量	万立方米	6524	6504
#工业	万立方米	3261	3155	#工业	万立方米	6504	6500

城市燃气情况

8—5 (2012年)

指标名称	计量单位	全市	市区	指标名称	计量单位	全市	市区
一、人工煤气							
生产能力	万立方米/日	6.00	6.00	#销售气量	万立方米	37027.72	21248.72
储气能力	万立方米	2.50	2.50	#居民家庭	万立方米	14086.73	9853.55
供气管道长度	公里	9.80	9.80	用气户数	户	917310	768666
供气总量	万立方米	1346	1346	#家庭用户	户	908423	763471
#销售气量	万立方米	1100	1100	用气人口	万人	279.88	231.64
#居民家庭	万立方米	279	279	三、液化石油气			
用气户数	户	12605	12605	储气能力	吨	2244.50	800.00
#家庭用户	户	12461	12461	供气总量	吨	57353.30	32051.10
用气人口	万人	3.97	3.97	#销售气量	吨	56439.00	32001.00
二、天然气				#家庭用户	吨	30266.00	6972.00
储气能力	万立方米	186.37	94.47	用气户数	户	440914	162000
供气管道长度	公里	2043.22	1337.29	#家庭用户	户	261848	20781
供气总量	万立方米	39380.62	23266.72	用气人口	万人	122.32	15.40

城市集中供热情况

8—6 (2012年)

指标名称	计量单位	全市	市区	指标名称	计量单位	全市	市区
一、蒸汽				供热能力	兆瓦	5858.70	3158.00
供热能力	吨/小时	4875.00	3657.00	供热总量	万吉焦	4311.10	2933.60
供热总量	万吉焦	4926.10	4217.00	管道长度	公里	1243.03	613.10
管道长度	公里	757.33	499.03	三、供热面积	万平方米	16194.45	12251.00
二、热水				#住宅	万平方米	11179.16	8132.17

城市公共汽车和出租汽车情况

8—7　　(2012 年)

指标名称	计量单位	全市	市区	指标名称	计量单位	全市	市区
一、公共汽车				运营线路长度	公里	4165	3361
公共汽车数	辆	5036	3877	公交专用车道长度	公里	26.8	26.8
# 天然气燃料车	辆	2927	2877	客运总量	万人次	67152	64000
柴油车	辆	1385	1000	二、出租汽车			
标准运营车数	标台	5878	5069	出租车数量	辆	10118	6710
运营线路条数	条	281	209	客运总量	万人次	28565	28491

城市市政设施情况

8—8　　(2012 年)

指标名称	计量单位	全市	市区	指标名称	计量单位	全市	市区
道路长度	公里	3122.99	1557.40	排水管道长度	公里	3687.24	2181.73
道路面积	万平方米	7348.88	4285.40	# 污水管道	公里	1490.49	1044.46
# 人行道面积	万平方米	1455.58	738.84	污水处理厂	座	24	5
桥梁数	座	264	131	污水处理能力	万立方米/日	191.7	102.7
# 立交桥	座	56	10	污水处理量	万立方米	48888	29396
路灯盏数	千盏	148942	82460	干污泥处置量	吨	72687	45926
安装路灯的道路长度	公里	2231.90	1205.00	防洪堤长度	公里	105	
污水排放量	万立方米	50420.32	30665.00	# 百年一遇	公里	4	

城市园林绿化及风景名胜区情况

8—9　　(2012年)

指标名称	计量单位	全市	市区	指标名称	计量单位	全市	市区
绿化覆盖面积	公顷	19073	9998	公园个数	个	189	82
#建成区	公顷	16982	8868	公园面积	公顷	4305	3490
园林绿地面积	公顷	16443	8836	风景名胜区面积	平方公里	439	439
#建成区	公顷	15308	8033	#可游览面积	平方公里	254	254
公园绿地面积	公顷	5137	3557	游人量	万人次	668.4	668.4

城市市容环境卫生情况

8—10　　(2012年)

指标名称	计量单位	全市	市区	指标名称	计量单位	全市	市区
道路清扫保洁面积	万平方米	6589	4359	#卫生填埋	吨/日	1610	800
#机械化	万平方米	4149	3483	焚烧	吨/日	1600	800
生活垃圾清运量	万吨	173.37	86	无害化处理量	万吨	127.99	86.09
无害化处理厂（场）数	座	12	4	#卫生填埋	万吨	51.78	29.00
#卫生填埋	座	7	2	粪便清运量	万吨	5.96	0.04
焚烧	座	2	1	公厕数	座	1391	742
无害化处理能力	吨/日	4460	2600	市容环卫专用车辆总数	台	818	459

全市工业污染排放及处理利用情况

8—11

指标名称	计量单位	2012 年
一、工业废水		
废水治理设施数	套	809
废水治理设施处理能力	万吨/日	233.45
工业废水处理量	万吨	70657.81
工业废水排放量	万吨	31057.73
#排入污水处理厂的	万吨	15245.19
化学需氧量排放量	吨	45235.96
氨氮排放量	吨	6597.90
石油类排放量	吨	147.25
挥发酚排放量	千克	4103.07
氰化物排放量	千克	1568.15
砷排放量	千克	0.48
铅排放量	千克	11.30
汞排放量	千克	0.60
总铬排放量	千克	2033.44
六价铬排放量	千克	3.59
二、工业废气		
工业废气排放量	亿立方米	6746.90
废气治理设施数	套	2102
废气治理设施处理能力	万立方米/时	13831
脱硫设施数	套	264
脱硫设施处理能力	千克/时	26155259
脱硝设施数	套	7
脱硝设施处理能力	千克/时	1119283
除尘设施数	套	1771
除尘设施处理能力	千克/时	76649228

8—11 续表1

指标名称	计量单位	2012年
二氧化硫排放量	吨	179941.72
氮氧化物排放量	吨	210128.78
烟（粉）尘排放量	吨	98363.87
砷排放量	千克	0.00
铅排放量	千克	336.03
镉排放量	千克	0.00
汞排放量	千克	0.00
总铬排放量	千克	47.77
六价铬排放量	千克	47.30
三、工业固体废物	—	
一般工业固体废物产生量	万吨	759.49
一般工业固体废物综合利用量	万吨	743.45
一般工业固体废物处置量	万吨	8.59
一般工业固体废物贮存量	万吨	7.46
一般工业固体废物倾倒丢弃量	万吨	0.00
危险废物产生量	万吨	19.69
危险废物综合利用量	万吨	3.99
危险废物处置量	万吨	15.51
四、农业源污染排放情况		
化学需氧量排放量	万吨	17.67
#畜禽养殖业	万吨	17.63
氨氮排放量	万吨	0.60
#畜禽养殖业		0.59
五、机动车污染物排放情况		
氮氧化物排放量	万吨	6.75
总颗粒物排放量	万吨	0.73
一氧化碳排放量	万吨	24.47
碳氢化合物排放量	万吨	3.22

8—11 续表 2

指标名称	计量单位	2012 年
六、城镇生活污染物排放情况		
城镇生活污水排放量	万吨	28631.22
城镇生活化学需氧量产生量	吨	121166.28
城镇生活化学需氧量排放量	吨	6892.54
城镇生活氨氮产生量	吨	16815.29
城镇生活氨氮排放量	吨	2645.05
生活二氧化硫排放量	吨	8955.26
生活氮氧化物排放量	吨	2143.87
生活烟尘排放量	吨	2134.60
七、城镇污水处理情况		
污水处理厂处理能力	万吨/日	175.90
污水处理量	万吨	51619.05
# 处理工业废水量	万吨	24446.85
污水再生利用量	万吨	2043.72
化学需氧量去除量	吨	155763.83
氨氮去除量	吨	16728.94
总氮去除量	吨	2893.60
污泥产生量	万吨	42.50
污泥处置量	万吨	42.50
# 填埋处置量	万吨	34.93
八、危险废物（医疗废物）集中处置情况		
危险废物实际处置能力	吨/日	72.20
危险废物处置量	吨	9154.65
# 处置工业危险废物量	吨	8722.65
焚烧残渣安全填埋处置量	吨	35.45

九、农村经济

农村基础设施情况

9—1 （2012年） 计量单位：个

行政单位	自来水受益村	通汽车村数	通电话村数
石家庄市	**4041**	**4370**	**4369**
长安区	12	12	12
桥东区			
桥西区	15	15	15
新华区	17	17	17
裕华区	6	6	6
矿区			
高新区	28	28	28
井陉县	280	318	317
正定县	154	154	154
栾城县	173	173	173
行唐县	267	330	330
灵寿县	206	279	279
高邑县	107	107	107
深泽县	125	125	125
赞皇县	135	212	212
无极县	213	213	213
平山县	690	717	717
元氏县	157	208	208
赵县	281	281	281
辛集市	344	344	344
藁城市	239	239	239
晋州市	224	224	224
新乐市	160	160	160
鹿泉市	208	208	208

乡村从业人员情况

9—2　　(2012 年)　　计量单位：人

行政单位	一、乡村劳动力资源数	二、乡村从业人员					
		合计	(一) 按性别分		(二) 按国民经济行业分		
			1. 男	2. 女	1. 农林牧渔业从业人员	2. 工业从业人员	# 采矿业
石家庄市	**4041907**	**3692040**	**1966763**	**1725277**	**1428504**	**1055766**	**42527**
长安区	19236	15824	7896	7928	3502	7371	6
桥东区							
桥西区	20873	18096	8815	9281	1575	4340	
新华区	44639	26158	13400	12758	3290	12664	
裕华区	14715	13727	8235	5492	4980	4736	
矿　区							
高新区	48202	39973	20644	19329	7832	22663	
井陉县	163915	148408	82758	65650	62269	40717	14078
正定县	243645	223520	118699	104821	69517	52234	1585
栾城县	181035	166803	87494	79309	44079	50529	34
行唐县	188549	186938	95649	91289	81035	38508	4510
灵寿县	146793	137399	75420	61979	81357	25634	2985
高邑县	98740	97067	50822	46245	47070	22176	55
深泽县	134129	128112	67207	60905	49424	38721	661
赞皇县	133971	126268	69447	56821	48866	21339	2635
无极县	262343	248724	124617	124107	116344	77015	
平山县	256660	235682	139675	96007	152831	39399	10399
元氏县	288528	242122	128859	113263	160740	25619	1528
赵　县	309830	288713	150938	137775	102260	89056	
辛集市	336944	301538	161398	140140	97736	115464	
藁城市	435556	393153	215324	177829	80870	133665	195
晋州市	277023	259869	136189	123680	91235	109191	
新乐市	236223	224214	114700	109514	51621	84424	381
鹿泉市	200358	169732	88577	81155	70071	40301	3475

9—2 续表1 （2012年） 计量单位：人

行政单位	二、乡村从业人员（续）					
	（二）按国民经济行业分（续）					
	2. 工业从业人员（续）		3. 建筑业从业人员	4. 交通运输业、仓储业和邮电通讯业从业人员	5. 信息传输、计算机服务和软件业从业人员	6. 批发和零售业从业人员
	制造业	电力、煤气及水的生产和供应业				
石家庄市	**987292**	**25947**	**381745**	**216418**	**17183**	**253344**
长安区	7215	150	2047	371	69	935
桥东区						
桥西区	3444	896	1842	1075	207	2668
新华区	12664		1413	1089		2507
裕华区	4726	10	1447	601	35	892
矿区						
高新区	22663		4701	545		1728
井陉县	25985	654	10322	10835	839	6127
正定县	47770	2879	39651	16750	1797	15291
栾城县	49462	1033	26141	12663	327	13837
行唐县	32610	1388	21570	11550	410	9820
灵寿县	22259	390	6424	4855	4283	4910
高邑县	21750	371	7539	4046	262	5232
深泽县	37128	932	15906	8091	300	8681
赞皇县	18344	360	10633	12501	884	13400
无极县	76115	900	18494	8569	120	18261
平山县	26655	2345	11714	7364	320	11454
元氏县	23346	745	23478	8279	742	5882
赵县	87380	1676	30362	19524	902	15816
辛集市	114586	878	34762	11904	602	13344
藁城市	130524	2946	54384	37657	3205	39166
晋州市	108087	1104	17525	11256	31	17025
新乐市	80088	3955	25919	14840	846	29579
鹿泉市	34491	2335	15471	12053	1002	16789

9—2 续表2　　(2012年)　　计量单位：人

行政单位	二、乡村从业人员（续）					
	（二）按国民经济行业分（续）					
	7. 住宿和餐饮业从业人员	8. 金融业从业人员	9. 房地产业从业人员	10. 租赁和商务服务业从业人员	11. 科学研究、技术服务和地质勘查业从业人员	12. 水利、环境和公共设施管理业从业人员
石家庄市	**89514**	**13198**	**3310**	**35007**	**5193**	**5982**
长安区	762	70	14	51	18	16
桥东区						
桥西区	762	127	161	664	21	163
新华区	1716	45	41	680		102
裕华区	117	29		40		14
矿区						
高新区	587	69	95	24	31	38
井陉县	2752	246	71	636	147	137
正定县	9383	606	259	3118	110	870
栾城县	3968	125		2471		22
行唐县	5620	850	85	1850	210	475
灵寿县	1596	396	34	254	22	666
高邑县	3769	526	8	263	45	89
深泽县	1831	394	18	363	44	48
赞皇县	10841	921	421	509	1629	164
无极县	1212	1183	50	600		104
平山县	886	472	495	2605	1446	178
元氏县	4654	452	551	7537	166	334
赵县	8210	1557		440	475	485
辛集市	3039	1502	292	1284	161	600
藁城市	14519	1325	308	8751	269	697
晋州市	3820	782		762	95	237
新乐市	5904	1024	369	704	193	171
鹿泉市	3566	497	38	1401	111	372

9—2 续表3 （2012年） 计量单位：人

行政单位	二、乡村从业人员（续）					
	（二）按国民经济行业分（续）					（三）按文化程度分
	13. 居民服务和其他服务业从业人员	14. 教育从业人员	15. 卫生、社会保障和社会福利业从业人员	16. 文化、体育和娱乐业从业人员	17. 公共管理和社会组织从业人员	1. 文盲、半文盲从业人员
石家庄市	**83496**	**32093**	**24137**	**20936**	**26214**	**45822**
长安区	315	120	59	11	93	4
桥东区						
桥西区	3477	241	292	191	290	10
新华区	1108	410	69	48	976	282
裕华区	632	102	45		57	2
矿区						
高新区	805	206	325	53	271	
井陉县	6718	1238	986	2707	1661	3
正定县	3817	2563	2989	2267	2298	3116
栾城县	6513	2611	2140	605	772	
行唐县	7850	2150	1960	835	2160	
灵寿县	3903	1305	791	558	411	3883
高邑县	5055	350	310	88	239	55
深泽县	1176	736	775	542	1062	554
赞皇县	273	407	917	803	1760	2399
无极县	2841	100	300	1980	1551	8984
平山县	929	1543	2020	170	1856	15358
元氏县	567	1250	626	431	814	6388
赵县	6727	3064	2763	4907	2165	1775
辛集市	14216	2601	1205	917	1909	1135
藁城市	7001	4726	1572	1628	3410	740
晋州市	3248	1336	1280	1159	887	169
新乐市	1906	3872	1833	568	441	175
鹿泉市	4419	1162	880	468	1131	790

9—2 续表 4　　　　(2012 年)　　　　计量单位：人

行政单位	二、乡村从业人员（续）				
	（三）按文化程度分（续）				
	2. 小学文化程度从业人员	3. 初中文化程度从业人员	4. 高中文化程度从业人员	5. 中专文化程度从业人员	6. 大专及大专以上文化程度从业人员
石家庄市	**773250**	**1778512**	**875438**	**132125**	**86893**
长安区	2216	7713	4445	946	500
桥东区					
桥西区	1244	5723	5343	3011	2765
新华区	3912	7766	9528	3120	1550
裕华区	2691	6187	3838	698	311
矿　区					
高新区	2051	12732	17458	5021	2711
井陉县	26358	69905	39130	9005	4007
正定县	44492	107592	52021	7373	8926
栾城县	25519	79242	43349	12255	6438
行唐县	31293	99518	52077	3100	950
灵寿县	39558	61100	29399	2479	980
高邑县	17209	38597	34930	4295	1981
深泽县	37528	60437	26430	1791	1372
赞皇县	23864	78011	20202	1300	492
无极县	93909	96545	45669	2357	1260
平山县	49001	106690	40562	16457	7614
元氏县	63228	109820	45614	10929	6143
赵　县	48875	165310	54989	9627	8137
辛集市	67571	153954	67339	7872	3667
藁城市	70905	210392	97591	8384	5141
晋州市	62001	125594	69319	2196	590
新乐市	31037	104456	70440	9668	8438
鹿泉市	28788	71228	45765	10241	12920

农业机械化情况

9—3　(2012 年)

行政单位	农用机械总动力（千瓦）			
	合　计	1. 柴油发动机动　力	2. 汽油发动机动　力	3. 电动机动力
石家庄市	**19838214**	**14352793**	**125895**	**5359526**
长 安 区	22272	12357	2570	7345
桥 东 区				
桥 西 区	4174	2643	760	771
新 华 区	28103	16727	474	10902
裕 华 区	1506			1506
矿　区				
高 新 区	41271	29757	2990	8524
井 陉 县	463856	360640	193	103023
正 定 县	1444677	1008290	6435	429952
栾 城 县	615738	369121	1069	245548
行 唐 县	1364263	1005702	1905	356656
灵 寿 县	556270	455389	8037	92844
高 邑 县	442817	343369	33016	66432
深 泽 县	636564	552427		84137
赞 皇 县	465220	420000		45220
无 极 县	968091	841963	1390	124738
平 山 县	982843	791741	8966	182136
元 氏 县	632281	531292	594	100395
赵　县	2583656	1495451	3486	1084719
辛 集 市	1976679	1467842	20196	488641
藁 城 市	2248095	1474933	25335	747827
晋 州 市	1371796	1097815	2302	271679
新 乐 市	2325476	1626751	5438	693287
鹿 泉 市	632695	426702	550	205443

9—3 续表1 (2012年)

行政单位	一、拖拉机及配套农具			
	大中型拖拉机	小型拖拉机	大中型拖拉机配套农具	小型拖拉机配套农具
	(台)	(台)	(台)	(台)
石家庄市	**30111**	**168905**	**59908**	**154879**
长安区	53	174	50	60
桥东区	44	38	4	12
桥西区	24	21	23	29
新华区	151	213	252	72
裕华区				
矿区	120	743	192	392
高新区	145	152	171	201
井陉县	552	19749	380	17501
正定县	1937	7346	3740	5925
栾城县	1418	5662	2683	13873
行唐县	1997	5524	4293	9678
灵寿县	1212	7959	1188	5208
高邑县	800	8800	1217	6564
深泽县	984	2146	4596	1349
赞皇县	1947	16689	2612	16845
无极县	1852	11235	2966	2878
平山县	1410	9833	8822	4669
元氏县	1379	13066	4819	13136
赵县	1568	8468	4242	21081
辛集市	1757	16880	3414	10664
藁城市	4930	5287	5781	4502
晋州市	1554	17329	3163	9865
新乐市	2859	4200	3300	5800
鹿泉市	1418	7391	2000	4575

9—3 续表2 （2012年）

行政单位	二、农用排灌机械			
	1. 农用排灌动力机械（台）	2. 农用水泵（台）	3. 节水灌溉机械（台）	4. 节水灌溉机械（套）
石家庄市	**233274**	**176409**	**216468**	**10214**
长安区	565		874	
桥东区	100		100	
桥西区	86		86	3
新华区	657		657	39
裕华区	153		153	
矿区	120	7	120	
高新区	320		30	
井陉县	2446	1277	2146	134
正定县	17438	12745	14274	126
栾城县	11942	4652	7765	51
行唐县	8988	8824	17182	724
灵寿县	7580	10190	6050	15
高邑县	5986	4629	3664	
深泽县	4271	2250	5463	26
赞皇县	3529	4720	7064	
无极县	12780	14451	12780	
平山县	10905	10465	5195	51
元氏县	11109	8902	9349	124
赵县	30674	7381	30887	4
辛集市	20626	25081	22959	19
藁城市	21630	3358	21630	8624
晋州市	12170	7282	11002	192
新乐市	42201	49840	31720	21
鹿泉市	6998	355	5318	61

9—3 续表3 （2012年）

行政单位	三、收获机械		四、农用运输车（包括机动三轮车）	五、农业机械化项目水平（公顷）		
	联合收割机（台）	机动脱粒机（台）	（辆）	（一）当年实际机耕地面积	（二）当年机械播种面积	（三）当年机械收获面积
石家庄市	**21727**	**30847**	**478103**	**527888**	**674893**	**528145**
长安区	14		457	6805	6805	6805
桥东区	6		22	369	369	369
桥西区	5	3	25	192	192	192
新华区	30	52	129	3315	3315	1973
裕华区				1444	1444	722
矿区	126	58	267	999	1799	1319
高新区	50		1043	3071	5882	5882
井陉县	361	6147	8539	12300	9000	6400
正定县	1249		36593	29770	46340	33310
栾城县	1123	2910	5066	19500	31400	29700
行唐县	1538		41211	38450	45480	25400
灵寿县	960	485	17211	17330	13680	9910
高邑县	711		2797	16600	18400	10100
深泽县	979		17971	13571	26269	20453
赞皇县	683	2800	7295	16174	21622	12880
无极县	1222		28463	33090	45983	37857
平山县	549	6514	15121	16420	20440	9370
元氏县	1656		7234	33967	40534	37332
赵县	2062		63768	71307	58768	60265
辛集市	1809	3030	41276	57749	89789	62781
藁城市	2159	1356	65595	33469	64511	54006
晋州市	1638		57800	39333	46586	42093
新乐市	2078	1300	52862	43005	43005	32533
鹿泉市	719	6192	7358	19658	33280	26493

农业主要能源及物资消耗情况

9—4

(2012 年)

行政单位	一、农村用电量（万千瓦时）	二、农用化肥施用量（吨）				
		按实物量计算				
		合 计	氮肥	磷肥	钾肥	复合肥
石家庄市	**784811**	**1718318**	**937999**	**471111**	**58532**	**250676**
长 安 区	1000	15917	10239	3807	652	1219
桥 东 区						
桥 西 区	6530	627	329	87	57	154
新 华 区	10200	3001	1177	515	391	918
裕 华 区	875	2373	1000	436	226	711
矿　 区						
高 新 区	4800	13031	7200	2585	1026	2220
井 陉 县	18130	39489	20928	10403	807	7351
正 定 县	17277	167208	98890	39910	4082	24326
栾 城 县	14857	49323	21757	16706	1620	9240
行 唐 县	23730	104620	82950	7900	765	13005
灵 寿 县	26641	56615	32211	15318	860	8226
高 邑 县	12183	28935	12109	4770	1241	10815
深 泽 县	25398	51050	24236	13433	1219	12162
赞 皇 县	37892	35985	15553	6448		13984
无 极 县	44450	111639	63399	35810	2930	9500
平 山 县	15278	67407	39794	20368	24	7221
元 氏 县	20912	120839	58434	39135	2272	20998
赵　 县	46845	148746	68783	38482	12817	28664
辛 集 市	35591	224464	109737	85498	8437	20792
藁 城 市	99466	224629	122945	67606	8239	25839
晋 州 市	230857	105647	65210	22858	2317	15262
新 乐 市	29354	100307	58493	28303	6237	7274
鹿 泉 市	44725	41511	19343	10290	2256	9622

9—4 续表 1　　(2012 年)

行政单位	二、农用化肥施用量（吨）（续）				
	按折纯法计算				
	合　计	氮肥	磷肥	钾肥	复合肥
石家庄市	**488997**	**269553**	**82016**	**27324**	**110104**
长 安 区	3578	1539	1144	312	583
桥 东 区	113	56	9		48
桥 西 区	230	98	17	28	87
新 华 区	1194	286	124	168	616
裕 华 区	799	310	92	93	304
矿　　区	1365	911	78	2	374
高 新 区	4996	2871	700	281	1144
井 陉 县	11411	5122	2139	334	3816
正 定 县	45011	25435	6589	2128	10859
栾 城 县	16341	8237	3461	765	3878
行 唐 县	25079	16958	1188	388	6545
灵 寿 县	10083	6425	2034	292	1332
高 邑 县	11690	4433	845	434	5978
深 泽 县	15685	7658	1825	612	5590
赞 皇 县	12800	3886	1936		6978
无 极 县	28740	18122	5517	1405	3696
平 山 县	14456	7959	4195	13	2289
元 氏 县	33872	17541	7833	1151	7347
赵　　县	58121	30559	9326	6219	12017
辛 集 市	63600	39419	13208	3233	7740
藁 城 市	58612	30736	10836	4120	12920
晋 州 市	32739	19745	3261	1113	8620
新 乐 市	22917	14214	3114	3043	2546
鹿 泉 市	15565	7033	2545	1190	4797

9—4 续表 2 (2012 年)

行政单位	三、农用塑料薄膜使用情况			四、农用柴油消耗量（吨）	五、农药使用量（吨）
	塑料薄膜使用量（吨）	# 地膜使用量	地膜覆盖面积（公顷）		
石家庄市	**7346**	**3195**	**52887**	**294950**	**13718**
长安区	139	17	238	940	472
桥东区	2		4		12
桥西区	4	4	50	83	23
新华区	30	30	571	348	500
裕华区	3	3	42	84	8
矿区	9	2	27	205	43
高新区	40	40	530	75	32
井陉县	86	28	404	10100	183
正定县	801	262	3839	37524	510
栾城县	133	71	945	7985	282
行唐县	285	220	4680	29007	565
灵寿县	109	45	622	6819	150
高邑县	424	67	890	3100	307
深泽县	78	33	573	3637	249
赞皇县	379	152	2044	23900	415
无极县	470	125	2140	19612	584
平山县	143	138	2590	7051	210
元氏县	604	382	6488	8057	551
赵县	233	77	1596	19633	2116
辛集市	1107	585	10091	37537	3558
藁城市	1009	338	5366	30164	614
晋州市	105	38	506	19250	1014
新乐市	587	483	7563	22056	619
鹿泉市	566	55	1088	7783	701

农田水利建设情况

9—5　　　　(2012 年)

行政单位	一、有效灌溉面积（公顷）	二、旱涝保收面积（公顷）	三、机电排灌面积（公顷）	四、机电井年末达到数(眼)
石家庄市	**499043**	**474193**	**466003**	**142964**
长 安 区	4160	4160	4160	1446
桥 东 区				
桥 西 区	250	250	250	89
新 华 区	1870	1870	1870	493
裕 华 区	720	720	720	259
矿　区				
高 新 区	3130	3130	3130	1599
井 陉 县	12000	8640	3960	658
正 定 县	29890	29890	29890	11407
栾 城 县	22890	22890	22890	7974
行 唐 县	26270	26270	26270	8825
灵 寿 县	18490	9150	10960	2434
高 邑 县	16110	16110	16110	3193
深 泽 县	19600	19600	19600	6303
赞 皇 县	11120	3500	8300	3111
无 极 县	35192	35192	35192	10826
平 山 县	17670	14170	8980	2882
元 氏 县	27130	27130	27130	5880
赵　县	48150	48150	48150	12613
辛 集 市	55796	55796	55796	14637
藁 城 市	54440	54440	54440	18233
晋 州 市	40740	40740	40740	12084
新 乐 市	27500	27500	27820	12618
鹿 泉 市	23760	23760	18330	5109

农业主要产品生产情况

9—6　　（2012 年）　　计量单位：公顷、公斤/公顷、吨

行政单位	农作物总播种面积	一、粮食作物合计			（一）夏收粮食		
		播种面积	单　产	总产量	播种面积	单　产	总产量
石家庄市	**1009493**	**764563**	**6959**	**5320952**	**378559**	**6825**	**2583667**
长安区	8515	7235	6111	44211	3777	6030	22775
桥东区	622	368	6033	2220	169	6000	1014
桥西区	1126	226	6075	1373	96	6167	592
新华区	4908	3071	6297	19338	1537	6150	9452
裕华区	1899	1442	6143	8858	718	6077	4363
矿　区	2977	2454	5416	13290	999	5053	5048
高新区	48309	5822	6022	35062	2941	6000	17646
井陉县	32165	25289	4457	112702	8446	4515	38134
正定县	55943	42324	7912	334882	21065	7500	157988
栾城县	48470	34422	7997	275282	17815	7519	133959
行唐县	59952	46078	6863	316247	20167	6450	130077
灵寿县	36287	30001	4928	147858	12884	4818	62077
高邑县	31396	22171	7390	163838	11050	6750	74588
深泽县	35153	27317	7558	206454	12673	7106	90050
赞皇县	35257	25999	4890	127134	11867	4905	58208
无极县	65240	49062	7284	357357	25667	7155	183647
平山县	46494	36312	5691	206651	16619	6255	103950
元氏县	63040	53133	6453	342878	26866	6375	171271
赵　县	85843	71474	7860	561808	39386	7605	299528
辛集市	6988	76843	7326	562916	41273	7095	292832
藁城市	102706	71433	7930	566457	35684	7610	271568
晋州市	109282	52145	7124	371477	25594	7125	182357
新乐市	61995	44503	7442	331195	24280	6975	169353
鹿泉市	64926	35439	5967	211464	16986	6075	103190

9—6 续表 1　　(2012 年)　　计量单位：公顷、公斤/公顷、吨

行政单位	夏收粮食中：冬小麦			（二）秋收粮食		
	播种面积	单　产	总产量	播种面积	单　产	总产量
石家庄市	**377771**	**6833**	**2581224**	**386004**	**7091**	**2737285**
长 安 区	3777	6030	22775	3458	6199	21436
桥 东 区	169	6000	1014	199	6060	1206
桥 西 区	96	6167	592	130	6008	781
新 华 区	1537	6150	9452	1534	6445	9886
裕 华 区	718	6077	4363	724	6209	4495
矿　区	999	5053	5048	1455	5665	8242
高 新 区	2941	6000	17646	2881	6045	17416
井 陉 县	8446	4515	38134	16843	4427	74568
正 定 县	21065	7500	157988	21259	8321	176894
栾 城 县	17731	7530	133514	16607	8510	141323
行 唐 县	20167	6450	130077	25911	7185	186170
灵 寿 县	12450	4905	61067	17117	5011	85781
高 邑 县	11050	6750	74588	11121	8025	89250
深 泽 县	12662	7110	90027	14644	7949	116404
赞 皇 县	11867	4905	58208	14132	4877	68926
无 极 县	25667	7155	183647	23395	7425	173710
平 山 县	16432	6300	103522	19693	5215	102701
元 氏 县	26866	6375	171271	26267	6533	171607
赵　县	39386	7605	299528	32088	8174	262280
辛 集 市	41273	7095	292832	35570	7593	270084
藁 城 市	35612	7611	271031	35749	8249	294889
晋 州 市	25594	7125	182357	26551	7123	189120
新 乐 市	24280	6975	169353	20223	8003	161842
鹿 泉 市	16986	6075	103190	18453	5868	108274

9—6 续表2 （2012年） 计量单位：公顷、公斤/公顷、吨

行政单位	1. 谷物			#（1）玉米		
	播种面积	单 产	总产量	播种面积	单 产	总产量
石家庄市	**728226**	**7155**	**5210128**	**339912**	**7667**	**2606076**
长安区	7205	6130	44166	3428	6240	21391
桥东区	368	6033	2220	199	6060	1206
桥西区	207	6256	1295	111	6333	703
新华区	3067	6300	19321	1530	6450	9869
裕华区	1442	6143	8858	724	6209	4495
矿 区	2416	5433	13125	1417	5700	8077
高新区	5822	6022	35062	2881	6045	17416
井陉县	22113	4727	104529	12261	5250	64370
正定县	41108	8019	329656	20043	8565	171668
栾城县	34161	8035	274483	16430	8580	140969
行唐县	40450	7382	298584	19469	8565	166752
灵寿县	26766	5177	138569	13966	5490	76673
高邑县	21603	7472	161423	10503	8250	86650
深泽县	25840	7764	200624	12998	8460	109963
赞皇县	24074	5098	122733	11667	5445	63527
无极县	46951	7486	351487	20317	8175	166091
平山县	33652	5970	200913	15524	6135	95240
元氏县	50333	6577	331039	22334	7050	157455
赵 县	71264	7867	560609	31878	8190	261081
辛集市	74490	7458	555571	32040	8085	259043
藁城市	68895	8115	559095	33283	8655	288064
晋州市	49010	7429	364114	21497	8190	176060
新乐市	43214	7540	325843	18934	8265	156490
鹿泉市	33775	6123	206809	16478	6240	102823

9—6 续表3　　　　（2012 年）　　　　计量单位：公顷、公斤/公顷、吨

行政单位	（2）谷子			（3）高粱		
	播种面积	单　产	总产量	播种面积	单　产	总产量
石家庄市	**9523**	**2057**	**19585**	**210**	**3210**	**674**
长安区						
桥东区						
桥西区						
新华区						
裕华区						
矿　区						
高新区						
井陉县	1293	1309	1693	22	2500	55
正定县						
栾城县						
行唐县	688	1968	1354	54	3704	200
灵寿县	279	2348	655			
高邑县	50	3700	185			
深泽县	180	3522	634			
赞皇县	500	1924	962	2	1500	3
无极县	917	1666	1528	20	2750	55
平山县	1255	537	674	83	3313	275
元氏县	1000	1826	1826			
赵　县						
辛集市	1177	3140	3696			
藁城市						
晋州市	1895	2967	5623	24	3083	74
新乐市						
鹿泉市	289	2612	755	5	2400	12

9—6 续表4　　（2012年）　　计量单位：公顷、公斤/公顷、吨

行政单位	2. 豆类			# 大豆		
	播种面积	单　产	总产量	播种面积	单　产	总产量
石家庄市	**15397**	**1337**	**20593**	**12809**	**1311**	**16794**
长安区	30	1500	45	30	1500	45
桥东区						
桥西区	19	4105	78	19	4105	78
新华区	4	4250	17	4		
裕华区						
矿　区	23	1913	44	5	2400	12
高新区						
井陉县	1884	894	1684	1152	730	841
正定县	989	2739	2709	983	2756	2709
栾城县	228	2346	535	177	2000	354
行唐县	568	1273	723	538	1247	671
灵寿县	120	1442	173	108	1324	143
高邑县	163	2147	350	128	1953	250
深泽县	963	1827	1759	952	1824	1736
赞皇县	600	1200	720	540	837	452
无极县	1020	1032	1053			
平山县	646	1548	1000	519	1376	714
元氏县	1000	1022	1022	867	863	748
赵　县						
辛集市	1445	1415	2045	1445	1415	2045
藁城市	1727	986	1702	1727	986	1702
晋州市	2426	1264	3067	2290	1220	2794
新乐市	573	1464	839	573	1464	839
鹿泉市	969	1061	1028	752	879	661

9—6 续表5　　　　(2012年)　　　　计量单位：公顷、公斤/公顷、吨

行政单位	3. 薯类			二、油料		
	播种面积	单　产	总产量	播种面积	单　产	总产量
石家庄市	**20940**	**4309**	**90231**	**61077**	**3524**	**215236**
长 安 区						
桥 东 区						
桥 西 区						
新 华 区				31	1742	54
裕 华 区						
矿　　区	15	8067	121	51	2216	113
高 新 区						
井 陉 县	1292	5022	6489	2713	2263	6140
正 定 县	227	11088	2517	4556	4357	19850
栾 城 县	33	8000	264	180	3306	595
行 唐 县	5060	3348	16940	7031	3205	22535
灵 寿 县	3115	2926	9116	2513	2061	5180
高 邑 县	405	5099	2065	1245	3756	4676
深 泽 县	514	7920	4071	1703	3825	6514
赞 皇 县	1325	2778	3681	6840	2337	15984
无 极 县	1091	4415	4817	4645	3580	16627
平 山 县	2014	2353	4738	3747	2437	9133
元 氏 县	1800	6009	10817	2833	2690	7622
赵　　县	210	5710	1199	883	4407	3891
辛 集 市	908	5837	5300	7917	4609	36493
藁 城 市	811	6979	5660	1982	4762	9438
晋 州 市	709	6059	4296	3075	3140	9655
新 乐 市	716	6303	4513	8000	4604	36835
鹿 泉 市	695	5219	3627	1132	3446	3901

9—6 续表6 （2012年） 计量单位：公顷、公斤/公顷、吨

行政单位	油料作物中：花生			三、棉花		
	播种面积	单　产	总产量	播种面积	单　产	总产量
石家庄市	**54441**	**3667**	**199660**	**11367**	**1012**	**11499**
长 安 区				128	1047	134
桥 东 区				6	1167	7
桥 西 区						
新 华 区	18	3000	54	10	300	3
裕 华 区						
矿　　区	11	2455	27			
高 新 区						
井 陉 县	746	2551	1903	154	786	121
正 定 县	4345	4398	19108	301	794	239
栾 城 县	80	4113	329	32	563	18
行 唐 县	6670	3242	21624	667	645	430
灵 寿 县	2419	2113	5112	237	688	163
高 邑 县	1200	3800	4560	95	1137	108
深 泽 县	1703	3825	6514	558	955	533
赞 皇 县	5210	2406	12535	107	636	68
无 极 县	4645	3580	16627	370	654	242
平 山 县	2961	2416	7154	673	918	618
元 氏 县	2400	2833	6800	553	1099	608
赵　　县	883	4407	3891	60	883	53
辛 集 市	7732	4650	35957	6756	1083	7317
藁 城 市	1982	4762	9438	219	1849	405
晋 州 市	3060	3150	9639	60	833	50
新 乐 市	8000	4604	36835	169	935	158
鹿 泉 市	376	4130	1553	212	1057	224

9—6 续表7　　（2012年）　　计量单位：公顷、公斤/公顷、吨

行政单位	四、蔬菜、瓜类			（一）蔬菜（含菜用瓜）		
	播种面积	单　产	总产量	播种面积	单　产	总产量
石家庄市	**168230**	**77841**	**13095203**	**158371**	**79267**	**12553613**
长 安 区	1152	62738	72274	1132	62786	71074
桥 东 区	248	49383	12247	231	50022	11555
桥 西 区	900	68912	62021	900	68912	62021
新 华 区	1796	50488	90676	1720	50530	86911
裕 华 区	457	72322	33051	457	72322	33051
矿　　区	463	41970	19432	463	41970	19432
高 新 区	1166	69218	80708	1166	69218	80708
井 陉 县	3945	52723	207994	3945	52723	207994
正 定 县	8730	99489	868539	8231	102155	840837
栾 城 县	12096	97759	1182495	11834	98722	1168277
行 唐 县	4908	67947	333482	4456	70259	313072
灵 寿 县	3123	61794	192982	2964	64150	190142
高 邑 县	7855	65986	518319	7405	65919	488128
深 泽 县	5526	76382	422089	5389	76704	413359
赞 皇 县	2235	57091	127599	1990	61928	123236
无 极 县	11163	74331	829754	10612	74503	790630
平 山 县	5512	44356	244488	5042	46062	232245
元 氏 县	6511	69835	454697	5696	73462	418442
赵　　县	13333	77546	1033920	12258	78969	967996
辛 集 市	11090	89761	995455	11053	89893	993584
藁 城 市	35611	80633	2871438	35296	80802	2851991
晋 州 市	6715	73499	493547	6652	73858	491305
新 乐 市	12254	85043	1042120	8304	96913	804765
鹿 泉 市	11441	79178	905876	11175	79898	892858

9—6 续表 8　　(2012 年)　　计量单位：公顷、公斤/公顷、吨

行政单位	（二）瓜类			瓜类中：西瓜		
	播种面积	单　产	总产量	播种面积	单　产	总产量
石家庄市	**9859**	**54934**	**541590**	**8410**	**58289**	**490211**
长 安 区	20	60000	1200	20	60000	1200
桥 东 区	17	40706	692	13	45538	592
桥 西 区						
新 华 区	76	49539	3765	70	52500	3675
裕 华 区						
矿　 区						
高 新 区						
井 陉 县						
正 定 县	499	55515	27702	365	63112	23036
栾 城 县	262	54267	14218	105	65933	6923
行 唐 县	452	45155	20410	200	49400	9880
灵 寿 县	159	17862	2840	158	17842	2819
高 邑 县	450	67091	30191	450	67091	30191
深 泽 县	137	63723	8730	108	68861	7437
赞 皇 县	245	17808	4363	65	24200	1573
无 极 县	551	71005	39124	551	71005	39124
平 山 县	470	26049	12243	338	25175	8509
元 氏 县	815	44485	36255	600	50000	30000
赵　 县	1075	61325	65924	1075	61325	65924
辛 集 市	37	50568	1871	22	61864	1361
藁 城 市	315	61737	19447	315	61737	19447
晋 州 市	63	35587	2242	42	27833	1169
新 乐 市	3950	60090	237355	3652	61458	224445
鹿 泉 市	266	48940	13018	261	49448	12906

水果生产情况

9—7 （2012 年）

行政单位	一、水果产量（不含果用瓜）（吨）	# 1. 苹果	红富士苹果	国光苹果	2. 梨
石家庄市	**2355838**	**314862**	**262291**	**7966**	**1569663**
长安区	2980				
桥东区	3082				3082
桥西区	180	100	100		
新华区	1554	360	360		1096
裕华区					
矿区	4432	4035	3000	10	70
高新区					
井陉县	34376	30374	30374		
正定县	10413	1268	1215		2466
栾城县	468	12			69
行唐县	111572	6359	5976	79	2071
灵寿县	11132	2141	1300		173
高邑县	3992				480
深泽县	101214	67223	56322	1500	21760
赞皇县	118393	4757	4757		3802
无极县	17867	3405	3405		12640
平山县	54629	18452	17031	1031	4264
元氏县	13463	1718	1717		1264
赵县	525000				525000
辛集市	453533	118014	98237		269272
藁城市	194467	28722	13600	4300	153481
晋州市	620245	7202	6778		544056
新乐市	30010	3100	2480	620	23000
鹿泉市	42836	17620	15639	426	1617

9—7 续表1 (2012年)

行政单位	一、水果产量（吨）（续）				
	梨产量（续）		3. 桃	4. 葡萄	5. 红枣
	雪花梨	鸭梨			
石家庄市	**414205**	**723077**	**91039**	**90585**	**216794**
长安区			2680	300	
桥东区					
桥西区					80
新华区	1096			92	
裕华区					
矿区	20	15	90		10
高新区					
井陉县			121		3238
正定县	382		6555	78	
栾城县	69			375	2
行唐县	1283	285		350	100000
灵寿县	100		7	75	446
高邑县	400		1300	90	232
深泽县	110	50	1412	9954	140
赞皇县	3802		141		93540
无极县	476	12164	1012	270	
平山县	1378	2852	5674	351	6842
元氏县	1264		126	108	3965
赵县	325000	200000			
辛集市		78086	44867	8259	1891
藁城市	57000	86000	4972	4967	1867
晋州市	14890	325947	17600	51189	9
新乐市	5750	17250	3200	400	10
鹿泉市	1185	428	1282	13727	4522

9—7 续表 2　　(2012 年)

行政单位	二、果园面积（公顷）	# 苹果园	梨园	桃园	葡萄园
石家庄市	**162231**	**15321**	**48719**	**3997**	**4880**
长安区	128			108	20
桥东区	115		115		
桥西区	7	3			
新华区	75	16	51		5
裕华区					
矿　区	259	244	4	5	
高新区					
井陉县	1639	1116		26	
正定县	404	110	58	219	9
栾城县	87	19	7	6	42
行唐县	40649	404	73		19
灵寿县	3116	139	20	21	25
高邑县	163		16	35	4
深泽县	3873	2120	837	92	753
赞皇县	30948	322	167	10	
无极县	1130	227	822	45	12
平山县	9447	2108	214	474	39
元氏县	5097	120	72	12	10
赵　县	16716		16716		
辛集市	20844	5743	11967	1994	367
藁城市	6669	1312	4864	173	158
晋州市	16067	545	12055	589	2873
新乐市	981	147	600	133	40
鹿泉市	3817	626	61	55	504

林业生产情况

9—8 （2012年）

行政单位	一、营林情况（公顷）					
	1. 当年造林面积	# 当年人工造林面积	2. 封山育林面积	3. 当年零星（四旁）植树（株）	4. 育苗面积	5. 当年苗木产量（株）
石家庄市	**28039**	**17332**	**56698**	**15975701**	**2955**	**101520340**
长安区				61600	10	50000
桥东区				1000	6	974250
桥西区				62450	9	80000
新华区					78	2420000
裕华区				63282		
矿　区	280	147	1333	70000	9	650000
高新区						
井陉县	4727	2927	3049	950000	17	3000000
正定县	207	207		120000	147	3278000
栾城县	157	157		650000	438	2430000
行唐县	3320	2053	2733	1400000	89	3050000
灵寿县	3664	2264	7667	400000	154	7064000
高邑县	133	133		300000	48	3060000
深泽县	333	333		775369	61	926590
赞皇县	3180	2087	17157	1872000	684	51290000
无极县	333	333		100000	84	4480000
平山县	5647	2314	11000	4500000	170	920000
元氏县	2320	1433	2933	600000	65	4380000
赵　县	312	312		580000	48	1960000
辛集市	407	407		790000	218	3800000
藁城市	333	333		750000	274	1800000
晋州市	379	379		580000	59	1541200
新乐市	220	220		700000	54	2240000
鹿泉市	2087	1293	10826	650000	233	2126300

9—8 续表　　　　(2012 年)

行政单位	一、营林情况（公顷）（续）		二、主要林产品产量		三、木材采伐量（立方米）	
	6. 当年幼林抚育作业面积	7. 当年成林抚育面积	干果（吨）	# 核桃		# 村及村以下
石家庄市	**98956**	**76237**	**39279**	**33287**	**31786**	**31786**
长 安 区					110	110
桥 东 区		33				
桥 西 区						
新 华 区						
裕 华 区						
矿　区	667		60	60	210	210
高 新 区						
井 陉 县	31535	31957	1453	1453	464	464
正 定 县			1	1	519	519
栾 城 县	5200				2200	2200
行 唐 县	5000	1533	583	580	1494	1494
灵 寿 县	3000	6000	7006	5374	7304	7304
高 邑 县					1394	1394
深 泽 县	815	556	4	4	1005	1005
赞 皇 县	9999	6666	14776	12135	6447	6447
无 极 县	2000	1000			261	261
平 山 县	28000	16000	12214	10500	2581	2581
元 氏 县	4200	4800	1343	1341	986	986
赵　县	1760	915				
辛 集 市	1865	1561			1600	1600
藁 城 市			720	720	910	910
晋 州 市					315	315
新 乐 市					3000	3000
鹿 泉 市	4915	5216	1119	1119	986	986

畜牧业生产情况

9—9　　(2012年)

行政单位	一、当年出售和自宰的（百头、百只）					
	（一）大牲畜	1. 牛	2. 马	3. 驴	4. 骡	（二）猪
石家庄市	**6756**	**6086**	**158**	**423**	**89**	**58571**
长安区	14	14				234
桥东区						12
桥西区	1	1				36
新华区						31
裕华区						61
矿　区	1	1				305
高新区	17	17				105
井陉县	459	442	5	8	4	1426
正定县	761	761				5681
栾城县	459	459				3494
行唐县	698	685	2	7	4	2730
灵寿县	223	205	5	9	4	2921
高邑县	22	22				1019
深泽县	101	90	1	8	2	2163
赞皇县	727	762	2	2	1	1315
无极县	705	625	16	26	38	3479
平山县	109	109				1990
元氏县	585	549		36		2954
赵　县	167	157		10		4310
辛集市	299	135	66	96	2	7067
藁城市	607	576	7	15	9	5985
晋州市	210	176	12	14	8	3837
新乐市	454	204	42	191	17	4730
鹿泉市	97	96		1		2686

9—9 续表1　　(2012年)

行政单位	一、当年出售和自宰的（百头、百只）（续）				
	（三）羊	（四）家禽	# 鸡	鸭	（五）兔
石家庄市	**15250**	**1618510**	**1605690**	**11622**	**54533**
长安区	30	2388	2388		
桥东区	5	26	26		
桥西区	5	800	700	100	100
新华区	25	247	247		
裕华区	4	725	725		
矿　区	27	1900	1900		
高新区	6	463	463		
井陉县	1439	41631	40099	1195	3491
正定县	508	202106	202106		
栾城县	529	188380	188230	150	780
行唐县	620	47306	47306		800
灵寿县	622	32291	32273	18	3218
高邑县	243	31499	31499		6362
深泽县	1013	27781	27361	359	1008
赞皇县	562	30910	30910		634
无极县	1550	118077	118077		4800
平山县	699	19277	19012	265	10100
元氏县	1711	83314	83212	102	3600
赵　县	745	93400	92600		1196
辛集市	1514	201132	201132		4871
藁城市	1615	229896	223801	6095	3186
晋州市	1201	104207	102881	1326	4020
新乐市	199	112341	111931	410	5986
鹿泉市	378	48413	46811	1602	381

9—9 续表 2　　　　(2012 年)

行政单位	二、期末存栏（百头、百只）							
	（一）大牲畜	1. 牛	（1）肉牛	（2）奶牛	（3）役用牛	2. 马	3. 驴	4. 骡
石家庄市	**8781**	**8092**	**3634**	**4235**	**223**	**139**	**453**	**97**
长 安 区	21	21		21				
桥 东 区	4	4	2	2				
桥 西 区	1	1	1					
新 华 区								
裕 华 区	1	1		1				
矿　　区	1	1	1					
高 新 区	17	17	9	8				
井 陉 县	567	542	499	32	11	5	18	2
正 定 县	959	959	468	491				
栾 城 县	614	614	165	449				
行 唐 县	935	923	20	893	10	2	6	4
灵 寿 县	474	387	120	220	47	19	51	17
高 邑 县	32	32	7	25				
深 泽 县	160	139	8	131		5	12	4
赞 皇 县	761	750	750			4	4	3
无 极 县	957	841	437	404		11	69	36
平 山 县	230	230	155	45	30			
元 氏 县	719	679	296	263	120		40	
赵　　县	199	194	84	110			5	
辛 集 市	520	382	181	201		33	105	
藁 城 市	681	660	307	353		3	11	7
晋 州 市	175	143	80	63		12	10	10
新 乐 市	501	321	24	297		45	121	14
鹿 泉 市	252	251	20	226	5		1	

9—9 续表3　　　　(2012 年)

行政单位	二、期末存栏（百头、百只）（续）				
	（二）猪	（三）羊	（四）家禽	# 鸡	（五）兔
石家庄市	**34919**	**12374**	**1240865**	**1232174**	**27346**
长安区	180	50	1002	1002	
桥东区	16	15	11	11	
桥西区	30	3	541	511	30
新华区	14	22	1231	1231	
裕华区	40	8	780	780	
矿　区	200	30	2000	2000	
高新区	103	17	2000	2000	
井陉县	870	1162	36101	34712	2232
正定县	3526	429	151021	151021	
栾城县	1910	420	129053	128978	458
行唐县	1690	570	36285	36285	400
灵寿县	1660	496	22420	22383	1845
高邑县	606	175	18432	18432	1660
深泽县	1168	739	20473	20101	787
赞皇县	834	513	23331	23331	319
无极县	2185	1205	86470	86470	3900
平山县	1350	672	15100	14835	2300
元氏县	1820	1320	60630	60580	2300
赵　县	2346	515	65920	64930	810
辛集市	3846	1506	186866	186866	1808
藁城市	3212	1084	177107	173482	1989
晋州市	2764	947	78408	78408	1051
新乐市	3240	164	84180	83776	5310
鹿泉市	1309	312	41503	40049	147

9—9 续表4　　(2012年)

行政单位	三、肉类产量(吨)	#1. 牛肉	2. 驴肉	3. 猪肉	4. 羊肉	5. 家禽肉	6. 兔肉
石家庄市	**772791**	**97253**	**3545**	**444535**	**20894**	**194359**	**8449**
长安区	2336	224		1777	39	296	
桥东区	102			90	7	5	
桥西区	392	16		274	7	80	15
新华区	306			236	39	31	
裕华区	564			463	6	95	
矿　区	2524	11		2288	35	190	
高新区	1134	272		797	8	57	
井陉县	25648	7072	72	10831	1957	5027	591
正定县	80338	12176		43163	661	24338	
栾城县	57595	7330		26214	722	22556	103
行唐县	38402	10856	56	20733	814	5777	102
灵寿县	30712	3280	66	22200	820	3841	393
高邑县	13139	352		7636	332	3799	1020
深泽县	22911	1440	68	16434	1419	3337	153
赞皇县	26713	12192	18	9994	704	3710	59
无极县	54066	10000	156	26375	2139	14215	707
平山县	21708	1744		15124	1003	2322	1515
元氏县	44189	8784	270	22448	2253	9895	539
赵　县	47791	2512	77	32744	1041	11137	250
辛集市	84758	2160	854	53709	2104	24138	974
藁城市	85452	9216	95	45482	2244	27539	479
晋州市	47359	2816	89	29161	1729	12735	603
新乐市	56303	3264	1719	35948	279	13437	889
鹿泉市	28349	1536	5	20414	532	5802	57

9—9 续表5　　(2012年)

行政单位	四、其他畜产品产量（吨）				
	1. 奶类产量	# 牛奶产量	2. 蜂蜜产量	3. 禽蛋产量	# 鸡蛋
石家庄市	**1207894**	**1205541**	**2669**	**1064070**	**1056861**
长安区	6825	6825		1308	1308
桥东区				10	10
桥西区				344	344
新华区				1099	1099
裕华区	500	500		700	700
矿　区			4	1970	1970
高新区	1242	1242		1132	1132
井陉县	10780	10780	84	30820	29374
正定县	112160	112160		127570	127570
栾城县	125794	125794		105940	105840
行唐县	288750	288000	3	32503	32503
灵寿县	46975	46975	100	18461	18407
高邑县	7788	7788		14580	14580
深泽县	42428	42428		17870	17594
赞皇县			1275	19020	19020
无极县	95100	95100	78	73810	73810
平山县	14273	14273	749	13074	12881
元氏县	80000	80000	180	51790	51732
赵　县	38580	38580	150	59655	59555
辛集市	60300	60300		162557	162557
藁城市	96176	96135		148060	144990
晋州市	20475	20475	20	70567	70567
新乐市	91648	90149		74420	73822
鹿泉市	68100	68037	26	36810	35496

渔业生产情况

9—10 (2012年)

行政单位	水产品总产量（吨）	# 内陆养殖	# 鱼类	水产品养殖面积（公顷）	# 池塘养殖	水库养殖
石家庄市	**34854**	**24481**	**23216**	**15390**	**832**	**14458**
长安区	8	8	2	10	10	
桥东区	4	4	4	1	1	
桥西区						
新华区	60	60	54	11	11	
裕华区						
矿区	25	25	25	5	3	2
高新区						
井陉县	600	600	600	169	65	104
正定县	1600	1600	1520	233	133	
栾城县	8	8	8	3	3	
行唐县	2000	1732	1643	827	12	815
灵寿县	8210	3910	3907	2749	52	2697
高邑县						
深泽县	111	111	37	10	10	
赞皇县	1000	720	720	300		300
无极县	21	21		3	3	
平山县	13730	9315	8595	8850	137	8713
元氏县	1095	1085	1085	254	4	250
赵县						
辛集市	41	41	41	11	11	
藁城市	50	50	50	1	1	
晋州市						
新乐市	21	21		2	2	
鹿泉市	6270	5170	4925	1951	374	1577

农林牧渔业总产值

9—11　　(2012 年)　　计量单位：万元

行政单位	农林牧渔业总产值	一、农业产值	(一) 谷物及其他作物产值				
			总计	1. 谷物	2. 薯类	3. 油料	4. 豆类
石家庄市	**7874961**	**4299282**	**1416577**	**1090657**	**78835**	**153698**	**8980**
长安区	34448	24185	9754	9236			19
桥东区	6827	3221	488	463			
桥西区	19396	14689	325	270			34
新华区	25427	20074	4347	4036		39	
裕华区	10587	6593	1922	1851			
矿区	14921	7004	3071	2731	109	56	24
高新区	28652	24394	7616	7329			
井陉县	191839	62798	33660	21882	5840	3759	869
正定县	588190	249877	90131	68843	2265	14107	1170
栾城县	536706	259212	61162	57337	143	350	262
行唐县	404711	160436	98313	62404	15246	16326	321
灵寿县	259319	127359	42795	28962	7841	3777	80
高邑县	183881	138121	42554	33706	1859	3385	148
深泽县	251978	159353	52955	41908	3561	4742	764
赞皇县	225501	112056	41848	25719	3313	10978	295
无极县	447749	210006	94074	73649	4335	12104	462
平山县	295808	161881	56489	42179	3657	6311	468
元氏县	394633	187877	89269	69408	9293	5433	488
赵县	549410	363797	122667	117321	647	2833	
辛集市	835775	484755	177914	116582	4770	26477	883
藁城市	1130035	759098	134826	116783	4901	6871	735
晋州市	494779	313702	93106	76635	3866	7034	1371
新乐市	467896	246071	103144	68153	3925	26816	362
鹿泉市	353857	211456	51587	43294	3264	2300	506

9—11 续表1 (2012年) 计量单位：万元

行政单位	一、农业产值（续）					
	(一)谷物及其他作物产值(续)		(二) 蔬菜园艺作物		(三) 水果、坚果、饮料和香料	(四) 中药材
	5. 棉花	6. 烟草	1. 蔬菜	2. 花卉		
石家庄市	**26494**	**794**	**2020007**	**6861**	**733136**	**18878**
长安区			13388		1043	
桥东区			1942		791	
桥西区			10207	4110	47	
新华区			14287	435	869	
裕华区			4626	45		
矿区			2247	15	1549	25
高新区			16388			
井陉县			14917		13935	286
正定县			138403	138	8258	20
栾城县			175124	113	5354	124
行唐县		320	27745		28003	3550
灵寿县		474	12638		16285	
高邑县			91371	116	4080	
深泽县	1228		71194	10	34657	72
赞皇县			14266	9	51145	3319
无极县			106170		8632	
平山县	1500		30382	513	49660	10931
元氏县	1401		83634	308	13325	855
赵县	122		119818	90	120061	
辛集市	16858		189021		116900	920
藁城市	933		570751	654	50980	
晋州市			65033		155563	
新乐市			107226		34909	
鹿泉市	516		138497	306	20150	28

9—11 续表2　　　　(2012 年)　　　　计量单位：万元

行政单位	二、林业产值			
	合　计	（一）林木的培育和种植	（二）竹木采运	（三）林产品
石家庄市	**100302**	**82710**	**1948**	**15644**
长安区	69	62	7	
桥东区	6	6		
桥西区	62	62		
新华区	128	128		
裕华区	63	63		
矿　区	481	448	13	20
高新区				
井陉县	17517	17489	28	
正定县	636	604	32	
栾城县	3279	3144	135	
行唐县	5717	5625	92	
灵寿县	8458	5514	448	2496
高邑县	793	708	85	
深泽县	1575	1513	62	
赞皇县	11476	11081	395	
无极县	885	885		
平山县	23620	17882	158	5580
元氏县	4631	4571	60	
赵　县	1565	1565		
辛集市	2675	2229	98	348
藁城市	1873	1817	56	
晋州市	1248	1229	19	
新乐市	1267	1083	184	
鹿泉市	4871	4811	60	

9—11 续表 3 （2012 年） 计量单位：万元

行政单位	三、牧业产值						
	合计	（一）牲畜饲养	（1）牛	（2）羊	（3）其他牲畜	（4）奶产品	（5）毛绒产品
石家庄市	**3152987**	**980522**	**413848**	**138400**	**9626**	**415153**	**3495**
长安区	8813	3579	952	279		2348	
桥东区	250	45		45			
桥西区	4132	118	68	50			
新华区	1621	251		251			
裕华区	1879	209		37		172	
矿区	7073	310	68	241			1
高新区	4258	1632	1156	49		427	
井陉县	103526	47135	30056	12730	104	3708	537
正定县	324420	94776	51748	4410		38583	35
栾城县	260625	79265	31212	4713		43273	67
行唐县	229739	151362	46580	5342	135	99226	79
灵寿县	111583	36119	13940	5289	171	16159	560
高邑县	41667	6428	1496	2212		2679	41
深泽县	85538	30755	6120	9710	45	14595	285
赞皇县	99636	56277	51816	4364	97		
无极县	227654	90718	42500	14424	771	32714	309
平山县	76415	18718	7412	6286		4910	110
元氏县	185599	80854	37332	15262	540	27520	200
赵县	164880	30826	10676	6562	100	13272	216
辛集市	330617	48359	9180	14210	3908	20743	318
藁城市	353425	87949	39168	15274	190	33079	238
晋州市	168420	31339	11968	11664	321	7043	343
新乐市	205858	49454	13872	1757	2363	31319	143
鹿泉市	118138	33217	6528	3241	10	23418	20

9—11 续表 4　　(2012 年)　　计量单位：万元

行政单位	三、牧业产值（续）					
	(二)猪的饲养	(三)家禽饲养	1. 肉禽	2. 禽蛋	(四)其他畜牧业	# 兔
石家庄市	**937136**	**1145827**	**349678**	**796149**	**89502**	**7635**
长安区	3744	1490	513	977		
桥东区	192	13	6	7		
桥西区	576	438	181	257	3000	3000
新华区	496	874	53	821		
裕华区	976	679	156	523	15	
矿区	4880	1881	409	1472	2	
高新区	1680	946	100	846		
井陉县	22816	32215	9081	23134	670	628
正定县	90896	138748	43453	95295		
栾城县	55904	121299	41104	80195	4157	94
行唐县	43680	34451	10171	24280	246	240
灵寿县	46736	20739	6944	13795	7989	457
高邑县	16304	17663	6772	10891	1272	1272
深泽县	34608	19686	6038	13648	489	202
赞皇县	21040	20854	6646	14208	1465	190
无极县	55664	80523	25387	55136	749	708
平山县	31840	13948	4167	9781	11909	1491
元氏县	47264	56613	17921	38692	868	504
赵县	68960	64475	19917	44558	619	454
辛集市	113072	164673	43243	121430	4513	877
藁城市	95760	165289	49978	115311	4427	470
晋州市	61392	75231	22517	52714	458	442
新乐市	75680	79826	24188	55638	898	898
鹿泉市	42976	38143	10545	27598	3802	57

9—11 续表5　　（2012年）　　计量单位：万元

行政单位	四、渔业产值	# 鱼类	甲壳类	五、农林牧渔服务业产值
石家庄市	**42927**	**31410**	**3207**	**279463**
长安区	47	2		1334
桥东区	5	5		3345
桥西区				513
新华区	104	59		3500
裕华区				2052
矿　区	24	24		339
高新区				
井陉县	1765	1765		6233
正定县	2245	1800		11012
栾城县	8	8		13582
行唐县	3019	2584	234	5800
灵寿县	8841	7494	1338	3078
高邑县				3300
深泽县	440	39		5072
赞皇县	928	928		1405
无极县	139			9065
平山县	21868	14894	2522	12024
元氏县	1409	1409		15117
赵　县				19168
辛集市	48	48		17680
藁城市	14	14		15625
晋州市				11409
新乐市	17			14683
鹿泉市	8751	6873	60	10641

农林牧渔业中间消耗

9—12 （2012年） 计量单位：万元

行政单位	农林牧渔业中间消耗总计	一、农业中间消耗		
		合计	1. 物质消耗	2. 生产服务支出
石家庄市	**3353139**	**1499160**	**1175020**	**324140**
长安区	12603	6409	5326	1083
桥东区	2694	769	653	116
桥西区	8733	6316	4838	1478
新华区	7890	5021	3526	1495
裕华区	4759	2624	2065	559
矿区	6925	3130	2580	550
高新区	12415	10361	9429	932
井陉县	81778	23039	18966	4073
正定县	302701	92830	73612	19218
栾城县	241866	108967	99923	9044
行唐县	189992	57755	45400	12355
灵寿县	118500	50472	38164	12308
高邑县	79609	55050	44337	10713
深泽县	115286	62195	50913	11282
赞皇县	90941	44495	36016	8479
无极县	214797	85599	66985	18614
平山县	115306	61253	48403	12850
元氏县	179585	65399	51506	13893
赵县	225498	128492	99061	29431
辛集市	386956	208445	199275	9170
藁城市	501566	303638	230765	72873
晋州市	227488	130016	130016	
新乐市	208953	91883	78590	13293
鹿泉市	144101	75278	60517	14761

9—12 续表 1 （2012 年） 计量单位：万元

行政单位	二、林业中间消耗合计			三、牧业中间消耗		
	合　计	1. 物质消耗	2. 生产服务支出	合　计	1. 物质消耗	2. 生产服务支出
石家庄市	**20187**	**13883**	**6304**	**1670768**	**1592074**	**78694**
长安区	39	39		5464	5225	239
桥东区	2	1	1	131	124	7
桥西区	12	7	5	2153	2033	120
新华区	70	60	10	1005	600	405
裕华区	30	30		1071	1018	53
矿　区	128	112	16	3480	3304	176
高新区				2054	1560	494
井陉县	7275	5479	1796	48066	45090	2976
正定县	405	350	55	203088	194008	9080
栾城县	1412	1174	238	124639	118875	5764
行唐县	2539	2185	354	125439	116287	9152
灵寿县	2960	1977	983	59711	56846	2865
高邑县	114	94	20	23331	21645	1686
深泽县	504	443	61	49783	48628	1155
赞皇县	2364	2029	335	43112	40058	3054
无极县	440	337	103	124115	117524	6591
平山县	4798	3355	1443	34200	32478	1722
元氏县	1728	1337	391	104214	99040	5174
赵　县	760	569	191	86058	81927	4131
辛集市	1213	1193	20	167012	156348	10664
藁城市	993	828	165	188976	177637	11339
晋州市	454	364	90	91415	86806	4609
新乐市	351	300	51	109311	106177	3134
鹿泉市	2192	1767	425	57769	54995	2774

9—12 续表 2　　(2012 年)　　计量单位：万元

行政单位	四、渔业中间消耗			五、农林牧渔服务业中间消耗		
	合　计	1. 物质消耗	2. 生产服务支出	合　计	1. 物质消耗	2. 生产服务支出
石家庄市	**19296**	**15965**	**3331**	**143728**	**130792**	**12936**
长安区	24	22	2	667	625	42
桥东区	2	2		1790	537	1253
桥西区				252	252	
新华区	44	24	20	1750		1750
裕华区				1034	946	88
矿　区	11	9	2	176	137	39
高新区						
井陉县	720	574	146	2678	2451	227
正定县	1202	1011	191	5176	5176	
栾城县	3	3		6845	5818	1027
行唐县	1359	870	489	2900	2410	490
灵寿县	3806	3137	669	1551	540	1011
高邑县				1114	232	882
深泽县	199	176	23	2605	2219	386
赞皇县	454	363	91	516	468	48
无极县	74	39	35	4569	4148	421
平山县	9404	7749	1655	5651	5131	520
元氏县	625	522	103	7619	7010	609
赵　县				10188	9293	895
辛集市	32	27	5	10254	9342	912
藁城市	8	7	1	7951	1193	6758
晋州市				5603	5083	520
新乐市	7	4	3	7401	1006	6395
鹿泉市	4074	3357	717	4788	2400	2388

农林牧渔业增加值

9—13 （2012年） 计量单位：万元

行政单位	农林牧渔业增加值	1. 农业	2. 林业	3. 牧业	4. 渔业	5. 农林牧渔服务业
石家庄市	**4521822**	**2800122**	**80115**	**1482219**	**23631**	**135735**
长安区	21845	17776	30	3349	23	667
桥东区	4133	2452	4	119	3	1555
桥西区	10663	8373	50	1979		261
新华区	17537	15053	58	616	60	1750
裕华区	5828	3969	33	808		1018
矿区	7996	3874	353	3593	13	163
高新区	16237	14033		2204		
井陉县	110061	39759	10242	55460	1045	3555
正定县	285489	157047	231	121332	1043	5836
栾城县	294840	150245	1867	135986	5	6737
行唐县	214719	102681	3178	104300	1660	2900
灵寿县	140819	76887	5498	51872	5035	1527
高邑县	104272	83071	679	18336		2186
深泽县	136692	97158	1071	35755	241	2467
赞皇县	134560	67561	9112	56524	474	889
无极县	232952	124407	445	103539	65	4496
平山县	180502	100628	18822	42215	12464	6373
元氏县	215048	122478	2903	81385	784	7498
赵县	323912	235305	805	78822		8980
辛集市	448819	276310	1462	163605	16	7426
藁城市	628469	455460	880	164449	6	7674
晋州市	267291	183686	794	77005		5806
新乐市	258943	154188	916	96547	10	7282
鹿泉市	209756	136178	2679	60369	4677	5853

农林牧渔业商品产值

9—14 （2012年） 计量单位：万元

行政单位	农林牧渔业商品产值	一、农业商品产值				
		合　计	（一）谷物及其他作物			
			小　计	1. 谷物	2. 薯类
石家庄市	**5665823**	**2971692**	**680489**	**516633**	**50010**
长安区	26014	18270	6135	6120	
桥东区	2933	2678	371	371	
桥西区	13713	12685	295	240	
新华区	19489	17636	2334	2023	
裕华区	7640	5991	1432	1432	
矿　区	9865	3413	1315	1315	
高新区	23321	19443	5863	5863	
井陉县	137990	34522	15381	10666	3056
正定县	452724	164438	49564	38734	1040
栾城县	463921	209481	38611	38611	
行唐县	336183	121646	66673	39642	15149
灵寿县	155598	85219	9234	1264	4757
高邑县	141231	110284	26310	21956	1255
深泽县	205201	149146	46083	37658	3285
赞皇县	179314	84114	23203	16094	2830
无极县	319178	115650	49292	35338	2250
平山县	194273	105975	32790	23987	1753
元氏县	245727	122270	61755	50573	6012
赵　县	408580	264926	91108	88851	486
辛集市	615853	322749	117811	80576	3600
藁城市	945248	627612	105869	93426	3920
晋州市	326981	199537	41668	38143	541
新乐市	327212	162122	58302	30104	3105
鹿泉市	272149	154768	24387	21946	363

9—14 续表1　　(2012年)　　计量单位：万元

行政单位	一、农业商品产值（续）				
	（一）谷物及其他作物（续）				
	3. 油料	4. 豆类	5. 棉花	6. 烟叶	7. 其他农作物
石家庄市	**92849**	**3972**	**16236**	**776**	**13**
长安区		15			
桥东区					
桥西区		34			21
新华区	39				272
裕华区					
矿　区					
高新区					
井陉县	1125	534			
正定县	9156	634			
栾城县					
行唐县	10808	279		312	483
灵寿县	3014	55		144	
高邑县	2869	128			102
深泽县	3640	752			748
赞皇县	4195	84			
无极县	11502	202			
平山县	4545	101	350		2054
元氏县	3420	367	1383		
赵　县	1613		84		74
辛集市	13104	778	15079		4674
藁城市	6184	662	840		837
晋州市	2325	448			211
新乐市	22568	259			2266
鹿泉市	1431	105	488		54

9—14 续表 2 (2012 年) 计量单位：万元

行政单位	一、农业商品产值（续）				
	（二）蔬菜、园艺作物			（三）水果、坚果、饮料和香料作物	（四）中药材
	合 计	1. 蔬菜	2. 花卉		
石家庄市	**1652279**	**1549973**	**6860**	**621221**	**17703**
长 安 区	11152	11152		983	
桥 东 区	1554	1554		753	
桥 西 区	12367	9373	2994	23	
新 华 区	14433	13862	435	869	
裕 华 区	4559	4514	45		
矿 区	907	892	15	1167	24
高 新 区	13580	13268			
井 陉 县	5477	5477		13430	234
正 定 县	107259	95747	137	7595	20
栾 城 县	165642	149413	90	5106	122
行 唐 县	23924	21099		27499	3550
灵 寿 县	60848	5207		15137	
高 邑 县	80343	80233	110	3631	
深 泽 县	68582	68116	8	34409	72
赞 皇 县	10185	8794	9	47407	3319
无 极 县	58108	57091		8250	
平 山 县	21656	9603	468	43291	8238
元 氏 县	49220	48507	255	10449	846
赵 县	80586	79442	90	93232	
辛 集 市	115768	115768		88342	828
藁 城 市	475862	473723	573	45881	
晋 州 市	32525	32525		125344	
新 乐 市	80062	79492		23758	
鹿 泉 市	111695	110590	306	18658	28

9—14 续表 3 （2012 年） 计量单位：万元

行政单位	二、林业商品产值		三、牧业商品产值		
				（一）牲畜的饲养	
	总　计	林产品	总　计	合　计	1. 牛
石家庄市	**12239**	**2310**	**2648813**	**812853**	**331974**
长 安 区			7697	2898	889
桥 东 区			250	45	
桥 西 区			1028	104	61
新 华 区	128		1621	251	
裕 华 区			1649	203	
矿　区	20	20	6412	287	68
高 新 区			3878	1583	1121
井 陉 县	89		101757	45741	29568
正 定 县	23		286158	86923	46066
栾 城 县	1195		253237	74765	30981
行 唐 县			211519	137116	41453
灵 寿 县	2042	2042	62143	10175	
高 邑 县			30947	5123	1425
深 泽 县	1476		54141	30676	6093
赞 皇 县	3709		90633	54846	51291
无 极 县			203396	76797	36516
平 山 县	1266	170	66534	10993	2468
元 氏 县	55		122492	44156	18950
赵　县			143654	25733	7676
辛 集 市	1196	240	291861	41742	8041
藁 城 市	49		317575	79144	35251
晋 州 市	19		127425	24448	7061
新 乐 市	697		164380	41355	11560
鹿 泉 市	560		108224	32534	6385

9—14 续表4　　(2012年)　　计量单位：万元

行政单位	三、牧业商品产值（续）				
	（一）牲畜的饲养（续）				（二）猪的饲养
	2. 羊	3. 其他牲畜	4. 奶类	5. 毛绒类	
石家庄市	**107817**	**4296**	**365481**	**3285**	**748913**
长安区	271		1738		3669
桥东区	45				192
桥西区	43				523
新华区	251				496
裕华区	31		172		768
矿区	218			1	4480
高新区	48		414		1462
井陉县	12187	85	3410	491	22720
正定县	4187		36635	35	69399
栾城县	4650		39067	67	55820
行唐县	5169	135	90280	79	43624
灵寿县			9637	538	33108
高邑县	1552		2146		10276
深泽县	9702	45	14551	285	3453
赞皇县	3458	97			19510
无极县	12540	743	26694	304	53224
平山县	5960		2455	110	31840
元氏县	791	441	23810	164	25327
赵县	6425	90	11352	190	56961
辛集市	11719	3581	18089	312	104000
藁城市	13746	171	29771	205	86184
晋州市	10808	321	5916	342	44816
新乐市	1271	2003	26394	127	62832
鹿泉市	3053	10	23066	20	36959

9—14 续表5 （2012年） 计量单位：万元

行政单位	三、牧业商品产值（续）				四、渔业商品产值
	（三）家禽的饲养（续）			（四）其他畜牧业	
	合　计	1. 肉禽	2. 禽蛋		
石家庄市	**1023256**	**293085**	**730171**	**63791**	**33079**
长安区	1130	491	639		47
桥东区	13	6	7		5
桥西区	386	157	229	15	
新华区	874	53	821		104
裕华区	663	155	508	15	
矿　区	1643	366	1277	2	20
高新区	833	98	735		
井陉县	31959	9031	22928	647	1622
正定县	129836	37026	92810		2105
栾城县	118614	39560	79054	4038	8
行唐县	30542	7310	23232	237	3018
灵寿县	14366	4970	9396	4494	6194
高邑县	15443	4753	10690	105	
深泽县	19589	6021	13568	423	438
赞皇县	14940	6444	8496	1337	858
无极县	72681	23005	49676	694	132
平山县	12288	3015	9273	11413	20498
元氏县	52215	16491	35724	794	910
赵　县	60398	18352	42046	562	
辛集市	143255	35225	108030	2864	47
藁城市	148262	44481	103781	3985	12
晋州市	57727	16611	41116	434	
新乐市	59443	16817	42626	750	13
鹿泉市	35014	10465	24549	3717	8597

十、工业　交通　邮政

全市全部工业企业主要产品产量

10—1

产品名称	计量单位	2012年	2011年	增长速度（%）
原煤	吨	587363	639500	-8.15
# 烟煤	吨	587363	639500	-8.15
# 炼焦烟煤	吨	587363	621943	-5.56
一般烟煤	吨		17557	
洗煤	吨	14203661	11432618	24.24
# 洗精煤	吨	11435870	9051381	26.34
铁矿石原矿	吨	6395320	10172255	-37.13
铁精粉	吨	2487043	2604374	-4.51
小麦粉	吨	1867583	6228008	-70.01
饲料	吨	4124100	5531332	-25.44
# 配合饲料	吨	1233631	1231026	0.21
混合饲料	吨	2285766	3484378	-34.40
精制食用植物油	吨	165361	219571	-24.69
鲜、冷藏肉	吨	164312	114445	43.57
糖果	吨	7193	4900	46.80
乳制品	吨	660967	701100	-5.72
# 液体乳	吨	458082	698865	-34.45
乳粉	吨	2747	2235	22.91
罐头	吨	185044	74145	149.57
酱油	吨	30578	32694	-6.47
冷冻饮品	吨	8137	112	7165.18
食品添加剂	吨	16278	665	2347.82
饮料酒	千升	265042	191637	38.30
# 白酒（折65度，商品量）	千升	10792	8178	31.96
啤酒	千升	253929	182882	38.85
软饮料	吨	401657	331288	21.24
# 碳酸饮料类（汽水）	吨		2580	
包装饮用水类	吨	269983	88545	204.91
果汁和蔬菜汁饮料类	吨	46948	10749	336.77
卷烟	万支	2461500	2434775	1.10
纱	吨	592823	507347	16.85
# 棉纱	吨	331672	286856	15.62
棉混纺纱	吨	181716	163563	11.10
化学纤维纱	吨	79435	56928	39.54

10—1 续表 1

产品名称	计量单位	2012 年	2011 年	增长速度（%）
布	万米	379806	379115	0. 18
# 色织布（含牛仔布）	万米	1711	1494	14. 52
# 棉布	万米	347589	341280	1. 85
棉混纺布	万米	31370	33814	-7. 23
化学纤维布	万米	846	4022	-78. 96
印染布	万米	25621	21616	18. 53
无纺布（无纺织物）	吨	28730	12612	127. 80
服装	万件	30942	16177	91. 28
# 针织服装	万件	23392	7771	201. 01
梭织服装	万件	7550	8405	-10. 18
# 羽绒服	万件	314	269	16. 73
西服套装	万件	1	27	-96. 24
衬衫	万件	47	57	-17. 40
轻革	平方米	207976128	188703271	10. 21
皮革鞋靴	万双	850	561	51. 52
皮革服装	件	17447834	18055706	-3. 37
人造板	立方米	1152438	3051527	-62. 23
# 胶合板	立方米	285650	1394259	-79. 51
纤维板	立方米	688464	875423	-21. 36
刨花板	立方米	178324	778889	-77. 11
人造板表面装饰板	平方米	958705	7164743	-86. 62
家具	件	655663	2263908	-71. 04
#木质家具	件	648440	2001628	-67. 60
金属家具	件		3792	
软体家具	件	7223	17705	-59. 20
机制纸及纸板（外购原纸加工除外）	吨	820776	922918	-11. 07
# 未涂布印刷书写用纸	吨	327542	326158	0. 42
# 新闻纸	吨	327542	326158	0. 42
箱纸板	吨	206860	123006	68. 17
纸制品	吨	615324	971521	-36. 66
# 瓦楞纸箱	吨	584444	595838	-1. 91
单色印刷品	令	95766	64444	48. 60
多色印刷品	对开色令	146330	181858	-19. 54
原油加工量	吨	4176948	4121794	1. 34

10—1 续表 2

产品名称	计量单位	2012 年	2011 年	增长速度（%）
# 汽油	吨	899940	870382	3.40
煤油	吨	3189		
柴油	吨	1962072	1864302	5.24
润滑油	吨	49572	41363	19.85
燃料油	吨	58065	61508	-5.60
液化石油气	吨	218474	221123	-1.20
焦炭	吨	3645444	3662754	-0.47
# 机焦	吨	3323813	3328513	-0.14
硫酸（折 100%）	吨	411167	79427	417.67
盐酸（氯化氢，含量 31%）	吨	45418	3634	1149.81
纯碱（碳酸钠）	吨	428936	407137	5.35
纯苯	吨	7856	9700	-19.01
精甲醇	吨	186029	226131	-17.73
冰乙酸（冰醋酸）	吨	10145	9801	3.51
浓硝酸（折 100%）	吨	45418	42226	7.56
合成氨（无水氨）	吨	1247822	1184946	5.31
农用氮、磷、钾化学肥料总计（折纯）	吨	693462	742750	-6.64
# 氮肥（折含 N100%）	吨	638538	630615	1.26
# 尿素（折含 N100%）	吨	392615	382945	2.53
磷肥（折五氧化二磷 100 %）	吨	31583	86711	-63.58
钾肥（折氧化钾 100%）	吨	23341	25424	-8.19
化学农药原药（折有效成分 100%）	吨	5924	3262	81.61
# 杀虫剂原药	吨	1508	1718	-12.22
杀菌剂原药	吨	1759	1516	16.03
除草剂原药	吨	18	28	-35.71
涂料	吨	59823	55588	7.62
初级形态的塑料	吨	50895	49541	2.73
# 聚丙烯树脂	吨	49450	49541	-0.18
合成纤维单体	吨	103697	113540	-8.67
合成纤维聚合物	吨	29221	32751	-10.78
# 聚酯	吨	19551	22299	-12.32
化学试剂	吨	201312	114970	75.10
合成洗涤剂	吨	119831	107825	11.13
化学药品原药	吨	306153	404140	-24.25

10—1 续表 3

产品名称	计量单位	2012 年	2011 年	增长速度（%）
中成药	吨	12597	13412	-6.08
化学纤维用浆粕	吨	72408	79130	-8.49
化学纤维	吨	40347	21830	84.82
# 人造纤维（纤维素纤维）	吨	25577	21830	17.16
合成纤维	吨	14770		
涤纶纤维	吨	14770		
橡胶轮胎外胎	条	32200	32600	-1.23
塑料制品	吨	563905	645746	-12.67
# 塑料薄膜	吨	17227	87398	-80.29
泡沫塑料	吨	27407	69304	-60.45
塑料人造革、合成革	吨	11610	8204	41.52
日用塑料制品	吨	143368	164389	-12.79
硅酸盐水泥熟料	吨	15041325	15554550	-3.30
# 窑外分解窑水泥熟料	吨	12577075	13830739	-9.06
水泥	吨	39485076	53897695	-26.74
# 强度等级 42.5 水泥（含 R 型）	吨	12144192	21773808	-44.23
商品混凝土	立方米	1100009	1418509	-22.45
水泥混凝土排水管	千米	231	224	3.36
水泥混凝土电杆	根		6843	
预应力混凝土桩	米		872072	
石膏板	万平方米	3098	3014	2.79
砖	万块	68864	1049739	-93.44
瓷质砖	平方米	152584904	133145464	14.60
天然大理石建筑板材	平方米	3947108	5264601	-25.03
天然花岗石建筑板材	平方米		4700	
沥青和改性沥青防水卷材	平方米	30054310	23019895	30.56
平板玻璃	重量箱	9374798	9254166	1.30
夹层玻璃	平方米	267399	154090	73.53
日用玻璃制品	吨	30973	219813	-85.91
玻璃包装容器	吨	249948	63582	293.11
石墨及炭素制品	吨	108491	119444	-9.17
生铁	吨	12042703	9897862	21.67
粗钢	吨	11375525	10137264	12.21
钢材	吨	11137727	9783352	13.84

10—1 续表4

产品名称	计量单位	2012年	2011年	增长速度（%）
# 棒材	吨	1607248	1662528	-3.33
钢筋	吨	4226761	3774773	11.97
线材（盘条）	吨	1746623	1853465	-5.76
中板	吨	1659339	1957818	-15.25
热轧窄钢带	吨	519697	496885	4.59
冷轧窄钢带	吨	134	230	-41.74
无缝钢管	吨	34702	31927	8.69
其它钢材	吨	6159	5726	7.56
用外购国产钢材再加工生产的钢材	吨	20747	4947	319.39
铁合金	吨	35171	51829	-32.14
锰硅合金	吨	31936	49868	-35.96
原铝（电解铝）	吨	19001		
黄金	千克	532	401	32.67
白银（银锭）	千克	558	211	164.45
铝材	吨	3236	1958	65.27
金属切削工具	万件	6646	5130	29.55
钢丝	吨	2043	5833	-64.97
不锈钢日用制品	吨		10	
发动机	千瓦	625719	631114	-0.85
# 汽车用发动机	千瓦	98922	114433	-13.55
金属切削机床	台	8	6	33.33
金属成形机床	台	2305	3337	-30.93
电焊机	台		944	
泵	台	6791	12738	-46.69
阀门	吨	55428	51497	7.63
液压元件	件	10231	10754	-4.86
滚动轴承	万套	1513	1513	0.00
齿轮	吨	4365	2990	46.01
风机	台	6313	9174	-31.19
减速机	台		16380	
金属密封件	万件	5	4	28.21
金属紧固件	吨	26484	19500	35.81
铸铁件	吨	300201	378786	-20.75
铸钢件	吨	309299	281234	9.98

10—1 续表 5

产品名称	计量单位	2012 年	2011 年	增长速度（%）
矿山专用设备	吨	7685	8686	-11.53
塑料加工专用设备	台	60	170	-64.71
农产品初加工机械	台	133701	96927	37.94
饲料生产专用设备	台	3524	2822	24.88
中型拖拉机	台	519	744	-30.24
小型拖拉机	台	1671	2492	-32.95
环境污染防治专用设备	台（套）	929	818	13.57
铁路机车	辆		42	
铁路货车	辆		1086	
改装汽车	辆	3531	4953	-28.71
摩托车整车	辆	145842	198640	-26.58
电动自行车	辆		7124	
交流电动机	千瓦	3200000	4095000	-21.86
变压器	千伏安	336959	225025	49.74
通信及电子网络用电缆	对千米	252860	306444	-17.49
电力电缆	千米	240188	179897	33.51
光缆	芯千米	723058	589857	22.58
铅酸蓄电池	千伏安时	1541060	1062400	45.05
家用冷柜（家用冷冻箱）	台	36641	97856	-62.56
灯具及照明装置	套（台、个）	240220	192050	25.08
程控交换机	线	87176	260426	-66.53
# 数字程控交换机	线	87176	260426	-66.53
集成电路	万块	2543	1699	49.69
工业自动调节仪表与控制系统	台（套）		2026	
环境监测专用仪器仪表	台	77949	333	23308.11
表	只	1441527	1372512	5.03
眼镜成镜	副	7080033	4600000	53.91
发电量	万千瓦小时	4279013	3983059	7.43
# 火力发电量	万千瓦小时	4214562	3918582	7.55
水力发电量	万千瓦小时	30869	40823	-24.38
煤气生产量	万立方米	2700	2089	29.25
自来水生产量	万立方米	13087	12759	2.57

全市规模以上工业企业主要经济指标

10—2　　　　（2012年）　　　　计量单位：千元

项目名称	工业企业单位数（个）	工业企业总产值	工业企业销售产值	资产合计	# 流动资产小计
总　计	**2388**	**764314573**	**745481558**	**402773475**	**155346087**
一、按登记注册类型分组					
内资企业	2283	710566552	693462494	345701006	125903784
国有企业	38	83313215	81988177	81304428	32586185
集体企业	41	18928086	18698661	4312163	1020605
股份合作企业	2	215759	210524	53742	13608
联营企业	4	1142256	1101091	251603	102705
有限责任公司	308	89212315	87178807	85555825	34370790
股份有限公司	90	32963604	32613417	30746019	12080399
私营企业	1789	482898793	469804021	142961989	45532551
港、澳、台商投资企业	38	29906817	28689020	35854893	18406607
外商投资企业	67	23841204	23330044	21217576	11035696
二、按经济组织类型分组					
独资企业	529	228204830	223304919	139741540	57030420
合作、合伙企业	161	33802166	33168321	7340810	1793279
股份有限公司	211	116869824	112114710	59658543	21187873
有限责任公司	1486	385413988	376869843	196021088	75328953
三、在总计中：亏损企业	109	58005611	57708409	53343486	23842575
在总计中：国有控股企业	91	123345065	121780172	147748687	56039875
在总计中：农村工业	31	14730262	14379736	12794530	4323027
在总计中：轻工业	1140	333865559	324555452	152694022	66066208
重工业	1248	430449014	420926106	250079453	89279879
在总计中：大型企业	94	232453440	224514136	198817386	85332009
中型企业	334	143055642	140081373	95501087	36980807
小型企业	1920	384609863	376702114	106563811	32364334

10—2 续表 1　　(2012 年)　　计量单位：千元

项目名称	固定资产小计	固定资产原价	累计折旧
总　　计	**202205174**	**261725336**	**91650556**
一、按登记注册类型分组			
内资企业	183401427	235616244	80992851
国有企业	45451729	57080183	24234358
集体企业	2797763	2659999	463590
股份合作企业	34967	39637	4670
联营企业	110178	137114	42530
有限责任公司	38311280	53312511	19830936
股份有限公司	15432737	21983669	8422030
私营企业	81051915	100141191	27922116
港、澳、台商投资企业	10606628	16978598	7862041
外商投资企业	8197119	9130494	2795664
二、按经济组织类型分组			
独资企业	72008343	90774127	34250494
合作、合伙企业	4647014	5700756	1345343
股份有限公司	33052616	41377484	13629311
有限责任公司	92494270	123868285	42423655
三、在总计中：亏损企业	24635377	34559821	14611418
在总计中：国有控股企业	78678199	111265923	47774032
在总计中：农村工业	6273792	4922530	915042
在总计中：轻工业	67670665	81867184	25521611
重工业	134534509	179858152	66128945
在总计中：大型企业	91945018	120312060	50658234
中型企业	45497261	62143207	21220244
小型企业	64280280	78396418	19281937

10—2 续表2　　　　（2012年）　　　　计量单位：千元

项目名称	负债合计	# 流动负债	所有者权益	# 实收资本
总　　计	**210746836**	**157850648**	**189081512**	**76550098**
一、按登记注册类型分组				
内资企业	179376482	132622684	163415443	66401790
国有企业	54969181	40661129	26335244	8268518
集体企业	677647	449565	3150468	653271
股份合作企业	22205	17802	31537	16639
联营企业	121454	30295	123149	86990
有限责任公司	53910817	36372846	31424862	20220817
股份有限公司	14264173	9005375	16409347	5215554
私营企业	55192034	45899426	85650944	31835981
港、澳、台商投资企业	21794061	17313044	14025812	6516829
外商投资企业	9576293	7914920	11640257	3631479
二、按经济组织类型分组				
独资企业	77768969	58732155	61002725	21520179
合作、合伙企业	2140785	1802258	4973974	2364488
股份有限公司	28458326	21530581	30934978	7900226
有限责任公司	102368676	75775574	92168444	44763305
三、在总计中：亏损企业	41515943	36125119	11819074	10030502
在总计中：国有控股企业	99397902	67174037	48246106	21965412
在总计中：农村工业	6885808	4160506	5881452	1929391
在总计中：轻工业	66798596	50047724	84085083	30612388
重工业	143948240	107802924	104996429	45937710
在总计中：大型企业	117731753	92402636	80522082	24729835
中型企业	53159399	37092549	41915102	18418556
小型企业	38751226	27689884	66265877	33080689

10—2 续表 3　　　　(2012 年)　　　　计量单位：千元

项目名称	实收资本中：		主营业务收入	# 主营业务成　本	主 营 业 务税金及附加
	# 国家资本	集体资本			
总　计	**11875912**	**2060617**	**766337322**	**650072021**	**9378059**
一、按登记注册类型分组					
内资企业	10175410	1968584	706559424	600276686	9173534
国有企业	5322640		97569597	85290529	6465522
集体企业	0	123116	19227044	16447303	48231
股份合作企业	0	16639	210485	183531	681
联营企业	75490	3000	1094665	930909	12302
有限责任公司	3841989	1794465	89109971	75312062	413769
股份有限公司	934434	20075	35306616	29399014	176940
私营企业	857	2937	462228821	391292811	2038181
港、澳、台商投资企业	1530902	86761	33050032	28236897	115209
外商投资企业	169600	5272	26727866	21558438	89316
二、按经济组织类型分组					
独资企业	5339009	131599	246655635	209876469	7185304
合作、合伙企业	75490	30341	33488643	28433948	222047
股份有限公司	934434	20075	105352780	90805521	364916
有限责任公司	5526979	1878602	380818054	320938967	1605736
三、在总计中：亏损企业	2929295	194154	62700361	58040324	3648533
在总计中：国有控股企业	11586126	102490	140599204	123060699	6611505
在总计中：农村工业	0	1601195	14217023	12271448	66911
在总计中：轻工业	2921232	191931	349007859	289551112	4281630
重工业	8954680	1868686	417329463	360520909	5096429
在总计中：大型企业	7011631	1556527	240974060	206857010	6882761
中型企业	4008644	155213	141814731	119930440	520763
小型企业	855637	242454	379409340	319555157	1957626

10—2 续表4　　（2012年）　　计量单位：千元

项目名称	管理费用	#税金	财务费用	#利息支出	营业利润
总　计	**22404132**	**1052039**	**8435419**	**8186069**	**54898008**
一、按登记注册类型分组					
内资企业	19751972	926968	7786014	7504410	50586448
国有企业	2843406	107432	1087575	1108420	－202527
集体企业	569175	10721	80513	75282	1104893
股份合作企业	4897	74	980	813	15296
联营企业	24779	1102	12577	6975	84529
有限责任公司	3740186	183039	1892074	1864009	5642759
股份有限公司	1528514	83032	623628	636590	2439303
私营企业	10973399	538274	4073937	3797852	41292343
港、澳、台商投资企业	1574191	80218	492660	465159	1696775
外商投资企业	1077969	44853	156745	216500	2614785
二、按经济组织类型分组					
独资企业	6325500	219398	1830613	1780186	14143043
合作、合伙企业	575301	32828	153092	127481	3202899
股份有限公司	2967967	152039	2004170	2012808	6077565
有限责任公司	12531211	647743	4447567	4265594	31474501
三、在总计中：亏损企业	2167657	103665	1200236	1149463	－3192757
在总计中：国有控股企业	4996504	235243	2604983	2649727	793603
在总计中：农村工业	361503	7972	373807	380249	1038702
在总计中：轻工业	11205155	531044	2721303	2718538	27941852
重工业	11198977	520995	5714116	5467531	26956156
在总计中：大型企业	8559622	376631	4214142	4316074	7752340
中型企业	5108804	221233	2128998	2025524	10850920
小型企业	8628810	451084	2044678	1810572	36125629

10—2 续表 5　　(2012 年)　　计量单位：千元

项目名称	投资收益	利润总额	应交所得税	利税总额	本年应付职工薪酬
总　计	**－1833306**	**56272129**	**5380697**	**82735462**	**27043007**
一、按登记注册类型分组					
内资企业	－2265832	51772866	4738020	76755444	24363687
国有企业	198010	469171	517330	8951090	4400756
集体企业	－438997	1064570	218812	1541183	333179
股份合作企业	0	15296	3460	30307	4523
联营企业	0	81329	30	148593	21898
有限责任公司	－437335	6384262	809180	9287029	4249257
股份有限公司	－5260	2451306	204398	3559190	1539356
私营企业	－1582250	41098748	2961378	52938809	13764131
港、澳、台商投资企业	379693	1801977	248192	2632755	1795348
外商投资企业	52833	2697286	394485	3347263	883972
二、按经济组织类型分组					
独资企业	－100888	14805378	1661287	27582722	8524762
合作、合伙企业	－2059	3205209	134376	4284764	815949
股份有限公司	－501640	6000499	433913	8375975	3294090
有限责任公司	－1228719	32260997	3151110	42491565	14399341
三、在总计中：亏损企业	83092	－2858175	105223	1453996	2889718
在总计中：国有控股企业	331795	2161380	783923	11962181	7513366
在总计中：农村工业	－624589	1064463	51546	1480390	356594
在总计中：轻工业	－971398	28362298	2757338	40892628	14045609
重工业	－861908	27909831	2623359	41842834	12997398
在总计中：大型企业	－38492	8804700	1681937	20530023	11722294
中型企业	－215744	11512176	1193772	15087534	6205190
小型企业	－1579070	35785090	2502306	46860238	9015392

10—2 续表6　　　　　　　　　　（2012 年）　　　　　　　　　　计量单位：千元

项目名称	本年应交增值税	本年进项税额	本年销项税额	全部从业人员年平均人数（人）
总　　计	**17064176**	**79254187**	**89049120**	**786266**
一、按登记注册类型分组				
内资企业	15793009	73293115	83110973	717342
国有企业	2013039	14718484	15424297	66188
集体企业	428227	2508205	2695979	11195
股份合作企业	14330	18996	33326	258
联营企业	54962	30864	45957	993
有限责任公司	2482878	8405059	10405733	110820
股份有限公司	927040	4065207	4478178	44580
私营企业	9799382	43447207	49886843	481417
港、澳、台商投资企业	710506	3974214	3546545	39940
外商投资企业	560661	1986858	2391602	28984
二、按经济组织类型分组				
独资企业	5587993	28815923	31642923	191327
合作、合伙企业	857175	3032658	3629127	32006
股份有限公司	2006395	12677452	14108005	101354
有限责任公司	8612279	34725168	39665745	461309
三、在总计中：亏损企业	659606	9615540	10107255	69326
在总计中：国有控股企业	3173381	20413479	21299969	125430
在总计中：农村工业	349016	983797	1064211	11410
在总计中：轻工业	8243694	32868291	37930250	451337
重工业	8820482	46385896	51118870	334929
在总计中：大型企业	4828292	31495277	33359814	272276
中型企业	3050494	13161666	15383963	208996
小型企业	9114815	34490761	40190676	302654

市区规模以上工业企业主要经济指标

10—3　　　　(2012 年)　　　　计量单位：千元

项目名称	工业企业单位数（个）	工业企业总产值	工业企业销售产值	资产合计	# 流动资产小计
总　计	**245**	**113863214**	**108591001**	**150490214**	**71010736**
一、按登记注册类型分组					
内资企业	215	85123397	81364191	113059792	51203544
国有企业	15	40517918	39414794	51232014	18462709
集体企业	3	312925	331360	286784	228433
股份合作企业					
有限责任公司	72	15476733	15071357	26964976	10897962
股份有限公司	16	5541397	5629039	11211894	6183159
私营企业	107	23135334	20782070	23135583	15298006
港、澳、台商投资企业	11	21300543	20211808	31444615	17105174
外商投资企业	19	7439274	7015002	5985807	2702018
二、按经济组织类型分组					
独资企业	32	56973904	54272819	75264061	32247535
合作、合伙企业	3	248308	245207	384854	221160
股份有限公司	29	12927167	12468222	17888581	10391866
有限责任公司	181	43713835	41604753	56952718	28150175
三、在总计中：亏损企业	33	11977774	12124536	23680452	9985298
在总计中：国有控股企业	36	59092292	58143627	83785513	31802970
在总计中：农村工业					
在总计中：轻工业	76	42851619	38713984	68806476	38479896
重工业	169	71011595	69877017	81683738	32530840
在总计中：大型企业	22	76055953	72595656	109628883	48507133
中型企业	61	21499961	20515039	27120187	15480779
小型企业	156	15661553	14806283	12951307	6688027

10—3 续表1 （2012年） 计量单位：千元

项目名称	固定资产小计	固定资产原价	累计折旧
总　计	**64015772**	**84859696**	**36029086**
一、按登记注册类型分组			
内资企业	52476735	66652537	27903255
国有企业	31166100	36873812	16166308
集体企业	54659	144420	89761
股份合作企业			
有限责任公司	11900415	18582605	7525202
股份有限公司	3544902	3821297	1441347
私营企业	5727024	7095614	2629463
港、澳、台商投资企业	8717180	14844724	7036341
外商投资企业	2821857	3362435	1089490
二、按经济组织类型分组			
独资企业	37303205	46934126	20579352
合作、合伙企业	146772	192839	92160
股份有限公司	5378376	5379984	1904315
有限责任公司	21187419	32352747	13453259
三、在总计中：亏损企业	10511005	14430232	6166126
在总计中：国有控股企业	46088808	59694720	26001861
在总计中：农村工业			
在总计中：轻工业	23013058	28813497	12116843
重工业	41002714	56046199	23912243
在总计中：大型企业	50344771	66326272	29090430
中型企业	8127849	10844510	4455566
小型企业	5177558	6985267	2056069

10—3 续表2　　（2012年）　　计量单位：千元

项目名称	负债合计	# 流动负债	所有者权益	# 实收资本
总　　计	**94510422**	**68443221**	**55839463**	**23950558**
一、按登记注册类型分组				
内资企业	71643450	50676336	41276365	17366493
国有企业	33750756	22095910	17481257	4298955
集体企业	194918	187038	91865	19998
股份合作企业				
有限责任公司	18946246	12653784	8011720	7464111
股份有限公司	5662101	4417272	5546235	1733650
私营企业	12939925	11172828	10066251	3816779
港、澳、台商投资企业	19503128	15281475	11941137	5661684
外商投资企业	3363844	2485410	2621961	922381
二、按经济组织类型分组				
独资企业	48401534	33535842	26858275	7857418
合作、合伙企业	242199	242199	142655	62070
股份有限公司	8010123	6159158	9868121	2576430
有限责任公司	37856566	28506022	18970412	13454640
三、在总计中：亏损企业	18796731	15243972	4883721	5201310
在总计中：国有控股企业	56400962	36832171	27384547	11779857
在总计中：农村工业				
在总计中：轻工业	41439139	29214826	27363162	10132666
重工业	53071283	39228395	28476301	13817892
在总计中：大型企业	69932412	49369827	39696471	15186771
中型企业	15737386	13004276	11372708	5685717
小型企业	8247872	5581877	4612809	2884557

10—3 续表 3　　　　（2012 年）　　　　计量单位：千元

项目名称	实收资本中：		主营业务收入	# 主营业务成本	主营业务税金及附加
	# 国家资本	集体资本			
总　　计	**5324312**	**191670**	**130737589**	**115131288**	**488389**
一、按登记注册类型分组					
内资企业	3688500	106864	98102174	87160028	360412
国有企业	1750255		54014417	50178537	127939
集体企业	0	19998	326761	258992	2500
股份合作企业					
有限责任公司	1568931	83856	15348065	13250589	94125
股份有限公司	369014		8381307	7412555	34006
私营企业	300	10	19904326	15972670	101245
港、澳、台商投资企业	1515812	84806	24647417	21172231	92317
外商投资企业	120000		7987998	6799029	35660
二、按经济组织类型分组					
独资企业	1766067	27904	74666212	67466756	199554
合作、合伙企业	0	3000	236934	176288	2249
股份有限公司	369014		14674830	12415858	66956
有限责任公司	3189231	160766	41159613	35072386	219630
三、在总计中：亏损企业	1374241	118447	16859954	15812139	59579
在总计中：国有控股企业	5178685		75512512	69506479	204202
在总计中：农村工业					
在总计中：轻工业	2739722	109803	57046435	48595599	211114
重工业	2584590	81867	73691154	66535689	277275
在总计中：大型企业	4171760	7906	95567689	85539449	296831
中型企业	1103101	25003	20322934	16994094	116546
小型企业	49451	60338	14181139	11903455	73045

10—3 续表4 （2012年） 计量单位：千元

项目名称	管理费用	# 税金	财务费用	# 利息支出	营业利润
总　计	**5667786**	**336017**	**1921531**	**1940467**	**3060120**
一、按登记注册类型分组					
内资企业	4178724	253062	1471072	1503290	1379539
国有企业	1418303	58778	577469	589773	－25628
集体企业	57048	1707	4764	4434	－4132
股份合作企业					
有限责任公司	1124713	48111	552305	564978	－187584
股份有限公司	442719	40219	184264	190690	75049
私营企业	1118438	103246	150063	151073	1503611
港、澳、台商投资企业	1213858	68691	427386	400631	1043472
外商投资企业	275204	14264	23073	36546	637109
二、按经济组织类型分组					
独资企业	2334472	102552	920461	903000	1118458
合作、合伙企业	27563	1201	4651	4751	22746
股份有限公司	684413	53838	148788	200934	446198
有限责任公司	2621338	178426	847631	831782	1472718
三、在总计中：亏损企业	957375	43042	516086	513181	－918415
在总计中：国有控股企业	2592044	136296	1263768	1309221	－109829
在总计中：农村工业					
在总计中：轻工业	2816392	152015	682164	745297	1304684
重工业	2851394	184002	1239367	1195170	1755436
在总计中：大型企业	3599648	234288	1372935	1474344	1138458
中型企业	1364867	54296	301382	262246	1141489
小型企业	648724	45000	229319	192393	897493

10—3 续表5　　　　　　（2012年）　　　　　　计量单位：千元

项目名称	投资收益	利润总额	应交所得税	利税总额	本年应付职工薪酬
总　　计	**816606**	**4099715**	**713719**	**7614958**	**8023101**
一、按登记注册类型分组					
内资企业	385474	2299328	469273	5021382	6291329
国有企业	189534	409457	140475	1449633	2996286
集体企业	40	-3534	207	7524	57196
股份合作企业					
有限责任公司	87273	20988	93029	629862	1562469
股份有限公司	35558	211044	32262	443913	733820
私营企业	73069	1640972	201734	2462727	925410
港、澳、台商投资企业	428008	1123854	131835	1768246	1411847
外商投资企业	3124	676533	112611	825330	319925
二、按经济组织类型分组					
独资企业	621362	1667601	306917	3299126	4107938
合作、合伙企业	0	24920	2696	33894	52553
股份有限公司	35558	592265	61605	1043844	1025194
有限责任公司	159686	1814929	342501	3238094	2837416
三、在总计中：亏损企业	82020	-781662	52067	-431370	1614120
在总计中：国有控股企业	283763	564095	208134	2179032	4940753
在总计中：农村工业					
在总计中：轻工业	625339	1899377	319872	3301082	3937803
重工业	191267	2200338	393847	4313876	4085298
在总计中：大型企业	730738	1933193	494346	4134462	6039935
中型企业	85896	1343196	138843	1994350	1425773
小型企业	-28	939950	80299	1598818	511974

10—3 续表 6　　　　（2012 年）　　　　计量单位：千元

项目名称	本年应交增值税	本年进项税额	本年销项税额	全部从业人员年平均人数（人）
总　计	**3011530**	**16846282**	**17318105**	**165026**
一、按登记注册类型分组				
内资企业	2351381	13100900	13817386	129204
国有企业	908934	8461399	8262908	40744
集体企业	8523	36339	31008	1588
股份合作企业				
有限责任公司	511011	1656607	2023210	36339
股份有限公司	195792	1053344	1099375	23409
私营企业	720396	1876800	2383290	26651
港、澳、台商投资企业	547012	3233115	2905229	28190
外商投资企业	113137	512267	595490	7632
二、按经济组织类型分组				
独资企业	1428633	10541565	10481642	68169
合作、合伙企业	6725	26139	21165	1165
股份有限公司	381552	1246424	1470908	29494
有限责任公司	1194620	5032154	5344390	66198
三、在总计中：亏损企业	286727	2488867	2701752	32203
在总计中：国有控股企业	1395647	11753859	11413255	79996
在总计中：农村工业				
在总计中：轻工业	1186065	7010030	7534883	91588
重工业	1825465	9836252	9783222	73438
在总计中：大型企业	1890804	13973718	13771473	105293
中型企业	533181	1695686	2014668	40316
小型企业	585560	1106257	1467739	17313

全市规模以上工业企业分行业主要经济指标

10—4 （2012年） 计量单位：千元

项目名称	工业企业单位数（个）	工业企业总产值	工业企业销售产值	资产合计	# 流动资产小计
总计	**2388**	**764314573**	**745481558**	**402773475**	**155346087**
采矿业	93	26166521	25525509	11185926	5934777
煤炭开采和洗选业	51	18500793	17978177	9848997	5544460
黑色金属矿采选业	33	6565785	6469360	1121851	368067
有色金属矿采选业	0				
非金属矿采选业	9	1099943	1077972	215078	22250
制造业	2268	696810305	678672438	336456188	141134326
农副食品加工业	169	56128034	55340547	13271310	3623775
食品制造业	53	13324239	13101209	4464209	1438128
酒、饮料和精制茶制造业	26	6289641	6164509	2891293	858139
烟草制品业	1	6267290	6201160	4792296	3492780
纺织业	264	58468586	57519571	17966813	6662114
纺织服装、服饰业	65	15528630	15142324	5652821	2452457
皮革、毛皮、羽毛及其制品和制鞋业	205	66794105	65662714	17309940	3509988
木材加工和木、竹、藤、棕、草制品业	30	10090185	9935821	2833832	389855
家具制造业	20	4953609	4861163	1354028	205357
造纸和纸制品业	44	11232234	10831718	3833049	1332942
印刷和记录媒介复制业	34	7250218	7157702	4249259	1367893
文教、工美、体育和娱乐用品制造业	18	5229860	5187371	1223722	272766
石油加工、炼焦和核燃料加工业	20	37556287	37465329	16679534	7883916
化学原料和化学制品制造业	297	77016385	75569675	37298145	15446315
医药制造业	82	45816307	42431876	60145051	34483417
化学纤维制造业	22	4455622	4363016	2071935	744501
橡胶和塑料制品业	83	22116981	21556919	7511738	2663247
非金属矿物制品业	229	48246765	47542419	33357758	11001296
黑色金属冶炼和压延加工业	85	80082014	76290094	34140142	10652541
有色金属冶炼和压延加工业	18	2742133	2712054	1031154	237773
金属制品业	106	29068613	28416158	10265638	3834528
通用设备制造业	108	20797065	20324861	12619509	6604461
专用设备制造业	80	18028694	17387028	8619051	4464579
汽车制造业	30	5604360	5576987	4689222	2585157
铁路、船舶、航空航天和其他运输设备制造业	8	2133562	1970791	2373779	1286005
电气机械和器材制造业	111	26841312	25564225	10774074	4667803
计算机、通信和其他电子设备制造业	36	9478867	9133822	9544882	5250441
仪器仪表制造业	11	1027611	1009727	1681821	1271354
其他制造业	2	423052	411758	74037	12984
废弃资源综合利用业	8	1464539	1416688	295697	65354
金属制品、机械和设备修理业	3	2353505	2423202	3440449	2372460
电力、燃气及水生产和供应业	27	41337747	41283611	55131361	8276984
电力、热力生产和供应业	22	39922897	39876130	51953023	7269970
燃气生产和供应业	2	809574	809574	1521440	520068
水的生产和供应业	3	605276	597907	1656898	486946

10—4 续表 1　　（2012 年）　　计量单位：千元

项目名称	固定资产小计	固定资产原价	累计折旧
总　计	**202205174**	**261725336**	**91650556**
采矿业	4539349	3210589	975893
煤炭开采和洗选业	3959470	2497693	774038
黑色金属矿采选业	472149	605542	188346
有色金属矿采选业	0		
非金属矿采选业	107730	107354	13509
制造业	154765604	191080619	61839440
农副食品加工业	8536976	9862413	2394473
食品制造业	2330255	2967586	815821
酒、饮料和精制茶制造业	1534603	1968911	483214
烟草制品业	1173134	1865212	692078
纺织业	10396762	11637126	3016514
纺织服装、服饰业	2814707	3140406	871818
皮革、毛皮、羽毛及其制品和制鞋业	7083560	7278780	1208410
木材加工和木、竹、藤、棕、草制品业	1792739	2393124	745086
家具制造业	1122185	1781931	720369
造纸和纸制品业	2137503	2486555	521846
印刷和记录媒介复制业	2585231	4145385	1708571
文教、工美、体育和娱乐用品制造业	933328	1247832	366514
石油加工、炼焦和核燃料加工业	8174112	10824624	4993746
化学原料和化学制品制造业	14813241	18928072	6408140
医药制造业	19146976	23128857	9390814
化学纤维制造业	1003955	1237490	460544
橡胶和塑料制品业	4389694	6974136	2712615
非金属矿物制品业	18201233	19951044	4596763
黑色金属冶炼和压延加工业	20927005	26330523	8947173
有色金属冶炼和压延加工业	657703	851484	213275
金属制品业	4864070	6867980	2477870
通用设备制造业	4717584	5901611	1920961
专用设备制造业	2856680	3080865	983415
汽车制造业	1686608	2164057	603028
铁路、船舶、航空航天和其他运输设备制造业	457737	601461	223917
电气机械和器材制造业	5368879	6632657	1456735
计算机、通信和其他电子设备制造业	3725757	5095092	2180166
仪器仪表制造业	342445	399781	75657
其他制造业	57489	79319	21885
废弃资源综合利用业	147072	192206	46352
金属制品、机械和设备修理业	786381	1064099	581670
电力、燃气及水生产和供应业	42900221	67434128	28835223
电力、热力生产和供应业	41025941	64535619	27606402
燃气生产和供应业	846251	937892	273939
水的生产和供应业	1028029	1960617	954882

10—4 续表2 （2012年） 计量单位：千元

项目名称	负债合计	# 流动负债	所有者权益	# 实收资本
总　　计	**210746836**	**157850648**	**189081512**	**76550098**
采矿业	7853061	7041425	3242284	808891
煤炭开采和洗选业	7246686	6735277	2569712	586831
黑色金属矿采选业	514174	286050	577721	181360
有色金属矿采选业	0			
非金属矿采选业	92201	20098	94851	40700
制造业	165206143	130569185	168396501	66450254
农副食品加工业	3973157	3042851	8670565	3272220
食品制造业	1718691	1302922	2709350	1878484
酒、饮料和精制茶制造业	1001124	821164	1883669	1491706
烟草制品业	611701	611701	4180595	100000
纺织业	7268952	5758749	10146111	4657601
纺织服装、服饰业	2826254	2470228	2757050	1533003
皮革、毛皮、羽毛及其制品和制鞋业	4026694	3843925	13200068	1415696
木材加工和木、竹、藤、棕、草制品业	653368	361679	2177743	568081
家具制造业	326649	152545	1014893	482357
造纸和纸制品业	1570960	766526	2215451	2151202
印刷和记录媒介复制业	1218595	1114904	3030656	1416457
文教、工美、体育和娱乐用品制造业	271411	251462	948006	722250
石油加工、炼焦和核燃料加工业	14503610	13799494	2170490	1360646
化学原料和化学制品制造业	20501265	15489339	16516610	7432692
医药制造业	32943309	21848079	27159704	7952751
化学纤维制造业	1079063	1040894	711634	467349
橡胶和塑料制品业	3623923	2821550	3842889	1471503
非金属矿物制品业	16110413	11948841	17075569	8946022
黑色金属冶炼和压延加工业	18779850	16137687	15232892	3609312
有色金属冶炼和压延加工业	325754	325754	702400	321603
金属制品业	4578143	3676542	5556261	2365108
通用设备制造业	6397209	5368485	6147725	2835631
专用设备制造业	3672090	3162376	4902754	2320218
汽车制造业	1912174	1732496	2771226	935553
铁路、船舶、航空航天和其他运输设备制造业	1590619	1013476	783160	333398
电气机械和器材制造业	5848424	5616264	4872346	2756458
计算机、通信和其他电子设备制造业	4851080	3437064	4552669	2559910
仪器仪表制造业	305495	253165	1372999	448868
其他制造业	13780	9152	60257	57320
废弃资源综合利用业	27010	22890	265686	254622
金属制品、机械和设备修理业	2675376	2366981	765073	332233
电力、燃气及水生产和供应业	37687632	20240038	17442727	9290953
电力、热力生产和供应业	35862452	18739374	16089570	8017795
燃气生产和供应业	934420	934420	587019	313325
水的生产和供应业	890760	566244	766138	959833

10—4 续表3　　(2012 年)　　计量单位：千元

项目名称	实收资本中：# 国家资本	实收资本中：集体资本	主营业务收入	# 主营业务成本	主营业务税金及附加
总　　计	**11875912**	**2060617**	**766337322**	**650072021**	**9378059**
采矿业	169890	21052	29409550	26244759	96664
煤炭开采和洗选业	169890	5010	21857681	19689063	70296
黑色金属矿采选业	0	16042	6463322	5639082	24151
有色金属矿采选业	0				
非金属矿采选业	0		1088547	916614	2217
制造业	9005028	2039565	695575490	585552660	9153756
农副食品加工业	50100	43474	57729131	50150192	207888
食品制造业	0		14723053	12043258	48383
酒、饮料和精制茶制造业	75490		6328503	5192235	116893
烟草制品业	0		5831128	1710671	2786981
纺织业	347374		60874750	53147167	310700
纺织服装、服饰业	60000	7984	15448947	13332050	66889
皮革、毛皮、羽毛及其制品和制鞋业	0	17800	66025943	52438572	229063
木材加工和木、竹、藤、棕、草制品业	0		10032766	8427134	40306
家具制造业	0		4916050	4166839	18148
造纸和纸制品业	0	3474	10873164	9092091	61872
印刷和记录媒介复制业	49916		7042000	5646786	29620
文教、工美、体育和娱乐用品制造业	0		5199228	4324275	41142
石油加工、炼焦和核燃料加工业	773893		37361636	33552507	3549579
化学原料和化学制品制造业	1305320	117945	76277531	64939104	286619
医药制造业	1378519	106329	58243449	47645341	220205
化学纤维制造业	0		4482135	3916597	24576
橡胶和塑料制品业	12308	8139	22327322	19337965	80246
非金属矿物制品业	1809000	1623194	47705327	40036164	309188
黑色金属冶炼和压延加工业	1500000	2315	67297205	60951980	166041
有色金属冶炼和压延加工业	15270		2723736	2288215	11110
金属制品业	209685	8720	28566302	23803068	144118
通用设备制造业	661976	31934	20502856	16601246	110459
专用设备制造业	135580	18257	17890647	14310389	69342
汽车制造业	197681		5716442	4623925	27313
铁路、船舶、航空航天和其他运输设备制造业	48713		1979818	1589478	9519
电气机械和器材制造业	2400	50000	25409979	21134417	126106
计算机、通信和其他电子设备制造业	39570		8965046	7067581	38860
仪器仪表制造业	0		942956	647035	7420
其他制造业	0		410896	328982	2293
废弃资源综合利用业	0		1424876	1132744	10064
金属制品、机械和设备修理业	332233		2322668	1974652	2813
电力、燃气及水生产和供应业	2700994		41352282	38274602	127639
电力、热力生产和供应业	1621161		39923880	37318454	111706
燃气生产和供应业	120000		806706	528261	12536
水的生产和供应业	959833		621696	427887	3397

10—4 续表4 （2012年） 计量单位：千元

项目名称	管理费用	# 税金	财务费用	# 利息支出	营业利润
总　计	**22404132**	**1052039**	**8435419**	**8186069**	**54898008**
采矿业	528292	25135	306415	282111	1594379
煤炭开采和洗选业	409667	21105	242225	219495	998472
黑色金属矿采选业	104031	3861	58838	57487	460586
有色金属矿采选业	0				
非金属矿采选业	14594	169	5352	5129	135321
制造业	21217432	983266	6601412	6353563	52621782
农副食品加工业	1169566	49709	222176	220739	3694195
食品制造业	411774	10938	45925	47336	1205882
酒、饮料和精制茶制造业	163595	12828	21624	14838	554781
烟草制品业	377584	8910	–580		920553
纺织业	1194266	90029	363779	331404	4370436
纺织服装、服饰业	317535	14538	46666	45272	1222784
皮革、毛皮、羽毛及其制品和制鞋业	2990376	111783	1071064	1042221	7288215
木材加工和木、竹、藤、棕、草制品业	209513	4430	28744	27526	940347
家具制造业	117356	2357	6694	6718	403081
造纸和纸制品业	279761	11579	122409	111536	964326
印刷和记录媒介复制业	362189	10107	21901	27260	878809
文教、工美、体育和娱乐用品制造业	37931	401	15869	13831	708620
石油加工、炼焦和核燃料加工业	686403	33397	367576	350027	–867626
化学原料和化学制品制造业	2374168	141225	607719	540710	6231855
医药制造业	2652960	127168	542951	626513	3042382
化学纤维制造业	107920	5911	30916	23493	194191
橡胶和塑料制品业	396383	17591	109534	92378	1937498
非金属矿物制品业	1082378	47334	702071	649674	4679938
黑色金属冶炼和压延加工业	1271635	86077	1625914	1562079	2823905
有色金属冶炼和压延加工业	47988	1178	10271	9666	354685
金属制品业	965892	35822	185708	168346	2408488
通用设备制造业	1051595	38209	119367	123949	1966164
专用设备制造业	774164	22215	95231	86200	1820276
汽车制造业	225371	9573	34788	35366	671412
铁路、船舶、航空航天和其他运输设备制造业	157385	1975	36505	35287	170599
电气机械和器材制造业	879006	17712	92362	81004	2559862
计算机、通信和其他电子设备制造业	535212	63280	59338	60491	1093152
仪器仪表制造业	91680	1798	5471	6222	134565
其他制造业	1766	88	533	533	52019
废弃资源综合利用业	43171	524	2513	2513	119781
金属制品、机械和设备修理业	240909	4580	6373	10431	76607
电力、燃气及水生产和供应业	658408	43638	1527592	1550395	681847
电力、热力生产和供应业	465371	37063	1512902	1515500	481778
燃气生产和供应业	63001	2034	–12323	7572	193970
水的生产和供应业	130036	4541	27013	27323	6099

10—4 续表 5　　（2012 年）　　计量单位：千元

项目名称	投资收益	利润总额	应交所得税	利税总额	本年应付职工薪酬
总　　计	**-1833306**	**56272129**	**5380697**	**82735462**	**27043007**
采矿业	270	1639449	131522	2449318	772109
煤炭开采和洗选业	270	1043519	118265	1709840	686660
黑色金属矿采选业	0	460586	13257	596668	76827
有色金属矿采选业	0				
非金属矿采选业	0	135344		142810	8622
制造业	-1919994	53703664	4958512	77947423	24261622
农副食品加工业	-553054	3599398	469013	4883855	832101
食品制造业	-178449	1174761	109630	1620950	560470
酒、饮料和精制茶制造业	-16182	508225	22228	794763	222761
烟草制品业	0	923974	230993	4397069	241180
纺织业	-459051	4526231	274699	6269283	2042487
纺织服装、服饰业	-89426	1230850	82972	1609727	523382
皮革、毛皮、羽毛及其制品和制鞋业	0	7257672	488212	8778359	4152157
木材加工和木、竹、藤、棕、草制品业	-21628	940256	57275	1184015	240210
家具制造业	-7944	409566	43566	502419	93356
造纸和纸制品业	-126196	981414	82994	1395106	235675
印刷和记录媒介复制业	15156	878907	128819	1109717	466964
文教、工美、体育和娱乐用品制造业	0	669738	90364	851361	277288
石油加工、炼焦和核燃料加工业	80479	-865525	97102	2903432	488533
化学原料和化学制品制造业	-88075	6552604	662601	8401566	2072540
医药制造业	642089	3524395	441578	5077948	2852775
化学纤维制造业	-113357	233040	14635	359649	221217
橡胶和塑料制品业	-17580	1907450	163000	2500459	545933
非金属矿物制品业	-576847	4855093	342180	6366557	1523407
黑色金属冶炼和压延加工业	-16965	2748300	144878	3774875	1668545
有色金属冶炼和压延加工业	31	353817	20083	449596	94358
金属制品业	-68170	2400791	219866	3235439	908705
通用设备制造业	-161434	2033688	169112	2673710	1098675
专用设备制造业	-147929	1887377	162213	2445124	665190
汽车制造业	-7587	678218	73440	855402	201710
铁路、船舶、航空航天和其他运输设备制造业	0	193427	34462	272895	130473
电气机械和器材制造业	0	2558116	196147	3292132	981422
计算机、通信和其他电子设备制造业	-7920	1135700	119444	1388634	395703
仪器仪表制造业	3	155779	12734	221100	106533
其他制造业	0	52019	480	61208	11677
废弃资源综合利用业	0	119781	3792	165206	31264
金属制品、机械和设备修理业	42	78602		105867	374931
电力、燃气及水生产和供应业	86418	929016	290663	2338721	2009276
电力、热力生产和供应业	86418	726659	228582	2094263	1711145
燃气生产和供应业	0	197706	61778	210603	65951
水的生产和供应业	0	4651	303	33855	232180

10—4 续表 6　　　　（2012 年）　　　　计量单位：千元

项目名称	本年应交增值税	本年进项税额	本年销项税额	全部从业人员年平均人数（人）
总　计	**17064176**	**79254187**	**89049120**	**786266**
采矿业	711521	2753332	3251624	17065
煤炭开采和洗选业	594341	2467522	2917762	12527
黑色金属矿采选业	111931	284534	332516	4065
有色金属矿采选业	0			
非金属矿采选业	5249	1276	1346	473
制造业	15075269	70669600	79765568	748170
农副食品加工业	1076569	4901364	5661036	30919
食品制造业	397791	1574585	1926472	16082
酒、饮料和精制茶制造业	169642	552396	711002	6462
烟草制品业	686114	886720	1571102	1607
纺织业	1429077	6485897	7396296	75744
纺织服装、服饰业	311988	1530159	1672209	22399
皮革、毛皮、羽毛及其制品和制鞋业	1291624	2899182	3153640	155970
木材加工和木、竹、藤、棕、草制品业	203453	706425	791415	6926
家具制造业	74705	642703	695268	3694
造纸和纸制品业	351820	1186921	1336511	7961
印刷和记录媒介复制业	201073	785177	949419	8761
文教、工美、体育和娱乐用品制造业	140481	672460	801516	8054
石油加工、炼焦和核燃料加工业	218153	5147008	5289621	8196
化学原料和化学制品制造业	1562180	7630386	8506784	69507
医药制造业	1333348	6960310	7736633	64470
化学纤维制造业	102033	464527	543572	6067
橡胶和塑料制品业	512643	1927728	2245787	20802
非金属矿物制品业	1201318	3205366	3909429	49690
黑色金属冶炼和压延加工业	855471	10993310	11515873	43438
有色金属冶炼和压延加工业	84669	273523	356511	3246
金属制品业	690433	2583245	3044825	25226
通用设备制造业	529033	2128276	2426102	31714
专用设备制造业	487378	1608771	1899100	17879
汽车制造业	149871	622956	738273	5887
铁路、船舶、航空航天和其他运输设备制造业	69862	217293	238207	4255
电气机械和器材制造业	607652	3175436	3501404	30210
计算机、通信和其他电子设备制造业	213352	477112	664222	10477
仪器仪表制造业	57901	62794	110813	3455
其他制造业	6896	53265	58161	266
废弃资源综合利用业	35361	162317	185179	1301
金属制品、机械和设备修理业	23378	151988	129186	7505
电力、燃气及水生产和供应业	1277386	5831255	6031928	21031
电力、热力生产和供应业	1252556	5739308	5919605	15156
燃气生产和供应业	361	62798	58705	1150
水的生产和供应业	24469	29149	53618	4725

市区规模以上工业企业分行业主要经济指标

10—5　　(2012 年)　　计量单位：千元

项目名称	工业企业单位数（个）	工业企业总产值	工业企业销售产值	资产合计	# 流动资产小计
总　计	**245**	**113863214**	**108591001**	**150490214**	**71010736**
采矿业	30	11365092	10993503	8032018	4257451
煤炭开采和洗选业	30	11365092	10993503	8032018	4257451
制造业	206	76421770	71521881	110508994	62979069
农副食品加工业	5	914099	694534	693855	376125
食品制造业	5	958178	940447	945556	301348
酒、饮料和精制茶制造业	1	207380	206253	497711	40022
纺织业	10	2775691	2804996	6211311	3420093
纺织服装、服饰业	5	220797	219243	1305172	744834
木材加工和木、竹、藤、棕、草制品业	1	30863	30863	23774	21892
造纸和纸制品业	4	289595	262286	138258	98271
印刷和记录媒介复制业	8	2086166	2054826	2498052	827100
石油加工、炼焦和核燃料加工业	3	5857459	5876771	3071854	1436309
化学原料和化学制品制造业	21	4772357	4671651	4261330	2375772
医药制造业	20	30452165	27416763	50029762	29102304
化学纤维制造业	3	249682	242034	76692	41986
橡胶和塑料制品业	7	651293	637683	554957	427457
非金属矿物制品业	11	1073777	1048075	2980122	1742747
黑色金属冶炼和压延加工业	5	8300830	8280337	8928384	3893610
有色金属冶炼和压延加工业					
金属制品业	14	2244493	2122175	3284290	2131837
通用设备制造业	20	3496580	3336342	5490771	3529784
专用设备制造业	18	3542593	3173594	4665385	3017540
汽车制造业	6	745962	738521	1195627	886948
铁路、船舶、航空航天和其他运输设备制造业	2	268019	267394	1115771	457581
电气机械和器材制造业	15	3970174	3133826	4551995	2863881
计算机、通信和其他电子设备制造业	12	1489021	1456927	5607403	3480731
仪器仪表制造业	8	583317	579494	1266699	1037956
电力、燃气及水生产和供应业	9	26076352	26075617	31949202	3774216
电力、热力生产和供应业	6	24914196	24914196	28905127	2819451
燃气生产和供应业	1	778004	778004	1437462	483599
水的生产和供应业	2	384152	383417	1606613	471166

自 2011 年报始，行业分类按照国家统计局修订的《国民经济行业分类》(2011 版) 执行。

10—5 续表1　　　　（2012年）　　　　计量单位：千元

项目名称	固定资产小计	固定资产原价	累计折旧
总　　计	**64015772**	**84859696**	**36029086**
采矿业	3600154	2077660	694932
煤炭开采和洗选业	3600154	2077660	694932
制造业	34178343	44335606	18982064
农副食品加工业	188780	217764	86952
食品制造业	457440	648296	201525
酒、饮料和精制茶制造业	85567	297873	213016
纺织业	2464323	2350559	793501
纺织服装、服饰业	549267	126892	27605
木材加工和木、竹、藤、棕、草制品业	1882	2195	313
造纸和纸制品业	35407	50113	17079
印刷和记录媒介复制业	1490923	2700021	1337754
石油加工、炼焦和核燃料加工业	1367641	1457506	397248
化学原料和化学制品制造业	973777	1191275	560671
医药制造业	15130261	18968357	8294862
化学纤维制造业	14754	19299	4993
橡胶和塑料制品业	103800	261592	164856
非金属矿物制品业	933535	1190193	269290
黑色金属冶炼和压延加工业	3357278	5709276	2868071
有色金属冶炼和压延加工业			
金属制品业	570765	964844	405997
通用设备制造业	1375555	1645356	580157
专用设备制造业	963100	831381	363643
汽车制造业	219023	420638	207493
铁路、船舶、航空航天和其他运输设备制造业	81755	208289	126535
电气机械和器材制造业	1447787	1537675	108031
计算机、通信和其他电子设备制造业	1785466	3081053	1755293
仪器仪表制造业	188974	204200	33547
电力、燃气及水生产和供应业	26237275	38446430	16352090
电力、热力生产和供应业	24435009	35621761	15130558
燃气生产和供应业	808742	903255	271348
水的生产和供应业	993524	1921414	950184

10—5 续表2　　（2012年）　　计量单位：千元

项目名称	负债合计	# 流动负债	所有者权益	# 实收资本
总　计	**94510422**	**68443221**	**55839463**	**23950558**
采矿业	6152176	5896194	1866166	363740
煤炭开采和洗选业	6152176	5896194	1866166	363740
制造业	65678072	48939813	44704268	18116496
农副食品加工业	528602	363759	165252	48660
食品制造业	366932	182426	578623	935126
酒、饮料和精制茶制造业	88272	70992	409439	410000
纺织业	3627844	2905170	2579310	794330
纺织服装、服饰业	1215617	1201829	89553	66482
木材加工和木、竹、藤、棕、草制品业	7549	2929	16225	15680
造纸和纸制品业	84363	79870	53895	44474
印刷和记录媒介复制业	665961	655628	1832083	859296
石油加工、炼焦和核燃料加工业	2785673	2244103	286182	230000
化学原料和化学制品制造业	2412013	2077541	1805694	732389
医药制造业	29823578	19082352	20206181	5760248
化学纤维制造业	53711	38570	22981	19200
橡胶和塑料制品业	524854	381439	29752	56481
非金属矿物制品业	1382484	1222121	1578496	988083
黑色金属冶炼和压延加工业	5529229	4163933	3399155	2093786
有色金属冶炼和压延加工业				
金属制品业	1559456	1442592	1719491	727911
通用设备制造业	3025682	2860504	2458306	661156
专用设备制造业	2052902	1801498	2612456	1296663
汽车制造业	691163	649775	504231	206480
铁路、船舶、航空航天和其他运输设备制造业	950322	440638	165449	59993
电气机械和器材制造业	4032687	3960700	475714	353046
计算机、通信和其他电子设备制造业	3169579	2123075	2437764	1299074
仪器仪表制造业	213754	178320	1049618	252402
电力、燃气及水生产和供应业	22680174	13607214	9269029	5470322
电力、热力生产和供应业	20913413	12164969	7991715	4240489
燃气生产和供应业	885854	885854	551608	300000
水的生产和供应业	880907	556391	725706	929833

10—5 续表 3　　　　（2012 年）　　　　计量单位：千元

项目名称	实收资本中：		主营业务收入	# 主营业务成本	主营业务税金及附加
	# 国家资本	集体资本			
总　计	**5324312**	**191670**	**130737589**	**115131288**	**488389**
采矿业	169890	10	15432629	14297913	48706
煤炭开采和洗选业	169890	10	15432629	14297913	48706
制造业	3784589	191660	89166279	75633091	363881
农副食品加工业			727498	666185	661
食品制造业			974003	810626	5581
酒、饮料和精制茶制造业			202280	121175	30745
纺织业	345514		5651086	5342670	15435
纺织服装、服饰业	50000		186574	159896	997
木材加工和木、竹、藤、棕、草制品业			32979	30874	84
造纸和纸制品业		3474	268762	227205	1493
印刷和记录媒介复制业	49916		2029526	1424898	11104
石油加工、炼焦和核燃料加工业			5626838	5437055	11058
化学原料和化学制品制造业	21400		4497446	3943808	13164
医药制造业	1364459	106329	42840591	36217560	129811
化学纤维制造业			222211	206416	1641
橡胶和塑料制品业			626683	508230	2428
非金属矿物制品业			958108	833654	11001
黑色金属冶炼和压延加工业	1500000		8142816	7385292	25584
有色金属冶炼和压延加工业					
金属制品业	110240		2151786	1736206	19016
通用设备制造业	54375	25357	3482641	2532064	27481
专用设备制造业	1950	6500	3154916	2118198	12743
汽车制造业			746313	605231	6364
铁路、船舶、航空航天和其他运输设备制造业	48713		280954	233695	1930
电气机械和器材制造业	2400	50000	2986920	2631559	9605
计算机、通信和其他电子设备制造业	31000		1521381	934816	18506
仪器仪表制造业			527520	345892	5461
电力、燃气及水生产和供应业	1369833		26138681	25200284	75802
电力、热力生产和供应业	320000		24956339	24427728	60886
燃气生产和供应业	120000		775136	512139	11669
水的生产和供应业	929833		407206	260417	3247

10—5 续表4　　(2012年)　　计量单位：千元

项目名称	管理费用	# 税金	财务费用	# 利息支出	营业利润
总　　计	**5667786**	**336017**	**1921531**	**1940467**	**3060120**
采矿业	345648	16399	176332	155855	313913
煤炭开采和洗选业	345648	16399	176332	155855	313913
制造业	5075623	306125	1063677	1079190	2940266
农副食品加工业	29702	1526	6423	8435	2085
食品制造业	69647	4913	108	1172	-10544
酒、饮料和精制茶制造业	30288	1462	-408		4182
纺织业	162660	27740	127773	131325	-58390
纺织服装、服饰业	42734	443	3215	2989	-18302
木材加工和木、竹、藤、棕、草制品业	1029	84	-9		94
造纸和纸制品业	22912	1396	1366	1480	14275
印刷和记录媒介复制业	281468	8113	-1471	3156	325602
石油加工、炼焦和核燃料加工业	61037	6953	54398	38429	106228
化学原料和化学制品制造业	222697	15316	72290	60904	120988
医药制造业	1833973	91672	500918	546237	995395
化学纤维制造业	2557	890	1137	895	8918
橡胶和塑料制品业	46526	1510	24768	19328	-17171
非金属矿物制品业	72562	12007	21888	7825	1370
黑色金属冶炼和压延加工业	404531	31352	126337	120088	187709
有色金属冶炼和压延加工业					
金属制品业	185882	7589	35009	35308	123168
通用设备制造业	425955	12297	40501	46121	317823
专用设备制造业	365870	9513	17868	17804	470818
汽车制造业	54531	2124	2892	3278	39143
铁路、船舶、航空航天和其他运输设备制造业	39218	890	10454	9082	-16914
电气机械和器材制造业	234827	4463	-1175	2699	65239
计算机、通信和其他电子设备制造业	306352	59847	12890	14144	219179
仪器仪表制造业	67665	1066	2667	3382	55584
电力、燃气及水生产和供应业	246515	13493	681522	705422	-194059
电力、热力生产和供应业	69443	6963	667431	671126	-349577
燃气生产和供应业	59047	2025	-12242	7653	183447
水的生产和供应业	118025	4505	26333	26643	-27929

10—5 续表5 （2012年） 计量单位：千元

项目名称	投资收益	利润总额	应交所得税	利税总额	本年应付职工薪酬
总　计	**816606**	**4099715**	**713719**	**7614958**	**8023101**
采矿业	270	359536	55296	810890	620428
煤炭开采和洗选业	270	359536	55296	810890	620428
制造业	729914	3806003	549837	6140117	5932938
农副食品加工业	29	11172	1467	15124	23674
食品制造业	-838	-13219	804	31571	111567
酒、饮料和精制茶制造业		9003		51930	30129
纺织业	5109	32938	6165	129672	503917
纺织服装、服饰业		-18337	348	-9735	27923
木材加工和木、竹、藤、棕、草制品业		93	23	881	2637
造纸和纸制品业		14269	638	21630	18945
印刷和记录媒介复制业	15156	328925	84704	420978	307705
石油加工、炼焦和核燃料加工业	80338	106027	1030	121758	49943
化学原料和化学制品制造业	309	117250	19895	200518	184343
医药制造业	602699	1465463	217460	2439366	2439547
化学纤维制造业		8918	105	16360	6446
橡胶和塑料制品业		-17216	197	15898	45458
非金属矿物制品业	3124	19856	2230	54534	51877
黑色金属冶炼和压延加工业	5048	187787	-10283	370678	456495
有色金属冶炼和压延加工业					
金属制品业	29760	144508	7409	210121	230383
通用设备制造业	308	376888	44898	570290	450558
专用设备制造业		530522	48703	712340	299920
汽车制造业	-3250	44778	7810	73339	70091
铁路、船舶、航空航天和其他运输设备制造业		9925	288	14850	50131
电气机械和器材制造业		84514	9412	169322	233303
计算机、通信和其他电子设备制造业	-7920	282257	98188	359608	117255
仪器仪表制造业		75589	8346	124984	54802
电力、燃气及水生产和供应业	86422	-65824	108586	663951	1469735
电力、热力生产和供应业	86422	-225778	49165	463832	1183825
燃气生产和供应业		187195	59118	198864	63689
水的生产和供应业		-27241	303	1255	222221

10—5 续表 6　　　　(2012 年)　　　　计量单位：千元

项目名称	本年应交增值税	本年进项税额	本年销项税额	全部从业人员年平均人数（人）
总　计	**3011530**	**16846282**	**17318105**	**165026**
采矿业	400964	1885618	2191918	10440
煤炭开采和洗选业	400964	1885618	2191918	10440
制造业	1960453	10860195	11345037	139214
农副食品加工业	3291	23853	22120	1149
食品制造业	39209	119426	152689	2752
酒、饮料和精制茶制造业	12182	22958	35282	810
纺织业	78228	672123	644919	17118
纺织服装、服饰业	7605	22863	23517	2496
木材加工和木、竹、藤、棕、草制品业	704	4891	5595	80
造纸和纸制品业	5868	22119	25344	492
印刷和记录媒介复制业	80832	254447	326089	3617
石油加工、炼焦和核燃料加工业	4673	301889	310439	1684
化学原料和化学制品制造业	70087	658877	678853	5531
医药制造业	844092	5367818	5727231	50491
化学纤维制造业	5801	11195	16988	324
橡胶和塑料制品业	30686	59658	49622	1749
非金属矿物制品业	23677	60655	66955	2413
黑色金属冶炼和压延加工业	152244	1639998	1271059	6158
有色金属冶炼和压延加工业				
金属制品业	46500	207863	228135	5968
通用设备制造业	165865	375917	505071	10452
专用设备制造业	168881	240606	324988	6227
汽车制造业	22197	61724	75464	1728
铁路、船舶、航空航天和其他运输设备制造业	2908	17341	20153	1468
电气机械和器材制造业	75203	402356	453915	6861
计算机、通信和其他电子设备制造业	58841	138320	205445	4698
仪器仪表制造业	43934	33806	72506	1510
电力、燃气及水生产和供应业	650113	4100469	3781150	15372
电力、热力生产和供应业	626202	4038283	3699507	9822
燃气生产和供应业		62186	57732	1114
水的生产和供应业	23911		23911	4436

分县（市）区规模以上工业企业主要经济指标

10—6　　　　（2012 年）　　　　计量单位：千元

行政单位	工业企业单位数（个）	工业企业总产值	工业企业销售产值	资产合计	# 流动资产小计
全市总计	**2388**	**764314573**	**745481558**	**402773475**	**155346087**
市区合计	245	113863214	108591001	150490214	71010736
#长安区	20	15427455	15671018	22631345	9999648
桥东区	15	1302008	1240552	4437885	1990530
桥西区	10	958212	960967	1360804	813604
新华区	22	3346444	3354738	4783527	2627023
裕华区	20	6185962	5590062	9259628	4034944
矿　区	54	21619868	21022862	14050798	7238465
高新区	101	31545256	28312066	50698378	30843846
井陉县	57	19090355	18870168	12174747	4186320
正定县	112	40438033	39579762	16373502	3660378
栾城县	147	28469572	28337944	16060826	8166019
行唐县	67	15396612	15431443	5633097	1541935
灵寿县	62	13473937	13079628	4454222	1237909
高邑县	58	10792310	10496213	3580328	1313865
深泽县	63	14786802	14363192	2263534	689983
赞皇县	60	15645431	15382993	5349343	1448177
无极县	98	25832761	25002662	4820095	1210699
平山县	44	55651836	52138462	25011543	6116377
元氏县	68	23468699	23445186	6403525	3944357
赵　县	112	45739136	45396214	10846052	1906542
辛集市	264	72114523	70973654	25398251	8334027
藁城市	375	140380832	137726992	53490701	21172954
晋州市	207	40044536	39590886	16476500	3690786
新乐市	132	31508186	31039958	8559263	2641970
鹿泉市	217	57617798	56035200	35387732	13073053

10—6 续表1　　（2012 年）　　计量单位：千元

行政单位	固定资产小计	固定资产原价	累计折旧
全市总计	**202205174**	**261725336**	**91650556**
市区合计	64015772	84859696	36029086
#长安区	8861284	13499833	6613523
桥东区	1915383	2825347	1457694
桥西区	411633	449423	174356
新华区	1139265	1720201	922538
裕华区	4277284	7833414	3359158
矿　区	6174292	5027675	1418317
高新区	12539684	17551810	7046143
井 陉 县	6881741	12955854	6180205
正 定 县	11755138	19244583	7700199
栾 城 县	6554242	7361238	1992042
行 唐 县	3987713	5062938	1269145
灵 寿 县	1914029	2420867	1083744
高 邑 县	2058758	2457221	574494
深 泽 县	1459120	1568901	240558
赞 皇 县	2429435	3096102	715381
无 极 县	3273822	3452613	539867
平 山 县	18074429	25722194	10219894
元 氏 县	1849633	2253442	638634
赵　　县	8268771	7379052	1124804
辛 集 市	9583974	10972623	3262577
藁 城 市	25203773	30632411	8862173
晋 州 市	12600706	15955636	3440969
新 乐 市	5415467	8399693	3174298
鹿 泉 市	16878651	17930272	4602486

10—6 续表2　　（2012 年）　　计量单位：千元

行政单位	负债合计	# 流动负债	所有者权益	# 实收资本
全市总计	**210746836**	**157850648**	**189081512**	**76550098**
市区合计	94510422	68443221	55839463	23950558
#长安区	13710892	10081127	8920450	4855711
桥东区	2959254	2502850	1471853	1487606
桥西区	962352	758161	398450	162780
新华区	3344726	2502965	1434641	1649352
裕华区	7439687	5444889	1795449	1716017
矿　区	10464589	9603362	3528911	974724
高新区	27384420	22832813	23266362	9088122
井 陉 县	5352471	3265395	6800808	1121508
正 定 县	6358096	4560710	10011462	3171015
栾 城 县	7679452	5798505	8339968	2632461
行 唐 县	1775743	1547313	3800907	1723669
灵 寿 县	2364843	1544209	1874265	664428
高 邑 县	1467204	1139549	2073174	1300450
深 泽 县	1253792	865789	1002709	159557
赞 皇 县	2858638	1860045	2478590	1214011
无 极 县	1239352	1093489	3511114	627546
平 山 县	15691189	13415656	9318701	3106292
元 氏 县	2884823	2588089	3299294	521588
赵　县	1980311	1135777	7419521	2646814
辛 集 市	8971097	8204433	16401735	2521849
藁 城 市	27583631	21693422	25829144	14833039
晋 州 市	4700302	4470483	11641816	7094874
新 乐 市	4065464	3081725	4367696	2829052
鹿 泉 市	20010006	13142838	15071145	6431387

10—6 续表 3　　(2012 年)　　计量单位：千元

行政单位	实收资本中：		主营业务收入	# 主营业务成本	主营业务税金及附加
	# 国家资本	集体资本			
全市总计	**11875912**	**2060617**	**766337322**	**650072021**	**9378059**
市区合计	5324312	191670	130737589	115131288	488389
#长安区	1866614	114593	18572026	16938338	58066
桥东区	913392		1269189	916504	40820
桥西区	0	3474	1129843	937113	4423
新华区	253335	12333	3516761	2974275	11786
裕华区	435355		6737810	5541663	30279
矿　区	169890	364	24872180	23159935	76142
高新区	340079	60906	32177816	24939163	174946
井 陉 县	65897	5000	17923777	15204016	53055
正 定 县	80450	30000	39632240	34791958	133805
栾 城 县	539800	38750	29756312	24426716	130348
行 唐 县	0	7000	15405277	12692310	102129
灵 寿 县	31010		14384166	12512623	58989
高 邑 县	0		10360094	9297358	20585
深 泽 县	0		14258734	12137883	123946
赞 皇 县	450000	4704	16362638	13867428	22250
无 极 县	0	30683	25028517	22405033	131246
平 山 县	0	12690	42834553	39083866	71219
元 氏 县	557	577	22486344	18958037	196693
赵　县	500	17098	47538632	40937458	65601
辛 集 市	99301	11358	71469590	57975201	192377
藁 城 市	2439053	110756	140042097	111947744	6900856
晋 州 市	16443	14984	39722276	34853671	302398
新 乐 市	491923		31066630	26728891	148946
鹿 泉 市	2336666	1585347	57327856	47120540	235227

10—6 续表4　　（2012年）　　计量单位：千元

行政单位	管理费用	#税金	财务费用	#利息支出	营业利润
全市总计	**22404132**	**1052039**	**8435419**	**8186069**	**54898008**
市区合计	5667786	336017	1921531	1940467	3060120
#长安区	864870	69885	424681	412610	－9371
桥东区	264979	9401	37009	37427	－49028
桥西区	101619	6655	21119	22399	27764
新华区	352973	8580	36486	37573	－65943
裕华区	555485	27852	223673	250454	161716
矿　区	515847	34761	269024	211603	568779
高新区	2288130	139770	332917	395056	2642223
井陉县	284024	35288	254019	267179	1859109
正定县	762686	22791	152126	163563	2736134
栾城县	854891	34086	291999	282734	3236610
行唐县	341942	11778	173020	114458	1722254
灵寿县	246948	13139	60573	46228	1503804
高邑县	71853	4560	68157	66405	840793
深泽县	864539	173269	102024	100784	494890
赞皇县	293831	5356	163886	163728	1612758
无极县	200165	9695	99710	65086	2036436
平山县	860660	53679	1548122	1498760	1153581
元氏县	384486	10789	205598	151164	2306908
赵　县	771580	20200	191169	173935	2376591
辛集市	3332731	140276	1288118	1281919	6529341
藁城市	5007399	95234	803982	796112	10439639
晋州市	140019	3032	78071	60423	4275670
新乐市	501986	51609	191752	189953	2942821
鹿泉市	1816606	31241	841562	823171	5770549

10—6 续表5　　（2012 年）　　计量单位：千元

行政单位	投资收益	利润总额	应交所得税	利税总额	本年应付职工薪酬
全市总计	**-1833306**	**56272129**	**5380697**	**82735462**	**27043007**
市区合计	816606	4099715	713719	7614958	8023101
#长安区	26090	139343	42578	533828	1368976
桥东区	-4582	-36777	1464	69803	321019
桥西区	68	30034	3970	70071	87940
新华区	614	-4045	6222	74897	416201
裕华区	80260	258231	132725	470231	781315
矿　区	83997	606800	68036	1217265	820806
高新区	453057	2958247	421659	4209196	2306933
井陉县	9141	1871207	277509	2382982	490872
正定县	28	2745496	438923	3414473	744478
栾城县	41312	3327405	232847	4598936	899867
行唐县	3226	1725907	339639	2473148	423265
灵寿县	9937	1496535	39438	1763739	252155
高邑县	0	843328	5293	1053595	279918
深泽县	0	494890	141610	848097	243706
赞皇县	0	1638812	4137	1917863	177853
无极县	0	2043450	139653	2540140	303656
平山县	0	1068617	84811	1561726	1048898
元氏县	5555	2270567	326740	2926714	314272
赵　县	-1862976	2578616	596989	3720660	484137
辛集市	135	6552535	384865	8294150	4638162
藁城市	-274120	10382810	508705	20618919	3829430
晋州市	0	4274832	9223	5635078	1535863
新乐市	171	2975034	644772	3885097	1460070
鹿泉市	-582321	5882373	491824	7485187	1893304

10—6 续表 6　　　　（2012 年）　　　　计量单位：千元

行政单位	本年应交增值税	本年进项税额	本年销项税额	全部从业人员年平均人数（人）
全市总计	**17064176**	**79254187**	**89049120**	**786266**
市区合计	3011530	16846282	17318105	165026
#长安区	327106	3109655	2770883	32128
桥东区	64422	103139	169175	9622
桥西区	35614	161339	195286	2917
新华区	65995	401354	373898	11439
裕华区	181507	832937	1003709	12249
矿　区	532583	2574590	2985861	16936
高新区	1075982	2868128	3402971	55509
井陉县	458720	2210137	2783369	14958
正定县	534914	4126958	4593419	26532
栾城县	1140863	2685238	3748671	29846
行唐县	645112	1587662	2154297	11274
灵寿县	208215	151254	62530	8541
高邑县	188849	449681	624636	14784
深泽县	229261	2027694	2263062	14502
赞皇县	256801	105410	110617	11505
无极县	365444	3018940	3363593	18557
平山县	421252	7867557	8490573	28275
元氏县	459217	1434608	1753724	10601
赵　县	1076443	5784170	6844735	22290
辛集市	1549118	1880212	2093735	176078
藁城市	3335169	16776199	17678777	97614
晋州市	1057848	5223424	6258373	51794
新乐市	761117	3307409	4011624	38075
鹿泉市	1364303	3771352	4895280	46014

分县（市）区规模以上国有控股工业企业主要经济指标

10—7　　　　(2012 年)　　　　计量单位：千元

行政单位	工业企业单位数（个）	工业企业总产值	工业企业销售产值	资产合计	# 流动资产小计
全市总计	**91**	**123345065**	**121780172**	**147748687**	**56039875**
市区合计	36	59092292	58143627	83785513	31802970
# 长安区	6	13170943	13281046	19413569	8407464
桥东区	5	566269	561827	2887602	1278471
桥西区	1	116038	125890	110617	73507
新华区	3	1520008	1589805	2577380	1411471
裕华区	4	3118320	3092893	5522057	1917573
矿　区	3	4633419	4600907	6536146	3027649
高新区	11	2489286	2452523	3470293	2224159
井陉县	4	6749135	6738963	8425352	2244048
正定县	1	37167	36975	50379	29126
栾城县	6	2617081	2496067	4613643	1230718
行唐县	0				
灵寿县	3	1023674	1022992	474332	118554
高邑县	0				
深泽县	0				
赞皇县	1	612635	602245	1496638	245078
无极县	0				
平山县	3	5116822	5069086	6045827	1424391
元氏县	0				
赵　县	1	57954	61724	9666	5124
辛集市	2	965674	940549	1419461	961729
藁城市	10	37381628	37215487	25506827	11404656
晋州市	2	145432	142573	365040	114259
新乐市	4	1287964	1285163	2215489	941273
鹿泉市	18	8257607	8024721	13340520	5517949

10—7 续表1　　（2012年）　　计量单位：千元

行政单位	固定资产小计	固定资产原价	累计折旧
全市总计	**78678199**	**111265923**	**47774032**
市区合计	46088808	59694720	26001861
#长安区	8119572	12058976	5781396
桥东区	1489805	2027062	1006158
桥西区	469	951	482
新华区	539194	784631	549390
裕华区	2899477	5978490	2626617
矿　区	3488563	1947932	653376
高新区	854781	944685	347085
井陉县	5319285	11098123	5786010
正定县	19331	34909	15578
栾城县	2934133	3781391	961361
行唐县	0		
灵寿县	238347	292137	111251
高邑县	0		
深泽县	0		
赞皇县	1144042	1296982	152940
无极县	0		
平山县	4337295	10270708	5933414
元氏县	0		
赵　县	4542	3543	390
辛集市	457732	514534	314616
藁城市	10266978	14535462	6013869
晋州市	251185	256684	91031
新乐市	1080678	1581906	506432
鹿泉市	6535843	7904824	1885279

10—7 续表2　　（2012 年）　　计量单位：千元

行政单位	负债合计	# 流动负债	所有者权益	# 实收资本
全市总计	**99397902**	**67174037**	**48246106**	**21965412**
市区合计	56400962	36832171	27384547	11779857
#长安区	11795702	8474891	7617867	4229326
桥东区	2104092	1773347	783510	927098
桥西区	43976	43976	66640	40000
新华区	1975301	1375205	602079	564639
裕华区	5248945	3751538	273113	1209115
矿　区	5360138	5151792	1176008	237290
高新区	1628306	1544368	1841983	556143
井 陉 县	3198821	1557328	5226531	328055
正 定 县	54892	54892	-4513	830
栾 城 县	3607828	1897977	1004814	877868
行 唐 县	0			
灵 寿 县	212743	212428	261588	61900
高 邑 县	0			
深 泽 县	0			
赞 皇 县	1006313	853073	490324	450000
无 极 县	0			
平 山 县	4106350	2557951	1939476	1927177
元 氏 县	0			
赵　县	8087	911	1579	500
辛 集 市	1212849	1138961	206612	137409
藁 城 市	18990538	15100960	6516288	2665048
晋 州 市	420452	292631	-55412	86443
新 乐 市	1526909	1011282	688580	532195
鹿 泉 市	8651158	5663472	4585692	3118130

10—7 续表 3　　　　（2012 年）　　　　计量单位：千元

行政单位	实收资本中：	主营业务收入		
	国家资本		# 主营业务成　本	主营业务税金及附加
全市总计	**11586126**	**140599204**	**123060699**	**6611505**
市区合计	5178685	75512512	69506479	204202
#长安区	1866614	16064959	14764238	47442
桥东区	913392	631225	441346	4638
桥西区	0	116555	85938	454
新华区	253335	1577734	1371541	4103
裕华区	430240	3139731	2627382	13438
矿　区	169890	9347785	8882646	29701
高新区	199567	2172559	1609091	12499
井陉县	64745	6818142	5883214	20685
正定县	830	36976	20777	312
栾城县	539800	2490167	2153425	10037
行唐县	0			
灵寿县	17780	1991191	1642032	875
高邑县	0			
深泽县	0			
赞皇县	450000	602245	532554	2000
无极县	0			
平山县	0	5069622	4261755	22862
元氏县	0			
赵　县	500	62020	57211	1872
辛集市	99301	1216221	1096788	2422
藁城市	2389453	37461182	30001120	6308794
晋州市	16443	127750	151615	1964
新乐市	491923	977348	895422	3237
鹿泉市	2336666	8233828	6858307	32243

10—7 续表 4　　　　（2012 年）　　　　计量单位：千元

行政单位	管理费用	# 税金	财务费用	# 利息支出	营业利润
全市总计	**4996504**	**235243**	**2604983**	**2649727**	**793603**
市区合计	2592044	136296	1263768	1309221	-109829
#长安区	657326	58212	366697	363928	63590
桥东区	171584	5623	31404	31619	-48667
桥西区	6183	35	-80		14087
新华区	164947	5046	20993	20957	-18628
裕华区	344651	12945	163119	197837	-54903
矿　区	327663	10525	96028	103811	-136212
高新区	195807	4797	8985	17724	286924
井陉县	149053	18914	157567	173846	573074
正定县	6835	682	-15		1457
栾城县	98415	6942	166390	165805	40216
行唐县	0				
灵寿县	59392	2561	15309	12083	268937
高邑县	0				
深泽县	0				
赞皇县	30261	1546	38523	38655	-7874
无极县	0				
平山县	279507	12618	255679	254656	245612
元氏县	0				
赵　县	220	6	76	76	827
辛集市	64767	1572	25028	23629	19368
藁城市	1190169	39606	418508	410062	-600099
晋州市	12246	688	14153	14164	-53757
新乐市	83130	5113	43028	43639	-55896
鹿泉市	430465	8699	206969	203891	471567

10—7 续表5　　（2012年）　　计量单位：千元

行政单位	投资收益	利润总额	应交所得税	利税总额	本年应付职工薪酬
全市总计	**331795**	**2161380**	**783923**	**11962181**	**7513366**
市区合计	283763	564095	208134	2179032	4940753
#长安区	26055	210051	31781	558551	1126653
桥东区	-20	-43223	247	-1306	247095
桥西区	0	14385	2799	18424	6093
新华区	42	10600		37868	221237
裕华区	79926	-6004	87401	78579	514181
矿　区	0	-90652	23160	102108	664030
高新区	658	321056	25681	415141	241553
井陉县	8221	591711	100199	794152	317514
正定县	0	645		4080	3962
栾城县	-4	88714	4810	182171	154866
行唐县	0				
灵寿县	31	268330	19452	301138	40811
高邑县	0				
深泽县	0				
赞皇县	0	18678	2477	40678	29893
无极县	0				
平山县	0	252667	59847	498709	247477
元氏县	0				
赵　县	0	827	206	4571	392
辛集市	10	19378	4191	72433	55044
藁城市	39755	-165609	303830	7055179	991624
晋州市	0	-54884	24	-37676	8732
新乐市	171	-47600	-14711	-23053	112600
鹿泉市	-152	624428	95464	890767	609698

10—7 续表6　　（2012年）　　计量单位：千元

行政单位	本年应交增值税	本年进项税额	本年销项税额	全部从业人员年平均人数（人）
全市总计	**3173381**	**20413479**	**21299969**	**125430**
市区合计	1395647	11753859	11413255	79996
#长安区	291745	2771236	2487969	23849
桥东区	35941	29947	65888	6891
桥西区	3585	16624	20209	185
新华区	22091	166390	142903	5062
裕华区	71028	407346	482339	5660
矿　区	161354	1425706	1586985	9618
高新区	81582	141470	210640	4505
井陉县	181756	853123	985107	7938
正定县	3123	3266	6294	145
栾城县	83322	296728	349247	2642
行唐县	0			
灵寿县	31933	101	756	1093
高邑县	0			
深泽县	0			
赞皇县	20000	97591	102381	621
无极县	0			
平山县	222542	608608	831150	1757
元氏县	0			
赵　县	1872	958	2830	30
辛集市	50633	127212	138715	2428
藁城市	911910	5839222	6481961	13788
晋州市	15244	5782	16182	815
新乐市	21310	181171	149865	3582
鹿泉市	234089	645858	822226	10595

分县（市）区规模以上集体工业企业主要经济指标

10—8　　（2012年）　　计量单位：千元

行政单位	企业单位数（个）	工业企业总产值	工业销售产值	资产合计	#流动资产小计
全市总计	**41**	**18928086**	**18698661**	**4312163**	**1020605**
市区合计	3	312925	331360	286784	228433
#长安区	1	180331	196060	198890	155899
桥东区	0				
桥西区	1	66636	62248	19751	16381
新华区	0				
裕华区	0				
矿　区	1	65958	73052	68143	56153
高新区	0				
井陉县	1	353989	353989	38861	34810
正定县	0				
栾城县	2	472470	460247	43207	20170
行唐县	2	223396	223396	34494	5281
灵寿县	0				
高邑县	0				
深泽县	0				
赞皇县	1	284222	279186	31011	15539
无极县	4	760581	717468	123837	58206
平山县	6	785350	763250	71579	9866
元氏县	0				
赵　县	7	11056375	11097777	2796880	258462
辛集市	1	68587	68587	32000	1100
藁城市	8	3694188	3509981	670345	345251
晋州市	2	121081	121716	33806	19074
新乐市	0				
鹿泉市	4	794922	771704	149359	24413

10—8 续表1　　(2012年)　　计量单位：千元

行政单位	固定资产小计	固定资产原价	累计折旧
全市总计	**2797763**	**2659999**	**463590**
市区合计	54659	144420	89761
#长安区	40299	117320	77021
桥东区	0		
桥西区	2370	3363	993
新华区	0		
裕华区	0		
矿　区	11990	23737	11747
高新区	0		
井 陉 县	4051	4051	1820
正 定 县	0		
栾 城 县	9649	17828	9762
行 唐 县	29213	31727	3514
灵 寿 县	0		
高 邑 县	0		
深 泽 县	0		
赞 皇 县	9492	11660	2168
无 极 县	46512	55327	8815
平 山 县	61713	62665	12886
元 氏 县	0		
赵　县	2169525	1826095	241587
辛 集 市	15872	17908	2036
藁 城 市	320402	347404	27002
晋 州 市	14732	24048	9316
新 乐 市	0		
鹿 泉 市	61943	116866	54923

10—8 续表2 （2012年） 计量单位：千元

行政单位	负债合计	# 流动负债	所有者权益合计	# 实收资本
全市总计	**677647**	**449565**	**3150468**	**653271**
市区合计	194918	187038	91865	19998
#长安区	114449	112049	84441	16170
桥东区	0			
桥西区	14444	14444	5307	3474
新华区	0			
裕华区	0			
矿　区	66025	60545	2117	354
高新区	0			
井 陉 县	25000	25000	13861	5000
正 定 县	0			
栾 城 县	27757	27757	15450	3815
行 唐 县	284	186	34208	10298
灵 寿 县	0			
高 邑 县	0			
深 泽 县	0			
赞 皇 县	17632	8209	13379	3352
无 极 县	36854	36854	85974	24213
平 山 县	57589	46584	13990	12690
元 氏 县	0			
赵　　县	94283	49970	2219561	117728
辛 集 市	880		31120	2867
藁 城 市	144034	42674	526311	424047
晋 州 市	20859	11728	12947	9984
新 乐 市	0			
鹿 泉 市	57557	13565	91802	19279

10—8 续表 3　　（2012 年）　　计量单位：千元

行政单位	实收资本中：集体资本	主营业务收入	# 主营业务成本	主营业务税金及附加
全市总计	**123116**	**19227044**	**16447303**	**48231**
市区合计	19998	326761	258992	2500
#长安区	16170	196157	155367	1643
桥东区	0			
桥西区	3474	68296	48934	395
新华区	0			
裕华区	0			
矿　区	354	62308	54691	462
高新区	0			
井陉县	5000	196540	189800	246
正定县	0			
栾城县	3815	460247	414702	2863
行唐县	7000	221392	192856	88
灵寿县	0			
高邑县	0			
深泽县	0			
赞皇县	3352	279186	224357	234
无极县	23383	719378	646410	16523
平山县	12690	784660	710740	
元氏县	0			
赵　县	15748	11796898	10119449	7015
辛集市	2867	68587	57073	
藁城市	0	3514516	2953672	14076
晋州市	9984	121716	108636	499
新乐市	0			
鹿泉市	19279	737163	570616	4187

10—8 续表 4　　　　（2012 年）　　　　计量单位：千元

行政单位	管理费用	# 税金	财务费用	# 利息支出	营业利润
全市总计	**569175**	**10721**	**80513**	**75282**	**1104893**
市区合计	57048	1707	4764	4434	-4132
#长安区	30372	1414	4527	4197	-4486
桥东区	0				
桥西区	18227	24	-1		741
新华区	0				
裕华区	0				
矿　区	8449	269	238	237	-387
高新区	0				
井 陉 县	903	51	3	3	-7042
正 定 县	0				
栾 城 县	3185	114	3640		35562
行 唐 县	767	10	454	19	26394
灵 寿 县	0				
高 邑 县	0				
深 泽 县	0				
赞 皇 县	9298	38	5867	5867	28730
无 极 县	5221	236	1855	1266	45620
平 山 县	20370	866	19867	19867	12636
元 氏 县	0				
赵　县	298590	6264	29253	29017	485653
辛 集 市	1892	3	32	32	5480
藁 城 市	125606	1147	9820	9820	375297
晋 州 市	448	11	753	753	10749
新 乐 市	0				
鹿 泉 市	45847	274	4205	4204	89946

10—8 续表 5 （2012 年） 计量单位：千元

行政单位	投资收益	利润总额	应交所得税	利税总额	本年应付职工薪酬
全市总计	**-438997**	**1064570**	**218812**	**1541183**	**333179**
市区合计	40	-3534	207	7524	57196
#长安区	40	-4255		-852	37218
桥东区	0				
桥西区	0	725	207	4031	9530
新华区	0				
裕华区	0				
矿　区	0	-4		4345	10448
高新区	0				
井 陉 县	0	-8784		-7453	904
正 定 县	0				
栾 城 县	0	35562		46919	10062
行 唐 县	0	26394	696	39356	6892
灵 寿 县	0				
高 邑 县	0				
深 泽 县	0				
赞 皇 县	0	28730		30327	1044
无 极 县	0	46206		72470	5570
平 山 县	0	12636	672	21975	14569
元 氏 县	0				
赵　　县	-411095	467691	209028	691189	125369
辛 集 市	0	5480		5600	1050
藁 城 市	-27942	358574	5883	515004	85847
晋 州 市	0	10749		14787	9678
新 乐 市	0				
鹿 泉 市	0	84866	2326	103485	14998

10—8 续表6　　（2012年）　　计量单位：千元

行政单位	本年应交增值税	本年进项税额	本年销项税额	全部从业人员年平均人数（人）
全市总计	**428227**	**2508205**	**2695979**	**11195**
市区合计	8523	36339	31008	1588
#长安区	1760	20199	8105	1215
桥东区	0			
桥西区	2911	8561	11472	130
新华区	0			
裕华区	0			
矿　区	3852	7579	11431	243
高新区	0			
井陉县	1085	32326	33411	50
正定县	0			
栾城县	8494	46735	55229	323
行唐县	12874	16166	29040	147
灵寿县	0			
高邑县	0			
深泽县	0			
赞皇县	1363			72
无极县	9741	77728	107216	356
平山县	9339	111614	120953	1203
元氏县	0			
赵　县	216483	1554381	1770601	4256
辛集市	0			70
藁城市	142354	597382	495016	2034
晋州市	3539	14223	17762	588
新乐市	0			
鹿泉市	14432	21311	35743	508

历年规模以上工业总产值、工业增加值指数

10—9　　（上年＝100）　　计量单位:%

年份	工业总产值	年份	工业总产值	工业增加值
1953	131.85	1983	109.92	
1954	132.48	1984	116.80	
1955	119.29	1985	113.55	
1956	119.97	1986	108.66	
1957	109.47	1987	117.69	
1958	157.78	1988	117.15	
1959	167.58	1989	106.14	
1960	110.79	1990	103.07	
1961	59.75	1991	115.30	
1962	68.62	1992	115.41	
1963	100.13	1993	119.56	117.11
1964	121.64	1994	112.20	110.67
1965	134.86	1995	117.01	114.89
1966	113.18	1996	123.51	120.57
1967	104.34	1997	119.10	116.71
1968	131.46	1998	102.73	102.39
1969	118.92	1999	117.40	115.23
1970	115.84	2000	112.82	111.22
1971	96.74	2001	114.79	112.94
1972	97.12	2002	116.91	114.80
1973	111.47	2003	124.23	121.20
1974	108.05	2004	128.62	125.04
1975	118.80	2005	127.94	122.85
1976	111.41	2006	126.60	119.80
1977	114.86	2007	128.63	120.40
1978	98.54	2008	127.07	113.20
1979	103.44	2009	107.99	113.00
1980	105.44	2010	132.9	116.5
1981	103.20	2011	130.4	116.2
1982	104.17	2012	111.1	113.5

营运车辆拥有量

10—10　　　　　　计量单位：辆

指标名称	2012年	2011年
客运车辆总计	**3359**	**3400**
载客汽车	3359	3400
# 大型	1375	1228
# 班车客运客车	2773	2833
旅游客车		18
包车客车	586	549
货运车辆总计	**181252**	**155764**
载货汽车	164482	141712
# 大型	66397	55999
# 栏板货车	154223	132545
厢式车	8260	7267
集装箱车	25	24
罐车	1974	1876
# 普通载货汽车	161848	139420
专用载货汽车	2634	2292
其它载货机动车	12841	10835
轮胎式拖拉机	225	315

线路长度及运输量

10—11

指标名称	单位	2011 年	2012 年
境内公路里程	公里	15769	16282
# 境内等级公路里程	公里	14615	15138
# 境内高速公路里程	公里	468	477
公路客运量	万人	12436	13793
民航客运量	万人	204	485. 2
公路货运量	万吨	22870	27351
民航货运量	万吨	2. 1	3. 97
公路客运周转量	万人公里	650208	721557
公路货运周转量	万吨公里	7146397	8260081

邮政业务量

10—12

指标名称	单位	2011 年	2012 年
邮政业务总量合计	**万元**	**61485**	**68357**
函件	万件	2741	3254
包裹	万件	52. 5	53. 7
快递	万件	72. 3	65. 1
订销报纸	万份	14827. 2	14451. 76
订销杂志	万份	835. 8	800. 06
汇票	万笔	108	130
集邮票	万枚	688. 1	1042. 5
储蓄余额	亿元	215. 2	235. 95

十一、贸易　外经　旅游

全市限额以上住宿和餐饮业企业经营状况

11—1　　　　（2012 年）

指标名称	法人企业（个）	从业人员期末人数（人）	营业额（千元）	# 客房收入	餐费收入	商品销售收入	其他收入
总　计	**113**	**20008**	**2770933**	**731622**	**1736065**	**33885**	**269361**
一、住宿业	72	14502	2039384	708234	1038791	29378	262981
1. 按登记注册类型分组							
内资企业	70	14226	2007943	687442	1030000	29378	261123
国有企业	28	5787	881265	251149	471045	22455	136616
集体企业	5	534	74804	53520	18310		2974
有限责任公司	22	4823	620612	228597	335695	5436	50884
股份有限公司	2	802	124220	34277	43624	789	45530
私营企业	13	2280	307042	119899	161326	698	25119
港、澳、台商投资企业	1	174	15676	6700	8791		185
外商投资企业	1	102	15765	14092			1673
2. 按国民经济行业分组							
旅游饭店	60	12804	1913282	676124	978975	17997	240186
一般旅馆	11	1643	119639	30406	55057	11381	22795
其他住宿服务	1	55	6463	1704	4759		
二、餐饮业	41	5506	731549	23388	697274	4507	6380
1. 按登记注册类型分组							
内资企业	40	5434	718896	23388	684621	4507	6380
国有企业	10	784	125114	9035	111161	93	4825
有限责任公司	8	648	101336		101160		176
股份有限公司	1	622	82807		82807		
私营企业	21	3380	409639	14353	389493	4414	1379
港、澳、台商投资企业	1	72	12653		12653		
2. 按国民经济行业分组							
正餐服务业	41	5506	731549	23388	697274	4507	6380

市区限额以上住宿和餐饮业企业经营状况

11—2　　　　（2012 年）

指标名称	法人企业（个）	从业人员期末人数（人）	营业额（千元）	# 客房收入	餐费收入	商品销售收入	其他收入
总　计	**74**	**14718**	**2318905**	**570608**	**1517880**	**20405**	**210012**
一、住宿业	41	9920	1631149	554670	856204	16601	203674
1. 按登记注册类型分组							
内资企业	40	9818	1615384	540578	856204	16601	202001
国有企业	15	4516	770019	209563	415304	11147	134005
集体企业	5	534	74804	53520	18310		2974
有限责任公司	13	3236	521674	186384	289732	4998	40560
私营企业	7	1532	248887	91111	132858	456	24462
外商投资企业	1	102	15765	14092			1673
2. 按国民经济行业分组							
旅游饭店	38	9336	1580326	544484	835471	16601	183770
一般旅馆	3	584	50823	10186	20733		19904
二、餐饮业	33	4798	687756	15938	661676	3804	6338
1. 按登记注册类型分组							
内资企业	32	4726	675103	15938	649023	3804	6338
国有企业	9	706	121414	8650	107846	93	4825
有限责任公司	8	648	101336		101160		176
股份有限公司	1	622	82807		82807		
私营企业	14	2750	369546	7288	357210	3711	1337
港、澳、台商投资企业	1	72	12653		12653		
2. 按国民经济行业分组							
正餐服务	33	4798	687756	15938	661676	3804	6338

全市亿元以上商品交易市场基本情况

11—3 （2012年） 计量单位：个、万元

项 目	期末市场个数	成交额
总 计	**60**	**13766638**
一、按市场类别分组		
1. 综合市场	14	4997772
2. 专业市场	46	8768866
生产资料市场	3	151125
农产品市场	15	1708055
纺织、服装、鞋帽市场	7	5442217
电器、通讯器材、电子设备市场	2	51599
家具、五金及装饰材料市场	16	946320
汽车、摩托车及零配件市场	3	469550
二、按营业状态分组		
1. 常年营业	59	13754982
2. 其他	1	11656
三、按经营方式分组		
1. 以批发为主	40	12710912
2. 以零售为主	20	1055726
四、按经营环境分组		
1. 露天式	11	1271183
2. 封闭式	36	11639639
3. 其他	13	855816

全市限额以上批发贸易业商品购销存总额

11—4 （2012 年） 计量单位：千元

项目	法人企业（个）	商品购进额	商品销售额	# 批发	零售	年末库存总额
总计	**141**	**130827641**	**135382704**	**121259109**	**14123595**	**6759127**
1. 按登记注册类型分组						
内资企业	139	128028666	132626361	118556398	14069963	6648315
国有企业	13	58741723	60652259	60604278	47981	1256812
集体企业	6	600186	740048	739198	850	67120
有限责任公司	51	35730379	38036679	31846191	6190488	3227885
股份有限公司	8	16853982	16834015	9848366	6985649	811676
私营企业	58	14201855	14496946	13652051	844895	1163114
其他企业	3	1900541	1866414	1866314	100	121708
港、澳、台商投资企业	1	70572	90153	36521	53632	2189
外商投资企业	1	2728403	2666190	2666190		108623
2. 按国民经济行业分组						
农、林、牧产品批发	7	2809496	2739467	2738659	808	288669
食品、饮料及烟草制品批发	17	10152576	12207854	12119739	88115	836087
米、面制品及食用油批发	7	3156452	3081503	3081503		251199
烟草制品批发	1	5253556	6967266	6967266		190921
纺织、服装及日用品批发	10	1730562	1690051	1614116	75935	144429
服装批发	2	168232	107703	48550	59153	8510
家用电器批发	2	148896	145528	139814	5714	58369
文化、体育用品及器材批发	2	3880763	3454205	3451281	2924	617857
医药及医疗器材批发	33	22772255	25549441	19437653	6111788	1294334
矿产品、建材及化工产品批发	50	84971817	85032862	77267129	7765733	2601278
煤炭及制品批发	18	4580430	4432423	4339776	92647	359496
石油及制品批发	6	15357381	15485939	7812914	7673025	317770
金属及金属矿批发	13	57571769	58161211	58161211		505277
化肥批发	4	5234258	4546700	4546700		1293015
机械设备、五金交电及电子产品批发	21	4337782	4524844	4446552	78292	971823
汽车批发	2	754317	649955	649955		128085
汽车零配件批发	2	240673	253822	253814	8	42788
摩托车及零配件批发	1	27079	29700	29700		12805
其他批发	1	172390	183980	183980		4650

全市限额以上零售贸易业商品购销存总额

11—5　　　　（2012 年）　　　　计量单位：千元

项　　目	法人企业（个）	购进总额	销售总额	# 批发	零售	年末库存总额
总　　计	**200**	**48706680**	**51094550**	**4098964**	**46995586**	**4108247**
1. 按登记注册类型分组						
内资企业	196	47753793	49682595	4098964	45583631	3948175
国有企业	7	633029	674456	2476	671980	73634
集体企业	13	969706	1060033	4620	1055413	61141
股份合作企业	3	357546	352911		352911	39710
联营企业	1	93315	99046		99046	22937
有限责任公司	53	9225917	11011361	235989	10775372	1161765
股份有限公司	13	24596178	24613453	3381126	21232327	855067
私营企业	102	11359878	11338285	167792	11170493	1663098
其他企业	4	518224	533050	306961	226089	70823
外商投资企业	4	952887	1411955		1411955	160072
2. 按国民经济行业分组						
综合零售	57	26587305	28685501	3370171	25315330	1265678
百货零售	33	24770455	26419584	3365610	23053974	951096
超级市场零售	20	1418706	1886091		1886091	255982
食品、饮料及烟草制品专门零售	4	61054	62923		62923	16559
纺织、服装及日用品专门零售	7	834440	833706	457258	376448	177314
服装零售	4	153251	141185		141185	29139
文化、体育用品及器材专门零售	6	595133	553452	823	552629	135840
图书、报刊零售	1	420144	375045	823	374222	45099
医药及医疗器材专门零售	9	730474	907142	234973	672169	149421
药品零售	9	730474	907142	234973	672169	149421
汽车、摩托车、燃料及零配件专门零售	75	17403664	17408117	3063	17405054	2190154
汽车零售	61	16749905	16653396	3063	16650333	2173767
家用电器及电子产品专门零售	33	2141387	2253757	16566	2237191	154213
家用视听设备零售	25	1186004	1292965	5348	1287617	110093
计算机、软件及辅助设备零售	4	135131	127843	11218	116625	19000
通信设备零售	3	769131	790988		790988	15960
五金、家具及室内装修材料专门零售	5	100298	106396	15516	90880	11724
货摊、无店铺及其他零售业	4	252925	283556	594	282962	7344

市区限额以上批发贸易业商品购销存总额

11—6　　　　（2012 年）　　　　计量单位：千元

项　　目	法人企业（个）	商品购进额	商品销售额	# 批发	零售	年末库存总　额
总　计	**107**	**124423813**	**129142642**	**115867493**	**13275149**	**5903439**
1. 按登记注册类型分组						
内资企业	105	121624838	126386299	113164782	13221517	5792627
国有企业	10	58604059	60508741	60502772	5969	1179320
集体企业	3	454210	589383	588533	850	58390
有限责任公司	40	34547936	36870550	30726672	6143878	2904774
股份有限公司	7	16453634	16522639	9536990	6985649	722704
私营企业	42	9664458	10028572	9943501	85071	805731
其他企业	3	1900541	1866414	1866314	100	121708
港、澳、台商投资企业	1	70572	90153	36521	53632	2189
外商投资企业	1	2728403	2666190	2666190		108623
2. 按国民经济行业分组						
农、林、牧产品批发	3	2687349	2608943	2608943		163651
食品、饮料及烟草制品批发	12	9785769	11820129	11773360	46769	652591
米、面制品及食用油批发	4	3090876	3011881	3011881		169175
烟草制品批发	1	5253556	6967266	6967266		190921
纺织、服装及日用品批发	10	1730562	1690051	1614116	75935	144429
服装批发	2	168232	107703	48550	59153	8510
家用电器批发	2	148896	145528	139814	5714	58369
文化、体育用品及器材批发	2	3880763	3454205	3451281	2924	617857
医药及医疗器材批发	31	22661546	25437810	19368034	6069776	1283036
矿产品、建材及化工产品批发	30	79916695	80123409	73121055	7002354	2176318
煤炭及制品批发	4	1079616	1128303	1127604	699	11733
石油及制品批发	5	14271862	14366989	7365334	7001655	287419
金属及金属矿批发	13	57571769	58161211	58161211		505277
化肥批发	1	5088282	4396035	4396035		1284285
机械设备、五金交电及电子产品批发	18	3588739	3824115	3746724	77391	860907
汽车批发	1	353969	338579	338579		39113
汽车零配件批发	2	240673	253822	253814	8	42788
摩托车及零配件批发	1	27079	29700	29700		12805
其他批发	1	172390	183980	183980		4650

市区限额以上零售贸易业商品购销存总额

11—7　　　　（2012 年）　　　　计量单位：千元

项　　目	法人企业（个）	商品购进额	商品销售额	# 批发	零售	期末商品库存额
总　　计	**118**	**46382749**	**48620495**	**4077342**	**44543153**	**3742287**
1. 按登记注册类型分组						
内资企业	114	45429862	47208540	4077342	43131198	3582215
国有企业	3	537813	568136		568136	54823
集体企业	6	335672	358850	4561	354289	10487
股份合作企业	2	344450	338932		338932	38515
联营企业	1	93315	99046		99046	22937
有限责任公司	43	8592278	10334139	235989	10098150	996443
股份有限公司	8	24424792	24437705	3365610	21072095	833639
私营企业	49	10594927	10550855	166900	10383955	1556527
其他企业	2	506615	520877	304282	216595	68844
外商投资企业	4	952887	1411955		1411955	160072
2. 按国民经济行业分组						
综合零售	21	24989850	26948094	3370171	23577923	1005317
百货零售	9	23370302	24893612	3365610	21528002	722788
超级市场零售	8	1221404	1674656		1674656	223929
食品、饮料及烟草制品专门零售	2	36208	42672		42672	9735
纺织、服装及日用品专门零售	4	720177	737009	457258	279751	152261
服装零售	1	38988	44488		44488	4086
文化、体育用品及器材专门零售	6	595133	553452	823	552629	135840
图书、报刊零售	1	420144	375045	823	374222	45099
医药及医疗器材专门零售	6	659908	822873	232497	590376	137165
药品零售	6	659908	822873	232497	590376	137165
汽车、摩托车、燃料及零配件专门零售	71	17335789	17338609	3063	17335546	2184523
汽车零售	61	16749905	16653396	3063	16650333	2173767
家用电器及电子产品专门零售	6	1804545	1906296	13530	1892766	105491
家用视听设备零售	3	919925	1009185	2669	1006516	71956
计算机、软件及辅助设备零售	1	120712	111861	10861	101000	18061
通信设备零售	2	763908	785250		785250	15474
五金、家具及室内装修材料专门零售	1	23905	30292		30292	6246
货摊、无店铺及其他零售业	1	217234	241198		241198	5709

分县（市）区限额以上批发零售贸易业商品购销存总额

11—8　　　　(2012年)　　　　计量单位：千元

行政单位	法人企业（个）	购进总额	销售总额			年末库存总额
				#批发	零售	
全市总计	**341**	**179534321**	**186477254**	**125358073**	**61119181**	**10867374**
市区合计	225	170806562	177763137	119944835	57818302	9645726
#长安区	43	21705304	24478435	12866985	11611450	1837852
桥东区	37	30938077	30351393	11564761	18786632	2926554
桥西区	35	20366275	22606890	15168933	7437957	1973398
新华区	50	66593536	68542331	61637418	6904913	1333537
裕华区	37	15126958	15788626	6996499	8792127	845559
矿　区	5	101824	103846	63987	39859	14804
高新区	18	15974588	15891616	11646252	4245364	714022
井陉县	8	3348948	3199098	2506189	692909	288557
正定县	5	791270	780351	364489	415862	198065
栾城县	5	60791	58298		58298	8128
行唐县	9	189292	196294	136533	59761	20564
灵寿县	5	160609	161335	13230	148105	27229
高邑县						
深泽县	8	131459	135037	73980	61057	11827
赞皇县	5	175952	177752	80745	97007	6337
无极县	6	371898	367924	114013	253911	21176
平山县	20	1209972	1196192	1037339	158853	157990
元氏县	5	92904	92045		92045	11788
赵　县	2	112476	131539	2679	128860	28712
辛集市	11	747563	772907	374740	398167	140757
藁城市	2	237324	277611	15500	262111	59798
晋州市	4	280779	272884	51163	221721	64929
新乐市	11	153478	171257	49201	122056	19426
鹿泉市	10	663044	723593	593437	130156	156365

全市限额以上批发贸易企业财务状况

11—9　　　　(2012年)　　　　计量单位：千元

项　　目	企业数(个)	流动资产合　计	# 存货	固定资产原　价	累计折旧	# 本年折旧
总　　计	**141**	**33589390**	**6766666**	**3960069**	**1266466**	**243008**
1. 按登记注册类型分组						
内资企业	139	33409692	6655854	3956387	1263864	242146
国有企业	13	11262115	1558386	914920	186878	38305
集体企业	6	312781	66953	105818	37370	2910
有限责任公司	51	12223554	2997069	889851	255222	55453
股份有限公司	8	2674885	761927	1639426	611411	96512
私营企业	58	6250708	1192603	370694	150299	46411
其他企业	3	685649	78916	35678	22684	2555
港、澳、台商投资企业	1	7415	2189	3682	2602	862
外商投资企业	1	172283	108623			
2. 按国民经济行业分组						
农、林、牧产品批发	7	660014	274100	139621	35922	3337
食品、饮料及烟草制品批发	17	3410330	602783	508426	171798	21944
米、面制品及食用油批发	7	485574	248963	87250	24151	2154
烟草制品批发	1	2056536	163469	246451	85345	12218
纺织、服装及日用品批发	10	425154	119893	49867	27180	4659
服装批发	2	58587	8510	17128	10799	1593
家用电器批发	2	88374	58369	6491	2020	53
文化、体育用品及器材批发	2	1879354	292011	392000	30761	10091
医药及医疗器材批发	33	7286750	1173987	270052	76772	22259
矿产品、建材及化工产品批发	50	17631527	3399473	2364233	820441	145969
煤炭及制品批发	18	2769299	392956	126435	47854	23633
石油及制品批发	6	847987	416007	1685004	614949	100587
金属及金属矿批发	13	11127238	1174873	267769	102649	13124
化肥批发	4	2302876	1289214	210444	28160	3059
机械设备、五金交电及电子产品批发	21	2220811	896284	206900	95055	33824
汽车批发	2	233457	128085	17516	7198	5374
汽车零配件批发	2	59103	42788	5184	2887	836
摩托车及零配件批发	1	22574	12805	4118	2003	217
其他批发	1	75450	8135	28970	8537	925

11—9 续表1　　　　(2012年)　　　　计量单位：千元

项　目	资产总计	负债合计	所有者权益合　计	# 实收资本
总　计	**43620299**	**33425503**	**10194796**	**3353864**
1. 按登记注册类型分组				
内资企业	43431876	33222124	10209752	3349864
国有企业	16639378	11539380	5099998	1051786
集体企业	581506	366605	214901	81085
有限责任公司	13963230	11728788	2234442	1237606
股份有限公司	4595640	3086732	1508908	164330
私营企业	6950698	5884549	1066149	758797
其他企业	701424	616070	85354	56260
港、澳、台商投资企业	14333	13702	631	1000
外商投资企业	174090	189677	–15587	3000
2. 按国民经济行业分组				
农、林、牧产品批发	787156	655205	131951	65034
食品、饮料及烟草制品批发	4225262	1647958	2577304	200613
米、面制品及食用油批发	566920	490094	76826	61302
烟草制品批发	2357457	274777	2082680	23074
纺织、服装及日用品批发	541185	371228	169957	101788
服装批发	110111	35314	74797	38500
家用电器批发	92905	80907	11998	10000
文化、体育用品及器材批发	3661746	1879159	1782587	71639
医药及医疗器材批发	7825440	7147163	678277	527839
矿产品、建材及化工产品批发	23912429	19675572	4236857	2159351
煤炭及制品批发	2994337	2775364	218973	193052
石油及制品批发	2518697	1078988	1439709	232970
金属及金属矿批发	14623461	13005669	1617792	1134836
化肥批发	2705946	2280136	425810	99570
机械设备、五金交电及电子产品批发	2546454	1946898	599556	209757
汽车批发	249936	227827	22109	11000
汽车零配件批发	61417	39389	22028	20160
摩托车及零配件批发	26717	23051	3666	5000
其他批发	120627	102320	18307	17843

11—9 续表2　　　　（2012年）　　　　计量单位：千元

项　　目	主营业务收入	主营业务税金及附加	其他业务利润
总　　计	**117341413**	**428213**	**121061**
1. 按登记注册类型分组			
内资企业	116809163	427681	121050
国有企业	50289297	372979	26236
集体企业	537100	1459	27377
有限责任公司	35014726	25477	41204
股份有限公司	15520731	15477	5342
私营企业	13314917	12019	12262
其他企业	2132392	270	8629
港、澳、台商投资企业	90153	436	11
外商投资企业	442097	96	
2. 按国民经济行业分组			
农、林、牧产品批发	2539543	440	16859
食品、饮料及烟草制品批发	8877024	367523	34396
米、面制品及食用油批发	878891	182	9243
烟草制品批发	5976656	360996	3448
纺织、服装及日用品批发	1666160	1293	4535
服装批发	218321	448	117
家用电器批发	145527	277	380
文化、体育用品及器材批发	2309003	1320	6385
医药及医疗器材批发	22798230	15722	8576
矿产品、建材及化工产品批发	74483985	37513	27950
煤炭及制品批发	3952646	6221	8304
石油及制品批发	13902958	13610	15959
金属及金属矿批发	49958567	14435	2969
化肥批发	4546780	3	539
机械设备、五金交电及电子产品批发	4626403	4200	15802
汽车批发	713516	68	2744
汽车零配件批发	223862	139	
摩托车及零配件批发	29700	5	
其他批发	41065	202	6558

11—9 续表3　　　　（2012 年）　　　　计量单位：千元

项　　目	销售费用	管理费用	# 税金	财务费用	# 利息支出
总　　计	**1836085**	**1187174**	**44454**	**455566**	**384929**
1. 按登记注册类型分组					
内资企业	1820500	1174036	44340	440788	384929
国有企业	245334	383889	7903	17656	-955
集体企业	28478	57451	89	4837	3592
有限责任公司	443141	355348	14326	258898	266157
股份有限公司	588459	169048	12551	35304	28754
私营企业	480416	187929	9118	124139	87381
其他企业	34672	20371	353	-46	
港、澳、台商投资企业	14179	10098	114	105	
外商投资企业	1406	3040		14673	
2. 按国民经济行业分组					
农、林、牧产品批发	16664	26106	3162	17479	15603
食品、饮料及烟草制品批发	318635	384407	5202	-5931	12436
米、面制品及食用油批发	31985	13480	159	21833	8166
烟草制品批发	69272	217182	3499	-32557	
纺织、服装及日用品批发	62923	49224	3071	5825	4292
服装批发	24614	13662	2586	2143	
家用电器批发	11833	3614	10	-13	8
文化、体育用品及器材批发	36323	100751	2184	-32069	-60236
医药及医疗器材批发	249548	184935	5712	148185	142693
矿产品、建材及化工产品批发	953750	320232	19545	311184	258766
煤炭及制品批发	275614	52977	2696	82173	51924
石油及制品批发	473669	60646	9324	26008	20739
金属及金属矿批发	125250	140176	4058	157584	139557
化肥批发	18036	23738	814	29287	32411
机械设备、五金交电及电子产品批发	195267	112939	5577	10424	11375
汽车批发	6081	4672	269	4073	4109
汽车零配件批发	4226	5908	28	1009	1212
摩托车及零配件批发	491	1163	267		
其他批发	2975	8580	1	469	

11—9 续表4　　(2012年)　　计量单位：千元

项　　目	营业利润	利润总额	应交所得税	应付职工薪酬（本年贷方累计发生额）	应交增值税
总　　计	**1443506**	**1567317**	**305980**	**1820805**	**665423**
1. 按登记注册类型分组					
内资企业	1456267	1577264	305962	1810646	661705
国有企业	945788	960017	217461	286779	263219
集体企业	15623	18496	6362	28257	10789
有限责任公司	243750	309916	70053	1142384	194182
股份有限公司	261112	292470	781	234168	127405
私营企业	-14399	-8170	10177	105806	62633
其他企业	4393	4535	1128	13252	3477
港、澳、台商投资企业	-865	900	18	7139	3718
外商投资企业	-11896	-10847		3020	
2. 按国民经济行业分组					
农、林、牧产品批发	-20224	-1849	659	10240	2378
食品、饮料及烟草制品批发	888599	910003	230765	307405	292712
米、面制品及食用油批发	-22298	-8930	161	19018	832
烟草制品批发	848748	850587	212703	204417	239719
纺织、服装及日用品批发	-3946	3439	424	38072	7501
服装批发	-5537	1329	18	9030	3718
家用电器批发	-22	338	175	7643	578
文化、体育用品及器材批发	40157	41068	113	29355	13068
医药及医疗器材批发	158256	157741	40977	165666	110157
矿产品、建材及化工产品批发	379638	450202	24939	1198314	207560
煤炭及制品批发	-17239	-11405	2173	25184	14773
石油及制品批发	306741	307955	9820	192886	121375
金属及金属矿批发	82640	104964	12398	28875	39632
化肥批发	5313	43524	28	18300	43
机械设备、五金交电及电子产品批发	3184	6203	8088	67649	32012
汽车批发	590	980	455	1668	120
汽车零配件批发	532	571	376	3063	695
摩托车及零配件批发	196	196		339	5
其他批发	-2158	510	15	4104	35

11—9 续表 5　　　　(2012 年)　　　　计量单位：千元

项　目	土地和固定资产支出	土地购置	房屋和建筑物	机器设备	运输工具
总　计	**373901**	**4511**	**202802**	**82697**	**21054**
1. 按登记注册类型分组					
内资企业	373230	4511	202802	82697	21054
国有企业	220614		149777	67329	3468
集体企业	4185			72	491
有限责任公司	69326	4511	510	1608	5502
股份有限公司	63568		52513	9872	931
私营企业	10051		2	3330	5662
其他企业	5486			486	5000
港、澳、台商投资企业	671				
外商投资企业					
2. 按国民经济行业分组					
农、林、牧产品批发	859		280	283	229
食品、饮料及烟草制品批发	126981		60266	58410	3899
米、面制品及食用油批发	236			10	169
烟草制品批发	121833		60266	58328	3239
纺织、服装及日用品批发	790			77	
服装批发	711			40	
家用电器批发					
文化、体育用品及器材批发	98293		89401	8892	
医药及医疗器材批发	41032			437	4580
矿产品、建材及化工产品批发	96127	4511	52855	13978	4058
煤炭及制品批发	5506		2	4062	1345
石油及制品批发	79077	4511	45048	9792	
金属及金属矿批发	10554		7465	51	2581
化肥批发	545		340	73	132
机械设备、五金交电及电子产品批发	9819			620	8288
汽车批发	384			113	271
汽车零配件批发	1252				1252
摩托车及零配件批发					
其他批发					

全市限额以上零售贸易企业财务状况

11—10　　　　（2012年）　　　　计量单位：千元

项　　目	企业数（个）	流动资产合　计	# 存货	固定资产原　价	累计折旧	# 本年折旧
总　　计	**200**	**15291255**	**3468508**	**4184344**	**1445323**	**251141**
1. 按登记注册类型分组						
内资企业	196	14978004	3319781	3897486	1378016	194425
国有企业	7	200540	46379	177921	84897	3723
集体企业	13	126522	51987	126680	49828	9613
股份合作企业	3	116754	38517	17810	5206	1560
联营企业	1	38660	19605	2674	712	182
有限责任公司	53	2789322	1003524	2009231	652774	101858
股份有限公司	13	6959284	816143	966598	399282	39940
私营企业	102	4590265	1274564	585098	179262	35986
其他企业	4	156657	69062	11474	6055	1563
外商投资企业	4	313251	148727	286858	67307	56716
2. 按国民经济行业分组						
综合零售	57	8040470	1177462	2848685	980362	155001
百货零售	33	6797358	910831	2286215	795923	94586
超级市场零售	20	974890	222344	437724	135143	59151
食品、饮料及烟草制品专门零售	4	83872	16925	7901	3382	792
纺织、服装及日用品专门零售	7	253744	151242	24748	4511	1173
服装零售	4	50274	15555	18009	1061	171
文化、体育用品及器材专门零售	6	328649	116639	161070	52819	5035
图书、报刊零售	1	149503	25897	144641	43559	3772
医药及医疗器材专门零售	9	351006	133509	31406	14802	2070
药品零售	9	351006	133509	31406	14802	2070
汽车、摩托车、燃料及零配件专门零售	75	4655561	1732825	930055	295425	82598
汽车零售	61	4558530	1717692	851035	271345	78472
家用电器及电子产品专门零售	33	1483212	122880	52280	16343	1881
家用视听设备零售	25	1228450	87148	21804	8979	1083
计算机、软件及辅助设备零售	4	44334	18856	4590	933	397
通信设备零售	3	205858	15966	25776	6371	401
五金、家具及室内装修材料专门零售	5	47727	10124	8618	3688	428
货摊、无店铺及其他零售业	4	47014	6902	119581	73991	2163

11—10 续表 1 （2012 年） 计量单位：千元

项　目	资产总计	负债合计	所有者权益合计	# 实收资本
总　计	**19894080**	**16862272**	**3031808**	**2317555**
1. 按登记注册类型分组				
内资企业	19299016	16037410	3261606	2226555
国有企业	306040	263763	42277	103999
集体企业	207956	116914	91042	69360
股份合作企业	135976	110295	25681	6397
联营企业	44253	33530	10723	10000
有限责任公司	5152924	4160797	992127	835886
股份有限公司	7969209	6965257	1003952	488402
私营企业	5296751	4205929	1090822	699237
其他企业	185907	180925	4982	13274
外商投资企业	595064	824862	–229798	91000
2. 按国民经济行业分组				
综合零售	10950057	9900007	1050050	1113211
百货零售	9053901	7596255	1457646	914362
超级市场零售	1444507	1939928	–495421	171276
食品、饮料及烟草制品专门零售	114607	100437	14170	11600
纺织、服装及日用品专门零售	281575	209342	72233	29240
服装零售	69424	45896	23528	23240
文化、体育用品及器材专门零售	566868	357099	209769	87166
图书、报刊零售	331079	190208	140871	20000
医药及医疗器材专门零售	722780	480864	241916	129079
药品零售	722780	480864	241916	129079
汽车、摩托车、燃料及零配件专门零售	5505632	4349064	1156568	701602
汽车零售	5333714	4258204	1075510	688790
家用电器及电子产品专门零售	1601486	1331056	270430	152585
家用视听设备零售	1292351	1129940	162411	53248
计算机、软件及辅助设备零售	48129	36665	11464	10710
通信设备零售	256372	162937	93435	86227
五金、家具及室内装修材料专门零售	56718	42916	13802	12295
货摊、无店铺及其他零售业	94357	91487	2870	80777

11—10 续表 2　　　　（2012 年）　　　　计量单位：千元

项　　目	主营业务收入	主营业务税金及附加	其他业务利润
总　　计	**38100490**	**132163**	**939249**
1. 按登记注册类型分组			
内资企业	36813452	128798	846637
国有企业	606918	373	38934
集体企业	932562	1564	3434
股份合作企业	350880	540	1784
联营企业	84657	30	
有限责任公司	9549849	30836	147330
股份有限公司	13613506	76296	586737
私营企业	11192804	18784	63644
其他企业	482276	375	4774
外商投资企业	1287038	3365	92612
2. 按国民经济行业分组			
综合零售	16898517	101044	822820
百货零售	14834583	94839	623544
超级市场零售	1774603	5776	151856
食品、饮料及烟草制品专门零售	62923	158	30
纺织、服装及日用品专门零售	779790	1178	2744
服装零售	138467	395	436
文化、体育用品及器材专门零售	477802	691	16261
图书、报刊零售	293267	432	4639
医药及医疗器材专门零售	826441	2841	1239
药品零售	826441	2841	1239
汽车、摩托车、燃料及零配件专门零售	16480125	18309	67473
汽车零售	15793594	16571	67370
家用电器及电子产品专门零售	2263581	7014	15190
家用视听设备零售	1289074	3835	14537
计算机、软件及辅助设备零售	127843	181	
通信设备零售	804703	2902	
五金、家具及室内装修材料专门零售	62043	697	5403
货摊、无店铺及其他零售业	249268	231	8089

11—10 续表 3　　（2012 年）　　计量单位：千元

项　　目	销售费用	管理费用	# 税金	财务费用	# 利息支出
总　　计	**1978487**	**1295001**	**31012**	**285318**	**106021**
1. 按登记注册类型分组					
内资企业	1713947	1234218	27079	268153	88594
国有企业	22819	20775	799	5651	6057
集体企业	47283	32592	844	3182	2662
股份合作企业	13016	1556	180	2159	2010
联营企业	2361	2996	28	144	88
有限责任公司	636212	446750	8346	108367	65036
股份有限公司	476857	480899	9816	69360	-44305
私营企业	487447	242995	6596	75433	57008
其他企业	27952	5655	470	3857	38
外商投资企业	264540	60783	3933	17165	17427
2. 按国民经济行业分组					
综合零售	1106503	751138	19046	123976	-18940
百货零售	723036	601909	14887	96889	-38425
超级市场零售	367069	111518	3928	21533	18228
食品、饮料及烟草制品专门零售	3074	4978	10	842	849
纺织、服装及日用品专门零售	58316	12592	779	4092	7769
服装零售	1919	4323	428	1531	150
文化、体育用品及器材专门零售	24116	64744	1591	1632	1809
图书、报刊零售	15683	47980	1444	-923	
医药及医疗器材专门零售	95129	49959	299	19790	18871
药品零售	95129	49959	299	19790	18871
汽车、摩托车、燃料及零配件专门零售	476318	335268	8368	128544	91360
汽车零售	446105	319571	7959	127722	90459
家用电器及电子产品专门零售	196196	66523	352	3768	2319
家用视听设备零售	132085	46669	308	40	2318
计算机、软件及辅助设备零售	8979	1672	44	656	1
通信设备零售	53501	17400		3003	
五金、家具及室内装修材料专门零售	8978	3855	84	2420	1714
货摊、无店铺及其他零售业	9857	5944	483	254	270

11—10 续表4　　　　(2012年)　　　　计量单位：千元

项　　目	营业利润	利润总额	应交所得税	应付职工薪酬（本年贷方累计发生额）	应交增值税
总　　计	**411436**	**382241**	**180939**	**1188477**	**617239**
1. 按登记注册类型分组					
内资企业	536901	514280	176386	1058432	613958
国有企业	3340	9204	6955	54296	2684
集体企业	12274	13013	3011	28831	12515
股份合作企业	5115	4667	579	6881	1124
联营企业	-1103	1001	278	876	256
有限责任公司	-39326	2788	23934	376669	265680
股份有限公司	450203	454134	119583	283169	146298
私营企业	107644	29893	21938	296869	182394
其他企业	-1246	-420	108	10841	3007
外商投资企业	-125465	-132039	4553	130045	3281
2. 按国民经济行业分组					
综合零售	239385	251707	132294	627982	274508
百货零售	428353	442023	124580	427307	188228
超级市场零售	-204894	-216074	474	178063	82880
食品、饮料及烟草制品专门零售	-8893	1413	270	3307	1468
纺织、服装及日用品专门零售	14472	14852	3798	31291	5362
服装零售	1803	1803	492	4848	806
文化、体育用品及器材专门零售	14022	21704	103	31122	12136
图书、报刊零售	13192	20833	2	23976	3545
医药及医疗器材专门零售	4603	7333	383	72704	34089
药品零售	4603	7333	383	72704	34089
汽车、摩托车、燃料及零配件专门零售	84930	89748	41734	317251	267677
汽车零售	61547	65143	35491	287730	255634
家用电器及电子产品专门零售	77766	2299	1020	63020	19438
家用视听设备零售	77062	1283	129	38998	14164
计算机、软件及辅助设备零售	373	342	76	483	652
通信设备零售	-628	-285	815	23219	4062
五金、家具及室内装修材料专门零售	303	265	97	3645	1425
货摊、无店铺及其他零售业	-15152	-7080	1240	38155	1136

11—10 续表5　　　　(2012年)　　　　计量单位：千元

项　目	土地和固定资产支出	土地购置	房屋和建筑物	机器设备	运输工具
总　计	**324648**	**52607**	**75568**	**73661**	**66288**
1. 按登记注册类型分组					
内资企业	225489	52607	58885	17168	64677
国有企业	30320		24148	2162	2389
集体企业	645			309	336
股份合作企业	5742	4632	1110		
联营企业					
有限责任公司	73618	1775	26904	8418	27666
股份有限公司	46468	46200			
私营企业	66528		6723	6279	32143
其他企业	2168				2143
外商投资企业	99159		16683	56493	1611
2. 按国民经济行业分组					
综合零售	198881	46200	63458	62735	1041
百货零售	82278	46200	25028	4351	280
超级市场零售	92638		16683	56493	434
食品、饮料及烟草制品专门零售	2412	1775	27	610	
纺织、服装及日用品专门零售	2442			274	2143
服装零售					
文化、体育用品及器材专门零售	2551		400	1016	608
图书、报刊零售	1942		400	1016	442
医药及医疗器材专门零售	132				76
药品零售	132				76
汽车、摩托车、燃料及零配件专门零售	107129	4632	9232	7917	58884
汽车零售	99561	4632	9232	7608	57239
家用电器及电子产品专门零售	4716		50	808	1474
家用视听设备零售	2680		50	808	986
计算机、软件及辅助设备零售					
通信设备零售	2036				488
五金、家具及室内装修材料专门零售	30			30	
货摊、无店铺及其他零售业	6355		2401	271	2062

市区限额以上批发贸易企业财务状况

11—11 (2012年) 计量单位：千元

项目	企业数（个）	流动资产合计	#存货	固定资产原价	累计折旧	#本年折旧
总计	**107**	**30109624**	**5957163**	**3638126**	**1155357**	**209435**
1. 按登记注册类型分组						
内资企业	105	29929926	5846351	3634444	1152755	208573
国有企业	10	11151795	1485738	876526	183405	37490
集体企业	3	280687	62024	100882	36283	2875
有限责任公司	40	11729236	2751694	811702	231322	52877
股份有限公司	7	2530252	672955	1627874	606637	91738
私营企业	42	3552327	795024	181782	72424	21038
其他企业	3	685649	78916	35678	22684	2555
港、澳、台商投资企业	1	7415	2189	3682	2602	862
外商投资企业	1	172283	108623			
2. 按国民经济行业分组						
农、林、牧产品批发	3	493755	146542	64962	18037	1810
食品、饮料及烟草制品批发	12	3281877	490026	479858	165016	20718
米、面制品及食用油批发	4	389026	166855	69013	18484	1943
烟草制品批发	1	2056536	163469	246451	85345	12218
纺织、服装及日用品批发	10	425154	119893	49867	27180	4659
服装批发	2	58587	8510	17128	10799	1593
家用电器批发	2	88374	58369	6491	2020	53
文化、体育用品及器材批发	2	1879354	292011	392000	30761	10091
医药及医疗器材批发	31	7256811	1167549	262087	75654	22074
矿产品、建材及化工产品批发	30	14765327	2947589	2171761	742025	121273
煤炭及制品批发	4	341089	17326	7211	4245	2178
石油及制品批发	5	524525	385656	1647322	597224	99226
金属及金属矿批发	13	11127238	1174873	267769	102649	13124
化肥批发	1	2270782	1284285	205508	27073	3024
机械设备、五金交电及电子产品批发	18	1931896	785418	188621	88147	27885
汽车批发	1	88804	39113	5964	2424	600
汽车零配件批发	2	59103	42788	5184	2887	836
摩托车及零配件批发	1	22574	12805	4118	2003	217
其他批发	1	75450	8135	28970	8537	925

11—11 续表1　　（2012年）　　计量单位：千元

项　　目	资产总计	负债合计	所有者权益合　计	#实收资本
总　　计	**39790064**	**29964133**	**9825931**	**3080136**
1. 按登记注册类型分组				
内资企业	39601641	29760754	9840887	3076136
国有企业	16487584	11420789	5066795	1037304
集体企业	532677	328379	204298	71515
有限责任公司	13406984	11248063	2158921	1192182
股份有限公司	4438048	2941977	1496071	163330
私营企业	4034924	3205476	829448	555545
其他企业	701424	616070	85354	56260
港、澳、台商投资企业	14333	13702	631	1000
外商投资企业	174090	189677	－15587	3000
2. 按国民经济行业分组				
农、林、牧产品批发	549951	474234	75717	41450
食品、饮料及烟草制品批发	4075023	1534308	2540715	183773
米、面制品及食用油批发	457802	397632	60170	54462
烟草制品批发	2357457	274777	2082680	23074
纺织、服装及日用品批发	541185	371228	169957	101788
服装批发	110111	35314	74797	38500
家用电器批发	92905	80907	11998	10000
文化、体育用品及器材批发	3661746	1879159	1782587	71639
医药及医疗器材批发	7788616	7107662	680954	525357
矿产品、建材及化工产品批发	20818474	16818803	3999671	1934529
煤炭及制品批发	411325	319726	91599	60000
石油及制品批发	2153699	792736	1360963	161970
金属及金属矿批发	14623461	13005669	1617792	1134836
化肥批发	2657117	2241910	415207	90000
机械设备、五金交电及电子产品批发	2234442	1676419	558023	203757
汽车批发	92344	83072	9272	10000
汽车零配件批发	61417	39389	22028	20160
摩托车及零配件批发	26717	23051	3666	5000
其他批发	120627	102320	18307	17843

11—11 续表 2　　　　（2012 年）　　　　计量单位：千元

项　　目	主营业务收入	主营业务税金及附加	其他业务利润
总　　计	**111472960**	**419896**	**117399**
1. 按登记注册类型分组			
内资企业	110940710	419364	117388
国有企业	50197761	372956	25635
集体企业	386355	1459	26838
有限责任公司	33935006	24188	40271
股份有限公司	15145794	15436	5301
私营企业	9143402	5055	10714
其他企业	2132392	270	8629
港、澳、台商投资企业	90153	436	11
外商投资企业	442097	96	
2. 按国民经济行业分组			
农、林、牧产品批发	2409019	326	16369
食品、饮料及烟草制品批发	8494479	366779	33463
米、面制品及食用油批发	807749	182	8310
烟草制品批发	5976656	360996	3448
纺织、服装及日用品批发	1666160	1293	4535
服装批发	218321	448	117
家用电器批发	145527	277	380
文化、体育用品及器材批发	2309003	1320	6385
医药及医疗器材批发	22738581	15699	8465
矿产品、建材及化工产品批发	69830517	31049	25863
煤炭及制品批发	860365	819	7266
石油及制品批发	12784008	12714	15503
金属及金属矿批发	49958567	14435	2969
化肥批发	4396035	3	
机械设备、五金交电及电子产品批发	3984136	3228	15761
汽车批发	338579	27	2703
汽车零配件批发	223862	139	
摩托车及零配件批发	29700	5	
其他批发	41065	202	6558

11—11 续表 3 (2012 年) 计量单位：千元

项 目	销售费用	管理费用	# 税金	财务费用	# 利息支出
总 计	**1478542**	**1093066**	**36136**	**338949**	**304222**
1. 按登记注册类型分组					
内资企业	1462957	1079928	36022	324171	304222
国有企业	243147	379459	7900	13137	-5260
集体企业	27124	55908	85	4202	3592
有限责任公司	383874	321354	12666	246215	259378
股份有限公司	586608	166710	12345	31033	24645
私营企业	187532	136126	2673	29630	21867
其他企业	34672	20371	353	-46	
港、澳、台商投资企业	14179	10098	114	105	
外商投资企业	1406	3040		14673	
2. 按国民经济行业分组					
农、林、牧产品批发	9504	18677	1591	8929	9991
食品、饮料及烟草制品批发	277042	364375	5196	-11316	6964
米、面制品及食用油批发	27979	9040	153	16363	2694
烟草制品批发	69272	217182	3499	-32557	
纺织、服装及日用品批发	62923	49224	3071	5825	4292
服装批发	24614	13662	2586	2143	
家用电器批发	11833	3614	10	-13	8
文化、体育用品及器材批发	36323	100751	2184	-32069	-60236
医药及医疗器材批发	249186	181934	5710	147971	142693
矿产品、建材及化工产品批发	669173	268981	16178	213134	193252
煤炭及制品批发	18346	13357	1183	9036	8590
石油及制品批发	456567	59362	8059	5323	2151
金属及金属矿批发	125250	140176	4058	157584	139557
化肥批发	16682	22195	810	28652	32411
机械设备、五金交电及电子产品批发	171416	100544	2205	6006	7266
汽车批发	4230	2334	63	-198	
汽车零配件批发	4226	5908	28	1009	1212
摩托车及零配件批发	491	1163	267		
其他批发	2975	8580	1	469	

11—11 续表4　　(2012年)　　计量单位：千元

项　　目	营业利润	利润总额	应交所得税	应付职工薪酬(本年贷方累计发生额)	应交增值税
总　　计	**1486447**	**1577951**	**301849**	**1770295**	**630191**
1. 按登记注册类型分组					
内资企业	1499208	1587898	301831	1760136	626473
国有企业	952808	959195	217442	282911	263023
集体企业	15433	18310	6334	26619	10769
有限责任公司	254506	303395	68086	1129042	183717
股份有限公司	260774	291742	402	233328	127405
私营企业	11294	10721	8439	74984	38082
其他企业	4393	4535	1128	13252	3477
港、澳、台商投资企业	-865	900	18	7139	3718
外商投资企业	-11896	-10847		3020	
2. 按国民经济行业分组					
农、林、牧产品批发	-8688	-3543	619	6068	1848
食品、饮料及烟草制品批发	894296	903770	229353	301083	285789
米、面制品及食用油批发	-10951	-9476	161	16355	832
烟草制品批发	848748	850587	212703	204417	239719
纺织、服装及日用品批发	-3946	3439	424	38072	7501
服装批发	-5537	1329	18	9030	3718
家用电器批发	-22	338	175	7643	578
文化、体育用品及器材批发	40157	41068	113	29355	13068
医药及医疗器材批发	158598	158072	40958	162398	109961
矿产品、建材及化工产品批发	396758	460576	22815	1171462	187703
煤炭及制品批发	-6352	-6366	421	5843	5553
石油及制品批发	305707	306486	9562	191408	112257
金属及金属矿批发	82640	104964	12398	28875	39632
化肥批发	5123	43338		16662	23
机械设备、五金交电及电子产品批发	11430	14059	7552	57753	24286
汽车批发	252	252	76	828	120
汽车零配件批发	532	571	376	3063	695
摩托车及零配件批发	196	196		339	5
其他批发	-2158	510	15	4104	35

11—11 续表5　　（2012年）　　计量单位：千元

项　目	土地和固定资产支出	土地购置	房屋和建筑物	机器设备	运输工具
总　计	**369150**	**4511**	**202630**	**78967**	**20229**
1. 按登记注册类型分组					
内资企业	368479	4511	202630	78967	20229
国有企业	220591		149777	67329	3468
集体企业	4185			72	491
有限责任公司	68112	4511	340	1009	5057
股份有限公司	63568		52513	9872	931
私营企业	6537			199	5282
其他企业	5486			486	5000
港、澳、台商投资企业	671				
外商投资企业					
2. 按国民经济行业分组					
农、林、牧产品批发	666		110	283	229
食品、饮料及烟草制品批发	126971		60266	58400	3899
米、面制品及食用油批发	226				169
烟草制品批发	121833		60266	58328	3239
纺织、服装及日用品批发	790			77	
服装批发	711			40	
家用电器批发					
文化、体育用品及器材批发	98293		89401	8892	
医药及医疗器材批发	41032			437	4580
矿产品、建材及化工产品批发	91579	4511	52853	10258	3233
煤炭及制品批发	958			342	520
石油及制品批发	79077	4511	45048	9792	
金属及金属矿批发	10554		7465	51	2581
化肥批发	545		340	73	132
机械设备、五金交电及电子产品批发	9819			620	8288
汽车批发	384			113	271
汽车零配件批发	1252				1252
摩托车及零配件批发					
其他批发					

市区限额以上零售贸易企业财务状况

11—12　　　　(2012 年)　　　　计量单位：千元

项　　目	法人企业数（个）	流动资产合计	# 存货	固定资产原价	累计折旧	# 本年折旧
总　　计	**118**	**14157802**	**3161536**	**3691561**	**1358828**	**230279**
1. 按登记注册类型分组						
内资企业	114	13844551	3012809	3404703	1291521	173563
国有企业	3	191300	42471	161643	82822	3640
集体企业	6	26015	7606	19424	9584	718
股份合作企业	2	116370	38515	17797	5206	1560
联营企业	1	38660	19605	2674	712	182
有限责任公司	43	2514091	858091	1764736	628505	94150
股份有限公司	8	6429018	799587	961886	396766	39929
私营企业	49	4374783	1178090	465069	161871	31821
其他企业	2	154314	68844	11474	6055	1563
外商投资企业	4	313251	148727	286858	67307	56716
2. 按国民经济行业分组						
综合零售	21	7047146	937485	2413598	905295	135618
百货零售	9	6353784	693296	1889423	727608	76339
超级市场零售	8	425140	199902	399429	128391	58015
食品、饮料及烟草制品专门零售	2	68495	10102	3295	1289	429
纺织、服装及日用品专门零售	4	236731	139773	6946	3450	1002
服装零售	1	33261	4086	207		
文化、体育用品及器材专门零售	6	328649	116639	161070	52819	5035
图书、报刊零售	1	149503	25897	144641	43559	3772
医药及医疗器材专门零售	6	335922	128579	20489	14413	2061
药品零售	6	335922	128579	20489	14413	2061
汽车、摩托车、燃料及零配件专门零售	71	4642213	1727372	920891	291863	82079
汽车零售	61	4558630	1717692	851035	271345	78472
家用电器及电子产品专门零售	6	1421374	89348	48756	15845	1675
家用视听设备零售	3	1174277	55813	18968	8681	983
计算机、软件及辅助设备零售	1	41795	18061	4332	883	381
通信设备零售	2	205302	15474	25456	6281	311
五金、家具及室内装修材料专门零售	1	39615	6246	2214	959	428
货摊、无店铺及其他零售业	1	37657	5992	114302	72895	1952

11—12 续表 1　　(2012 年)　　计量单位：千元

项　目	资产总计	负债合计	所有者权益合　计	# 实收资本
总　计	**18058121**	**15316533**	**2741588**	**2086366**
1. 按登记注册类型分组				
内资企业	17463057	14491671	2971386	1995366
国有企业	281289	242966	38323	101477
集体企业	36887	21992	14895	6362
股份合作企业	129011	109739	19272	5425
联营企业	44253	33530	10723	10000
有限责任公司	4460727	3512699	948028	762655
股份有限公司	7429511	6471366	958145	482540
私营企业	4897870	3920372	977498	613907
其他企业	183509	179007	4502	13000
外商投资企业	595064	824862	-229798	91000
2. 按国民经济行业分组				
综合零售	9319608	8496769	822839	920245
百货零售	8010566	6710015	1300551	748658
超级市场零售	857393	1422930	-565537	144014
食品、饮料及烟草制品专门零售	92133	80524	11609	10500
纺织、服装及日用品专门零售	245690	182391	63299	21000
服装零售	33539	18945	14594	15000
文化、体育用品及器材专门零售	566868	357099	209769	87166
图书、报刊零售	331079	190208	140871	20000
医药及医疗器材专门零售	695995	458308	237687	127100
药品零售	695995	458308	237687	127100
汽车、摩托车、燃料及零配件专门零售	5484626	4336068	1148558	696725
汽车零售	5333714	4258204	1075510	688790
家用电器及电子产品专门零售	1532433	1284021	248412	140153
家用视听设备零售	1231587	1086368	145219	44466
计算机、软件及辅助设备零售	45260	34815	10445	10010
通信设备零售	255586	162838	92748	85677
五金、家具及室内装修材料专门零售	40919	33927	6992	7000
货摊、无店铺及其他零售业	79849	87426	-7577	76477

11—12 续表 2　　　　（2012 年）　　　　计量单位：千元

项　　目	主营业务收入	主营业务税金及　附　加	其他业务利润
总　　计	**35817616**	**120198**	**911294**
1. 按登记注册类型分组			
内资企业	34530578	116833	818682
国有企业	500895	334	38466
集体企业	289220	376	1597
股份合作企业	338932	540	1784
联营企业	84657	30	
有限责任公司	8894761	25065	135140
股份有限公司	13484831	75506	574998
私营企业	10466607	14621	61923
其他企业	470675	361	4774
外商投资企业	1287038	3365	92612
2. 按国民经济行业分组			
综合零售	15269968	90576	796358
百货零售	13407186	85577	609207
超级市场零售	1573451	4570	139731
食品、饮料及烟草制品专门零售	42672	141	30
纺织、服装及日用品专门零售	685811	875	2308
服装零售	44488	92	
文化、体育用品及器材专门零售	477802	691	16261
图书、报刊零售	293267	432	4639
医药及医疗器材专门零售	743405	2799	1239
药品零售	743405	2799	1239
汽车、摩托车、燃料及零配件专门零售	16410737	18207	67473
汽车零售	15793594	16571	67370
家用电器及电子产品专门零售	1943480	6272	14133
家用视听设备零售	1032486	3297	14133
计算机、软件及辅助设备零售	111861	171	
通信设备零售	799133	2804	
五金、家具及室内装修材料专门零售	30292	637	5403
货摊、无店铺及其他零售业	213449		8089

11—12 续表 3 (2012 年) 计量单位：千元

项 目	销售费用	管理费用	# 税金	财务费用	# 利息支出
总 计	**1792448**	**1215583**	**28091**	**249454**	**96660**
1. 按登记注册类型分组					
内资企业	1527908	1154800	24158	232289	79233
国有企业	22677	19410	708	5596	6023
集体企业	11464	9292	93	347	385
股份合作企业	13016	1449	177	2159	2010
联营企业	2361	2996	28	144	88
有限责任公司	530563	442123	7805	88263	61486
股份有限公司	468206	468874	9525	64096	-44305
私营企业	451936	205126	5352	67865	53546
其他企业	27685	5530	470	3819	
外商投资企业	264540	60783	3933	17165	17427
2. 按国民经济行业分组					
综合零售	937195	692377	16998	91880	-26896
百货零售	569641	557727	12956	71027	-45317
超级市场零售	351156	96939	3811	15299	17164
食品、饮料及烟草制品专门零售	2230	2413	1	846	849
纺织、服装及日用品专门零售	56397	10466	366	2948	7619
服装零售		2197	15	387	
文化、体育用品及器材专门零售	24116	64744	1591	1632	1809
图书零售	15683	47980	1444	-923	
医药及医疗器材专门零售	94767	49877	269	19747	18837
药品零售	94767	49877	269	19747	18837
汽车、摩托车、燃料及零配件专门零售	474111	332835	8310	128276	91107
汽车零售	446105	319571	7959	127722	90459
家用电器及电子产品专门零售	185795	55751	63	2084	1673
家用电器零售	124243	37776	63	-1259	1673
计算机、软件及辅助设备零售	8204	820		340	
通信设备零售	53348	17155		3003	
五金、家具及室内装修材料专门零售	8581	1662	16	1915	1392
无店铺及其他零售	9256	5458	477	126	270

11—12 续表4 （2012年） 计量单位：千元

项　　目	营业利润	利润总额	应交所得税	应付职工薪酬（本年贷方累计发生额）	应交增值税
总　　计	**430264**	**386844**	**173669**	**1043575**	**576942**
1. 按登记注册类型分组					
内资企业	555729	518883	169116	913530	573661
国有企业	3540	9403	6955	50692	2675
集体企业	1320	1423	354	9021	3122
股份合作企业	4344	4673	544	6683	968
联营企业	-1103	1001	278	876	256
有限责任公司	-16212	12587	22805	309376	245052
股份有限公司	458216	461107	118252	280750	145763
私营企业	107133	29365	19826	245522	172864
其他企业	-1509	-676	102	10610	2961
外商投资企业	-125465	-132039	4553	130045	3281
2. 按国民经济行业分组					
综合零售	255822	263934	127041	504526	239790
百货零售	435558	446004	120675	326450	156804
超级市场零售	-195662	-207828	-874	155464	79586
食品、饮料及烟草制品专门零售	1135	1335	270	2058	1333
纺织、服装及日用品专门零售	12678	13058	3306	26985	5328
服装零售	9	9		542	772
文化、体育用品及器材专门零售	14022	21704	103	31122	12136
图书零售	13192	20833	2	23976	3545
医药及医疗器材专门零售	4731	7452	383	69656	34020
药品零售	4731	7452	383	69656	34020
汽车、摩托车、燃料及零配件专门零售	84494	89312	41611	315666	267208
汽车零售	61547	65143	35491	287730	255634
家用电器及电子产品专门零售	74987	-335	950	53307	16041
家用电器零售	75475	-178	70	31047	11666
计算机、软件及辅助设备零售	272	260	65	49	439
通信设备零售	-760	-417	815	22211	3936
五金、家具及室内装修材料专门零售	103	20	5	2605	1086
无店铺及其他零售	-17708	-9636		37650	

11—12 续表 5　　(2012 年)　　计量单位：千元

项　　目	土地和固定资产支出	房屋和建筑物	机器设备	运输工具
总　　计	**291734**	**50540**	**69862**	**66104**
1. 按登记注册类型分组				
内资企业	192575	33857	13369	64493
国有企业	30320	24148	2162	2389
集体企业	609		309	300
股份合作企业	5742	1110		
联营企业				
有限责任公司	42732	2722	5349	27666
股份有限公司	46200			
私营企业	64804	5877	5549	31995
其他企业	2168			2143
外商投资企业	99159	16683	56493	1611
2. 按国民经济行业分组				
综合零售	166614	38430	59466	969
百货零售	50351		1082	280
超级市场零售	92298	16683	56493	362
食品、饮料及烟草制品专门零售	2412	27	610	
纺织、服装及日用品专门零售	2442		274	2143
服装零售				
文化、体育用品及器材专门零售	2551	400	1016	608
图书零售	1942	400	1016	442
医药及医疗器材专门零售	56			
药品零售	56			
汽车、摩托车、燃料及零配件专门零售	107093	9232	7917	58848
汽车零售	99561	9232	7608	57239
家用电器及电子产品专门零售	4211	50	308	1474
家用电器零售	2175	50	308	986
计算机、软件及辅助设备零售				
通信设备零售	2036			488
五金、家具及室内装修材料专门零售				
无店铺及其他零售	6355	2401	271	2062

分县（市）区限额以上批发零售贸易企业财务状况

11—13 （2012年） 计量单位：千元

行政单位	资产总计	负债合计	主营业务收入	主营业务成本	其他业务利润
全市总计	**63514379**	**50287775**	**155441903**	**140324941**	**1060310**
市区合计	57848185	45280666	147290576	132970099	1028693
#长安区	8112073	7055741	21541555	20517757	93170
桥东区	13334466	11479759	20685867	19412261	566384
桥西区	11014138	6176955	17825121	15245599	158844
新华区	18044088	15266032	59783336	51768581	89832
裕华区	4216719	3700456	15241594	14588651	111606
矿　区	99274	84613	88417	82735	
高新区	3027427	1517110	12124686	11354515	8857
井陉县	2493130	2378304	3133675	2809117	1494
正定县	397431	281050	782859	711139	2368
栾城县	20692	13456	55913	53223	468
行唐县	85190	54228	195087	178945	708
灵寿县	95180	68082	142857	112747	
高邑县					
深泽县	42866	28750	86238	79329	111
赞皇县	54188	18154	160495	149763	
无极县	37544	21564	363517	350233	539
平山县	532831	437368	1047579	968815	1260
元氏县	13068	9021	92045	84061	653
赵　县	82614	80363	131539	107854	2804
辛集市	847085	778333	731001	694999	14532
藁城市	395840	361172	277610	223713	3918
晋州市	245532	232687	254584	228234	2621
新乐市	51191	46946	156948	140495	
鹿泉市	271812	197631	539380	462175	141

11—13 续表　　(2012 年)　　计量单位：千元

行政单位	管理费用	财务费用	利润总额	应付职工薪酬（本年贷方累计发生额）	应交增值税
全市总计	**2482175**	**740884**	**1949558**	**3009282**	**1282662**
市区合计	2308649	588403	1964795	2813870	1207133
#长安区	345132	166937	207137	309359	200878
桥东区	601085	135210	490114	401840	160121
桥西区	645690	551	902307	478736	398174
新华区	379747	195214	163260	254848	232026
裕华区	241765	69280	-91963	305466	84556
矿　区	2261	1578	1521	1042	418
高新区	92969	19633	292419	1062579	130960
井陉县	28003	85125	-5114	12845	13122
正定县	20058	10288	13918	21419	8824
栾城县	938	85	655	2399	104
行唐县	5794	1839	2713	8018	1456
灵寿县	11455	2223	1651	19529	4164
高邑县					
深泽县	5662	129	-292	2917	580
赞皇县	2642	1647	560	3907	589
无极县	3856	535	866	2219	64
平山县	21292	10798	-4802	16116	4964
元氏县	3432	383	1104	2168	1345
赵　县	608	1782	540	15422	4246
辛集市	28272	15692	-26113	24629	4517
藁城市	3257	12300	1565	22712	11346
晋州市	5487	4120	-3118	19786	3040
新乐市	6152	2489	2007	8134	2286
鹿泉市	26618	3046	-1377	13192	14882

社会消费品零售总额

11—14　　　　（2012年）　　　　计量单位：万元

行政单位	社会消费品零售总额	其中：限额以上批发和零售业零售额
全市总计	**19157615**	**6111918**
市区合计	8117742	5781830
#长安区	1621992	1161145
桥东区	2261356	1878663
桥西区	1041224	743796
新华区	1407226	690491
裕华区	1110366	879213
矿　区	94991	3986
高新区	580587	424536
井陉县	315765	69291
正定县	833470	41586
栾城县	543937	5830
行唐县	424308	5976
灵寿县	288869	14811
高邑县	233453	
深泽县	295666	6106
赞皇县	294656	9701
无极县	815506	25391
平山县	391085	15885
元氏县	369343	9205
赵　县	787580	12886
辛集市	1830306	39817
藁城市	1225186	26211
晋州市	799025	22172
新乐市	732695	12206
鹿泉市	859022	13016

分县（市）区实际利用外资情况

11—15 （2012年） 计量单位：万美元

行政单位	实际利用外资	比上年增长（%）	实际利用外资中：	
			直接利用外资	比上年增长（%）
全市总计	**88034**	**8.9**	**84811**	**130.9**
市　　区	28945	-56.2	28945	-55.7
#长安区	3074	-61.8	3074	-61.8
桥东区	3213	2178.7	3213	2178.7
桥西区	5316	-88.7	5316	-88.7
新华区	3416	2411.8	3416	2411.8
裕华区	4308	-27.2	4308	-27.2
矿　区	15		15	
高新区	9603	142.3	9603	142.3
井陉县	2863	2763.0	0	-100.0
正定县	4500	4105.6	4500	4105.6
栾城县	11725	486.3	11725	486.3
行唐县	2800	158.8	2800	158.8
灵寿县	1224		1224	
高邑县	800		800	
深泽县	1160		1160	
赞皇县	1200	118.2	1200	118.2
无极县	1375	2544.2	1375	2544.2
平山县	2050		2050	
元氏县	2600		2600	
赵　县	500		500	
辛集市	1050		1050	
藁城市	12933	40.5	12933	40.5
晋州市	2910	94.0	2910	94.0
新乐市	2600	5809.1	2600	5809.1
鹿泉市	6439	80387.5	6439	80387.5

外国和港澳台地区在石投资情况

11—16　　　　（2012年）　　　　计量单位：万美元

指标名称	新批合同			新注册三资企业	
	项目个数（个）	项目投资总额	合同外资额	注册户数（户）	项目投资总额
合　计					
# 国有企业与客商兴办的合资、合作企业	22	126736	50128	11	19538
# 投资总额500万美元以上项目	12	124960	48646	5	18920
# 开发区合计	11	80512	23111	5	11559
1. 国家级开发区	5	8297	3088	2	103
2. 省级开发区	6	72215	20023	3	11456
一、按投资方式分组					
（一）港、澳、台投资经济	12	48886	18248	5	18411
1. 港澳台合资经营企业	5	13998	3005	4	14811
2. 港澳台合作经营企业					
3. 港澳台独资经营企业	7	34888	15243	1	3600
（二）外商投资经济					
1. 中外合资经营企业	2	47203	10902		
2. 中外合作经营企业					
3. 外资企业	8	30016	20505	6	1127
二、按产业分组					
第一产业	1	568	308	2	2082
第二产业	13	106640	43399	3	11456
第三产业	8	19528	6421	6	6000
三、按国民经济行业分组					
农、林、牧、渔业	1	568	308	2	2082
制　造　业	13	92335	29762	3	11456
# 农副食品加工业					
皮革、皮毛、羽毛及其制品业和制鞋业	1	884	110		
印刷业和记录媒介的复制业					
化学原料及化学制品制造业	1	38570	7055		
医药制造业		7781	4578	2	
橡胶和塑料制品业					

11—16 续表1　　(2012年)　　计量单位：万美元

指标名称	新批合同			新注册三资企业	
	项目个数（个）	项目投资总　额	合　同外资额	注册户数（户）	项　目投资总额
非金属矿物制品业			12		
有色金属冶炼及压延加工业		631	473		
专用设备制造业		84	59		
汽车制造业	1	3897	442	1	3945
铁路、船舶、航空航天和其他运输设备制造业					
电力、热力、燃气及水的生产和供应业		14305	13637		
建　筑　业					
信息传输、软件和信息技术服务业	1	18	18	1	18
批发和零售业	6	15305	5209	4	5558
住宿和餐饮业					
房地产业		-1041	120		
租赁和商务服务业	1	480	359	1	424
科学研究和技术服务业					
四、按投资国别、地区分组					
1. 亚　　洲	15	65629	29540	8	18485
#香　　港	11	45286	17048	4	14811
台　　湾	1	3600	1200	1	3600
日　　本	1	679	521	1	48
新　加　坡	1	16056	10763	1	18
韩　　国					
东南亚联盟	1	16056	10763	1	18
3. 欧　　洲	5	33938	5540	2	23
#欧　　盟	4	33891	5516	2	23
4. 拉丁美洲	1	18326	9920		
5. 北　美　洲	1	4110	3550	1	1030
#美　　国	1	4030	3550	1	1030
6. 大　洋　洲		4733	1578		
五、高新技术产业	4	33782	17520	1	3945
六、并购		8461	4255		

11—16 续表 2　　（2012 年）　　计量单位：万美元

指标名称	新注册三资企业（续）		期末实有三资企业（个）		
	注册资本	外方注册资本		# 开工在建	投产企业
合　计	**20841**	**16594**	**498**	**10**	**356**
# 国有企业与客商兴办的合资、合作企业	20	20	65	1	42
# 投资总额 500 万美元以上项目	20056	15810	164	6	110
#　开发区合计	7185	5402	153	3	122
1. 国家级开发区	142	142	76	1	62
2. 省级开发区	7043	5260	77	2	60
一、按投资方式分组					
（一）港、澳、台投资经济	10255	7911	216	5	141
1. 港澳台合资经营企业	5669	3361	135	4	90
2. 港澳台合作经营企业			20	1	8
3. 港澳台独资经营企业	4586	4550	61		43
（二）外商投资经济	10586	8683	282	5	215
1. 中外合资经营企业	4686	2788	173	1	139
2. 中外合作经营企业			18		11
3. 外资企业	5269	5422	90	4	65
二、按产业分组					
第一产业	1169	1090	10		3
第二产业	12204	9441	333	4	251
第三产业	7468	6063	155	6	102
三、按国民经济行业分组					
农、林、牧、渔业	1169	1090	10		3
制　造　业	8420	6637	320	3	240
# 农副食品加工业			5		2
食品制造业			15	1	9
饮料制造业	2509	1855	4		1
纺　织　业			17		16

11—16 续表3　　（2012年）　　计量单位：万美元

指标名称	新注册三资企业（续）		期末实有三资企业（个）		
	注册资本	外　方注册资本		#开工在建	投产企业
纺织服装、服饰业			25		22
皮革、皮毛、羽毛及其制品和制鞋业			33		27
木材加工及木、竹、藤、棕、草制品业			1		
造纸及纸制品业			1		1
印刷业和记录媒介的复制业			3		3
文教、工美、体育和娱乐用品制造业			9		6
石油加工、炼焦及核燃料加工			1		1
化学原料及化学制品制造业	2065	2065	43		25
医药制造业	1626	1578	50	1	39
橡胶和塑料制品业			29		21
非金属矿物制品业		12	16		9
黑色金属冶炼及压延加工业			8		8
有色金属冶炼及压延加工业	631	473	3		2
金属制品业		153	13		13
通用设备制造业			8		7
专用设备制造业	59	59	7		5
汽车制造业	1530	442	6	1	5
铁路、船舶、航空航天和其他运输设备制造业			3		3
电气机械及器材制造业			5		4
通信设备、计算机及其他电子设备制造业			7		4
仪器仪表及文化、办公用机械制造业			5		4
工艺品及其他制造业					
电力、热力、燃气及水的生产和供应业	3784	2804	6	1	5
建　筑　业			7		6
交通运输、仓储和邮政业	1589	715	12		7
信息传输、软件和信息技术服务业	18	18	7		4

11—16 续表4　　（2012年）　　计量单位：万美元

指标名称	新注册三资企业（续）		期末实有三资企业（个）		
	注册资本	外　方注册资本		# 开工在建	投产企业
批发和零售业	5357	4907	55	5	32
住宿和餐饮业			6		6
房地产业	200	120	37		31
租赁和商务服务业	304	303	23	1	13
科学研究和技术服务业			6		4
居民服务、修理和其他服务业			2		1
教育			1		1
卫生和社会工作			1		
文化、体育和娱乐业			1		
四、按投资国别、地区分组					
1. 亚　洲	11960	8478	312	6	218
# 香　港	9055	6711	178	5	116
台　湾	1200	1200	38		25
日　本	679	521	24		17
新 加 坡	1018	38	29		27
韩　国			19		16
东南亚联盟	1018	38	40		35
2. 非　洲			1		
3. 欧　洲	23	176	48	1	30
# 欧　盟	23	176	38		26
4. 拉丁美洲	6650	5812	40	1	31
5. 北 美 洲	630	550	81	2	62
# 加 拿 大	80		14		11
美　国	550	550	67	2	51
6. 大 洋 洲	1578	1578	16		15
五、高新技术产业	6832	4711	96	3	66
六、并购	2251	1255	34	1	30

11—16 续表 5　　　　（2012 年）　　　　计量单位：万美元

指标名称	客商直接投资	# 现金	利　润再投资	中方投资
合　　计	**84811**	**51969**	**24004**	**897**
# 国有企业与客商兴办的合资、合作企业	2283	1638		
# 投资总额 500 万美元以上项目	83033	51457	23854	869
# 开发区合计	38742	20465	10585	883
1. 国家级开发区	9603	7064	6985	252
2. 省级开发区	29139	13401	3600	631
一、按投资方式分组				
（一）港、澳、台投资经济	35197	23533	8679	244
1. 港澳台合资经营企业	15127	4963	1544	244
2. 港澳台合作经营企业	4063	4063		
3. 港澳台独资经营企业	16007	14507	7135	
（二）外商投资经济	49614	28436	15325	653
1. 中外合资经营企业	11851	2195		22
2. 中外合作经营企业				
3. 外资企业	35879	24357	15325	
二、按产业分组				
第一产业	6499	439		
第二产业	71459	46177	23854	883
第三产业	6853	5353	150	14
三、按国民经济行业分组				
制　造　业	63559	41777	20254	883
# 农副食品加工业	1700			
食品制造业	5332	1079		238
皮革、皮毛、羽毛及其制品和制鞋业				
化学原料及化学制品制造业	4708	2208		
医药制造业	27018	23773	18710	

11—16 续表 6　　　　(2012 年)　　　　计量单位：万美元

指标名称	客商直接投资	# 现金	利　润再投资	中方投资
橡胶塑料制品业	5610			
非金属矿物制品业	761	761		
有色金属冶炼及压延加工业	1884	1884		631
金属制品业	1762			
通用设备制造业	1465	1465		
汽车制造业	2559	1559		
铁路、船舶、航空航天和其他运输设备制造业	50			
电力、煤气及水的生产和供应业	7900	4400	3600	
建　筑　业				
信息传输、计算机服务和软件业				
批发和零售业	5186	5186	150	8
房地产业	158	158		
租赁和商务服务业	9	9		
四、按投资国别、地区分组				
1. 亚　　洲	49404	29130	12279	875
# 香　　港	35197	23533	8679	244
台　　湾				
日　　本	2494	1884		631
新　加　坡	11683	3683	3600	
东南亚联盟	11683	3683	3600	
3. 欧　　洲	2354	1166		22
# 欧　　盟	2322	1134		14
4. 拉丁美洲	28959	21379	11725	
5. 北　美　洲	4094	294		
# 美　　国	4094	294		
五、高新技术产业	40671	32691	18710	869
六、并购	10851	8251	1544	631

11—16 续表 7　　　　（2012 年）　　　　计量单位：万美元

指标名称	中方投资（续）		企业境外借款	# 外方股东借款	外商其它投资
	# 现金	实物			
合　计	**897**		**26817**	**26817**	**2863**
# 国有企业与客商兴办的合资、合作企业			645	645	2863
# 投资总额 500 万美元以上项目	869		25557	25557	2863
# 开发区合计	883		16662	16662	
1. 国家级开发区	252		1580	1580	
2. 省级开发区	631		15082	15082	
一、按投资方式分组					
（一）港、澳、台投资经济	244		5645	5645	
1. 港澳台合资经营企业	244		4145	4145	
2. 港澳台独资经营企业			1500	1500	
（二）外商投资经济	653		21172	21172	2863
1. 中外合资经营企业	22		9650	9650	2863
2. 中外合作经营企业					
3. 外资企业			11522	11522	
二、按产业分组					
第一产业			6060	6060	
第二产业	883		19257	19257	2863
第三产业	14		1500	1500	
三、按国民经济行业分组					
制　造　业	883		15757	15757	
# 农副食品加工业			1700	1700	
食品制造业	238		3300	3300	
皮革、皮毛、羽毛及其制品制鞋业					
化学原料及化学制品制造业			2500	2500	
医药制造业			3245	3245	

11—16 续表 8 （2012 年） 计量单位：万美元

指标名称	中方投资（续）		企业境外借款		外商其它投资
	# 现金	实物		# 外方股东借款	
橡胶和塑料制品业			1200	1200	
有色金属冶炼及压延加工业	631				
信息传输、软件和信息技术服务业					
批发和零售业	8				
四、按投资国别、地区分组					
1. 亚　　洲	875		14255	14255	
# 香　　港	244		5645	5645	
台　　湾					
日　　本	631		610	610	
新　加　坡			8000	8000	
韩　　国					
东南亚联盟			8000	8000	
3. 欧　　洲	22		1182	1182	
# 欧　　盟	14		1182	1182	
4. 拉丁美洲			7580	7580	
5. 北 美 洲			3800	3800	2863
# 美　　国			3800	3800	2863
6. 大 洋 洲					
五、高新技术产业	869		7027	7027	
六、并购	631		2600	2600	

外国和港澳台地区在石投资企业主要经济指标

11—17　　　　(2012年)

行业名称	期末投产企业个数（个）	# 亏损企业	总产值（当年价格）（千元）	全部从业人员平均人数（人）
合　计	**309**	**121**	**45184377**	**71761**
# 国有企业与客商兴办的合资、合作企业	34	16	9784314	14826
# 以原有企业为依托的合资、合作企业	81	34	15857809	26550
一、按投资方式分组				
（一）港、澳、台投资经济	122	53	18503579	35646
1. 港澳台合资经营企业	78	33	15311166	27530
2. 港澳台合作经营企业	7	3	1084727	2225
3. 港澳台独资经营企业	37	17	2107686	5891
（二）外商投资经济	187	68	26680798	36115
1. 中外合资经营企业	120	50	11784850	16848
2. 中外合作经营企业	10	2	8536073	6752
3. 外资企业	57	16	6359875	12515
二、按产业分组				
第一产业	3	1	2109	146
第二产业	219	70	45180332	63561
第三产业	87	50	1936	8054
三、按国民经济行业分组				
农、林、牧、渔业	3	1	2109	146
制　造　业	209	66	39929445	61625
# 农副食品加工业	2		1745705	708
食品制造业	9	4	965106	2080
酒、饮料和精制茶制造业	1			3
纺　织　业	13	5	676258	2332
纺织服装、服饰制造业	21	3	491369	2646
皮革、皮毛、羽毛及其制品业和制鞋业	26	9	9185499	6096
造纸及纸制品业				
印刷业和记录媒介的复制业	3	1	24977	80
文教、工美、体育和娱乐用品制造业	6	2	5128	293
石油加工、炼焦及核燃料加工				

11—17 续表 1　　(2012 年)

行业名称	期末投产企业个数（个）	# 亏损企业	总产值（现价）（千元）	期末从业人员平均人数（人）
化学原料及化学制品制造业	23	9	4002389	5845
医药制造业	35	9	10014927	21263
橡胶和塑料制品业	16	5	1614798	6543
非金属矿物制品业	8	3	102661	654
黑色金属冶炼及压延加工业	6	1	6938616	4676
有色金属冶炼及压延加工业	1	1	624	1
金属制品业	9	3	1776305	2256
通用设备制造业	5	2	92611	251
专用设备制造业	3	2	38809	278
汽车制造业	5	3	405219	1368
铁路、船舶、航空航天和其他运输设备制造业	3	1	1009499	713
电气机械及器材制造业	4	1	113964	1504
通信设备、计算机及其他电子设备制造业	4	1	474533	646
仪器仪表及文化、办公用机械制造业	3		100837	1001
电力、热力、燃气及水的生产和供应业	5	1	5249137	1130
建　筑　业	5	3	1750	806
交通运输、仓储和邮政业	7	3		2609
信息传输、软件和信息技术服务业	3			194
批发和零售业	26	12	1	2712
住宿和餐饮业	5	3		851
房地产业	28	21		1535
租赁和商务服务业	10	7	1935	90
科学研究、技术服务业	4	3		32
居民服务、修理和其他服务业	1			3
教育				
卫生和社会工作				
四、高新技术产业	50	14	11034661	23280

11—17 续表2 （2012 年）

行业名称	期末从业人员(续) # 外方及港澳台人员	期末从业人员劳动报酬（千元）	# 外方及港澳台人员	所有者权益（千元）	# 实收资本（千美元）
合　　计	**95**	**2367736**	**8577**	**33336323**	**3026165**
# 国有企业与客商兴办的合资、合作企业	3	663515	174	9442404	1164805
# 以原有企业为依托的合资、合作企业	27	926836	1840	8649618	834735
一、按投资方式分组					
（一）港、澳、台投资经济	21	1140511	1204	13254393	1072661
1. 港澳台合资经营企业	10	879517	334	8953453	774095
2. 港澳台合作经营企业	4	63124	159	−40235	23046
3. 港澳台独资经营企业	7	197870	711	4341175	275520
（二）外商投资经济	74	1227225	7373	20081930	1953504
1. 中外合资经营企业	39	588860	3146	9494106	1361342
2. 中外合作经营企业	4	248626	1995	2361201	156622
3. 外资企业	31	389739	2232	8226623	435540
二、按产业分组					
第一产业	2	2396	1800	48279	4400
第二产业	53	2036983	3156	25720030	2279060
第三产业	40	328357	3621	7568014	742705
三、按国民经济行业分组					
农、林、牧、渔业	2	2396	1800	48279	4400
制　造　业	49	1899020	3156	20661081	1436319
# 农副食品加工业		28142		360655	43032
食品制造业	9	40930	325	842219	76378
饮料制造业		36		357	150
纺　织　业		48889		150333	15004
纺织服装、鞋、帽制造业	4	45515	254	63838	6099
皮革、皮毛、羽毛（绒）及其制品业	9	135296	465	300469	30362
造纸及纸制品业					
印刷业和记录媒介的复制		1490		42036	5262
文教体育用品制造业	3	4053	2	4648	1336
石油加工、炼焦及核燃料加工					

11—17 续表3　　　　（2012年）

行业名称	期末从业人员(续)	期末从业人员劳动报酬（千元）		所有者权益（千元）	
	#外方及港澳台人员		#外方及港澳台人员		#实收资本（千美元）
化学原料及化学制品制造业	5	162703	2	2358409	158739
医药制造业	2	744696	96	9168106	467797
橡胶和塑料制品业		92095		447976	25759
非金属矿物制品业	6	11672	274	53418	11144
黑色金属冶炼及压延加工业		244971		3155384	321018
有色金属冶炼及压延加工业		1		3136	600
金属制品业	3	74413	126	1152432	52967
通用设备制造业	2	8874	312	59796	3925
专用设备制造业		6623		58640	7564
		65900		400931	55489
交通运输设备制造业	6	53190	1300	774146	46993
电气机械及器材制造业		74746		565717	49125
通信设备、计算机及其他电子设备制造业		16872		609076	47576
仪器仪表及文化、办公用机械制造业		23267		46133	3526
电力、煤气及水的生产和供应业	4	116864		4872324	823971
建　筑　业		21099		186625	18770
交通运输、仓储和邮政业		159146		2917125	201434
信息传输、计算机服务和软件业	5	13845	972	695659	24106
批发和零售业	12	60780	598	659950	104307
住宿和餐饮业	1	21631	54	31122	7441
房地产业	16	66241	1960	2506518	307460
租赁和商务服务业		4620		240811	28274
科学研究、技术服务和地质勘查业	3	490	18	1880	441
居民服务和其他服务业	2	21	19	-6	15
教育					
卫生、社会保障和社会福利业					
四、高新技术产业	7	823433	1068	10807497	564477

11—17 续表 4　　(2012 年)

行业名称	所有者权益(续) 实收资本(续) 中方	外方	资产总额(千元)	# 流动资产	# 固定资产原值
合　计	**1612745**	**1413420**	**80721202**	**45491766**	**39651374**
# 国有企业与客商兴办的合资、合作企业	903748	261057	16580974	6878357	19633498
# 以原有企业为依托的合资、合作企业	486376	348359	22970207	12120837	9987055
一、按投资方式分组					
(一) 港、澳、台投资经济	501378	571283	38280012	21843310	12944551
1. 港澳台合资经营企业	486722	287373	24641882	13460147	10075606
2. 港澳台合作经营企业	13250	9796	1072184	859092	345581
3. 港澳台独资经营企业	1406	274114	12565946	7524071	2523364
(二) 外商投资经济	1111367	842137	42441190	23648456	26706823
1. 中外合资经营企业	1037930	323412	19984390	8668822	15828610
2. 中外合作经营企业	67148	89474	4126471	1623579	6570727
3. 外资企业	6289	429251	18330329	13356055	4307486
二、按产业分组					
第一产业	1523	2877	105255	64678	37082
第二产业	1430583	848477	56998504	28832795	30228729
第三产业	180639	562066	23617443	16594293	9385563
三、按国民经济行业分组					
农、林、牧、渔业	1523	2877	105255	64678	37082
制　造　业	619381	816938	49648120	27307698	19613613
# 农副食品加工业	7873	35159	1382443	920923	524774
食品制造业	8647	67731	1022720	551100	471779
酒、饮料和精制茶制造业	105	45	369	364	5
纺　织　业	6920	8084	585745	363991	242186
纺织服装、服饰制造业	2898	3201	250862	189338	73705
皮革、皮毛、羽毛及其制品业和制鞋业	14057	16305	1708183	1435075	359069
造纸及纸制品业					
印刷业和记录媒介的复制业	84	5178	76801	35978	34845
文教、工美、体育和娱乐用品制造业	420	916	20922	16298	13179
石油加工、炼焦及核燃料加工					

11—17 续表 5　　　　（2012 年）

行业名称	所有者权益（续） 实收资本（续）		资产总额（千元）		
	中方	外方		# 流动资产	# 固定资产原值
化学原料及化学制品制造业	93830	64909	5691845	2107148	2468028
医药制造业	38847	428950	21047144	11822207	8429599
橡胶和塑料制品业	13802	11957	1697734	1240069	683846
非金属矿物制品业	6520	4624	134904	71341	117836
黑色金属冶炼及压延加工业	319910	1108	8448577	3718361	3199209
有色金属冶炼及压延加工业	450	150	3702	1921	2538
金属制品业	6385	46582	1998959	1307862	741150
通用设备制造业	1593	2332	139186	110602	27768
专用设备制造业	450	7114	84143	40816	48978
汽车制造业	34776	20713	830604	631649	322662
铁路、船舶、航空航天和其他运输设备制造业	28098	18895	1259966	1070322	180200
电气机械及器材制造业	24761	24364	1467896	505419	914906
通信设备、计算机及其他电子设备制造业	2574	45002	1418653	960055	551983
仪器仪表及文化、办公用机械制造业	2575	951	130340	75509	37711
电力、热力、燃气及水的生产和供应业	805545	18426	6824174	1096807	10432635
建　筑　业	5657	13113	526210	428290	182481
交通运输、仓储和邮政业	96412	105022	4974952	1620081	7169195
信息传输、软件和信息技术服务业	80	24026	1393042	1289704	65267
批发和零售业	5972	98335	2360964	1065470	878055
住宿和餐饮业	4739	2702	385884	60704	366032
房地产业	69300	238160	13253291	11544562	899143
租赁和商务服务业	3658	24616	412032	393814	3928
科学研究、技术服务业	267	174	7641	7298	1195
居民服务、修理和其他服务业		15	135	135	8
教育					
卫生和社会工作					
四、高新技术产业	53767	510710	24499248	14497829	9334258

11—17 续表 6　　(2012 年)

行业名称	资产总额（续）	负债总额（千元）			主营业务收入（千元）
	无形资产		# 流动负债	# 长期负债	
合　计	**2000953**	**47384879**	**36246557**	**10883849**	**51372715**
# 国有企业与客商兴办的合资、合作企业	470062	7138570	4882745	2255824	12082655
# 以原有企业为依托的合资、合作企业	1059556	14320589	12163293	1940895	16069797
一、按投资方式分组					
（一）港、澳、台投资经济	1106444	25025619	20064291	4719541	22258903
1. 港澳台合资经营企业	957937	15688429	13338396	2111512	18657770
2. 港澳台合作经营企业	17308	1112419	984038	126102	1026089
3. 港澳台独资经营企业	131199	8224771	5741857	2481927	2575044
（二）外商投资经济	894509	22359260	16182266	6164308	29113812
1. 中外合资经营企业	591839	10490284	8024388	2465895	16043798
2. 中外合作经营企业	60555	1765270	785582	979688	3794357
3. 外资企业	242115	10103706	7372296	2718725	9275657
二、按产业分组					
第一产业		56976	56976		29316
第二产业	1859801	31278474	24794649	6229367	41723054
第三产业	141152	16049429	11394932	4654482	9620345
三、按国民经济行业分组					
农、林、牧、渔业		56976	56976		29316
制　造　业	1590547	28987039	23915922	4816659	36175840
# 农副食品加工业	42501	1021788	1021788		3077344
食品制造业	100708	180501	163201	17300	969072
饮料制造业		12	12		86
纺　织　业	28602	435412	428930	6481	696340
纺织服装、鞋、帽制造业	6317	187024	174524	12500	1357427
皮革、皮毛、羽毛（绒）及其制品业	28731	1407714	1186114	221600	1943096
造纸及纸制品业					
印刷业和记录媒介的复制	12631	34765	34765		27339
文教体育用品制造业		16274	16274		6975
石油加工、炼焦及核燃料加工					

11—17 续表7　　　　(2012年)

行业名称	资产总额（续）	负债总额（千元）			主营业务收入（千元）
	无形资产		# 流动负债	# 长期负债	
化学原料及化学制品制造业	170008	3333436	3114570	853	4209140
医药制造业	444813	11879038	9047817	2816271	9940329
橡胶和塑料制品业	12868	1249758	1247210	2548	1979747
非金属矿物制品业		81486	46765	34721	83867
黑色金属冶炼及压延加工业	574987	5293193	3943176	1344123	6897226
有色金属冶炼及压延加工业		566	566		624
金属制品业	15536	846527	772643	73834	1911391
通用设备制造业	7366	79390	79390		96177
专用设备制造业	2344	25503	12093	2838	37360
汽车制造业	15537	429637	426690	2983	408088
交通运输设备制造业	25325	485820	480842		1014438
电气机械及器材制造业	50903	902179	902179		808743
通信设备、计算机及其他电子设备制造业	28163	809577	528970	280607	429061
仪器仪表及文化、办公用机械制造业		84207	84207		127116
电力、煤气及水的生产和供应业	245452	1951850	584092	1367758	5250429
建筑业	23802	339585	294635	44950	296785
交通运输、仓储和邮政业	22070	2057827	754866	1302961	4836271
信息传输、计算机服务和软件业	82954	697383	642010	55373	498800
批发和零售业	172	1701014	1383605	317394	2597050
住宿和餐饮业	28581	354762	307263	47499	98289
房地产业	7152	10746773	7815518	2931255	1525957
租赁和商务服务业		171221	171221		23327
科学研究、技术服务和地质勘查业	209	5761	5761		6211
居民服务和其他服务业		141	141		29
教育					
卫生、社会保障和社会福利业					
四、高新技术产业	568267	13691751	10524550	3152251	11383831

11—17 续表 8　　　　(2012 年)

行业名称	主营业务收入(续) # 出口销售收入(千美元)	主营业务成本(千元)	主营业务税金(千元)	三项费用(千元)
合　　计	**912676**	**40317954**	**372904**	**5659538**
# 国有企业与客商兴办的合资、合作企业	143235	8834208	106249	1031870
# 以原有企业为依托的合资、合作企业	216841	14045863	80704	1696385
一、按投资方式分组				
(一) 港、澳、台投资经济	328934	18242326	144705	2827594
1. 港澳台合资经营企业	190398	15459295	122486	1878205
2. 港澳台合作经营企业		981882	3937	75846
3. 港澳台独资经营企业	138536	1801149	18282	873543
(二) 外商投资经济	583742	22075628	228199	2831944
1. 中外合资经营企业	285219	13341763	50442	1282880
2. 中外合作经营企业	160779	2032377	88271	106722
3. 外资企业	137744	6701488	89486	1442342
二、按产业分组				
第一产业		24796		2409
第二产业	902794	34045499	155319	4426750
第三产业	9882	6247659	217585	1230379
三、按国民经济行业分组				
农、林、牧、渔业		24796		2409
制　造　业	901661	29398605	144444	4175056
# 农副食品加工业		2801770	134	178163
食品制造业	14822	696349	3477	102728
酒、饮料和精制茶制造业		40		40
纺　织　业	27609	670046	1142	43451
纺织服装、服饰制造业	32986	477376	967	59260
皮革、皮毛、羽毛及其制品业和制鞋业	147780	1854695	6382	71196
造纸及纸制品业				
印刷业和记录媒介的复制业		23799	72	3542
文教、工美、体育和娱乐用品制造业		8193	89	3506
石油加工、炼焦及核燃料加工				

11—17 续表 9　　　　(2012 年)

行业名称	主营业务收入(续) # 出口销售收入 (千美元)	主营业务成本 (千元)	主营业务税金 (千元)	三项费用 (千元)
化学原料及化学制品制造业	21901	3516278	6085	286777
医药制造业	264240	7332857	53696	2113607
橡胶和塑料制品业	216043	1835277	6205	131127
非金属矿物制品业	794	73561	219	14763
黑色金属冶炼及压延加工业	7647	6324639	27975	609059
有色金属冶炼及压延加工业		829	3	169
金属制品业	78670	1487207	7198	161446
通用设备制造业	3223	77709	192	15191
专用设备制造业	557	28752	117	10598
汽车制造业	35182	35084	5704	40290
铁路、船舶、航空航天和其他运输设备制造业	21618	735363	9254	126488
电气机械及器材制造业		539463	11809	97719
通信设备、计算机及其他电子设备制造业	21579	324797	1076	76080
仪器仪表及文化、办公用机械制造业	7010	108962	832	16028
电力、热力、燃气及水的生产和供应业		4420103	906	221028
建　筑　业	1133	226791	9969	30666
交通运输、仓储和邮政业		2702126	95998	145590
信息传输、软件和信息技术服务业	647	332188	2680	-8694
批发和零售业	8994	2329892	14698	378095
住宿和餐饮业		22206	5448	80397
房地产业		850454	96536	609056
租赁和商务服务业	241	4378	197	8674
科学研究、技术服务业		5143	124	1627
居民服务、修理和其他服务业		1	2	24
教育				
卫生和社会工作				
四、高新技术产业	308089	8411348	58651	2255463

11—17 续表10　　　　(2012 年)

行业名称	三项费用（续）			利润总额（千元）
	# 管理费用	# 财务费用		
			# 利息支出	
合　计	**2598920**	**856823**	**737478**	**5433745**
# 国有企业与客商兴办的合资、合作企业	425960	178360	168719	2204321
# 以原有企业为依托的合资、合作企业	942646	180697	150639	465584
一、按投资方式分组				
（一）港、澳、台投资经济	1296044	494789	427337	940403
1. 港澳台合资经营企业	1026193	221770	174441	623799
2. 港澳台合作经营企业	43556	15691	13273	-8281
3. 港澳台独资经营企业	226295	257328	239623	324885
（二）外商投资经济	1302876	362034	310141	4493342
1. 中外合资经营企业	596224	317519	262494	1366277
2. 中外合作经营企业	93459	-1717	-699	1656999
3. 外资企业	613193	46232	48346	1470066
二、按产业分组				
第一产业	1930	-7	-8	2526
第二产业	2103431	762791	675930	2974853
第三产业	493559	94039	61556	2456366
三、按国民经济行业分组				
农、林、牧、渔业	1930	-7	-8	2526
制　造　业	2004758	609954	523738	2320651
# 农副食品加工业	32723	29744	1430	64373
食品制造业	50895	-2710	1746	148339
饮料制造业	40			6
纺　织　业	20607	10672	8580	-11257
纺织服装、鞋、帽制造业	28976	3445	3034	16451
皮革、皮毛、羽毛（绒）及其制品业	46030	14559	10105	21478
造纸及纸制品业				
印刷业和记录媒介的复制	2719	699	695	962
文教体育用品制造业	2976	13	-13	-3076
石油加工、炼焦及核燃料加工				

11—17 续表 11 （2012 年）

行业名称	三项费用（续）			利润总额（千元）
	# 管理费用	# 财务费用	# 利息支出	
化学原料及化学制品制造业	180848	53020	40998	355795
医药制造业	838322	308420	286045	958364
橡胶和塑料制品业	65045	20388	10359	26920
非金属矿物制品业	9271	2175	1651	2352
黑色金属冶炼及压延加工业	364906	123205	116696	103928
有色金属冶炼及压延加工业	122			-1716
金属制品业	96245	-816	-1365	241620
通用设备制造业	11468	582	599	2909
专用设备制造业	8460	226		-2022
汽车制造业	33877	-5277	-5312	19815
交通运输设备制造业	88417	9235	9234	154105
电气机械及器材制造业	65684	7632	7629	186549
通信设备、计算机及其他电子设备制造业	37666	28759	28619	25051
仪器仪表及文化、办公用机械制造业	10384	3598	623	1204
电力、煤气及水的生产和供应业	72208	148636	147991	622875
建筑业	26465	4201	4201	31327
交通运输、仓储和邮政业	112827	32405	32330	1991141
信息传输、计算机服务和软件业	18383	-29973	-30243	172551
批发和零售业	110536	51651	42226	-9513
住宿和餐饮业	37674	7659	850	-9269
房地产业	199493	23148	12407	286905
租赁和商务服务业	7222	-77	-160	9513
科学研究、技术服务和地质勘查业	1281	9		-638
居民服务和其他服务业	24			2
教育				
卫生、社会保障和社会福利业				
四、高新技术产业	933510	319439	293684	1175693

11—17 续表 12　　(2012 年)

行业名称	应交税金（千元）	净利润（千元）
合　　计	**2040237**	**4359341**
# 国有企业与客商兴办的合资、合作企业	836997	1702644
# 以原有企业为依托的合资、合作企业	412578	347883
一、按投资方式分组		
（一）港、澳、台投资经济	573902	712533
1. 港澳台合资经营企业	411437	442539
2. 港澳台合作经营企业	7522	-10501
3. 港澳台独资经营企业	154943	280495
（二）外商投资经济	1466335	3646808
1. 中外合资经营企业	628071	1129908
2. 中外合作经营企业	490065	1237216
3. 外资企业	348199	1279684
二、按产业分组		
第一产业	112	2568
第二产业	1270940	2488522
第三产业	769185	1868251
三、按国民经济行业分组		
农、林、牧、渔业	112	2568
制　造　业	988004	1949020
# 农副食品加工业	1155	62093
食品制造业	87890	124601
酒、饮料和精制茶制造业	2	4
纺　织　业	-1208	-13081
纺织服装、服饰制造业	10150	14542
皮革、皮毛、羽毛及其制品业和制鞋业	26511	11251
造纸及纸制品业		
印刷业和记录媒介的复制业	552	790
文教、工美、体育和娱乐用品制造业	533	-2374
石油加工、炼焦及核燃料加工		

11—17 续表13　　　　（2012年）

行业名称	应交税金（千元）	净利润（千元）
化学原料及化学制品制造业	67590	254294
医药制造业	451634	863095
橡胶和塑料制品业	28156	18143
非金属矿物制品业	2871	680
黑色金属冶炼及压延加工业	154451	100696
有色金属冶炼及压延加工业	3	-1716
金属制品业	7	203373
通用设备制造业	1652	1814
专用设备制造业	873	-2386
汽车制造业	22717	15763
铁路、船舶、航空航天和其他运输设备制造业	28882	131047
电气机械及器材制造业	74099	136950
通信设备、计算机及其他电子设备制造业	10093	21293
仪器仪表及文化、办公用机械制造业	6720	901
电力、热力、燃气及水的生产和供应业	264702	516262
建　筑　业	18234	23240
交通运输、仓储和邮政业	616647	1537461
信息传输、软件和信息技术服务业	25134	147645
批发和零售业	60140	-28328
住宿和餐饮业	2219	-9820
房地产业	57579	203634
租赁和商务服务业	491	7540
科学研究、技术服务业	169	-640
居民服务、修理和其他服务业	2	1
教育		
卫生和社会工作		
四、高新技术产业	506546	1047771

省级及以上开发区主要经济指标

11—18

指标名称	计量单位	2012 年	2011 年
一、1. 全部实有注册企业数	个	4434	4019
2. 全部投产（开业）企业数	个	3439	3249
3. 全部投产企业期末人数	人	293468	224951
二、1. 期末实有三资企业数	个	158	149
投产企业数	个	127	120
2. 本期新批合同个数	个	12	5
合同外资额	万美元	23135	10823
3. 外方注册资本	万美元	5402	10837
4. 本期外商实际投资	万美元	39966	19084
外商直接投资	万美元	39966	19084
三、1. 期末实有内资企业数	个	4276	3870
投产企业数	个	3312	3129
2. 实际利用省外资金（内资）	万元	2082327	1488600
四、1. 工业总产值（当年价格）	万元	43828853	31320367
2. 工业销售产值（当年价格）	万元	41995200	30144750
其中：出口交货值	万元	1892778	1432017
五、1. 主营业务收入	万元	47009115	31988692
2. 主营业务成本	万元	38682269	26859220
3. 主营业务税金及附加	万元	1002446	748212
六、1. 本年固定资产投资完成额	万元	7475430	4820758
其中：企业固定资产投资完成额	万元	6059493	4152586
2. 企业用地面积	万平方米	5561	4583
七、财政收入	万元	1471682	1126306

按贸易方式及企业性质分进出口总值

11—19　　　　（2012 年）　　　　计量单位：千美元、%

贸易方式	进出口	比上年增长	其中：出口	比上年增长	进口	比上年增长
合　计	**12949314**	**-8.7**	**7337814**	**3.6**	**5611500**	**-21.0**
一、按进出口贸易方式分组						
一般贸易	11862051	-9.8	6581151	3.8	5280900	-22.5
国家间、国际组织援助赠送物资	103	86.1	103	86.1		
加工贸易	980010	-3.6	748070	2.5	231939	-19.2
来料加工	55523	-18.3	30417	0.9	25105	-33.6
进料加工	924487	-2.6	717653	2.6	206834	-17.0
加工贸易进口设备		-100.0				-100.0
对外承包工程出口货物	4073	17.1	4073	17.1		
外商投资企业作为投资进口的设备、物品	22398	1467.6			22398	1467.6
保税仓库进出境货物	6622	-32.8	2004	-55.3	4619	-14.0
其他贸易	4246	40.2	2363	415.6	1883	-26.8
二、按进出口企业性质分组						
国有企业	5098340	-25.4	1173394	-10.3	3924947	-29.0
外商投资企业	1527623	-6.6	1268542	-1.8	259082	-24.5
中外合作企业	163379	4.0	123016	13.4	40363	-17.0
中外合资企业	988490	-10.4	862191	-2.6	126299	-42.2
外商独资企业	375754	0.1	283334	-5.3	92420	21.2
集体企业	876296	24.6	158666	-31.6	717630	52.4
私营企业	5404806	8.5	4695134	11.3	709672	-6.8
个体工商户	42246	41.1	42076	40.9	170	85.6
其他企业	3	-35.9	3	-35.9		

按国别（地区）分进出口总值

11—20　　　　(2012 年)　　　　计量单位：千美元、%

国别（地区）	进出口	比上年增长	其中：			
			出口	比上年增长	进口	比上年增长
合　计	**12949314**	**-8.7**	**7337814**	**3.6**	**5611500**	**-21**
亚洲	3232470	-0.8	2697644	5.9	534826	-24.7
阿富汗	1998	59.2	1998	59.2		
巴林	6775	17.7	6775	18.6		-100
孟加拉国	68456	4.4	56429	-2.2	12027	52
文莱	2078	-18.8	2078	-18.8		-100
缅甸	10745	20.3	10592	33.7	153	-84.8
柬埔寨	8893	-4	8501	-7	392	218.5
塞浦路斯	4308	-2.4	4284	0.9	23	-86.3
朝鲜	6455	-17.5	3927	-41.8	2528	134.5
中国香港	81180	-16.6	78886	-15.8	2294	-37.2
印度	404316	-21.5	359823	-0.5	44493	-71
印度尼西亚	279457	35.6	254067	44.4	25390	-15.7
伊朗	79374	-11.7	58371	-17.1	21004	7.8
伊拉克	14631	46.7	14487	47.4	143	-0.1
以色列	58258	-10.4	56881	-9.6	1377	-34.8
日本	385050	-14.1	317371	8	67679	-56.2
约旦	19349	-14.8	19279	-15.1	70	2526.2
科威特	7791	16.4	7112	6.3	679	
老挝	1706	829.5	1706	830.6		-100
黎巴嫩	9655	-5.3	9655	-4.6		-100
中国澳门	656	-14.8	656	-14.8		
马来西亚	153306	4.2	137859	1.4	15447	37.2
马尔代夫	541	98.3	541	98.3		
蒙古	27762	356.2	23005	340.6	4756	450.9
尼泊尔	1525	70.7	1525	70.7		
阿曼	6119	-46.1	5647	-39.4	472	-76.7

11—20 续表 1　　　（2012 年）　　　计量单位：千美元、%

国别（地区）	进出口	比上年增长	其中：			
			出口	比上年增长	进口	比上年增长
巴基斯坦	82523	-5.7	71612	0.7	10911	-33.3
巴勒斯坦	222	-68.4	222	98.6		-100
菲律宾	128738	20.7	115337	27.8	13401	-18.1
卡塔尔	8520	34.7	6317	4.9	2203	629.1
沙特阿拉伯	93111	-4.1	92123	-1.1	989	-75.2
新加坡	103166	23.9	52421	16.8	50745	32.2
韩国	361418	-5.6	310518	-2.1	50900	-22.2
斯里兰卡	20832	17.7	17619	1.6	3213	822.8
叙利亚	7178	-50.5	7178	-50.5		
泰国	145998	32.7	129890	30.8	16109	50.4
土耳其	96494	-4.7	77456	-0.3	19038	-19
阿联酋	105087	-5.9	104488	-5.7	599	-32.5
也门共和国	20332	36.6	20326	36.6	6	
越南	117016	3.9	114047	1.7	2969	403.1
中国	61160	245.2			61160	245.2
台澎金马关税区	169214	-3.2	80681	12.5	88533	-14.2
东帝汶	1344	165.9	1344	165.9		
哈萨克斯坦	27190	-20.7	14216	34.2	12974	-45.3
吉尔吉斯斯坦	15264	-20.7	15264	-20.7		
塔吉克斯坦	6602	-9	6602	-9		
土库曼斯坦	2640	108.4	2071	80.8	569	370.1
乌兹别克斯坦	18036	45.2	16458	33.4	1579	1764
非洲	999808	5.9	603970	8.3	395838	2.5
阿尔及利亚	30512	75.9	28920	70.8	1593	282.5
安哥拉	45136	14.3	45136	14.3		
贝宁	16428	-33.6	16347	-31.4	82	-91

11—20 续表 2　　(2012 年)　　计量单位：千美元、%

国别（地区）	进出口	比上年增　长	其中：			
			出口	比上年增　长	进口	比上年增　长
博茨瓦那	1112	11.7	1112	11.7		
布隆迪	728	104.6	728	104.6		
喀麦隆	16823	27.8	14484	44.4	2340	-25.2
加那利群岛	26		26			
佛得角	667	-22	667	-22		
中非共和国	50	3.8	50	3.8		
乍得	2129	306.8	1454	177.9	674	
科摩罗	490	1039.1	490	1039.1		
刚果	2031	-19.8	2031	-19.8		
吉布提	3916	-2.7	3916	-2.7		
埃及	43290	6.5	38270	8.3	5021	-5.7
赤道几内亚	1607	15.1	1607	15.1		
埃塞俄比亚	21446	1.6	19493	-4.6	1953	195.3
加蓬	3433	194.8	1535	31.8	1898	
冈比亚	2755	-25.9	2755	-25.9		
加纳	40311	9	40311	9.3		-99.9
几内亚	3150	2.3	3139	2.4	11	-21.6
几内亚（比绍）	141	-64.2	141	-64.2		
科特迪瓦	12964	185.1	10950	140.8	2014	
肯尼亚	26674	-14.2	26588	-14.1	86	-45.1
利比里亚	9784	213.7	3624	17.9	6160	13538
利比亚	9090	167.2	9090	170.1		-100
马达加斯加	19154	4	19154	19.5		-100
马拉维	1968	257.8	1968	257.8		
马里	8932	-44.2	5306	128.3	3626	-73.5
毛里塔尼亚	20476	280.9	2181	-59.4	18295	
毛里求斯	7280	-28.2	7274	-28.2	6	-27.5

11—20 续表 3　　　　(2012 年)　　　　计量单位：千美元、%

国别（地区）	进出口	比上年增　长	其中：			
			出口	比上年增　长	进口	比上年增　长
摩洛哥	15718	-22.4	15551	-19.9	167	-80
莫桑比克	7923	-23.6	7667	-15.9	256	-79.5
纳米比亚	1327	11	1327	11		
尼日尔	1894	105.8	1894	105.8		
尼日利亚	63255	-20.4	63020	-20.7	235	3224.2
留尼汪	1259	3.6	1259	3.6		
卢旺达	815	1058.3	815	1058.3		
圣多美和普林西比	234	68.9	234	68.9		
塞内加尔	6069	24.6	4947	1.6	1122	
塞舌尔	320	324.4	320	324.4		
塞拉利昂	17605	435.3	3193	-2.9	14412	
索马里	445	338.8	445	338.8		
南非	421232	-1	92770	24.5	328463	-6.4
苏丹	21294	17.4	20040	18	1253	8.1
坦桑尼亚	26564	51.9	23392	38.8	3173	404.9
多哥	7285	56.8	5453	18.4	1832	4286.5
突尼斯	10429	60.3	10385	61.9	44	-52.6
乌干达	4589	12.5	4358	6.8	231	
布基纳法索	3712	-49.3	2820	-12.9	892	-78.1
民主刚果	19317	-17.3	19317	-17		-100
赞比亚	3143	102.3	3143	102.3		
津巴布韦	9713	53.9	9713	58		-100
莱索托	153	27.4	153	27.4		
斯威士兰	1430	53.8	1430	53.8		
厄立特里亚	1291	120.4	1291	120.4		
马约特岛	269	37.6	269	37.6		
非洲其他国家（地区）	19		19			
欧洲	2512037	-2.6	2153978	-1.4	358059	-8.9

11—20 续表 4　　　　（2012 年）　　　　计量单位：千美元、%

国别（地区）	进出口	比上年增长	其中：			
			出口	比上年增长	进口	比上年增长
比利时	94533	-31.6	86068	-30.1	8465	-43.8
丹麦	30840	-26.7	29351	-14.6	1490	-80.7
英国	242856	-9.8	196242	-7.5	46614	-18.4
德国	434470	-14.6	306626	-17.2	127843	-7.6
法国	134682	1	118698	-3.2	15984	49
爱尔兰	13478	2	8743	10.9	4734	-11
意大利	251562	-6.7	187078	-12.6	64484	15.7
卢森堡	685	-27.5	502	-36.2	182	16.1
荷兰	170701	-11.4	145116	-16.3	25585	32.1
希腊	8462	-19.9	6189	-21.7	2273	-14.6
葡萄牙	19726	-0.1	17179	-6.4	2547	80.6
西班牙	97328	-21.3	87607	-21	9721	-23.8
阿尔巴尼亚	1558	-21.5	1558	4.6		-100
奥地利	11468	2.6	5715	-34.3	5753	131.9
保加利亚	3116	14.8	3107	17.4	9	-86.2
芬兰	38459	-24.1	30605	-15.1	7853	-46.3
直布罗陀	28	13	28	13		
匈牙利	10167	-20.3	9801	-16.8	366	-62.6
冰岛	370	161.2	370	161.2		
列支敦士登	77		77			
马耳他	2391	19.3	2366	19.5	25	5.7
摩纳哥	123	-6.3	123	-6.3		-100
挪威	11565	-13.8	10596	-16.2	969	25.4
波兰	37865	-12.1	37353	-12.9	512	125.7
罗马尼亚	11860	-10.6	11787	-10.1	73	-53.1
圣马力诺	3		3			
瑞典	43361	-8.6	36327	-7.8	7035	-12.5
瑞士	13257	-13.8	8593	-10.9	4664	-18.8
爱沙尼亚	4249	-28.6	4206	-28.6	44	-24.4

11—20 续表 5　　　　（2012 年）　　　　计量单位：千美元、%

国别（地区）	进出口	比上年增长	其中：			
			出口	比上年增长	进口	比上年增长
拉脱维亚	7462	-5.5	7305	-6.7	157	147.7
立陶宛	15343	26.6	15343	26.6		
格鲁吉亚	8032	43.4	8032	43.4		
亚美尼亚	995	9.7	995	9.7		
阿塞拜疆	6894	505	6894	505		
白俄罗斯	4240	-8.6	4151	-10.6	89	
摩尔多瓦	256	1.2	256	1.2		
俄罗斯联邦	601615	12.5	595885	18.5	5730	-82.1
乌克兰	140018	238.9	128213	210.8	11806	19007.2
斯洛文尼亚	13153	50.6	12294	44.3	859	310.6
克罗地亚	5325	57	5302	56.4	23	23524
捷克共和国	11116	-12.5	10152	-15	964	27.4
斯洛伐克	2196	190.7	2177	189	19	769.7
马其顿	141	7.1	141	8.6		-100
波斯尼亚-黑塞哥维那共和	1243	4863.3	57	127.8	1186	
法罗群岛		-100		-100		
塞尔维亚	3845	226.7	3845	226.7		
黑山	921	147.5	921	147.5		
拉丁美洲	1874834	-31.9	535402	6.1	1339432	-40.4
安提瓜和巴布达	7	-81.1	7	-81.1		
阿根廷	28296	-23.3	27077	-25.1	1219	68.5
阿鲁巴岛	48	-90.7	48	-90.7		
巴哈马	17	-56.3	17	-56.3		
巴巴多斯	292	4.6	292	4.6		
伯利兹	273	-5.8	273	-5.8		
玻利维亚	3998	60.2	3889	91.1	109	-76.3
巴西	1472613	-37.7	153270	22.7	1319343	-41.1
智利	86383	5.7	78735	-1.6	7648	352.9

11—20 续表 6　　　　(2012 年)　　　　计量单位：千美元、%

国别（地区）	进出口	比上年增长	其中：出口	比上年增长	进口	比上年增长
哥伦比亚	22533	-7.1	22533	-7.1		
多米尼亚共和国	213	-30.8	213	-30.8		
哥斯达黎加	8767	29.3	8330	23.3	437	1574.2
古巴	6156	36.2	6156	36.2		
库腊索岛	4	-86.3	4	-86.3		
多米尼加共和国	10890	14.7	10890	14.7		
厄瓜多尔	11304	10.7	11240	12.2	64	-66.2
法属圭亚那		-99.4		-99.4		
格林纳达	9	-57.2	9	-57.2		
瓜德罗普	197	-17.2	197	-17.2		
危地马拉	9926	-8.2	9926	-7.8		-100
圭亚那	2662	29.5	2662	29.5		
海地	9680	-5.8	9680	-5.8		
洪都拉斯	3115	-46.6	3113	31.9	2	-100
牙买加	2053	20.9	2053	20.9		
马提尼克	51		51			
墨西哥	68843	-3	65763	-5.9	3080	167.4
尼加拉瓜	16322	-20.4	16322	-20.4		
巴拿马	11923	-28.8	11908	-28.7	14	-63.5
巴拉圭	2825	-2.2	2825	-2.2		
秘鲁	45496	73.1	45496	76.2		-100
波多黎各	8270	23.8	8270	23.8		
圣卢西亚		-100		-100		
圣文森特和格林纳丁斯		-100		-100		
萨尔瓦多	2414	-24.9	2414	-24.9		
苏里南	2713	13	2713	13		
特立尼达和多巴哥	5672	25.9	5672	25.9		0

11—20 续表7　　(2012年)　　计量单位：千美元、%

国别（地区）	进出口	比上年增长	其中：出口	比上年增长	进口	比上年增长
乌拉圭	9515	9.3	6894	-9.3	2621	137.2
委内瑞拉	21315	23.8	16421	-4.6	4894	
英属维尔京群岛		-100		-100		
荷属安地列斯群岛	37	-53.5	37	-53.5		
北美洲	1570628	13.6	1204923	5.6	365705	51.9
加拿大	206471	47.5	129059	12.3	77411	208.7
美国	1364157	9.8	1075863	4.8	288294	33.7
格陵兰		-100				-100
大洋洲	2759517	-15.7	141897	-1.3	2617620	-16.3
澳大利亚	2696810	-16.1	108738	-2.5	2588071	-16.6
斐济	3958	93.2	3958	93.2		
新喀里多尼亚	411	40.8	411	40.8		
瓦努阿图	227	186.3	227	186.3		
新西兰	48538	9.2	18989	-5.7	29548	21.6
巴布亚新几内亚	8307	-1.2	8307	-1.2		
社会群岛	189	1730.6	189	1730.6		
所罗门群岛	249	28.9	249	28.9		
汤加	176	-3.5	176	-3.5		
萨摩亚	309	-4.8	309	-4.8		
基里巴斯	99	52.4	99	52.4		
密克罗尼西亚联邦	14	-47.1	14	-47.1		
法属波利尼西亚	194	-45.6	194	-45.6		
瓦利斯和浮图纳		-100		-100		
大洋洲其他国家（地区）	39		39			
国（地）别不详的	20	781.2			20	781.2
东南亚国家联盟	951104	20.9	826498	21.9	124606	14.8
欧盟25国	1700862	-12.4	1367329	-13.9	333533	-5.8
欧盟27国	1715838	-12.4	1382223	-13.8	333615	-5.8

按商品构成分进出口总值

11—21　　(2012 年)　　计量单位：千美元、%

商品构成	出口	比上年增长	进口	比上年增长
合计	**7196842**	**1.6**	**5600000**	**-21.2**
一．初级产品	379825	-23.8	4667180	-25.4
第 0 类　食品及活动物	204145	-29.8	41459	-11.9
00 章　活动物				-100
01 章　肉及肉制品	37882	18.4	14366	73.9
02 章　乳品及蛋品			22625	4.6
03 章　鱼，甲壳及软体类动物及制品	803	-65.6	422	-90.1
04 章　谷物及其制品	2682	-25.7	1460	22.6
05 章　蔬菜及水果	122327	-33.5	1435	-82
06 章　糖，糖制品及蜂蜜	24791	-0.6	506	393.2
07 章　咖啡，茶，可可，调味料及制品	797	-97	214	213.4
08 章　饲料（不包括未碾磨谷物）	9214	-9.6		-100
09 章　杂项食品	5649	-24.2	430	114
第 1 类　饮料及烟类	748	-10.7	1291	23.2
11 章　饮料	748	-10.7	1291	23.2
第 2 类　非食用原料（燃料除外）	126518	-0.6	4608413	-25.3
21 章　生皮及生毛皮	1430	-4.1	185184	-0.4
22 章　油籽及含油果实	2278	-65.7	14436	51.4
23 章　生橡胶（包括合成及再生橡胶）	10687	37.4	11630	37.3
24 章　软木及木材	2276	160.3	1000	96.3
25 章　纸浆及废纸			44795	-25.6
26 章　纺织纤维（羊毛条除外）及废料	43015	-18.3	100998	-24.1
27 章　天然肥料及矿物（除煤，石油，宝石）	47131	23.7	36896	37.1
28 章　金属矿砂及金属废料	594	-42	4210587	-26.7
29 章　其他动，植物原料	19107	2.3	2886	19

11—21 续表1　　　　(2012年)　　　　计量单位：千美元、%

商品构成	出口	比上年增长	进口	比上年增长
第3类　矿物燃料，润滑油及有关原料	45933	-40.7	15685	-61.2
32章　煤，焦炭及煤砖	2290	269	15068	-62.5
33章　石油，石油产品及有关原料	43643	-43.2	617	105.2
第4类　动植物油，脂及蜡	2482	27.7	333	-39.7
41章　动物油，脂		-100		
42章　植物油，脂	10		280	-49.2
43章　已加工的动植物油，脂及动植物腊	2471	30.3	53	17875.5
二. 工业制品	6817017	3.6	932820	10.1
第5类　化学成品及有关产品	1752096	4.5	312202	-7.8
51章　有机化学品	444076	5.4	113079	-9.9
52章　无机化学品	284848	70.6	9258	33.6
53章　染料，鞣料及着色料	50636	-21.3	8661	-12.6
54章　医药品	771149	-11.3	47703	24.4
55章　精油，香料及盥洗，光洁制品	4392	-18.6	4232	35.1
56章　制成肥料	22081	71.3		-100
57章　初级形状的塑料	28147	25.2	94798	-20.7
58章　非初级形状的塑料	28087	22.7	8519	48.9
59章　其他化学原料及产品	118679	30.6	25952	-12
第6类　按原料分类的制成品	2390373	3.8	111816	-8.9
61章　皮革，皮革制品及已鞣毛皮	24679	7	28293	8.6
62章　橡胶制品	9120	-5.2	1646	15.8
63章　软木及木制品（家具除外）	15347	40.4	2471	71.2
64章　纸及纸板；纸浆，纸及纸板制品	29692	8.2	2738	-16.6
65章　纺纱，织物，制成品及有关产品	564477	-12.1	24320	-9.9
66章　非金属矿物制品	180865	1.4	7858	112.8

11—21 续表 2　　（2012 年）　　计量单位：千美元、%

商品构成	出口	比上年增长	进口	比上年增长
67 章　钢铁	815693	6.4	31983	-38
68 章　有色金属	53272	93.9	2419	14.5
69 章　金属制品	697230	12.8	10090	64.4
第 7 类　机械及运输设备	724699	9.6	442140	32.1
71 章　动力机械及设备	110874	42.9	19188	173.8
72 章　特种工业专用机械	107200	7.4	56376	-21
73 章　金工机械	35745	3.9	13821	-30.8
74 章　通用工业机械设备及零件	264372	0.7	117876	-20.1
75 章　办公用机械及自动数据处理设备	3052	-65.8	49125	1735.5
76 章　电信及声音的录制及重放装置设备	15524	-37.3	2314	-11.5
77 章　电力机械，器具及其电气零件	63908	10.6	44834	-34.1
78 章　陆路车辆（包括气垫式）	58565	-0.3	13228	14.6
79 章　其他运输设备	65459	78.2	125378	3022.8
第 8 类　杂项制品	1949845	0.5	66662	30.1
81 章　活动房屋；卫生，供热，照明装置	17406	-14.8	1087	2456.8
82 章　家具及零件；褥垫及类似填充制品	34046	0.7	583	36.5
83 章　旅行用品，手提包及类似品	43345	5.1	33	-4.5
84 章　服装及衣着附件	1468315	-1.6	7118	285.9
85 章　鞋靴	139451	13.2	103	-72
87 章　专业，科学及控制用仪器和装置	27040	6.6	50743	23.8
88 章　摄影器材，光学物品及钟表	11231	34.3	1860	-22.9
89 章　杂项制品	209010	6.5	5135	0.3
第 9 类　未分类的商品	4	-10.6		0

出口主要商品统计情况

11—22　　(2012 年)

商品构成	计量单位	数量	比上年增长 (%)	金额 (千美元)	比上年增长 (%)
肉及杂碎	吨	1282	-35.8	10462	-29.2
牛肉	吨		-100		-100
冻鸡	吨		-100		-100
水海产品	吨	215	-2.5	589	-18.8
冻鱼、冻鱼片	吨	212	1.1	576	-12.1
粮食	吨	53982	-10.7	53599	-9.2
谷物及谷物粉	吨	6442	65.3	3160	59.4
玉米	吨	15	243.2	16	239.8
淀粉块茎及薯类	吨	840	55163.2	290	49608.4
豆类	吨	46700	-17.4	50149	-12.1
蔬菜	吨	30733	2.9	35265	12.7
鲜或冷藏蔬菜	吨	13606	15.5	10810	82
干的食用菌类	吨	20	50.6	190	76.2
鲜、干水果及坚果	吨	78125	-6.9	43110	-18.1
苹果	吨	193	-69.5	248	-66.7
梨	吨		-100		-100
果蔬汁	吨	8355	199.2	13025	211.3
食用油籽	吨	4516	-2.7	5842	-7.7
大豆	吨	1260	161.3	1023	166.5
花生、花生仁	吨	1728	-30.2	3003	-17.8
烘焙花生	吨	357	34.3	846	59.1
天然蜂蜜	吨	305	-42.3	529	-41.4
茶叶	吨			2	
辣椒干	吨		-100		-100
猪肉罐头	吨		-100		-100
蘑菇罐头	吨	249	-12.1	465	-8.8
啤酒	万升	1		8	
肠衣	吨	349	-28.4	5779	-29.2
填充用羽毛；羽绒	吨	1	-77.8	34	-82.6
药材	吨	1283	28.1	9054	43.3
肥料	吨	83562	71.1	22527	66.9
矿物肥料及化肥	吨	82603	74	22231	68.9
尿素	吨	95	-66	40	-70.1
锯材	立方米	1282	172.2	1554	366
胶合板及类似多层板	立方米	18536	102.4	7094	81.5
印刷品	吨	1766	16.2	8402	43.6
山羊绒	吨	210	-5.9	23601	-1.3
粘土及其他耐火矿物	吨	91300	40.6	15686	32.8
天然石墨	吨	6460	39.3	3941	17.7
天然碳酸镁；氢化镁	吨	52710	23.7	5817	21

11—22 续表1　　　　（2012 年）

商品构成	计量单位	数量	比上年增长（%）	金额（千美元）	比上年增长（%）
萤石（氟石）	吨	12430	22.1	3896	57.3
天然硫酸钡（重晶石）	吨	1006	413.4	164	370.6
滑石	吨	2			
煤	万吨	1	148.8	2135	244
成品油	吨	46	248.5	28	26.9
石蜡	吨	452	-76	538	-77
稀土	吨	18844	2.1	2296	
氧化铝	吨	186	-26.5	369	-60.9
钨品	吨	189	28.2	6694	17
钨及其制品	吨	1	118.5	32	71.6
氧化锌及过氧化锌	吨	351	-29.6	530	-17.8
碳酸钠（纯碱）	吨	381	-15.5	100	-12.7
合成有机染料	吨	5960	19.7	18218	15.6
锌钡白（立德粉）	吨	1772	-29.1	1571	14.4
医药品	吨	94590	0.7	771173	-11.3
维生素C	吨	39857	-5	163649	-26.5
抗菌素（制剂除外）	吨	10911	-16.1	293794	-17
中式成药	吨	53	-6.5	1225	-29.2
医用敷料	吨	563	123.3	3387	148.9
美容化妆品及护肤品	吨	54	296.4	162	125.4
口腔及牙齿清洁剂	吨	2	662.5	24	496.9
洗衣粉	吨	1238	4.5	727	-4.4
烟花、爆竹	吨	935	-5.2	2172	5.9
松香及树脂酸	吨	322	-35.5	546	-45.9
农药	吨	6408	80.5	23167	48.7
初级形状的聚氯乙烯	吨	1007	-63.2	899	-61
新的充气橡胶轮胎	万条	22	-15	504	6.8
家用或装饰用木制品	吨	264	116.7	557	34.5
纸及纸板（未切成形的）	吨	11078	39.5	15297	27.5
新闻纸	吨	197		98	
牛皮纸	吨	1044	398.8	276	84.9
纺织纱线、织物及制品	--			572897	-11.2
毯子及旅行毯	万条	58	65.6	1279	-16.2
床上餐桌盥洗厨房织物制品	万件	7681	10.6	98542	1.7
毛纺机织物	万米	43	-33	4716	-36.2
棉机织物	万米	4758	-11	95696	-17.8
亚麻及苎麻机织物	万米	34	4.5	1085	1.8
合成短纤与棉混纺机织物	万米	12267	-18.2	103865	-25.8
地毯	万平方米	1620	4	56086	10.2
塑料编织袋（周转袋除外）	万条	5069	-6.7	14013	-7.3
水泥	吨	5977	-68.5	596	-75.1
花岗岩石材及制品	吨	11237	11.4	5160	-19.1

11—22 续表2 （2012年）

商品构成	计量单位	数量	比上年增长（%）	金额（千美元）	比上年增长（%）
平板玻璃	万平方米	451	179.1	1382	136.7
玻璃制品	—			34378	-9.9
家用陶瓷器皿	吨	23980	-12.8	25867	-15.2
珍珠、钻石、宝石及半宝石	—			12	
生铁及镜铁	吨	20		16	
铁合金	吨	3017	-50.7	6002	-52.4
钢坯及粗锻件	吨	68	3458.8	42	391.2
钢材	吨	863241	18.6	808719	7.4
钢铁棒材	吨	386149	16.4	286403	-0.2
角钢及型钢	吨	47211	17.2	43487	4.8
钢铁板材	吨	128386	39.3	113439	37.3
钢铁线材	吨	136037	28.9	134580	12.8
钢铁管配件	吨	83635	2.7	145278	7.4
未锻造的铜及铜材	吨	585	46.6	4924	48.7
未锻造的铜（包括铜合金）	吨	4		21	
铜材	吨	581	45.6	4903	48
未锻造的铝及铝材	吨	2058	-13.7	7022	-5.1
铝材	吨	2058	-13.7	7022	-5.1
未锻造的锌及锌合金	吨	59		103	
钢铁或铜制标准紧固件	吨	23779	148.2	29455	116
不锈钢厨具、餐具等家用器具	吨	63	47	273	8.3
餐桌、厨房及其他家用搪瓷器	吨	2322	139.8	6469	144.1
手用或机用工具	吨	13827	-12.5	75035	1.5
电扇	台	77866	17.1	3413	90.6
空气调节器	台	1180	-11.8	19840	18.8
冰箱	台	1618	-49.8	144	-27.8
洗衣机	台	2363	236200	185	12040.7
微波炉	万个			1	
纺织机械及零件	—			5057	0.4
家用缝纫机	台	122	-91.1	6	-69.7
工业用缝纫机	台	1397	20.8	323	89.7
金属加工机床	台	18377	-15.6	6182	-5.9
车床	台	22	-56	97	63.7
铣床	台	6	200	34	-16.2
电子计算器（包括具有计算功能的袖珍数据记录重现机）	台	423957	-1.9	208	-28
自动数据处理设备及其部件	台	62535	-44.2	1053	58.7
自动数据处理设备	台	705	11650	217	5990.4
便携式电脑	台	548		37	

11—22 续表 3　　　　(2012 年)

商品构成	计量单位	数量	比上年增长（%）	金额（千美元）	比上年增长（%）
微型电脑	台	156	5100	179	8614.7
中央处理部件	台	30	2900	184	2458.7
显示器	台		-100		-100
液晶显示器	台		-100		-100
存储部件	台	620	-85.3	3	-98.8
键盘、鼠标器	万个	4	-9.3	98	90
自动数据处理设备的零件	吨	3	32.4	297	155.7
打印机（包括多功能一体机）	台	192	21.5	452	77.7
液晶显示板	万个	941	-36.5	9723	-14.4
轴承	万套	915	-22	4354	-5.1
电动机及发电机	台	358974	-42.8	33972	-19.6
变压器	万个		-96.7	2681	-47.8
静止式变流器	万个	15	-66.2	1030	0.2
原电池	万个	9	100.1	5	46.5
蓄电池	万个	3	23.4	1227	49.3
电话机	台	1140	-29.7	53	-6.4
手持或车载无线电话机	台		-100		-100
扬声器	万个	16	118.1	426	138.7
录、放像机	台	98	-83.9	14	-65.7
DVD 播放机	台	24	-94	1	-95.7
收音设备（包括收录音组合机及整套散件）*	台	12295	-68.2	13	-90.6
电视机（包括整套散件）	台	794	1223.3	174	1163.4
彩色电视机（包括整套散件）	台	794	1223.3	174	1163.4
录放音、像机及唱机的零附件	—			1	3.6
电视、收音机及无线电讯设备的零附件	吨	2225	108.8	4326	26.1
电容器	吨	3	10.6	32	-65.8
印刷电路	万块	308	891.7	1713	25.5
通断保护电路装置及零件	—			5085	-33.1
节能灯	万只	8	6.7	66	-18.8
二极管及类似半导体器件	万个	67	-96.2	3061	165.5
集成电路	万个	230	-51.1	561	-31.3
处理器及控制器	万个		-49.3	22	220.6
存储器	万个			2	
放大器	万个			7	
电线和电缆	吨	419	23.9	11509	674.1
集装箱	个	2		3	
汽车（包括整套散件）	辆	75	56.3	4274	450.9

11—22 续表 4　　　　(2012 年)

商品构成	计量单位	数量	比上年增长（%）	金额（千美元）	比上年增长（%）
小客车（九座及以下的）（包括整套散件）	辆	3		60	
货车（包括整套散件）	辆	15	-46.4	604	390.7
装有引擎的汽车底盘	台	5		8	
汽车零件	—			50333	4
摩托车	万辆		-80.4	34	-95.2
自行车	万辆	3	-48.3	571	-67
摩托车及自行车的零件	—			2051	-62.1
船舶	艘	595	-11.1	2054	-58.8
散货船	艘	2		1129	-18.5
照相机	万架			17	
数字式相机	万架			1	
医疗仪器及器械	—			8479	10.3
手表	万只	8	72.5	79	49.3
电动手表	万只	8	72.5	79	49.3
日用钟	万只	34	-37.8	363	-36.8
家具及其零件	—			25240	10.8
床垫、寝具及类似品	—			8806	-20.1
灯具、照明装置及类似品	—			9701	-6.7
箱包及类似容器	—			43274	5
体育用品及设备	—			4806	2.1
服装及衣着附件	—			1487128	1.1
织物制服装	—			832851	0.2
非针织钩编织物服装	—			635141	-5.9
针织或钩编的服装	—			197710	26.5
皮革服装	万件	68	48.4	92104	82.7
裘皮服装	吨	47	-7.4	14746	27.5
皮革手套	万双	257	15.5	9443	13.9
PVC 手套	万双	8539	-8.6	312400	-6.6
织物制袜子	万双	2139	99	3860	19
帽类	万个	8066	0.9	45461	0.7
鞋类	—			140244	13.9
鞋	万双	651	17.7	137339	16.8
外底及鞋面均以橡胶或塑料制的鞋	万双	242	77.6	8104	129.4
皮面鞋	万双	39	-6	3630	18.2
橡胶或塑料底纺织材料为面的鞋	万双	77	142.7	1696	61.4
鞋靴零件；护腿及类似品	吨	349	-46.4	2905	-47.8

11—22 续表5　　　　(2012年)

商品构成	计量单位	数量	比上年增长(%)	金额(千美元)	比上年增长(%)
塑料制品	吨	26599	27.3	67568	25.2
玩具	—			1142	27.8
游戏机	台		-100		-100
圣诞用品	—			1822	-12.9
足球、篮球、排球	万个	13	-13.6	140	35.3
打火机	万个	202		187	
艺术品、收藏品及古董	—			2930	276.8
贵金属或包贵金属的首饰	—			7	9
伞	万把	19	-78.1	561	-51.2
竹编结品	吨	2	-50.3	9	-22.8
藤编结品	吨	37	-8.5	107	1.6
草编结品	吨	41	-60.5	228	-53.2
柳编结品	吨	51	-85.7	313	-64.5
*农产品	—			318061	-2.2
*机电产品	—			1633149	10.5
金属制品	—			842574	12.1
机械设备	—			468820	9.4
电器及电子产品	—			126929	-6.1
运输工具	—			125260	30.8
仪器仪表	—			37703	13.1
其他	—			31864	-3
*高新技术产品	—			367564	13.8
生物技术	—			324	105.2
生命科学技术	—			301841	20.9
光电技术	—			10442	-13.4
计算机与通信技术	—			14957	-52.1
电子技术	—			9290	-15.7
计算机集成制造技术	—			13239	23.9
材料技术	—			16758	117.8
航空航天技术	—			568	16.9
其他技术	—			145	70.4
瓷砖	万平方米	4834	-32.9	12147	-33.4
陶瓷卫生设备	—			2893	9.4
装饰陶瓷	吨	123	-40.4	194	-34.2
镁及其制品	吨	16570	144.7	47466	158.9
*光伏电池及组件(85414)	万个	8	-79.9	172	45.9
钢丝布、网、篱、格栅	吨	93895	17.3	127070	13.9
食品工业残渣	吨		-100		-100
饲料添加剂	吨	1284	18.5	8201	9.1
天然色素等植物提取物	吨	17	0.2	677	-42.6
葡萄糖及葡萄糖浆	吨	8285	-28	6772	-29.6

旅游业发展情况

11—23

指标名称	2011年	2012年
国内游客（万人次）	**3247**	**4185**
旅游业总收入（亿元）	**200.63**	**268.6**
国内旅游收入（亿元）	197.42	264.7
创汇收入（万美元）	4942.63	6163.8
A景区数量（家）	**27**	**29**
5A	1	1
4A	21	25
3A	3	1
2A	2	2
旅游星级饭店（家）	**65**	**65**
5星级	3	3
4星级	22	23
3星级	28	29
2星级	12	10
旅行社（家）	**217**	**223**
出境组团社	17	17
一般组团社	200	206

涉外旅游情况

11—24

指标名称	2010 年	2011 年	2012 年
一、入境游客人数合计（人次）	117328	136019	157863
1. 外国人	99800	106794	130184
2. 香港同胞	9364	14157	14068
3. 澳门同胞	977	1596	3422
4. 台湾同胞	7187	13472	10189
二、入境游客人天数合计（人天）	234961	293590	376412
1. 外国人	199772	230234	312897
2. 香港同胞	18764	30325	33273
3. 澳门同胞	1953	3593	8323
4. 台湾同胞	14445	29438	21919
三、创汇收入（万美元）	4383. 9	4942. 6	6163. 8

十二、教育　科技　文化

普通高等学校基本情况

12—1　　　　(2012 年)　　　　计量单位：人

单位名称	招生人数	在校学生数	毕业生数	教职工数	# 专任教师
合　计	**117887**	**395714**	**108765**	**35951**	**23581**
石家庄经济学院	5161	17528	4504	1459	913
河北科技大学	5286	18747	4691	2446	1329
河北医科大学	3323	12986	2202	2379	1352
河北师范大学	5694	21246	5159	2902	1563
石家庄学院	5200	17362	4990	991	744
石家庄铁道大学	3628	13618	3903	1416	854
河北体育学院	1393	5143	1324	472	307
河北经贸大学	4944	17804	4675	1891	1059
河北传媒学院	3661	14354	2488	1486	1222
河北美术学院	2424	5690	1265	620	467
河北外国语学院	2901	7226	2061	665	500
河北科技大学理工学院	3862	14983	3268	991	846
河北师范大学汇华学院	3519	13448	2694	1005	759
河北经贸大学经济管理学院	3268	13192	2656	859	719
河北医科大学临床学院	2436	11420	1825	651	555
石家庄铁道大学四方学院	2780	10542	2262	698	503
石家庄经济学院华信学院	2095	8175	2013	721	418
河北工业职业技术学院	3526	11256	3550	613	445
石家庄职业技术学院	3904	11934	3796	683	582
河北政法职业学院	4135	13247	3654	651	476
石家庄铁路职业技术学院	2344	7043	2349	433	305
河北省艺术职业学院	649	2022	792	314	215
河北交通职业技术学院	3269	10386	3062	531	450
河北化工医药职业技术学院	2766	10371	3333	647	531
石家庄信息工程职业学院	3571	10466	3327	1483	576

12—1 续表　　（2012 年）　　计量单位：人

单位名称	招生人数	在校学生数	毕业生数	教职工数	# 专任教师
石家庄邮电职业技术学院	2563	7606	2550	602	412
河北公安警察职业学院			674	205	65
河北司法警官职业学院	976	3417	1698	402	197
河北女子职业技术学院	1133	4651	1733	337	256
石家庄科技工程职业学院	1197	3506	788	206	163
河北劳动关系职业学院	1230	4178	888	352	199
石家庄幼儿师范高等专科学校	767	1388		345	268
河北轨道运输职业技术学院	823	823		168	88
石家庄工程职业学院	2053	5664	1756	451	319
石家庄外国语职业学院	399	1493	1320	171	102
石家庄城市职业学院	3112	8873	2808	469	396
石家庄财经职业学院	3257	7561	1562	414	304
石家庄工商职业学院	1131	4236	1292	331	249
石家庄理工职业学院	2535	7855	2196	709	472
石家庄科技信息职业学院	1294	4587	1737	475	278
石家庄医学高等专科学校	3941	12332	4182	1321	899
石家庄经济职业学院	2107	4404	1512	393	257
石家庄人民医学高等专科学校	1228	4146	789	477	381
石家庄科技职业学院	511	1676	688	180	116
河北地质职工大学				175	110
河北省广播电视大学	402	1828	2057	217	58
石家庄职工大学	357	1136	481	128	82
河北管理干部学院		1008	906	222	89
河北青年管理干部学院	1132	3157	1305	194	131

技工学校基本情况

12—2　　　　(2012年)　　　　计量单位：人

单位名称	毕业生数	招生人数	在校学生数	教职工数
全市合计	**9492**	**9709**	**22143**	**2265**
石家庄铁路高级技工学校	3090	3544	7149	364
石家庄市高级技工学校	727	1107	2593	234
行唐县劳动技工学校		47	47	21
西柏坡劳动技工学校	125	137	446	28
正定县劳动技工学校	263	188	415	51
藁城市劳动技工学校	287	79	197	31
鹿泉市劳动技工学校	90	100	316	51
元氏县劳动技工学校	61	82	166	23
赞皇县劳动技工学校				13
赵县劳动技工学校	28		20	33
栾城县劳动技工学校	32			21
井陉矿区劳动技工学校	217	180	477	34
无极县劳动技工学校	36	46	98	20
辛集市劳动技工学校	72	128	271	40
河北省地勘局技工学校	115	57	204	159
河北省交通职业技术学校	353	185	739	95
河北省机电技工学校	8			39
石家庄市机械技工学校	474	410	1138	96
石家庄市轻工技工学校	6	43	89	42
石家庄市交通技工学校	48	91	192	67

12—2 续表　　　　(2012 年)　　　　计量单位：人

单位名称	毕业生数	招生人数	在校学生数	教职工数
石家庄市粮食技工学校	15	13	33	29
石家庄市电子技工学校	175	132	518	86
石家庄市第一职业中专技工班				175
石家庄市饮食集团公司技工学校	58	24	76	16
石家庄市国大集团技工学校	25	16	36	9
华北制药集团有限责任公司技工学校	309	190	746	49
石家庄钢铁有限责任公司技工学校	41	38	38	11
石家庄工业工程技工学校	85		54	13
石家庄金钢内燃机零部件集团有限公司技工学校	87	11	11	12
石家庄泵业集团有限责任公司技工学校		3		6
石家庄三环冶金装备集团技工学校	24	15	59	10
中国人民解放军通用装备职业技术学校	336	154	602	58
河北省新力技工学校	162	98	440	27
河北省新华冶金技工学校	189	268	380	48
河北省工业数控技工学校		191	310	14
河北省工贸技工学校	488	284	866	44
石家庄市长安机电技工学校	350	360	695	29
石家庄市铁路职业技工学校	986	1448	2609	155
石家庄市燕春技工学校	130	40	113	12

普通中学基本情况

12—3　　　　（2012年）　　　　计量单位：人

行政单位	学校数（所）	毕业生数	普通初中	普通高中	招生人数	普通初中	普通高中
全市总计	**413**	**169176**	**98288**	**70888**	**160782**	**101822**	**58960**
市区合计	88	48919	24737	24182	50723	27985	22738
#长安区	11	5781	3410	2371	5128	3374	1754
桥东区	14	3253	2543	710	3958	3302	656
桥西区	12	7975	4394	3581	8295	5104	3191
新华区	17	7983	5532	2451	8717	6288	2429
矿　区	3	978	653	325	1064	703	361
裕华区	9	8082	6261	1821	7497	6170	1327
高新区	5	1914	869	1045	2045	1135	910
井陉县	11	5558	3874	1684	5426	3411	2015
正定县	21	7161	4966	2195	8077	5707	2370
栾城县	13	5471	3481	1990	4207	2442	1765
行唐县	20	7099	4379	2720	7254	4720	2534
灵寿县	18	5132	2987	2145	4580	3196	1384
高邑县	9	2728	1443	1285	2528	1513	1015
深泽县	10	3208	2106	1102	3832	2290	1542
赞皇县	8	2849	1850	999	2504	2107	397
无极县	17	6965	4124	2841	5543	3795	1748
平山县	24	7739	5053	2686	7344	4682	2662
元氏县	14	6792	5133	1659	8300	6312	1988
赵　县	27	13428	7268	6160	8327	6173	2154
辛集市	33	12285	6545	5740	11193	6909	4284
藁城市	30	11995	6691	5304	10059	6482	3577
晋州市	22	7264	4581	2683	6846	4813	2033
新乐市	30	8558	5370	3188	7853	5108	2745
鹿泉市	18	6025	3700	2325	6186	4177	2009

12—3 续表　　(2012 年)　　计量单位：人

行政单位	在校学生数			教职工数	
		普通初中	普通高中		#专任教师
全市总计	**478291**	**291050**	**187241**	**44624**	**35584**
市区合计	149502	78903	70599	12381	10304
#长安区	16223	9837	6386	1674	1516
桥东区	11096	9112	1984	1089	905
桥西区	24296	13922	10374	1746	1527
新华区	24937	17754	7183	1904	1532
矿　区	2963	1957	1006	327	291
裕华区	22634	18345	4289	1740	1499
高新区	6469	3211	3258	568	455
井陉县	15537	9989	5548	1258	1039
正定县	22928	15952	6976	2394	1776
栾城县	12877	7458	5419	1659	1329
行唐县	21147	13199	7948	1833	1350
灵寿县	12561	8217	4344	1344	1044
高邑县	7412	4120	3292	792	610
深泽县	10306	6206	4100	881	702
赞皇县	7273	5729	1544	791	644
无极县	16802	11304	5498	1690	1350
平山县	21836	13911	7925	2031	1694
元氏县	24084	18277	5807	1890	1511
赵　县	28189	18482	9707	2935	2158
辛集市	34035	19939	14096	3753	2673
藁城市	31271	18413	12858	3171	2479
晋州市	20456	13940	6516	1978	1820
新乐市	23563	15116	8447	1882	1484
鹿泉市	18512	11895	6617	1961	1617

职业中学基本情况

12—4　　（2012年）　　计量单位：人

行政单位	学校数（所）	毕业生数	招生人数	在校学生数	教职工数	# 专任教师
全市总计	**141**	**102609**	**62558**	**192995**	**11568**	**8332**
市区合计	85	68234	41727	128150	6221	4042
#长安区	9	2058	2421	7240	494	408
桥东区	8	3430	2721	7647	556	426
桥西区	19	2172	2509	8305	775	464
新华区	16	11816	10191	28742	1784	1070
矿　区	2	362	370	1086	86	73
裕华区	7	15216	7428	20156	647	407
高新区	8	2867	428	2632	173	93
井陉县	2	1481	515	1855	207	183
正定县	4	1110	1123	2875	318	244
栾城县	3	1268	1038	3849	412	360
行唐县	2	1489	414	623	189	102
灵寿县	4	3657	980	4383	397	252
高邑县	2	1317	645	1806	132	111
深泽县	2	966	700	2069	102	87
赞皇县	2	690	690	1858	136	105
无极县	3	2653	1021	3332	242	202
平山县	4	2305	1853	5924	296	250
元氏县	2	719	753	2202	232	206
赵　县	2	3284	2571	8249	447	422
辛集市	4	2367	998	3419	416	334
藁城市	5	2160	1819	5815	480	407
晋州市	4	1877	1290	3468	409	318
新乐市	2	1441	1090	3685	214	182
鹿泉市	9	5591	3331	9433	718	525

小学基本情况

12—5　　（2012 年）　　计量单位：人

行政单位	学校数（所）	毕业生数	招生人数	在校学生数	教职工数	# 专任教师
全市总计	**1546**	**105020**	**126287**	**714159**	**40695**	**41627**
市区合计	224	27484	33330	177501	8228	7988
#长安区	38	4415	5079	28081	1512	1422
桥东区	28	3411	4211	23392	1312	1171
桥西区	38	5666	7199	36681	1506	1416
新华区	46	6196	7559	39211	1662	1624
矿　区	15	737	785	4401	474	439
裕华区	39	5404	6274	33987	1332	1312
高新区	20	1094	1750	8954	430	472
井陉县	51	3448	3528	20906	1501	1418
正定县	84	4976	5255	33350	2382	2518
栾城县	50	2591	4087	20968	1642	1629
行唐县	85	4720	6792	42826	2366	2120
灵寿县	81	4277	4670	29833	1804	1788
高邑县	43	1587	2772	14280	1089	1083
深泽县	30	2290	2958	16038	1027	1143
赞皇县	76	3097	5129	27309	1373	1339
无极县	88	4716	6999	35205	2102	2228
平山县	135	4995	4588	32283	2203	2217
元氏县	46	6350	5760	38466	2073	2131
赵　县	70	6848	6471	39784	1668	2233
辛集市	98	6055	6330	39514	2260	2816
藁城市	107	6514	8688	46643	3544	3382
晋州市	136	5489	6214	31671	1924	1940
新乐市	81	5533	7842	40327	1771	1873
鹿泉市	61	4050	4874	27255	1738	1781

规模以上工业企业 R&D 活动基本情况

12—6　　　　（2012年）

指标名称	企业数（个）	# 有 R&D 活动单位数	# 有科技机构单位数	R&D 投入强度（%）
总　　计	**2388**	**210**	**171**	**0.53**
一、按企业规模分组				
大型	94	40	38	1.22
中型	334	67	63	0.49
小型	1920	103	70	0.12
微型	40			0.00
二、按登记注册类型分组				
内资企业	2283	187	152	0.45
国有企业	38	17	17	0.71
集体企业	41	2	2	0.19
股份合作企业	2			0.00
联营企业	4			0.00
国有联营企业	2			0.00
集体联营企业	1			0.00
国有与集体联营企业	1			0.00
其他联营企业				
有限责任公司	308	57	48	0.85
国有独资公司	15	9	8	2.34
其他有限责任公司	293	48	40	0.70
股份有限公司	90	25	21	1.11
私营企业	1789	84	63	0.29
私营独资企业	427	4	4	0.02
私营合伙企业	141			0.00
私营有限责任公司	1102	66	45	0.14
私营股份有限公司	119	14	14	1.40
其他企业	11	2	1	0.23
港、澳、台商投资企业	38	6	7	1.66
合资经营企业（港或澳、台资）	29	4	5	1.56
合作经营企业（港或澳、台资）	1			0.00
港、澳、台商独资经营企业	8	2	2	1.76
港、澳、台商投资股份有限公司				
其他港澳台投资企业				
外商投资企业	67	17	12	1.18
中外合资经营企业	47	11	7	0.42
中外合作经营企业	2			0.00
外资企业	15	6	5	3.22
外商投资股份有限公司	2			0.00
其他外商投资企业	1			0.00

12—6 续表　　　　　　　　　　　　　（2012 年）

行业名称	企业数（个）	# 有 R&D 活动单位数	# 有科技机构单位数	R&D 投入强度（%）
三、按国民经济行业大类分组				
采矿业	93	1	1	0.22
煤炭开采和洗选业	51	1	1	0.29
石油和天然气开采业				
黑色金属矿采选业	33			0.00
有色金属矿采选业				
非金属矿采选业	9			0.00
开采辅助活动				
其他采矿业				
制造业	2268	208	170	0.58
农副食品加工业	169	10	9	0.11
食品制造业	53	9	6	0.59
酒、饮料和精制茶制造业	26	1	1	0.04
烟草制品业	1			0.00
纺织业	264	2	2	0.18
纺织服装、服饰业	65	1	1	0.57
皮革、毛皮、羽毛及其制品和制鞋业	205	2	2	0.08
木材加工和木、竹、藤、棕、草制品业	30		1	0.00
家具制造业	20			0.00
造纸和纸制品业	44		1	0.00
印刷和记录媒介复制业	34	4	3	0.88
文教、工美、体育和娱乐用品制造业	18			0.00
石油加工、炼焦和核燃料加工业	20	2	1	0.11
化学原料和化学制品制造业	297	39	33	0.54
医药制造业	82	21	20	1.74
化学纤维制造业	22	1	1	0.20
橡胶和塑料制品业	83	8	4	0.29
非金属矿物制品业	229	7	5	0.25
黑色金属冶炼和压延加工业	85	4	5	1.55
有色金属冶炼和压延加工业	18			0.00
金属制品业	106	13	8	0.45
通用设备制造业	108	17	15	0.69
专用设备制造业	80	22	18	0.97
汽车制造业	30	5	4	1.15
铁路、船舶、航空航天和其他运输设备制造业	8	2	2	0.88
电气机械和器材制造业	111	13	9	0.32
计算机、通信和其他电子设备制造业	36	16	10	1.57
仪器仪表制造业	11	6	6	2.57
其他制造业	2			0.00
废弃资源综合利用业	8			0.00
金属制品、机械和设备修理业	3	3	3	3.06
电力、热力、燃气及水生产和供应业	27	1		0.00
电力、热力生产和供应业	22			0.00
燃气生产和供应业	2	1		0.12
水的生产和供应业	3			0.00

规模以上工业企业R&D活动人员情况

12—7　　（2012年）

指标名称	R&D人员合计（人）	#1. 参加项目人员	2. 管理和服务人员	#女性	#研究人员	#1. 全时人员	2. 非全时人员
总　　计	**22790**	**20194**	**2596**	**7153**	**8489**	**15879**	**6911**
一、按企业规模分组							
大型	13865	12600	1265	4799	5167	9917	3948
中型	5929	4916	1013	1589	2215	4134	1795
小型	2996	2678	318	765	1107	1828	1168
微型							
二、按登记注册类型分组							
内资企业	19091	16689	2402	5893	6757	12506	6585
国有企业	4866	4502	364	1851	2148	3154	1712
集体企业	178	164	14	40	54	63	115
股份合作企业							
联营企业							
国有联营企业							
集体联营企业							
国有与集体联营企业							
其他联营企业							
有限责任公司	5458	4571	887	1882	2163	3588	1870
国有独资公司	1451	1095	356	426	555	976	475
其他有限责任公司	4007	3476	531	1456	1608	2612	1395
股份有限公司	3788	3321	467	1008	947	2374	1414
私营企业	4785	4121	664	1108	1434	3313	1472
私营独资企业	51	48	3	9	20	21	30
私营合伙企业							
私营有限责任公司	2934	2504	430	655	1057	1843	1091
私营股份有限公司	1800	1569	231	444	357	1449	351
其他企业	16	10	6	4	11	14	2
港、澳、台商投资企业	2570	2439	131	889	1277	2462	108
合资经营企业（港或澳、台资）	1110	1051	59	174	557	1018	92
合作经营企业（港或澳、台资）							
港、澳、台商独资经营企业	1460	1388	72	715	720	1444	16
港、澳、台商投资股份有限公司							
其他港澳台投资企业							
外商投资企业	1129	1066	63	371	455	911	218
中外合资经营企业	375	336	39	78	93	204	171
中外合作经营企业							
外资企业	754	730	24	293	362	707	47
外商投资股份有限公司							
其他外商投资企业							

12—7 续表　　　　(2012 年)

行业名称	R&D 人员合计（人）	#1. 参加项目人员	2. 管理和服务人员	#女性	#研究人员	#1. 全时人员	2. 非全时人员
三、按国民经济行业大类分组							
采矿业	200	200		6	162	141	59
煤炭开采和洗选业	200	200		6	162	141	59
石油和天然气开采业							
黑色金属矿采选业							
有色金属矿采选业							
非金属矿采选业							
开采辅助活动							
其他采矿业							
制造业	22542	19953	2589	7142	8319	15738	6804
农副食品加工业	278	247	31	64	95	142	136
食品制造业	685	610	75	361	307	318	367
酒、饮料和精制茶制造业	6	6		3	1	6	
烟草制品业							
纺织业	1637	1509	128	563	339	817	820
纺织服装、服饰业	707	689	18	394	103	542	165
皮革、毛皮、羽毛及其制品和制鞋业	272	202	70	101	56	228	44
木材加工和木、竹、藤、棕、草制品业							
家具制造业							
造纸和纸制品业							
印刷和记录媒介复制业	504	467	37	164	110	213	291
文教、工美、体育和娱乐用品制造业							
石油加工、炼焦和核燃料加工业	43	26	17	7	26	36	7
化学原料和化学制品制造业	2722	2371	351	846	618	1783	939
医药制造业	5162	4784	378	2377	2740	4113	1049
化学纤维制造业	208	201	7	55	13	148	60
橡胶和塑料制品业	344	305	39	85	156	191	153
非金属矿物制品业	483	454	29	184	78	248	235
黑色金属冶炼和压延加工业	1971	1823	148	209	582	1650	321
有色金属冶炼和压延加工业							
金属制品业	1185	871	314	173	439	725	460
通用设备制造业	1592	1423	169	320	757	1069	523
专用设备制造业	1347	1131	216	261	527	870	477
汽车制造业	221	181	40	93	110	219	2
铁路、船舶、航空航天和其他运输设备制造业	273	240	33	98	163	273	
电气机械和器材制造业	716	584	132	176	256	606	110
计算机、通信和其他电子设备制造业	807	634	173	256	454	431	376
仪器仪表制造业	328	294	34	94	42	307	21
其他制造业							
废弃资源综合利用业							
金属制品、机械和设备修理业	1051	901	150	258	347	803	248
电力、热力、燃气及水生产和供应业	48	41	7	5	8		48
电力、热力生产和供应业							
燃气生产和供应业	48	41	7	5	8		48
水的生产和供应业							

规模以上工业企业 R&D 人员折合全时当量

12—8　　（2012 年）

指标名称	R&D 人员折合全时当量合计（人年）	#研究人员	#1. 基础研究人员	2. 应用研究人员	3. 试验发展人员
总　　计	**16666. 6**	**6386. 8**	**77. 1**	**168. 8**	**16420. 6**
一、按企业规模分组					
大型	10228. 6	3991. 3	77. 1	113. 3	10038. 2
中型	4324. 6	1600. 9		28. 0	4296. 6
小型	2113. 4	794. 5		27. 5	2085. 8
微型					
二、按登记注册类型分组					
内资企业	13531. 9	4868. 7	21. 9	112. 9	13397. 0
国有企业	3603. 4	1727. 1		49. 0	3554. 4
集体企业	140. 3	42. 0			140. 3
股份合作企业					
联营企业					
国有联营企业					
集体联营企业					
国有与集体联营企业					
其他联营企业					
有限责任公司	3567. 1	1304. 8		18	3549. 1
国有独资公司	887. 8	362. 6		18	869. 8
其他有限责任公司	2679. 3	942. 2			2679. 3
股份有限公司	2930. 7	765. 5		5. 6	2925. 1
私营企业	3275. 0	1018. 5	21. 9	40. 3	3212. 7
私营独资企业	30. 4	11. 7			30. 4
私营合伙企业					
私营有限责任公司	2064. 8	748. 9		21. 9	2042. 9
私营股份有限公司	1179. 8	258. 0	21. 9	18. 4	1139. 5
其他企业	15. 4	10. 8			15. 4
港、澳、台商投资企业	2215. 8	1114. 6			2215. 8
合资经营企业（港或澳、台资）	1020. 5	525. 2			1020. 5
合作经营企业（港或澳、台资）					
港、澳、台商独资经营企业	1195. 3	589. 4			1195. 3
港、澳、台商投资股份有限公司					
其他港澳台投资企业					
外商投资企业	918. 9	403. 5	55. 2	55. 9	807. 8
中外合资经营企业	209. 5	64. 5		1. 9	207. 6
中外合作经营企业					
外资企业	709. 4	339	55. 2	54	600. 2
外商投资股份有限公司					
其他外商投资企业					

12—8 续表　　　　(2012 年)

行业名称	R&D 人员折合全时当量合计（人年）	#研究人员	#1. 基础研究人员	2. 应用研究人员	3. 试验发展人员
三、按国民经济行业大类分组					
采矿业	195.4	158.3		48	147.4
煤炭开采和洗选业	195.4	158.3		48	147.4
石油和天然气开采业					
黑色金属矿采选业					
有色金属矿采选业					
非金属矿采选业					
开采辅助活动					
其他采矿业					
制造业	16445.4	6224.2	77.1	120.8	16247.5
农副食品加工业	243.2	80.6			243.2
食品制造业	264.6	89.8		7.9	256.7
酒、饮料和精制茶制造业	6.0	1.0			6.0
烟草制品业					
纺织业	1173.6	195.3			1173.6
纺织服装、服饰业	345.3	50.3			345.3
皮革、毛皮、羽毛及其制品和制鞋业	176.1	35.3		18	158.1
木材加工和木、竹、藤、棕、草制品业					
家具制造业					
造纸和纸制品业					
印刷和记录媒介复制业	304.0	72.3		0.8	303.2
文教、工美、体育和娱乐用品制造业					
石油加工、炼焦和核燃料加工业	33.7	18.8		0.2	33.5
化学原料和化学制品制造业	1837.5	403.5			1837.5
医药制造业	4269.7	2281.8	77.1	60	4132.6
化学纤维制造业	125.7	7.9			125.7
橡胶和塑料制品业	206.2	106.5			206.2
非金属矿物制品业	249.8	52.9			249.8
黑色金属冶炼和压延加工业	1514.9	544		14.3	1500.6
有色金属冶炼和压延加工业					
金属制品业	758.2	266.1			758.2
通用设备制造业	1297.1	573			1297.1
专用设备制造业	1069.7	442			1069.7
汽车制造业	180.7	102.2			180.7
铁路、船舶、航空航天和其他运输设备制造业	178.4	106.3			178.4
电气机械和器材制造业	556.5	187.2		19.6	536.8
计算机、通信和其他电子设备制造业	564.2	333.2			564.2
仪器仪表制造业	252.2	26.6			252.2
其他制造业					
废弃资源综合利用业					
金属制品、机械和设备修理业	838.2	247.5			838.2
电力、热力、燃气及水生产和供应业	25.8	4.3			25.8
电力、热力生产和供应业					
燃气生产和供应业	25.8	4.3			25.8
水的生产和供应业					

规模以上工业企业 R&D 经费内部支出来源情况

12—9　　(2012 年)　　计量单位：万元

指标名称	R&D 经费内部支出合计	#政府资金	#企业资金	#境外资金	#其他资金
总　　计	**407333.0**	**16491.8**	**388183.6**	**806.3**	**1851.3**
一、按企业规模分组					
大型	293353.8	10798.4	281872.1	357.9	325.4
中型	69545.2	3182.8	64567.5	448.4	1346.5
小型	44434.0	2510.6	41744.0		179.4
微型					
二、按登记注册类型分组					
内资企业	320993.4	9411.0	309565.7	357.9	1658.8
国有企业	69711.2	2506.8	66928.5	143.0	132.9
集体企业	3668.9	25.0	3643.9		
股份合作企业					
联营企业					
国有联营企业					
集体联营企业					
国有与集体联营企业					
其他联营企业					
有限责任公司	76166.2	2621.4	72420.4		1124.4
国有独资公司	20000.3	929.2	17946.7		1124.4
其他有限责任公司	56165.9	1692.2	54473.7		
股份有限公司	39162.7	1271.4	37676.4	214.9	
私营企业	131863.9	2986.4	128476.0		401.5
私营独资企业	2384.0	135.0	2249.0		
私营合伙企业					
私营有限责任公司	36651.3	1440.9	34912.7		297.7
私营股份有限公司	92828.6	1410.5	91314.3		103.8
其他企业	420.5		420.5		
港、澳、台商投资企业	54766.7	5479.9	49286.8		
合资经营企业（港或澳、台资）	24162.3	325.3	23837		
合作经营企业（港或澳、台资）					
港、澳、台商独资经营企业	30604.4	5154.6	25449.8		
港、澳、台商投资股份有限公司					
其他港澳台投资企业					
外商投资企业	31572.9	1600.9	29331.1	448.4	192.5
中外合资经营企业	6008.7	413.9	4997.3	448.4	149.1
中外合作经营企业					
外资企业	25564.2	1187	24333.8		43.4
外商投资股份有限公司					
其他外商投资企业					

12—9 续表　　　　（2012 年）　　　　计量单位：万元

行业名称	R&D 经费内部支出合计	#政府资金	#企业资金	#境外资金	#其他资金
三、按国民经济行业大类分组					
采矿业	6340.1	5.9	6334.2		
煤炭开采和洗选业	6340.1	5.9	6334.2		
石油和天然气开采业					
黑色金属矿采选业					
有色金属矿采选业					
非金属矿采选业					
开采辅助活动					
其他采矿业					
制造业	400895.9	16485.9	381752.4	806.3	1851.3
农副食品加工业	6331.8	225.2	6106.6		
食品制造业	8756.8	825.5	7931.3		
酒、饮料和精制茶制造业	239.0	28	211.0		
烟草制品业					
纺织业	11211.1	101.2	11109.9		
纺织服装、服饰业	8755.9	469.1	8286.8		
皮革、毛皮、羽毛及其制品和制鞋业	5365.7	8.2	4903.0		454.5
木材加工和木、竹、藤、棕、草制品业					
家具制造业					
造纸和纸制品业					
印刷和记录媒介复制业	6225.0	103.7	6023.2		98.1
文教、工美、体育和娱乐用品制造业					
石油加工、炼焦和核燃料加工业	3949.4	88.0	3855.7		5.7
化学原料和化学制品制造业	41453.1	778.9	40046.4	448.4	179.4
医药制造业	101141.7	9679.4	91275.9	143	43.4
化学纤维制造业	874.2	7.7	866.5		
橡胶和塑料制品业	6438.1	24.0	6414.1		
非金属矿物制品业	11689.5	27.0	11662.5		
黑色金属冶炼和压延加工业	104062.2	370.7	103542.4		149.1
有色金属冶炼和压延加工业					
金属制品业	12818.3	248	12355.4	214.9	
通用设备制造业	14197.5	700.8	13467.6		29.1
专用设备制造业	17350.3	389.6	16799.8		160.9
汽车制造业	6559	157.8	6401.2		
铁路、船舶、航空航天和其他运输设备制造业	1742.8	50	1022.9		669.9
电气机械和器材制造业	8125.3	539.4	7585.9		
计算机、通信和其他电子设备制造业	14066.4	1402.2	12664.2		
仪器仪表制造业	2427.7	248.5	2118		61.2
其他制造业					
废弃资源综合利用业					
金属制品、机械和设备修理业	7115.1	13	7102.1		
电力、热力、燃气及水生产和供应业	97		97		
电力、热力生产和供应业					
燃气生产和供应业	97		97		
水的生产和供应业					

规模以上工业企业R&D经费支出情况

12—10　　（2012年）　　计量单位：万元

指标名称	R&D经费内部支出合计	一、按活动类型分组			二、按支出用途分组		R&D经费外部支出
		1. 基础研究	2. 应用研究	3. 试验发展	1. 经常费支出	2. 资产性支出	
总　计	**407333.0**	**1955.1**	**4848.5**	**400529.4**	**360300.7**	**47032.3**	**36473.9**
一、按企业规模分组							
大型	293353.8	1955.1	2619.4	288779.3	261028.9	32324.9	34371.2
中型	69545.2		1620.2	67925.0	61114.0	8431.2	1475.3
小型	44434.0		608.9	43825.1	38157.8	6276.2	627.4
微型							
二、按登记注册类型分组							
内资企业	320993.4	194.7	3079.6	317719.1	282742.2	38251.2	11608.3
国有企业	69711.2		405.6	69305.6	53084.8	16626.4	2299.5
集体企业	3668.9			3668.9	1064.4	2604.5	
股份合作企业							
联营企业							
国有联营企业							
集体联营企业							
国有与集体联营企业							
其他联营企业							
有限责任公司	76166.2		854.5	75311.7	70521.4	5644.8	1285.8
国有独资公司	20000.3		854.5	19145.8	19792.2	208.1	290.8
其他有限责任公司	56165.9			56165.9	50729.2	5436.7	995.0
股份有限公司	39162.7		372.0	38790.7	33374.1	5788.6	161.3
私营企业	131863.9	194.7	1447.5	130221.7	124359.0	7504.9	7764.9
私营独资企业	2384.0			2384.0	2045.2	338.8	
私营合伙企业							
私营有限责任公司	36651.3		236.9	36414.4	31163.0	5488.3	447.3
私营股份有限公司	92828.6	194.7	1210.6	91423.3	91150.8	1677.8	7317.6
其他企业	420.5			420.5	338.5	82.0	96.8
港、澳、台商投资企业	54766.7			54766.7	51184.4	3582.3	18146.0
合资经营企业（港或澳、台资）	24162.3			24162.3	23463	699.3	318.8
合作经营企业（港或澳、台资）							
港、澳、台商独资经营企业	30604.4			30604.4	27721.4	2883	17827.2
港、澳、台商投资股份有限公司							
其他港澳台投资企业							
外商投资企业	31572.9	1760.4	1768.9	28043.6	26374.1	5198.8	6719.6
中外合资经营企业	6008.7		75.1	5933.6	5022.4	986.3	675
中外合作经营企业							
外资企业	25564.2	1760.4	1693.8	22110	21351.7	4212.5	6044.6
外商投资股份有限公司							
其他外商投资企业							

12—10 续表　　（2012 年）　　计量单位：万元

行业名称	R&D 经费内部支出合计	一、按活动类型分组			二、按支出用途分组		R&D 经费外部支出
		1. 基础研究	2. 应用研究	3. 试验发展	1. 经常费支出	2. 资产性支出	
三、按国民经济行业大类分组							
采矿业	6340. 1		394. 1	5946. 0	5798. 1	542. 0	195. 8
煤炭开采和洗选业	6340. 1		394. 1	5946. 0	5798. 1	542. 0	195. 8
石油和天然气开采业							
黑色金属矿采选业							
有色金属矿采选业							
非金属矿采选业							
开采辅助活动							
其他采矿业							
制造业	400895. 9	1955. 1	4454. 4	394486. 4	354405. 6	46490. 3	36278. 1
农副食品加工业	6331. 8			6331. 8	3177. 3	3154. 5	41. 5
食品制造业	8756. 8		488. 9	8267. 9	8106. 6	650. 2	393. 2
酒、饮料和精制茶制造业	239. 0			239. 0	221. 0	18. 0	17. 0
烟草制品业							
纺织业	11211. 1			11211. 1	11211. 1		
纺织服装、服饰业	8755. 9			8755. 9	8227. 8	528. 1	11. 7
皮革、毛皮、羽毛及其制品和制鞋业	5365. 7		854. 5	4511. 2	5188. 6	177. 1	
木材加工和木、竹、藤、棕、草制品业							
家具制造业							
造纸和纸制品业							
印刷和记录媒介复制业	6225. 0		10. 7	6214. 3	4675. 6	1549. 4	1147. 4
文教、工美、体育和娱乐用品制造业							
石油加工、炼焦和核燃料加工业	3949. 4		0. 8	3948. 6	1739. 4	2210. 0	133. 1
化学原料和化学制品制造业	41453. 1			41453. 1	35996. 2	5456. 9	610. 2
医药制造业	101141. 7	1955. 1	1782. 1	97404. 5	83755. 8	17385. 9	25794. 9
化学纤维制造业	874. 2			874. 2	462. 6	411. 6	1. 9
橡胶和塑料制品业	6438. 1			6438. 1	5535. 4	902. 7	28. 7
非金属矿物制品业	11689. 5			11689. 5	8598. 6	3090. 9	150. 5
黑色金属冶炼和压延加工业	104062. 2		1197. 4	102864. 8	102816. 7	1245. 5	6715. 5
有色金属冶炼和压延加工业							
金属制品业	12818. 3			12818. 3	9313. 8	3504. 5	252. 6
通用设备制造业	14197. 5			14197. 5	13171. 9	1025. 6	205
专用设备制造业	17350. 3			17350. 3	16290. 4	1059. 9	407. 3
汽车制造业	6559			6559	5027	1532	9. 4
铁路、船舶、航空航天和其他运输设备制造业	1742. 8			1742. 8	1691. 8	51	
电气机械和器材制造业	8125. 3		120	8005. 3	7103. 4	1021. 9	74
计算机、通信和其他电子设备制造业	14066. 4			14066. 4	13416. 5	649. 9	163. 8
仪器仪表制造业	2427. 7			2427. 7	2085. 8	341. 9	33. 6
其他制造业							
废弃资源综合利用业							
金属制品、机械和设备修理业	7115. 1			7115. 1	6592. 3	522. 8	86. 8
电力、热力、燃气及水生产和供应业	97			97	97		
电力、热力生产和供应业							
燃气生产和供应业	97			97	97		
水的生产和供应业							

规模以上工业企业办科技机构情况

12—11　　　　（2012 年）

指标名称	机构数（个）	机构人员合计（人）	机构经费支出（万元）	机构内仪器和设备原价（万元）
总　计	**191**	**13823**	**211525.7**	**174897.6**
一、按企业规模分组				
大型	42	7922	144749.9	112927.4
中型	74	3931	47319.4	41660.3
小型	75	1970	19456.4	20309.9
微型				
二、按登记注册类型分组				
内资企业	171	11219	153892.4	146075.8
国有企业	19	1800	31769.1	26681.4
集体企业	2	81	198.5	2548.6
股份合作企业				
联营企业				
国有联营企业				
集体联营企业				
国有与集体联营企业				
其他联营企业				
有限责任公司	51	3569	39040.5	33009.7
国有独资公司	8	1019	14848.3	8709.6
其他有限责任公司	43	2550	24192.2	24300.1
股份有限公司	25	2193	27572.4	50945.5
私营企业	73	3564	55125.6	32880.6
私营独资企业	4	48	931.6	434.8
私营合伙企业				
私营有限责任公司	54	1839	20507.4	24595.8
私营股份有限公司	15	1677	33686.6	7850.0
其他企业	1	12	186.3	10.0
港、澳、台商投资企业	7	1603	37949.2	10679.9
合资经营企业（港或澳、台资）	5	467	9596.7	6543.7
合作经营企业（港或澳、台资）				
港、澳、台商独资经营企业	2	1136	28352.5	4136.2
港、澳、台商投资股份有限公司				
其他港澳台投资企业				
外商投资企业	13	1001	19684.1	18141.9
中外合资经营企业	8	316	2286.9	4770.5
中外合作经营企业				
外资企业	5	685	17397.2	13371.4
外商投资股份有限公司				
其他外商投资企业				

12—11 续表　　(2012 年)

指标名称	机构数（个）	机构人员合计（人）	机构经费支出（万元）	机构内仪器和设备原价（万元）
三、按国民经济行业大类分组				
采矿业	1	80	9364.0	638.5
煤炭开采和洗选业	1	80	9364.0	638.5
石油和天然气开采业				
黑色金属矿采选业				
有色金属矿采选业				
非金属矿采选业				
开采辅助活动				
其他采矿业				
制造业	190	13743	202161.7	174259.1
农副食品加工业	11	188	987.5	3398.0
食品制造业	7	330	3099.2	4224.0
酒、饮料和精制茶制造业	1	6	238.0	18
烟草制品业				
纺织业	2	677	5348.2	26323.5
纺织服装、服饰业	1	641	7725.8	8182.4
皮革、毛皮、羽毛及其制品和制鞋业	2	115	5255.7	1006.8
木材加工和木、竹、藤、棕、草制品业	1	19	70.0	200.0
家具制造业				
造纸和纸制品业	1	8	210.0	210.0
印刷和记录媒介复制业	3	254	3225.5	1909.1
文教、工美、体育和娱乐用品制造业				
石油加工、炼焦和核燃料加工业	1	50	1953.0	2210.0
化学原料和化学制品制造业	33	1972	23144.3	18948.9
医药制造业	26	3216	63616.2	31846.7
化学纤维制造业	1	78	465.4	106.8
橡胶和塑料制品业	5	151	1162.7	728.0
非金属矿物制品业	7	205	3157.1	3502.3
黑色金属冶炼和压延加工业	5	1105	26623.3	11082.4
有色金属冶炼和压延加工业				
金属制品业	11	687	9982.2	5985.5
通用设备制造业	16	1070	7827.2	14920.9
专用设备制造业	19	695	13957.3	9392.8
汽车制造业	4	206	5919.6	2601
铁路、船舶、航空航天和其他运输设备制造业	4	102	420	233
电气机械和器材制造业	9	697	6518.5	6842.9
计算机、通信和其他电子设备制造业	10	575	5188.4	15564.8
仪器仪表制造业	7	322	2397.1	2009.3
其他制造业				
废弃资源综合利用业				
金属制品、机械和设备修理业	3	374	3669.5	2812
电力、热力、燃气及水生产和供应业				
电力、热力生产和供应业				
燃气生产和供应业				
水的生产和供应业				

规模以上工业企业R&D项目和新产品项目情况

12—12　　　　（2012年）

指标名称	R&D项目数（项）	全部R&D项目经费内部支出（万元）	新产品开发项目数（项）	新产品开发经费支出（万元）
总　计	**2629**	**350996.7**	**2472**	**377949.0**
一、按企业规模分组				
大型	1621	253665.0	1471	261968.5
中型	492	59516.3	475	70656.5
小型	516	37815.4	526	45324.0
微型				
二、按登记注册类型分组				
内资企业	2033	273023.4	1935	298587.3
国有企业	644	49971.7	579	52862.7
集体企业	15	831.9	15	3668.9
股份合作企业				
联营企业				
国有联营企业				
集体联营企业				
国有与集体联营企业				
其他联营企业				
有限责任公司	443	65392.6	450	58112.7
国有独资公司	70	17720.1	56	15698.8
其他有限责任公司	373	47672.5	394	42413.9
股份有限公司	248	35048.8	239	38790.3
私营企业	681	121536.1	651	145014.7
私营独资企业	11	2167.5	12	2053.9
私营合伙企业				
私营有限责任公司	366	30091.8	338	40635.2
私营股份有限公司	304	89276.8	301	102325.6
其他企业	2	242.3	1	138.0
港、澳、台商投资企业	329	52411.2	323	57168.3
合资经营企业（港或澳、台资）	68	23798.9	74	27995.2
合作经营企业（港或澳、台资）				
港、澳、台商独资经营企业	261	28612.3	249	29173.1
港、澳、台商投资股份有限公司				
其他港澳台投资企业				
外商投资企业	267	25562.1	214	22193.4
中外合资经营企业	52	5591.3	42	3683.3
中外合作经营企业				
外资企业	215	19970.8	172	18510.1
外商投资股份有限公司				
其他外商投资企业				

12—12 续表　　　　（2012 年）

行业名称	R&D 项目数（项）	全部 R&D 项目经费内部支出（万元）	新产品开发项目数（项）	新产品开发经费支出（万元）
三、按国民经济行业大类分组				
采矿业	19	5794.0	3	1553.2
煤炭开采和洗选业	19	5794.0	3	1553.2
石油和天然气开采业				
黑色金属矿采选业				
有色金属矿采选业				
非金属矿采选业				
开采辅助活动				
其他采矿业				
制造业	2602	345105.7	2465	375585.4
农副食品加工业	36	3001.8	40	6634.0
食品制造业	55	5975.5	57	11276.4
酒、饮料和精制茶制造业	3	238.0	3	239.0
烟草制品业				
纺织业	69	10197.6	68	11301.8
纺织服装、服饰业	88	6696.2	96	9489.6
皮革、毛皮、羽毛及其制品和制鞋业	14	5255.7	11	4044.7
木材加工和木、竹、藤、棕、草制品业				
家具制造业				
造纸和纸制品业			1	171.0
印刷和记录媒介复制业	68	5201.5	63	5804.4
文教、工美、体育和娱乐用品制造业				
石油加工、炼焦和核燃料加工业	73	1961.4	70	3942.5
化学原料和化学制品制造业	236	36790.5	181	19747.0
医药制造业	946	79305.6	828	84034.2
化学纤维制造业	4	874.2	6	1377.0
橡胶和塑料制品业	38	6068.7	39	6415.0
非金属矿物制品业	51	8733.6	35	4545.8
黑色金属冶炼和压延加工业	281	102824.5	281	115477.1
有色金属冶炼和压延加工业				
金属制品业	70	11549.7	77	13316.0
通用设备制造业	144	12379.7	144	17264.1
专用设备制造业	120	15450.9	128	20378.1
汽车制造业	25	5578.1	24	7157.2
铁路、船舶、航空航天和其他运输设备制造业	2	1450.0	1	1339.8
电气机械和器材制造业	113	6809.0	111	8551.9
计算机、通信和其他电子设备制造业	84	11602.9	103	15457.4
仪器仪表制造业	38	1988.7	56	3357.0
其他制造业				
废弃资源综合利用业				
金属制品、机械和设备修理业	44	5171.9	42	4264.4
电力、热力、燃气及水生产和供应业	8	97.0	4	810.4
电力、热力生产和供应业			1	777.0
燃气生产和供应业	8	97.0	3	33.4
水的生产和供应业				

规模以上工业企业科技活动产出情况

12—13　　　　（2012年）

行业名称	自主知识产权情况			新产品生产和销售情况	
	专利申请数（项）	发明专利申请数（项）	有效发明专利数（件）	新产品产值（万元）	新产品销售收入（万元）
总　　计	**1077**	**519**	**963**	**4462727**	**4317103.5**
一、按企业规模分组					
大型	456	259	620	3312065.4	3229322.6
中型	363	164	162	758223.6	719399.9
小型	258	96	181	392438	368381
微型					
二、按登记注册类型分组					
内资企业	943	419	697	3313258.5	3183488.9
国有企业	166	75	176	528942.3	496682
集体企业	2	2	2		
股份合作企业					
联营企业					
国有联营企业					
集体联营企业					
国有与集体联营企业					
其他联营企业					
有限责任公司	260	83	152	561730.8	503886.8
国有独资公司	83	24	21	174103.3	179181.4
其他有限责任公司	177	59	131	387627.5	324705.4
股份有限公司	175	77	90	363657.6	375092.6
私营企业	339	181	277	1857627.8	1806527.5
私营独资企业	10	8	1	2310.4	2312
私营合伙企业				5870.9	5737.9
私营有限责任公司	253	111	118	334400.3	310447.5
私营股份有限公司	76	62	158	1515046.2	1488030.1
其他企业	1	1		1300	1300
港、澳、台商投资企业	87	73	188	806474	791376.6
合资经营企业（港或澳、台资）	16	6	3	298121.3	298125.3
合作经营企业（港或澳、台资）					
港、澳、台商独资经营企业	71	67	185	508352.7	493251.3
港、澳、台商投资股份有限公司					
其他港澳台投资企业					
外商投资企业	47	27	78	342994.5	342238
中外合资经营企业	14	6	25	46040.9	45341
中外合作经营企业	3	3			
外资企业	30	18	53	296953.6	296897
外商投资股份有限公司					
其他外商投资企业					

12—13 续表　　　　（2012 年）

行业名称	自主知识产权情况			新产品生产和销售情况	
	专利申请数（项）	发明专利申请数（项）	有效发明专利数（件）	新产品产值（万元）	新产品销售收入（万元）
三、按国民经济行业大类分组					
采矿业			2		
煤炭开采和洗选业			2		
石油和天然气开采业					
黑色金属矿采选业					
有色金属矿采选业					
非金属矿采选业					
开采辅助活动					
其他采矿业					
制造业	1070	514	926	4462727	4317103. 5
农副食品加工业	3	3	2	42402	41883
食品制造业	11	7	27	96227. 9	89030. 6
酒、饮料和精制茶制造业				1399. 1	903. 8
烟草制品业					
纺织业	21	5	6	151190. 3	156765. 3
纺织服装、服饰业	80	17	11	25671. 4	29455. 9
皮革、毛皮、羽毛及其制品和制鞋业	20	7	2	82835. 2	87032. 1
木材加工和木、竹、藤、棕、草制品业					
家具制造业					
造纸和纸制品业	1	1	1	150	150
印刷和记录媒介复制业	15	4	17	155304. 4	151053. 6
文教、工美、体育和娱乐用品制造业					
石油加工、炼焦和核燃料加工业	12	9	7	52793. 3	47793. 3
化学原料和化学制品制造业	96	68	57	208551. 9	216032. 5
医药制造业	218	200	509	1016567	1001564. 8
化学纤维制造业			6	43728	40850. 2
橡胶和塑料制品业	22	12	9	77557. 1	77196. 8
非金属矿物制品业	9	1	8	61256. 5	48367. 3
黑色金属冶炼和压延加工业	16	8	6	1572904. 3	1571104. 7
有色金属冶炼和压延加工业					
金属制品业	70	11	45	103889. 9	68103
通用设备制造业	149	54	37	187169. 3	170563. 5
专用设备制造业	125	50	43	157619. 6	132929. 4
汽车制造业	40	5	41	167951. 1	159975
铁路、船舶、航空航天和其他运输设备制造业	9	8	13		
电气机械和器材制造业	61	16	40	80755. 1	71361. 1
计算机、通信和其他电子设备制造业	42	13	35	83025. 9	69975. 8
仪器仪表制造业	19	6	2	29686. 7	20195. 8
其他制造业					
废弃资源综合利用业					
金属制品、机械和设备修理业	31	9	2	64091	64816
电力、热力、燃气及水生产和供应业	7	5	35		
电力、热力生产和供应业	6	5	35		
燃气生产和供应业	1				
水的生产和供应业					

规模以上工业企业技术改造和技术获取情况

12—14　　(2012 年)　　计量单位：万元

指标名称	技术引进经费支出	消化吸收经费支出	购买国内技术经费支出	技术改造经费支出
总　　计	**10034.7**	**10374.8**	**8214.1**	**223477.7**
一、按企业规模分组				
大型	9655.6	9270.9	8090.6	183679.1
中型	79.1	458.9	71.0	29525.2
小型	300.0	645	52.5	10273.4
微型				
二、按登记注册类型分组				
内资企业	9781.3	6058.7	3515.9	182403.3
国有企业	9402.2	3814.6	1176.4	82548.6
集体企业		800.0	250.0	200.0
股份合作企业				
联营企业				
国有联营企业				
集体联营企业				
国有与集体联营企业				
其他联营企业				
有限责任公司	79.1	119	1366.0	32851.5
国有独资公司			652	2397
其他有限责任公司	79.1	119.0	714.0	30454.5
股份有限公司			3.2	28273
私营企业	300.0	1325.1	720.3	38530.2
私营独资企业			2.5	118
私营合伙企业				
私营有限责任公司	300.0	645.1	117.8	33542.5
私营股份有限公司		680	600	4870
其他企业				
港、澳、台商投资企业	253	3810	3323	19789
合资经营企业（港或澳、台资）		378		18253
合作经营企业（港或澳、台资）				
港、澳、台商独资经营企业	253	3432	3323	1536
港、澳、台商投资股份有限公司				
其他港澳台投资企业				
外商投资企业		506	1375	21285
中外合资经营企业				5026
中外合作经营企业				
外资企业		506	1375	16259
外商投资股份有限公司				
其他外商投资企业				

12—14 续表　　　　(2012 年)　　　　计量单位：万元

行业名称	技术引进经费支出	消化吸收经费支出	购买国内技术经费支出	技术改造经费支出
三、按国民经济行业大类分组				
采矿业				65093.0
煤炭开采和洗选业				65093.0
石油和天然气开采业				
黑色金属矿采选业				
有色金属矿采选业				
非金属矿采选业				
开采辅助活动				
其他采矿业				
制造业	10034.7	10374.8	8214.1	135716.7
农副食品加工业		800.0	250.0	906.0
食品制造业				27.0
酒、饮料和精制茶制造业				383.0
烟草制品业				
纺织业				23080.0
纺织服装、服饰业	8876.2	2984.6		62.0
皮革、毛皮、羽毛及其制品和制鞋业				
木材加工和木、竹、藤、棕、草制品业				
家具制造业				
造纸和纸制品业				
印刷和记录媒介复制业				5967.9
文教、工美、体育和娱乐用品制造业				
石油加工、炼焦和核燃料加工业				1890.0
化学原料和化学制品制造业		38.0		9285.9
医药制造业	779.4	4849.3	5828.2	27874.8
化学纤维制造业				1225.0
橡胶和塑料制品业				3809.0
非金属矿物制品业				152.6
黑色金属冶炼和压延加工业		680.0	600.0	32805.2
有色金属冶炼和压延加工业				
金属制品业	79.1		714.0	2685.1
通用设备制造业		377.8		1102.6
专用设备制造业		445.0	52.5	15795.1
汽车制造业			50.0	32.0
铁路、船舶、航空航天和其他运输设备制造业				
电气机械和器材制造业	300.0	200.1	17.8	3596.3
计算机、通信和其他电子设备制造业				1637.5
仪器仪表制造业			3.2	1525.2
其他制造业				
废弃资源综合利用业				
金属制品、机械和设备修理业			698.4	1874.5
电力、热力、燃气及水生产和供应业				22668.0
电力、热力生产和供应业				22603.1
燃气生产和供应业				64.9
水的生产和供应业				

分县（市）区规模以上工业企业 R&D 活动基本情况

12—15　　　　(2012 年)

行政单位	企业数（个）	# 有 R&D 活动单位数	# 有科技机构单位数	R&D 投入强度（%）
全市总计	**2388**	**210**	**171**	**0.53**
市　区	245	88	70	1.38
#长安区	20	7	7	2.06
桥东区	15	4	3	2.88
桥西区	10	4	4	2.43
新华区	22	9	10	2.24
矿　区	54	3	3	0.39
裕华区	20	10	7	2.18
高新区	101	50	35	2.18
井陉县	57	6	4	0.63
正定县	112	18	13	0.40
栾城县	147	10	11	0.87
行唐县	67	1	1	0.04
灵寿县	62	3	3	0.12
高邑县	58	4	1	0.16
深泽县	63	3	2	0.29
赞皇县	60	6	5	0.15
无极县	98	2	2	0.08
平山县	44	3	3	1.91
元氏县	68	2	1	0.79
赵　县	112	3	4	0.09
辛集市	264	6	6	0.08
藁城市	375	25	20	0.10
晋州市	207	4	3	0.05
新乐市	132	2	3	0.01
鹿泉市	217	24	19	0.62

分县（市）区规模以上工业企业R&D活动人员情况

12—16　　（2012年）

行政单位	R&D人员合计（人）	#1. 参加项目人员	2. 管理和服务人员	#女性	#研究人员	#1. 全时人员	2. 非全时人员
全市总计	**22790**	**20194**	**2596**	**7153**	**8489**	**15879**	**6911**
市　区	13198	11800	1398	4334	5832	9520	3678
#长安区	3035	2856	179	864	966	2049	986
桥东区	457	431	26	24	51	416	41
桥西区	235	175	60	81	156	185	50
新华区	1089	948	141	408	685	718	371
矿　区	576	553	23	53	256	255	321
裕华区	872	818	54	311	357	615	257
高新区	4972	4196	776	1659	2075	4059	913
井陉县	1375	1182	193	553	237	689	686
正定县	553	465	88	120	249	376	177
栾城县	841	790	51	305	309	674	167
行唐县	5	5		3	1	5	
灵寿县	146	75	71	32	130	78	68
高邑县	197	171	26	75	100	122	75
深泽县	468	412	56	116	202	162	306
赞皇县	116	91	25	21	37	34	82
无极县	27	24	3	13	9	10	17
平山县	1010	914	96	78	41	714	296
元氏县	750	711	39	283	67	665	85
赵　县	189	166	23	42	70	87	102
辛集市	503	457	46	130	100	339	164
藁城市	1112	1011	101	346	425	775	337
晋州市	84	76	8	14	35	29	55
新乐市	20	15	5	11	12	20	
鹿泉市	2196	1829	367	677	633	1580	616

分县（市）区规模以上工业企业 R&D 人员折合全时当量

12—17　　　　（2012 年）

行政单位	R&D 人员折合全时当量合计（人年）	#研究人员	#1. 基础研究人员	2. 应用研究人员	3. 试验发展人员
全市总计	**16666.6**	**6386.8**	**77.1**	**168.8**	**16420.6**
市　区	10058.1	4494.8	21.9	76.7	9959.5
#长安区	2405.8	803			2405.8
桥东区	444.3	49.1			444.3
桥西区	172.5	116.6			172.5
新华区	465.1	289.1		2.3	462.8
矿　区	472.2	221.5		48	424.2
裕华区	690.1	317.3		0.8	689.3
高新区	3724.7	1594.8	21.9	25.6	3677.2
井陉县	714.9	134.5			714.9
正定县	504.2	238.2		10	494.2
栾城县	774.3	287.1	55.2	54	665.1
行唐县	3.1	0.6			3.1
灵寿县	46.5	36.9			46.5
高邑县	182.4	95.6			182.4
深泽县	315.7	130			315.7
赞皇县	58.2	17.4			58.2
无极县	11.1	5.3			11.1
平山县	602.8	29		2.4	600.4
元氏县	577.8	52.6			577.8
赵　县	151.8	54.2			151.8
辛集市	299.1	55.6			299.1
藁城市	722.1	227.6		7.7	714.4
晋州市	37.6	13.1			37.6
新乐市	15.4	9.7			15.4
鹿泉市	1591.3	504.7		18	1573.3

分县（市）区规模以上工业企业 R&D 经费内部支出来源情况

12—18　　　　(2012 年)　　　　计量单位：万元

行政单位	R&D 经费内部支出合计	#政府资金	#企业资金	#境外资金	#其他资金
全市总计	**407333**	**16491.8**	**388183.6**	**806.3**	**1851.3**
市　区	180996	11506.7	168122.1	357.9	1009.3
#长安区	38226	408.9	37817.1		
桥东区	3652.8	103.9	3548.9		
桥西区	2743.2	8	2735.2		
新华区	7876.4	68.3	7138.2		669.9
矿　区	9695.7	55.9	9639.8		
裕华区	14662.9	401	14163.8		98.1
高新区	70271.2	8486.6	61328.4	214.9	241.3
井陉县	11262.9	483.4	10694		85.5
正定县	15738.8	914.6	14824.2		
栾城县	26030.1	995	24991.7		43.4
行唐县	583.6		583.6		
灵寿县	1708.5	182	1526.5		
高邑县	1708.2	127.1	1581.1		
深泽县	4096.2		4096.2		
赞皇县	2408	80	2328		
无极县	1961.1	220	1741.1		
平山县	82015	42.5	81972.5		
元氏县	17771.8		17771.8		
赵　县	4177	25	4152		
辛集市	5607.9		5098.3	448.4	61.2
藁城市	13674.5	385.8	13091.3		197.4
晋州市	1863.6	100	1763.6		
新乐市	427.5	2.8	424.7		
鹿泉市	35302.3	1426.9	33420.9		454.5

分县（市）区规模以上工业企业R&D经费支出情况

12—19　　　　（2012年）　　　　计量单位：万元

行政单位	R&D经费内部支出合计	一、按活动类型分组			二、按支出用途分组		R&D经费外部支出
		1. 基础研究	2. 应用研究	3. 试验发展	1. 经常费支出	2. 资产性支出	
全市总计	**407333**	**1955.1**	**4848.5**	**400529.4**	**360300.7**	**47032.3**	**36473.9**
市　　区	180996	194.7	730	180071.3	155841.5	25154.5	22668.2
#长安区	38226			38226	37197.3	1028.7	355.3
桥东区	3652.8			3652.8	3648.4	4.4	50
桥西区	2743.2			2743.2	2176.9	566.3	101.6
新华区	7876.4		116.9	7759.5	7464.3	412.1	88.8
矿　区	9695.7		394.1	9301.6	8811	884.7	195.8
裕华区	14662.9		10.7	14652.2	10741.9	3921	1934.3
高新区	70271.2	194.7	208.3	69868.2	62524.9	7746.3	19208.2
井陉县	11262.9			11262.9	10535.2	727.7	15.7
正定县	15738.8		765.7	14973.1	11616.1	4122.7	85
栾城县	26030.1	1760.4	1693.8	22575.9	23991	2039.1	5320.2
行唐县	583.6			583.6	568.5	15.1	
灵寿县	1708.5			1708.5	1537.5	171	
高邑县	1708.2			1708.2	1202.3	505.9	45.8
深泽县	4096.2			4096.2	3728	368.2	99
赞皇县	2408			2408	1587.5	820.5	67.1
无极县	1961.1			1961.1	1017.1	944	20
平山县	82015		356.6	81658.4	81434	581	6510.7
元氏县	17771.8			17771.8	14987.5	2784.3	54
赵　县	4177			4177	1581.5	2595.5	9.2
辛集市	5607.9			5607.9	5436.6	171.3	464.9
藁城市	13674.5		447.9	13226.6	12312.1	1362.4	509.3
晋州市	1863.6			1863.6	1569.1	294.5	250
新乐市	427.5			427.5	417.4	10.1	140
鹿泉市	35302.3		854.5	34447.8	30937.8	4364.5	214.8

分县（市）区规模以上工业企业办科技机构情况

12—20　　（2012 年）

行政单位	机构数（个）	机构人员合计（人）	机构经费支出（万元）	机构内仪器和设备原价（万元）
全市总计	**191**	**13823**	**211525.7**	**174897.6**
市　区	74	7000	111283.3	105760.7
#长安区	7	1277	15501.7	39305.9
桥东区	3	312	557.6	9437.8
桥西区	4	281	2832	1696.2
新华区	10	611	6425	10780.5
矿　区	3	301	9946.6	936.5
裕华区	8	404	6545.3	4762.2
高新区	38	3406	61629.1	28194.6
井陉县	4	707	8233.3	8562.6
正定县	14	463	10876.6	5830.8
栾城县	11	897	22127.3	14634.6
行唐县	1	18	503.8	65
灵寿县	3	98	1435.9	615.6
高邑县	1	50	236.8	2321
深泽县	3	92	629.9	311
赞皇县	5	70	1502.8	834
无极县	2	19	1017.1	956
平山县	3	765	22711	4750
元氏县	1	299	3000	542.7
赵　县	5	116	876.1	3127.1
辛集市	7	466	5642.2	2684.3
藁城市	25	1052	6915.3	8949.1
晋州市	3	64	1334.7	297.4
新乐市	4	63	540.3	120.4
鹿泉市	25	1584	12659.3	14535.3

分县（市）区规模以上工业企业R&D项目和新产品项目情况

12—21　　（2012年）

行政单位	R&D项目数（项）	全部R&D项目经费内部支出（万元）	新产品开发项目数（项）	新产品开发经费支出（万元）
全市总计	**2629**	**350996.7**	**2472**	**377949**
市　区	1600	154811.6	1548	176670.9
#长安区	179	36381.9	178	38531.6
桥东区	17	3492.7	18	3745.2
桥西区	52	2019.4	65	3620.2
新华区	74	6990.6	77	8765.2
矿　区	65	8775	30	3674.7
裕华区	184	12303.2	191	14171.1
高新区	677	63196.5	662	72402.3
井陉县	141	8729	128	10792.8
正定县	108	11498.2	112	15852.6
栾城县	150	21546.8	78	17815
行唐县	1	583.6	4	1467
灵寿县	6	1600.5	5	554.9
高邑县	13	1114.4	7	949.1
深泽县	22	3862	15	1790.2
赞皇县	19	1614.6	20	2429.1
无极县	3	1912		
平山县	218	81486.1	219	94175.3
元氏县	29	15204.3	18	1284.1
赵　县	24	1105.8	32	4753
辛集市	36	5463.7	46	7219.8
藁城市	96	12206.1	93	13111.6
晋州市	12	1863.6	5	557
新乐市	3	294.7	8	1186.5
鹿泉市	148	26099.7	134	27340.1

分县（市）区规模以上工业企业科技活动产出情况

12—22　　　　（2012 年）

行政单位	自主知识产权情况			新产品生产和销售情况	
	专利申请数（项）	发明专利申请数（项）	有效发明专利数（件）	新产品产值（万元）	新产品销售收入（万元）
全市总计	**1077**	**519**	**963**	**4462727**	**4317103.5**
市　　区	571	285	679	1874942.1	1815375.9
#长安区	67	24	17	396699.5	405288.5
桥东区	7	2	1	12673.7	9928.7
桥西区	27	6	23	22849	21529
新华区	48	14	29	109736.3	104083.1
矿　区	11	1	2	31002.7	4187
裕华区	25	5	26	220312.9	216262
高新区	352	204	445	845934	805825.6
井陉县	82	18	11	29802	32599.7
正定县	44	12	13	155769	155067.1
栾城县	83	55	61	358683.9	372653.9
行唐县	1	1	4	14379.5	1652
灵寿县	4	1		6690.8	6130.2
高邑县	9	4	4	18942.7	18942.7
深泽县	6	2	1	30233.6	27098
赞皇县	1		1	29459.7	19261.9
无极县					
平山县	9	3	2	1377913.5	1373802.1
元氏县	18	18	12	5669	5532
赵　县	26	3	3	5943.3	4168.3
辛集市	27	6	7	71218.5	62492.1
藁城市	88	48	80	255060.1	201323
晋州市	11	10	10	15521.8	14543.3
新乐市	6	6	12	6898	5403.2
鹿泉市	91	47	63	205599.5	201058.1

分县（市）区规模以上工业企业技术改造和技术获取情况

12—23 （2012年） 计量单位：万元

行政单位	技术引进经费支出	消化吸收经费支出	购买国内技术经费支出	技术改造经费支出
全市总计	**10034.7**	**10374.8**	**8214.1**	**223477.7**
市　　区	858.5	4720.8	5158.2	145825.8
#长安区				43305
桥东区				
桥西区		81		721
新华区			652	1218
裕华区				65373
矿　区	79.1			18826.4
高新区	253.4	3809.8	3376.2	8641.4
井陉县	8876.2	2984.6		639.3
正定县				16928
栾城县		506.3	1375.2	8702.6
行唐县				200
灵寿县				3080
高邑县				
深泽县				1061.1
赞皇县				130
无极县				1499
平山县		680	600	21157.4
元氏县		38		
赵　县		800	250	547.1
辛集市				11144
藁城市			716.5	7326.2
晋州市				
新乐市				360.2
鹿泉市	300	645.1	114.2	4877

分县（市）区财政科技经费支出情况

12—24　　（2012年）　　计量单位：万元

行政单位	科学技术支出	科学技术支出占财政支出比重
全市总计	**75058**	**1.62**
市区合计	45086	1.94
#长安区	1800	1.74
桥东区	1138	1.08
桥西区	2036	1.34
新华区	1596	1.39
裕华区	1777	1.70
矿　区	881	1.68
高新区	6491	7.24
井陉县	1899	1.82
正定县	1509	0.95
栾城县	3554	3.10
行唐县	820	0.68
灵寿县	634	0.57
高邑县	1187	1.62
深泽县	894	1.13
赞皇县	562	0.55
无极县	1496	1.45
平山县	3191	1.50
元氏县	1043	0.84
赵　县	867	0.62
辛集市	1613	0.89
藁城市	4924	2.02
晋州市	1637	1.12
新乐市	1342	1.16
鹿泉市	2800	1.56

全市高新技术产业主要经济指标

12—25　　　　(2012 年)　　　　计量单位：万元

指标名称	单位数（个）	总产值	高新技术产品产值	增加值	主营业务收入
总　　计	**952**	**16114284.4**	**5833188.9**	**3489974.3**	**17127317.2**
一、按单位来源分组					
规模以上工业企业	360	11295776.5	3136541.4	2527007.5	12281073.1
大中型	58	5812998.2	2733072.8	1335443.4	6952261.8
大型企业	13	4411062.7	2099966.6	994061.1	5635779.8
中型企业	45	1401935.5	633106.2	341382.3	1316482
小型企业	293	5357566.4	403468.6	1165761.2	5204348.2
规模以下工业企业	406	301832.6	50352.7	64288.1	274458.9
软件开发单位	88	153486.5	59338.3	21219.1	123735.7
省科委认定的高新技术企业	98	4363188.8	2586956.5	877459.5	4448049.5
二、按登记注册类型分组					
内资企业	910	12948339.3	3968761.2	2793102	13508452.2
国有企业	25	2468244.4	941674.5	468254.5	3353998.8
集体企业	11	417528.1	356528.4	78499	445047.3
股份合作企业	4	1456	35	275.5	1292.9
有限责任公司	168	2962497.9	1283944.3	637601.2	2964446.7
国有独资公司	7	340297	205611.3	96500.7	331983.3
其他有限责任公司	161	2622200.9	1078333	541100.5	2632463.4
股份有限公司	54	1047840	423117.7	241135	1005643.3
私营企业	629	5939247.7	947264.6	1341990.9	5626554.7
私营独资企业	152	927729.1	42737.3	219117.8	908403.1
私营合伙企业	39	307025.4	2148.3	67418.1	305769.9
私营有限责任公司	399	4102309	692839.7	890770.3	3881485.4
私营股份有限公司	39	602184.2	209539.3	164684.8	530896.3
其他企业	17	83532.3	16196.7	19801.7	84243.7
港、澳、台商投资企业	15	2212555.6	1377400	437091.9	2537964.1
合资经营企业（港或澳、台资）	10	926876.5	581203.9	194731.5	905805.3
港、澳、台商独资经营企业	4	1281682	796196.1	241457	1626642.3
外商投资企业	27	953389.5	487027.7	259780.4	1080900.9
中外合资经营企业	18	292888.4	118650.1	66206.4	290713.6
外资企业	7	614425.1	368377.6	182210.9	744260.7

注：本表单位数不包含规模以上工业高新技术产业目录外企业数。

12—25 续表　　　　(2012 年)　　　　计量单位：万元

指标名称	高新技术产品销售收入	利润总额	从业人员年平均人数（人）	从事科技活动人员（人）	科技活动经费内部支出
总　计	**5729540.6**	**1312379.4**	**20278.4**	**2969.6**	**354273.8**
一、按单位来源分组					
规模以上工业企业	3030090.4	962173.1	13209	1346.5	177069.6
大中型	2646835.1	435089.4	8740	1114.6	150413.8
大型企业	2038470.2	313838.8	6282.7	720.4	113735.1
中型企业	608364.9	121250.7	2457.3	394.2	36678.7
小型企业	383255.3	534806.2	4459.7	231.9	26655.8
规模以下工业企业	46538	21287.2	1459.2	105.4	7526.9
软件开发单位	59338.3	6489.5	489.2	253.7	12317.4
省科委认定的高新技术企业	2593573.9	322429.6	5121	1264	157359.9
二、按登记注册类型分组					
内资企业	3921984.4	1016945.6	16335.8	2528.3	263160.4
国有企业	943373	63736.3	3625.1	699.9	79394.6
集体企业	387136.9	23501.3	72.5	8.1	38.1
股份合作企业	22	862.6	58.3	0.5	13
有限责任公司	1286370.7	226967.6	3871.6	763.7	81042.9
国有独资公司	204416.6	5145.4	755.6	149.2	12056
其他有限责任公司	1081954.1	221822.2	3116	614.5	68986.9
股份有限公司	394588.1	100576.3	1548.4	344.6	31510.1
私营企业	894357.7	590074	7003.1	706.2	70807.7
私营独资企业	36648	104525.8	1137.3	11.4	2774.4
私营合伙企业	2271.8	38887.6	307.6	1.2	70
私营有限责任公司	664385.6	392461.6	4740.3	541.9	53551.5
私营股份有限公司	191052.3	54198.8	817.9	151.7	14411.9
其他企业	16136	8693.6	136.1	5.3	354
港、澳、台商投资企业	1297037.1	120812.8	2628.7	294.9	56653.6
合资经营企业（港或澳、台资）	582867.5	32467.7	600.1	141.7	26049.2
港、澳、台商独资经营企业	714169.6	88278.9	2023.4	153.2	30604.4
外商投资企业	510519.1	174621.1	1313.9	146.4	34459.8
中外合资经营企业	124537.6	26943.5	522.9	54.3	6862.4
外资企业	385981.5	145292.6	730.6	92.1	27597.4

文化、广播、电视事业基本情况

12—26　　(2012年)

指标名称	计量单位	全市	指标名称	计量单位	全市
一、艺术表演团体	个	19	总流通人次	人次	2976112
艺术表演团体人数	人	995	#书刊文献外借人次	人次	995700
本团原创首演剧目	台	6	书刊文献外借册次	册	1541912
演出场次	场	5446	为读者举办各种活动	次	552
#农村演出场次	场	4686	参加人数	人次	133161
演出观众人次	千人次	5461	本年新购藏量	册、件、套	194524
#农村观众人次	千人次	4727	公用房屋建筑面积	平方米	52235
二、艺术表演场馆	个	16	#书库	平方米	9585
艺术表演场馆人数	人	194	阅览室	平方米	14537
座席数	个	10029	#书刊阅览室	平方米	9040
演（映）出场次合计	场	626	电子阅览室	平方米	2272
#艺术演出场次	场	143	阅览室座席数	个	4172
观众人次合计	千人次	218	#少儿阅览室座席数	个	1046
#艺术演出观众人次	千人次	62	四、群众艺术馆、文化馆	个	25
三、公共图书馆	个	25	群众艺术馆、文化馆人数	人	325
公共图书馆人数	人	247	举办展览个数	个	285
#高级职称	人	27	组织文艺活动次数	次	1001
中级职称	人	64	藏书	册	26530
藏书量	册、件、套	3254637	举办训练班班次	次	470
#图书	册、件、套	2709144	组织各类理论研讨活动次数	次	80
#古籍	册、件、套	177088	五、文化站	个	276
善本	册、件、套	1698	从业人员	人	536
报刊	册、件、套	337801	举办展览个数	个	654
视听文献、缩微制品	册、件、套	5782	组织文艺活动次数	次	3439
当年购买的报刊种类	种	3335	藏书量	册	755137
书架单层总长度	米	69703	计算机	台	787
累计发放有效借书证数	个	152343	举办训练班班次	次	1619

12—26 续表　　　　(2012 年)

指标名称	计量单位	全市	指标名称	计量单位	全市
六、广播节目套数	套	12			
全年公共广播节目播出时间	小时	68293	2. 转省级台	小时	2603
(一) 按节目类型分			3. 自制作	小时	23118
1. 新闻咨询	小时	9453	#首播	小时	
2. 专题服务	小时	13902	4. 购买交换	小时	50041
3. 综艺益智	小时	26125	八、有线广播电视传输干线长度	公里	18924. 53
4. 广播剧	小时	2056	有线广播电视用户数	户	116. 14
5. 广告	小时	7134	#农村有线广播电视户数	户	18. 37
6. 其他	小时	9621	数字电视用户数	户	100. 05
(二) 按节目来源分			九、广播综合覆盖率	%	99. 43
1. 转中央台	小时	2387	#中央广播节目覆盖率	%	99. 07
2. 转省级台	小时	1225	省级广播节目覆盖率	%	99. 21
3. 转市级	小时	182	地市级台覆盖率	%	95. 59
3. 自制节目	小时	43785	县级台覆盖率	%	27. 47
4. 购买交换节目	小时	20713	无线广播综合覆盖率	%	99. 25
七、电视播出节目套数	套	22	#中央广播覆盖率	%	98. 89
全年公共电视节目播出时间	小时	79738	电视综合覆盖率	%	99. 42
(一) 按节目类型分			#中央台电视节目覆盖率	%	99. 41
1. 新闻资讯	小时	9836	省级电视节目覆盖率	%	98. 01
2. 专题服务	小时	7881	地市级台覆盖率	%	93. 62
3. 综艺益智	小时	5718	县级台覆盖率	%	68. 53
4. 影视剧	小时	44971	无线电视综合覆盖率	%	97. 88
5. 广告	小时	9953	#中央电视覆盖率	%	97. 38
6. 其他	小时	1375	省级电视覆盖率	%	97. 54
(二) 按节目来源分			地市级台覆盖率	%	92. 59
1. 转中央台	小时	3975	县级台覆盖率	%	66. 58

十三、体育　卫生　民政

全市体育事业基本情况

13—1

指标名称	计量单位	2012年	指标名称	计量单位	2012年
等级裁判员	人	26			
#男	人	26	健美操	人	44
女	人		武术	人	18
等级运动员	人		国际象棋	人	6
#男	人	311	中国象棋	人	5
女	人	191	社会指导员	人	7334
#田径	人	153	#二级	人	7334
游泳	人	56	地市级群众现代体育项目活动		
举重	人	14	活动次数	次	76
拳击	人	10	活动人数	万人	22
柔道	人	2	#现代体育项目活动		
跆拳道	人	7	活动次数	次	70
射击	人	1	活动人数	万人	20
足球	人	58	民间传统体育活动		
篮球	人	63	活动次数	次	6
排球	人	11	活动人数	万人	2
乒乓球	人	24	本年度体质受监测人数	人	3000
羽毛球	人	8	#体质监测达标人数	人	2800

全市卫生机构、床位和人员情况

13—2　　(2012年)　　计量单位：个、张、人

行业名称	机构数	床位数	机构人员	# 卫生技术人员
总　计	**6451**	**44896**	**73013**	**54191**
一、医院	174	34525	40363	33561
综合医院	105	24283	27785	23379
中医医院	28	3979	4847	3953
中西医结合医院	8	1478	1654	1420
专科医院	33	4785	6077	4809
二、疗养院	2	290	140	91
三、社区服务中心	205	1301	3421	3066
四、卫生院	221	7078	6541	5669
#乡卫生院	154	4201	3866	3434
五、村卫生室	4087		11531	2465
六、门诊部	35	148	660	571
#综合门诊部	13	3	421	364
中医门诊部	13	93	159	136
七、诊所、卫生所、医务室	1638		4690	4626
#诊所	1414		4043	4000
卫生所、医务室	224		647	626
八、急救中心	1		115	78
九、采供血机构	1		185	116
十、妇幼保健院（所、站）	25	954	2226	1762
十一、疾病预防控制中心	24		1486	930
十二、专科疾病防治院（所、站）	1	600	783	641
十三、卫生监督所	26		710	562
十四、医学科学研究机构	1		44	
十五、其他卫生机构	10		118	53

注：自2011年起，村卫生室纳入医疗机构范围

13—2 续表　　　　（2012年）　　　　计量单位：个、张、人

行业名称	卫生技术人员中：			
	执业医师	注册护士	药师（士）	技师（士）
总　　计	**20528**	**18551**	**2282**	**3065**
一、医院	12851	14027	1542	2040
综合医院	8994	9843	1009	1427
中医医院	1735	1290	242	236
中西医结合医院	545	516	90	129
专科医院	1577	2378	201	248
二、疗养院	34	35	3	5
三、社区服务中心	1355	1032	160	148
四、卫生院	1470	808	278	421
#乡卫生院	841	463	160	241
五、村卫生室	973	139		
六、门诊部	234	179	38	42
#综合门诊部	145	127	27	32
中医门诊部	58	41	8	6
七、诊所、卫生所、医务室	2328	1299	124	46
#诊所	1963	1150	104	35
卫生所、医务室	365	149	20	11
八、急救中心	27	48		
九、采供血机构	26	35	6	43
十、妇幼保健院（所、站）	636	592	88	148
十一、疾病预防控制中心	377	16	16	144
十二、专科疾病防治院（所、站）	198	334	22	25
十三、卫生监督所				
十四、医学科学研究机构				
十五、其他卫生机构	19	7	5	3

分县（市）区卫生机构、床位和人员情况

13—3　　　　（2012 年）　　　　计量单位：个、张、人

行政单位	机构数	床位数	机构人员	# 卫生技术人员
石家庄市	**6451**	**44896**	**73013**	**54191**
市　　区	1392	23181	37161	30934
长安区	183	5015	6946	5926
桥东区	239	3025	4694	3961
桥西区	265	4838	6944	5819
新华区	340	5633	9801	8141
裕华区	304	4043	7990	6474
矿　区	61	627	786	613
井 陉 县	320	1082	1635	915
正 定 县	468	1673	2971	2273
栾 城 县	249	1739	1750	1151
行 唐 县	326	1164	2169	1371
灵 寿 县	281	843	1806	1193
高 邑 县	123	478	637	383
深 泽 县	153	680	1256	804
赞 皇 县	221	818	917	648
无 极 县	244	988	1529	835
平 山 县	670	1623	2877	1738
元 氏 县	267	1243	2345	1407
赵　　县	297	1685	2517	1678
辛 集 市	457	1719	3552	2260
藁 城 市	259	1923	3228	1919
晋 州 市	267	987	2198	1327
新 乐 市	198	1752	2162	1681
鹿 泉 市	259	1318	2303	1674

13—3 续表　　　　（2012 年）　　　　计量单位：个、张、人

行政单位	卫生技术人员中：			
	执业医师	注册护士	药师（士）	技师（士）
石家庄市	**20528**	**18551**	**2282**	**3065**
市区	12609	12391	1306	1648
长安区	2954	2007	264	309
桥东区	1686	1443	160	266
桥西区	2371	2375	270	281
新华区	2889	3648	307	454
裕华区	2475	2689	265	297
矿区	234	229	40	41
井陉县	321	239	48	45
正定县	937	445	87	137
栾城县	424	352	45	45
行唐县	423	445	71	54
灵寿县	330	325	40	84
高邑县	122	100	10	26
深泽县	272	184	48	62
赞皇县	208	191	19	43
无极县	265	182	42	56
平山县	552	477	78	133
元氏县	420	391	42	85
赵县	533	352	76	128
辛集市	874	592	117	111
藁城市	589	621	47	122
晋州市	500	323	63	76
新乐市	533	568	74	113
鹿泉市	616	373	69	97

优抚对象情况

13—4 (2012年) 计量单位：人

行政单位	抚恤、补助优抚对象总人数	#在院集中供养人数	定期抚恤人数	#烈属	定期补助人数	伤残人员
石家庄市	**81686**	**568**	**5567**	**3983**	**66200**	**9919**
市区	4876	74	235	115	2419	2222
#长安区	1143	74	56	42	722	365
桥东区	634		20	10	147	467
桥西区	922		49	24	315	558
新华区	1060		49	15	459	552
裕华区	689		28	3	483	178
矿区	220		14	10	144	62
高新区	208		19	11	149	40
井陉县	4422	30	458	403	3399	565
正定县	4083	9	199	111	3505	379
栾城县	2893	21	103	67	2615	175
行唐县	5197	26	280	214	4419	498
灵寿县	3353	24	273	203	2749	331
高邑县	3088	26	367	227	2343	378
深泽县	3097	31	225	171	2518	354
赞皇县	2521	28	276	249	1814	431
无极县	5619	30	443	356	4541	635
平山县	5667	37	481	401	4574	612
元氏县	4545	25	296	217	3818	431
赵县	4704	20	231	147	4077	396
辛集市	6559	32	292	211	5586	681
藁城市	7292	24	589	322	6070	633
晋州市	5087	24	115	45	4608	364
新乐市	4634	24	468	340	3643	523
鹿泉市	4049	43	236	184	3502	311

婚姻登记情况

13—5　　　（2012 年）　　　计量单位：对、人

行政单位	登记结婚件数	登记结婚人数	初婚人数	再婚人数	# 女性	离婚登记
石家庄市	**114985**	**229970**	**204978**	**24992**	**12845**	**16341**
市　　区	33264	66528	56842	9686	4462	6975
#长安区	5511	11022	9092	1930	893	1204
桥东区	5726	11452	9953	1499	686	1081
桥西区	7939	15878	14013	1865	852	1442
新华区	6237	12474	10391	2083	962	1574
裕华区	4853	9706	8030	1676	762	1209
矿　区	899	1798	1577	221	114	179
高新区	2099	4198	3786	412	193	286
井陉县	2984	5968	5191	777	426	475
正定县	5817	11634	10157	1477	787	799
栾城县	4007	8014	7248	766	412	385
行唐县	4208	8416	8416			387
灵寿县	2553	5106	5106			194
高邑县	2080	4160	3831	329	181	130
深泽县	2793	5586	4838	748	429	332
赞皇县	2436	4872	4860	12	6	273
无极县	5968	11936	10612	1324	740	665
平山县	4644	9288	8087	1201	681	701
元氏县	4757	9514	8875	639	308	347
赵　县	6278	12556	11273	1283	724	557
辛集市	6144	12288	10545	1743	932	997
藁城市	10196	20392	17961	2431	1330	1252
晋州市	5655	11310	9803	1507	865	768
新乐市	6632	13264	13264			537
鹿泉市	4569	9138	8069	1069	562	567

城镇低保情况

13—6　　(2012年)　　计量单位：人、户

行政单位	城市居民最低生活保障人数	城市居民最低生活保障人中：					城市居民最低生活保障家庭数
		女性	残疾人	"三无"人员	老年人	登记失业人员	
石家庄市	**45537**	**18459**	**5728**	**583**	**4779**	**4000**	**23765**
市区	19087	8243	4521	342	2792	990	10577
#长安区	3788	1695	1550	190	744	182	2567
桥东区	2872	1390	714	29	331	164	1689
桥西区	3084	1465	730	28	245	125	1678
新华区	4102	1380	569	17	584	278	2180
裕华区	2187	1000	487	36	203	142	1152
矿区	2472	1131	255	6	513	98	998
高新区	582	182	216	36	172	1	413
井陉县	1155	366	39	16	1	219	543
正定县	678	178	43	29	56	137	356
栾城县	729	231	46	4	53	48	332
行唐县	1459	731	35	33	153	102	594
灵寿县	2026	447	91	1	22	218	675
高邑县	2164	949	70	4	67	504	1167
深泽县	1391	435	29	1	90	250	712
赞皇县	2081	748	74	32	103	31	1110
无极县	1683	856	48	2	276	10	841
平山县	1369	398	74	1	155	669	681
元氏县	1573	482	37	14	112	9	905
赵县	3940	1538	149	11	1	41	1799
辛集市	1613	760	155	12	298	533	1079
藁城市	929	468	96	16	80	18	414
晋州市	1717	803	47	5	259	19	1018
新乐市	1446	592	129	31	67	149	610
鹿泉市	497	234	45	29	194	53	252

农村低保、救济情况

13—7　　　　　　　　　　　　　　　　　　（2012年）　　　　　　　　　　　　　　　计量单位：个、人

行政单位	农村居民最低生活保障人数	#女　性	老年人	未成年人	残疾人	农村居民最低生活保障家庭数
石家庄市	**147657**	**41708**	**56433**	**12144**	**18793**	**92894**
井陉县	10012	3826	3645	1026	1421	5391
正定县	8025	3262	1920	1381	1426	3512
栾城县	5702	2371	1791	1030	630	2585
行唐县	8017	3014	2785	1147	1302	4492
灵寿县	7146	2527	2885	744	706	4350
高邑县	4851	504	4815	35	149	2992
深泽县	4423	1111	2153	213	177	2576
赞皇县	6969	1936	4573	581	287	5214
无极县	7961	1062	252	55	207	5362
平山县	11980	2067	2347	1195	494	6635
元氏县	9572	1355	103	118	569	7548
赵　县	13727	2374	11557	480	1787	11277
辛集市	11107	2725	2485	495	3691	9683
藁城市	13317	6178	3386	2153	4063	5617
晋州市	10930	5135	6150	220	1305	9131
新乐市	10472	1954	4221	1048	399	5061
鹿泉市	3446	307	1365	223	180	1468

农村五保、医疗救助情况

13—8　　(2012 年)　　计量单位：人

行政单位	农村分散五保供养人数	#女性	老年人	未成年人	残疾人	城市民政部门医疗救助人数
石家庄市	**8180**	**958**	**7064**	**472**	**1349**	**11797**
市　区						6113
#长安区						296
桥东区						156
桥西区						4203
新华区						909
裕华区						372
矿　区						120
高新区						57
井陉县	294	34	262	18	33	591
正定县	230	17	184	4	45	44
栾城县	283	45	277	6	60	79
行唐县	568	35	390	16	194	38
灵寿县	1018	55	1005	12	35	136
高邑县	261	30	226	15	31	72
深泽县	384	20	372	3	15	153
赞皇县	525	27	521	4	13	289
无极县	619	33	597	22	28	4
平山县	808	37	808		97	88
元氏县	455	251	241	214	269	76
赵　县	416	39	321	51	55	210
辛集市	509	90	394	9	111	589
藁城市	560	50	365	72	193	71
晋州市	445	67	404	11	47	56
新乐市	537	124	529	8	27	2560
鹿泉市	268	4	168	7	96	628

附录　1995—2012年
分县(市)区主要经济指标

1996—2012年分县（市）区生产总值（一）

计量单位：万元、%

行政单位	1996年	增长速度	1997年	增长速度	1998年	增长速度
全 市	**6429851**	**14.8**	**7600562**	**14.9**	**8174848**	**12.8**
市 区	2521454	12.8	2997157	13.9	3275923	13.1
#长安区	44408		53988		60038	
桥东区	50940		59731		51329	
桥西区	44033		52451		59673	
新华区	68273		78289		85956	
裕华区	599299		727786		807986	
矿 区	35302		42615		47282	
井陉县	144462	17.8	201451	23.8	227504	16.4
正定县	437989	24.9	557005	19.6	612692	14.5
栾城县	265496	29.7	338556	20.9	378361	15.2
行唐县	138384	28.4	168599	21.5	183101	15.2
灵寿县	106942	27.8	142761	19.6	159174	16.4
高邑县	95770	22.0	119380	17.4	133212	16.4
深泽县	87023	18.1	105199	15.1	117933	15.5
赞皇县	79647	10.9	88140	3.5	100071	12.6
无极县	243655	15.9	282096	13.1	309906	14.1
平山县	164802	5.0	228560	34.7	259975	15.9
元氏县	201086	19.5	228753	12.8	254499	17.5
赵 县	281773	23.8	331254	15.1	366343	14.5
辛集市	551901	15.0	578233	12.3	614570	12.4
藁城市	583911	23.5	716142	17.2	785520	14.5
晋州市	369743	19.9	426993	17.1	465353	14.1
新乐市	354891	14.9	415478	16.7	454835	14.4
鹿泉市	391089	16.6	474686	16.0	517619	12.6
17县（市）合计	4498564		5403286		5940668	
23县（市）区合计	5340819		6418146		7052932	

注：1. 根据2006年第二次全国农业普查数据和2008年第二次全国经济普查数据，各县（市）对1996－2007年数据进行了修订，市内5区对2001－2007年数据进行了修订。2. 2001年市内5区及正定、栾城区划变动，撤销郊区，成立裕华区。2000年及以前年度裕华区、正定、栾城为原区划数据。3. 1996－2004年市内各区地区生产总值核算范围为区属及以下单位。

1996—2012 年分县（市）区生产总值（二）

计量单位：万元、%

行政单位	1999 年	增长速度	2000 年	增长速度	2001 年	增长速度
全　市	**8720547**	**9.8**	**9625186**	**9.8**	**10555803**	**8.5**
市　区	360017	11.5	4177309	11.2	4628203	11.1
#长安区	66666		75288		202601	8.9
桥东区	56728		61582		144551	8.1
桥西区	63914		69968		138756	8.1
新华区	94743		105603		235597	9.0
裕华区	872857		1000268		267596	8.8
矿　区	51669		56949		61334	8.3
井陉县	244042	10.5	270086	10.6	281278	5.2
正定县	654957	10.6	705866	6.9	485191	1.8
栾城县	417762	13.2	469331	12.3	384892	9.4
行唐县	199672	11.8	228367	12.6	239334	9.3
灵寿县	168444	7.0	179403	7.5	187687	5.7
高邑县	145694	12.4	159668	12.9	165086	5.5
深泽县	129073	12.8	142214	10.2	154854	8.4
赞皇县	105056	7.3	116432	7.9	125753	8.9
无极县	325730	7.9	320512	2.8	343973	9.1
平山县	285302	11.1	299063	5.1	324227	7.9
元氏县	279439	14.2	303214	10.0	324941	7.7
赵　县	377243	5.1	375514	5.7	374750	0.5
辛集市	645090	9.8	671180	-6.8	713038	6.6
藁城市	851286	10.8	803411	-8.1	853030	7.9
晋州市	501191	10.5	518297	4.5	529080	2.7
新乐市	489673	10.8	506341	1.7	461039	-8.5
鹿泉市	547002	9.6	602377	7.5	639883	7.0
17 县（市）合计	6366656		6671276		6588036	
23 县（市）区合计	7573233		8040934		7638471	

1996—2012 年分县（市）区生产总值（三）

计量单位：万元、%

行政单位	2002 年	增长速度	2003 年	增长速度	2004 年	增长速度
全　市	**11646487**	**9.2**	**13245121**	**11.1**	**15111521**	**13.3**
市　区	5101126	11.6	5917839	14.3	6920174	16.2
#长安区	223879	10.8	268048	15.6	333431	16.4
桥东区	159799	10.8	178134	8.8	394046	16.2
桥西区	152926	10.5	178476	13.8	218356	16.1
新华区	256906	9.2	301402	14.8	373722	16.1
裕华区	295780	11.0	351974	15.3	434444	14.0
矿　区	69709	10.8	83612	16.1	102317	19.1
井陉县	299026	6.6	338246	11.2	410286	14.1
正定县	524301	8.5	582029	10.1	685094	13.7
栾城县	420007	9.1	494660	13.3	586254	13.1
行唐县	256612	8.7	302924	9.3	350751	9.9
灵寿县	196369	6.0	221014	9.3	261846	10.5
高邑县	176377	6.2	189325	9.1	217629	1.2
深泽县	169244	9.2	185923	11.7	223408	11.7
赞皇县	130838	8.4	156024	13.7	196231	15.2
无极县	372618	8.4	429484	11.1	527100	14.8
平山县	353048	8.4	406292	12.3	485335	14.5
元氏县	354808	9.1	408336	11.4	494458	11.1
赵　县	390697	4.6	430271	6.3	507045	7.9
辛集市	767745	8.0	832771	11.8	997346	14.5
藁城市	909407	6.9	1044840	9.5	1211513	15.8
晋州市	549387	4.3	561690	4.4	637937	9.4
新乐市	485539	5.3	528631	10.2	606477	9.8
鹿泉市	684868	7.2	771802	10.1	917697	11.2
17 县（市）合计	7040891		7884262		9316417	
23 县（市）区合计	8199890		9245908		11172733	

1996—2012 年分县（市）区生产总值（四）

计量单位：万元、%

行政单位	2005 年	增长速度	2006 年	增长速度	2007 年	增长速度
全　　市	**16715015**	**13.8**	**19025186**	**13.4**	**22688440**	**13.2**
市　　区	7282180	15.5	8046943	10.1	9473325	12.8
#长安区	918930	8.3	1192640	7.9	1422595	10.1
桥东区	524238	16.6	653268	12.5	738846	13.1
桥西区	1074581	16.6	1223966	12.7	1394466	12.3
新华区	713854	16.3	758529	11.6	894220	12.1
裕华区	666033	16.9	754310	12.4	830007	7.8
矿　区	140798	17.6	163757	14.6	200595	16.0
井陉县	431546	16.4	528062	16.2	641417	16.3
正定县	776787	13.8	883830	14.5	1070209	12.0
栾城县	660918	13.1	757107	14.1	912290	12.3
行唐县	397789	12.0	463370	13.4	577646	14.9
灵寿县	294631	14.0	345372	14.3	430363	13.6
高邑县	220077	11.3	264897	11.6	297856	5.7
深泽县	250704	12.1	287636	15.0	352666	14.0
赞皇县	231485	15.5	266869	15.2	332250	13.0
无极县	558893	13.0	645031	14.3	798095	14.3
平山县	720519	16.3	804544	13.2	1067155	18.2
元氏县	485720	13.4	615420	13.3	741386	12.4
赵　县	564118	13.5	662771	15.6	820509	14.7
辛集市	1151241	12.1	1365551	14.3	1663591	13.4
藁城市	1335889	13.6	1615344	14.2	2011255	15.0
晋州市	683154	12.5	803486	14.8	993360	14.9
新乐市	688462	14.0	773552	10.4	915728	12.5
鹿泉市	1018116	14.1	1223898	14.2	1479374	14.7
17 县（市）合计	10470049		12306740		15105150	
23 县（市）区合计	14508483		17053210		20585879	

1996—2012年分县（市）区生产总值（五）

计量单位：万元、%

行政单位	2008年	增长速度	2009年	增长速度	2010年	增长速度
全　市	**27235531**	**11.0**	**30012797**	**11.1**	**34010186**	**12.2**
市　区	10022951	8.7	10821265	8.1	12397815	12.9
#长安区	1468445	3.5	1500089	8.1	1741372	11.9
桥东区	821597	11.2	903681	11.2	1040954	13.6
桥西区	1664362	11.6	1799882	12.2	2115286	15.0
新华区	975993	-2.0	1066907	10.2	1231631	12.0
裕华区	1017755	11.2	1085661	11.0	1141929	12.1
矿　区	240146	12.5	273288	11.3	357661	14.9
井陉县	806323	11.4	1001942	12.7	1050009	11.8
正定县	1264670	13.2	1405160	12.9	1696041	12.0
栾城县	1020385	11.5	1150322	11.5	1194625	12.5
行唐县	736713	13.5	850273	12.1	879739	13.6
灵寿县	529796	14.5	593343	11.3	664665	14.0
高邑县	332031	8.3	364445	11.8	408798	14.4
深泽县	444365	13.5	477173	11.3	542272	11.7
赞皇县	412012	12.4	448948	12.5	547670	13.8
无极县	914041	6.9	1005152	9.7	1147490	11.6
平山县	1350971	9.3	1410593	12.6	1560146	13.0
元氏县	811388	10.3	883002	11.4	1021089	13.4
赵　县	1000231	13.0	1114420	11.0	1360688	12.3
辛集市	1840135	11.2	2067005	11.0	2541378	13.2
藁城市	2256309	12.0	2614310	10.3	3140236	12.0
晋州市	1196769	10.8	1290925	11.2	1421442	13.0
新乐市	1056039	10.7	1117822	11.1	1242114	11.7
鹿泉市	1759162	12.4	1908215	11.8	2085460	12.4
17县（市）合计	17731340		19703050		22503862	
23县（市）区合计	23919638		26332558		30132695	

1996—2012年分县（市）区生产总值（六）

计量单位：万元、%

行政单位	2011年	增长速度	2012年	增长速度
全　市	**40826833**	**12.0**	**45002098**	**10.4**
市　区	14699610	12.5	15735386	10.6
#长安区	1943439	11.0	2114912	8.4
桥东区	1241067	13.8	1408792	10.6
桥西区	2494148	14.0	2436226	10.5
新华区	1468232	13.9	1643986	10.4
裕华区	1341768	13.7	1468770	10.5
矿　区	509164	12.4	712579	8.5
高新区			1292270	14.6
井陉县	1201654	12.7	1300798	9.1
正定县	1980979	8.7	2194772	9.1
栾城县	1446088	12.3	1553495	9.6
行唐县	921466	12.6	1050820	10.3
灵寿县	727978	11.5	787652	9.0
高邑县	545686	12.7	630161	12.0
深泽县	677857	12.6	760826	11.6
赞皇县	701028	12.8	773585	11.8
无极县	1321149	11.8	1400964	12.2
平山县	1927428	10.6	2052263	4.1
元氏县	1278985	12.2	1483105	10.5
赵　县	1627153	11.6	1756820	10.2
辛集市	3181873	11.9	3415778	8.9
藁城市	3905029	11.9	4753244	11.0
晋州市	1779161	12.6	2009307	12.0
新乐市	1431748	11.5	1560814	10.4
鹿泉市	2614124	12.4	2900051	5.8
17县（市）合计	27269386		30384455	
23县（市）区合计	36267204		40169720	

1995—2012 年分县（市）区全社会固定资产投资（一）

计量单位：万元、%

行政单位	1995 年	1996 年	增长速度	1997 年	增长速度	1998 年	增长速度
全　市	**1951005**	**2404345**	**23.24**	**2981487**	**24.00**	**3388169**	**13.64**
市　区	1032539	1196987	15.93	1496487	25.02	1685405	12.62
#长安区	20223	25200	24.61	33569	33.21	32706	-2.57
桥东区	6689	17968	168.62	23161	28.90	19085	-17.60
桥西区	4343	5333	22.80	8726	63.62	16010	83.47
新华区	39430	32529	-17.50	29309	-9.90	34529	17.81
裕华区	24958	131512	426.93	183720	39.70	201246	9.54
矿　区	10754	10768	0.13	13091	21.57	13132	0.31
高新区						151535	
井陉县	28456	48551	70.52	62196	28.10	64139	3.12
正定县	117448	136197	15.96	157076	15.33	163363	4.00
栾城县	41310	57566	39.35	75491	31.14	92172	22.10
行唐县	27989	33648	20.22	50342	49.61	60301	19.78
灵寿县	23857	31386	31.56	46096	46.87	53195	15.40
高邑县	30924	37977	22.81	44708	17.72	47911	7.16
深泽县	19005	20627	8.53	27396	32.82	41290	50.72
赞皇县	17831	24398	36.83	44855	83.85	51013	13.73
无极县	28645	34954	22.02	48697	39.32	50118	2.92
平山县	45025	51959	15.40	69583	33.92	80296	15.40
元氏县	35986	48771	35.53	64216	31.67	70585	9.92
赵　县	37759	53613	41.99	55142	2.85	71501	29.67
辛集市	120437	144477	19.96	160194	10.88	172822	7.88
藁城市	106922	173559	62.32	200919	15.76	243720	21.30
晋州市	63817	91103	42.76	111021	21.86	123412	11.16
新乐市	75614	88100	16.51	107030	21.49	125006	16.80
鹿泉市	97441	130472	33.90	160038	22.66	191920	19.92

注：2000 年以前年度市内各区全社会固定资产投资统计范围为区属及以下单位，2000 年及以后年度为各区行政区划内所有单位。自 2011 年起投资统计起点由 50 万元提高到 500 万元。

1995—2012年分县（市）区全社会固定资产投资（二）

计量单位：万元、%

行政单位	1999年	增长速度	2000年	增长速度	2001年	增长速度
全　　市	**3654000**	**7.85**	**3619406**	**-0.95**	**3808763**	**5.23**
市　　区	1693000	0.45	1617379	-4.47	1709161	5.67
#长安区	36280	10.93	436525	1103.2	483590	10.78
桥东区	24548	28.62	341679	1291.9	339622	-0.60
桥西区	21099	31.79	191453	807.40	241500	26.14
新华区	32668	-5.39	178725	447.10	243422	36.20
裕华区	220871	9.75	279839	26.70	221038	-21.01
矿　区	14594	11.13	15698	7.56	20623	31.37
高新区			98757		128005	29.62
井陉县	70000	9.14	81064	15.81	75037	-7.43
正定县	214000	31.00	15994	-92.53	153648	860.66
栾城县	116000	25.85	142712	23.03	133376	-6.54
行唐县	67000	11.11	74149	10.67	76246	2.83
灵寿县	65000	22.19	64461	-0.83	64515	0.08
高邑县	56000	16.88	60477	7.99	64482	6.62
深泽县	49000	18.67	44771	-8.63	46381	3.60
赞皇县	49000	-3.95	66195	35.09	65582	-0.93
无极县	57000	13.73	60683	6.46	77306	27.39
平山县	100000	24.54	103192	3.19	119617	15.92
元氏县	81000	14.76	80049	-1.17	95188	18.91
赵　县	83000	16.08	91777	10.57	97459	6.19
辛集市	197000	13.99	196000	-0.51	201809	2.96
藁城市	249000	2.17	255984	2.80	269692	5.36
晋州市	139000	12.63	136663	-1.68	167882	22.84
新乐市	152000	21.59	149835	-1.42	139683	-6.78
鹿泉市	217000	13.07	209158	-3.61	251699	20.34

1995—2012年分县（市）区全社会固定资产投资（三）

计量单位：万元、%

行政单位	2002年	增长速度	2003年	增长速度	2004年	增长速度
全　市	**4093686**	**7.48**	**5349800**	**30.68**	**7058091**	**31.93**
市　区	1849521	8.21	2336448	26.33	3236648	38.53
#长安区	486618	0.63	581495	19.50	735097	26.42
桥东区	361390	6.41	290339	-19.66	461410	58.92
桥西区	255743	5.90	379839	48.52	525002	38.22
新华区	309961	27.33	427800	38.02	553389	29.36
裕华区	266972	20.78	473571	77.39	707898	49.48
矿　区	13938	-32.42	27970	100.67	51624	84.57
高新区	148011	15.63	155434	5.02	202228	30.11
井陉县	84176	12.18	139364	65.56	188475	35.24
正定县	169132	10.08	227051	34.24	312636	37.69
栾城县	144280	8.18	192304	33.29	264912	37.76
行唐县	82198	7.81	122164	48.62	168167	37.66
灵寿县	67699	4.94	104077	53.73	143219	37.61
高邑县	68146	5.68	84006	23.27	117333	39.67
深泽县	47571	2.57	76529	60.87	79140	3.41
赞皇县	55544	-15.31	84064	51.35	115653	37.58
无极县	81773	5.78	114778	40.36	139862	21.85
平山县	144180	20.53	205524	43.24	249174	20.65
元氏县	107795	13.24	149703	38.88	226839	51.53
赵　县	106011	8.77	182796	72.43	216376	18.37
辛集市	191274	-5.22	240836	25.91	301162	25.05
藁城市	286414	6.20	316842	10.62	382984	20.88
晋州市	175319	4.43	230668	31.57	272680	18.21
新乐市	160033	14.57	233495	45.90	309874	32.71
鹿泉市	272620	8.31	308151	13.03	332957	8.05

1995—2012年分县（市）区全社会固定资产投资（四）

计量单位：万元、%

行政单位	2005年	增长速度	2006年	增长速度	2007年	增长速度
全　市	**9290289**	**31.63**	**10968268**	**18.06**	**13901235**	**26.82**
市　区	4284088	32.36	5026539	17.33	5878796	17.11
#长安区	928269	26.28	769447	-17.11	1035143	34.53
桥东区	675332	46.36	867367	28.44	1077663	24.25
桥西区	696763	32.72	875884	25.71	870603	-0.60
新华区	710154	28.33	922258	29.87	1136336	23.21
裕华区	958989	35.47	1192987	24.40	1231584	4.11
矿　区	72889	41.19	94141	29.16	142937	46.96
高新区	241946	19.64	305212	26.15	384530	25.99
井陉县	303147	60.84	404996	33.60	561582	38.66
正定县	325003	3.96	366086	12.64	510373	39.41
栾城县	357366	34.90	402653	12.67	498822	23.88
行唐县	240548	43.04	285386	18.64	400589	40.37
灵寿县	221988	55.00	303107	36.54	474348	56.50
高邑县	144094	22.81	157326	9.18	178150	13.24
深泽县	96534	21.98	117664	21.89	165369	40.54
赞皇县	165859	43.41	194153	17.06	353080	81.86
无极县	175310	25.34	229676	31.01	338651	47.45
平山县	339890	36.41	394227	15.99	335194	-14.97
元氏县	281452	24.08	325503	15.65	541842	66.46
赵　县	292035	34.97	329417	12.80	416364	26.39
辛集市	398724	32.40	451794	13.31	698374	54.58
藁城市	497644	29.94	609568	22.49	804138	31.92
晋州市	348829	27.93	407311	16.77	534150	31.14
新乐市	386200	24.63	436727	13.08	536084	22.75
鹿泉市	431322	29.54	525378	21.81	675329	28.54

1995—2012年分县（市）区全社会固定资产投资（五）

计量单位：万元、%

行政单位	2008年	增长速度	2009年	增长速度	2010年	增长速度
全　市	**17242334**	**24.03**	**24363602**	**41.30**	**29579966**	**21.40**
市　区	6893777	17.27	9642048	39.87	11926594	23.69
#长安区	1269342	22.62	1752619	38.07	2141700	22.20
桥东区	1192978	10.70	1688780	41.56	2077199	23.00
桥西区	1047342	20.30	1596309	52.42	1965056	23.10
新华区	1299784	14.38	1714311	31.89	2094888	22.20
裕华区	1435136	16.53	1966002	36.99	2215612	21.50
矿　区	186578	30.53	265681	42.40	334188	25.79
高新区	462617	20.31	658346	42.31	1097951	26.15
井陉县	820668	46.14	1203437	46.64	1478696	22.87
正定县	694877	36.15	975116	40.33	1238041	26.96
栾城县	592204	18.72	854531	44.30	954894	21.65
行唐县	533417	33.16	764998	43.41	950213	24.21
灵寿县	700542	47.69	985592	40.69	632039	-35.87
高邑县	202538	13.69	282454	39.46	351994	24.62
深泽县	215427	30.27	294716	36.81	365150	23.90
赞皇县	449608	27.34	643462	43.12	815226	26.69
无极县	421306	24.41	616967	46.44	773069	25.30
平山县	585943	74.81	768064	31.08	977739	27.30
元氏县	669532	23.57	890503	33.00	1020913	14.64
赵　县	475415	14.18	701713	47.60	872221	24.30
辛集市	804367	15.18	1136130	41.25	1431710	26.02
藁城市	938381	16.69	1351537	44.03	1727410	27.81
晋州市	682029	27.68	994325	45.86	1243694	25.02
新乐市	735714	37.24	1028408	39.78	1254122	21.95
鹿泉市	826589	22.40	1229101	48.70	1566241	27.43

1995—2012年分县（市）区全社会固定资产投资（六）

计量单位：万元、%

行政单位	2011年	增长速度	2012年	增长速度
全 市	**31011626**	**26.50**	**37286458**	**20.02**
市 区	13472206	29.90	16155584	20.11
#长安区	2345558	26.40	2756678	19.58
桥东区	2386581	31.60	2863006	19.04
桥西区	2401015	38.90	2909056	21.16
新华区	2202962	19.50	2630745	19.42
裕华区	2617635	34.30	3121798	19.26
矿 区	343203	27.30	426655	24.32
高新区	1175252	29.00	1447646	23.18
井陉县	1368000	26.50	1616739	18.18
正定县	1294000	25.70	1565662	20.99
栾城县	1034420	28.90	1242447	20.16
行唐县	852000	29.50	1001322	17.53
灵寿县	564000	28.20	680579	20.67
高邑县	352000	34.20	435908	23.84
深泽县	377000	31.10	461678	22.46
赞皇县	716000	26.80	863155	20.55
无极县	677000	28.90	818212	20.86
平山县	1076000	36.70	1294993	20.35
元氏县	1057000	27.70	1282056	21.29
赵 县	792000	25.30	918833	16.01
辛集市	1463000	25.90	1726835	18.03
藁城市	1786000	27.80	2232545	19.84
晋州市	1279000	33.20	1540043	20.41
新乐市	1125000	15.30	1341807	19.27
鹿泉市	1727000	26.30	2108060	22.06

1996—2012年分县（市）区固定资产投资（一）

计量单位：万元、%

行政单位	1996年	增长速度	1997年	增长速度	1998年	增长速度
全　市	**1561921**	**16.49**	**1892936**	**21.19**	**2143072**	**13.21**
市　区	1066962	6.84	1306535	22.45	1449117	10.91
#长安区	25200	53.00	33569	33.21	32706	-2.57
桥东区	17968	416.92	23161	28.90	19085	-17.60
桥西区	5333	22.80	8726	63.62	16010	83.47
新华区	32529	-16.87	29309	-9.90	34529	17.81
裕华区	131512	2183.19	183720	39.70	26625	-85.51
矿　区	10768	239.47	13091	21.57	3608	-72.44
高新区					151535	
井陉县	32213	106.97	26342	-18.23	34905	32.51
正定县	35234	-6.69	43586	23.70	58566	34.37
栾城县	34878	100.79	29868	-14.36	42271	41.53
行唐县	13171	42.73	26562	101.67	27325	2.87
灵寿县	24091	53.95	37441	55.41	44876	19.86
高邑县	7583	-18.66	12572	65.79	14308	13.81
深泽县	5672	-23.90	15604	175.11	16258	4.19
赞皇县	11798	-20.45	19725	67.19	20270	2.76
无极县	17003	4.30	19048	12.03	21394	12.32
平山县	19063	6.96	27583	44.69	29732	7.79
元氏县	23721	37.92	24591	3.67	22730	-7.57
赵　县	18687	4.56	24548	31.36	24501	-0.19
辛集市	54916	46.78	64478	17.41	116044	79.97
藁城市	123911	184.13	98410	-20.58	99324	0.93
晋州市	19202	5.66	26495	37.98	31100	17.38
新乐市	40161	36.90	37015	-7.83	42705	15.37
鹿泉市	13655	-20.71	52533	284.72	47646	-9.30

注：2000年以前年度市内各区城镇固定资产投资统计范围为区属及以下单位，2000年及以后年度为各区行政区划内所有单位。自2011年起投资统计起点由50万元提高到500万元，城镇固定资产投资改为固定资产投资。

1996—2012年分县（市）区固定资产投资（二）

计量单位：万元、%

行政单位	1999年	增长速度	2000年	增长速度	2001年	增长速度
全　市	**2460089**	**14.79**	**2408926**	**-2.08**	**2681187**	**11.30**
市　区	1498045	3.38	1457313	-2.72	1651933	13.35
#长安区	36280	10.93	436525	1103.21	483590	10.78
桥东区	24548	28.62	341679	1291.88	339622	-0.60
桥西区	21099	31.79	191453	807.40	241500	26.14
新华区	32668	-5.39	178725	447.10	243422	36.20
裕华区	96400	262.07	128204	32.99	192260	49.96
矿　区	5540	53.55	7267	31.17	14534	100.00
高新区			98757		128005	29.62
井陉县	42770	22.53	49814	16.47	49981	0.34
正定县	95016	62.24	72045	-24.18	96457	33.88
栾城县	72583	71.71	92090	26.88	79287	-13.90
行唐县	35601	30.29	36143	1.52	37850	4.72
灵寿县	52743	17.53	54285	2.92	54820	0.99
高邑县	22025	53.93	22883	3.90	25621	11.97
深泽县	18877	16.11	19136	1.37	19435	1.56
赞皇县	20926	3.24	21291	1.74	28898	35.73
无极县	31579	47.61	28346	-10.24	30800	8.66
平山县	46136	55.17	49091	6.40	54300	10.61
元氏县	39667	74.51	33383	-15.84	38595	15.61
赵　县	53245	117.32	40030	-24.82	44623	11.47
辛集市	130156	12.16	107343	-17.53	127330	18.62
藁城市	120461	21.28	104394	-13.34	123769	18.56
晋州市	54008	73.66	53726	-0.52	74579	38.81
新乐市	66199	55.01	54957	-16.98	40921	-25.54
鹿泉市	86837	82.25	89170	2.69	101988	14.37

1996—2012年分县（市）区固定资产投资（三）

计量单位：万元、%

行政单位	2002年	增长速度	2003年	增长速度	2004年	增长速度
全　市	**2952370**	**10.11**	**4155500**	**40.75**	**5771074**	**38.88**
市　区	1820166	10.18	2335548	28.32	3227794	38.20
#长安区	486618	0.63	581495	19.50	735097	26.42
桥东区	361390	6.41	290339	-19.66	461410	58.92
桥西区	255743	5.90	379839	48.52	525002	38.22
新华区	309961	27.33	427800	38.02	553389	29.36
裕华区	266972	38.86	473571	77.39	707898	49.48
矿　区	12786	-12.03	27070	111.72	42770	58.00
高新区	148011	15.63	155434	5.02	202228	30.11
井陉县	53288	6.62	90564	69.95	136390	50.60
正定县	97352	0.93	128751	32.25	181686	41.11
栾城县	79222	-0.08	131504	65.99	178350	35.62
行唐县	40912	8.09	66264	61.97	100890	52.25
灵寿县	57459	4.81	86077	49.81	124741	44.92
高邑县	26958	5.22	41406	53.59	63334	52.96
深泽县	21110	8.62	37429	77.30	47117	25.88
赞皇县	31864	10.26	51364	61.20	72418	40.99
无极县	33076	7.39	46578	40.82	69134	48.43
平山县	73294	34.98	111724	52.43	166075	48.65
元氏县	41375	7.20	66003	59.52	102120	54.72
赵　县	46480	4.16	89100	91.70	133374	49.69
辛集市	128196	0.68	182236	42.15	225623	23.81
藁城市	128771	4.04	219642	70.57	288596	31.39
晋州市	80164	7.49	125068	56.02	187782	50.14
新乐市	53522	30.79	97195	81.60	156816	61.34
鹿泉市	141746	38.98	249251	75.84	308832	23.90

1996—2012年分县（市）区固定资产投资（四）

计量单位：万元、%

行政单位	2005年	增长速度	2006年	增长速度	2007年	增长速度
全 市	**7947681**	**37.72**	**9981142**	**25.59**	**12641826**	**26.66**
市 区	4282358	32.67	5025104	17.34	5877037	16.95
#长安区	927469	26.17	769447	-17.04	1035143	34.53
桥东区	675332	46.36	867367	28.44	1077663	24.25
桥西区	696763	32.72	875884	25.71	870603	-0.60
新华区	710154	28.33	922258	29.87	1136336	23.21
裕华区	958989	35.47	1192987	24.40	1231584	3.24
矿 区	71705	67.65	91949	28.23	141178	53.54
高新区	241946	19.64	305212	26.15	384530	25.99
井陉县	241872	77.34	359738	48.73	511177	42.10
正定县	223574	23.06	299703	34.05	465645	55.37
栾城县	262308	47.07	320344	22.13	391578	22.24
行唐县	161505	60.08	231453	43.31	326349	41.00
灵寿县	197768	58.54	283029	43.11	429516	51.76
高邑县	85669	35.27	115400	34.70	134700	16.72
深泽县	68357	45.08	96917	41.78	136014	40.34
赞皇县	102949	42.16	157339	52.83	255390	62.32
无极县	102701	48.55	146074	42.23	239373	63.87
平山县	268501	61.67	342339	27.50	280118	-18.18
元氏县	164340	60.93	236416	43.86	345522	46.15
赵 县	209271	56.91	298478	42.63	401399	34.48
辛集市	313443	38.92	421233	34.39	606576	44.00
藁城市	407731	41.28	513790	26.01	700458	36.33
晋州市	220049	17.18	321025	45.89	466385	45.28
新乐市	218848	39.56	293722	34.21	421760	43.59
鹿泉市	416437	34.84	519038	24.64	652829	25.78

1996—2012 年分县（市）区固定资产投资（五）

计量单位：万元、%

行政单位	2008 年	增长速度	2009 年	增长速度	2010 年	增长速度
全　市	**15778496**	**24.81**	**22287346**	**41.25**	**26968136**	**21.00**
市　区	6890730	17.25	9636908	39.85	11919374	23.68
#长安区	1269342	22.62	1752619	38.07	2141700	22.20
桥东区	1192978	10.70	1688780	41.56	2077199	23.00
桥西区	1047342	20.30	1596309	52.42	1965056	23.10
新华区	1299784	14.38	1714311	31.89	2094888	22.20
裕华区	1435136	16.53	1966002	36.99	2215612	21.50
矿　区	183531	30.00	260541	41.96	326968	25.50
高新区	462617	20.31	658346	42.31	1097951	27.93
井陉县	728193	42.45	1054642	44.83	1292980	22.60
正定县	651851	39.99	933450	43.20	1173481	25.71
栾城县	503725	28.64	712872	41.52	809434	23.50
行唐县	446251	36.74	631534	41.52	768576	21.70
灵寿县	615816	43.37	863127	40.16	534790	-38.04
高邑县	159765	18.61	226099	41.52	282172	24.80
深泽县	178997	31.60	251598	40.56	306446	21.80
赞皇县	336242	31.66	432909	28.75	588485	22.88
无极县	290447	21.34	408252	40.56	496387	21.59
平山县	393470	40.47	649804	65.15	715914	26.69
元氏县	494203	43.03	770439	55.90	847834	22.40
赵　县	468564	16.73	656511	40.11	829392	25.15
辛集市	755232	24.51	1069391	41.60	1338991	25.21
藁城市	889328	26.96	1224149	37.65	1578653	23.40
晋州市	609243	30.63	855061	40.35	1063859	22.30
新乐市	553034	31.13	774530	40.05	945701	22.10
鹿泉市	813405	24.60	1136070	39.67	1475667	25.44

1996—2012年分县（市）区固定资产投资（六）

计量单位：万元、%

行政单位	2011年	增长速度	2012年	增长速度
全　市	**30214978**	**26.00**	**36733348**	**21.35**
市　区	13472206	29.80	16155584	20.12
#长安区	2345558	26.40	2756678	19.62
桥东区	2386581	31.60	2863006	19.04
桥西区	2401015	38.90	2909056	21.16
新华区	2202962	19.50	2630745	19.42
裕华区	2617635	34.30	3121798	19.26
矿　区	343203	24.60	426655	24.32
高新区	1175252	29.00	1447646	23.18
井陉县	1338726	24.00	1607518	20.08
正定县	1226186	23.50	1504949	22.73
栾城县	1000182	26.90	1221569	22.13
行唐县	782482	27.20	956414	22.23
灵寿县	535437	26.20	661124	23.47
高邑县	342098	28.00	428990	25.40
深泽县	361068	27.50	447820	24.03
赞皇县	693265	25.70	852522	22.97
无极县	619890	26.00	758628	22.38
平山县	1016898	28.30	1253611	23.28
元氏县	990515	24.40	1219273	23.09
赵　县	733568	23.20	896820	22.25
辛集市	1402734	23.80	1690483	20.51
藁城市	1711643	25.50	2182417	21.99
晋州市	1218304	27.60	1501439	23.24
新乐市	1071887	12.40	1307589	21.99
鹿泉市	1697889	23.90	2086598	22.89

1995—2012年分县（市）区全部财政收入（一）

计量单位：万元、%

行政单位	1995年	1996年	增长速度	1997年	增长速度
全　市	**328113**	**384211**	**17.10**	**454738**	**18.36**
市　区	201323	212181	5.39	259900	22.49
#长安区	10168	12288	20.85	14852	19.06
桥东区	10036	11858	18.15	12583	11.96
桥西区	8668	10043	15.86	11672	14.91
新华区	9613	11413	18.72	14151	19.04
裕华区	12878	18190	41.25	22189	29.64
矿　区	3425	4055	18.39	4840	17.31
高新区	5189	5832	12.39	8015	19.81
井陉县	12388	13188	6.46	16188	22.75
正定县	10089	13399	32.81	17994	34.29
栾城县	5601	7604	35.76	10293	35.36
行唐县	3564	5018	40.80	6226	24.07
灵寿县	3326	4854	45.94	6037	24.37
高邑县	3113	3908	25.54	5019	28.43
深泽县	3017	4009	32.88	5020	25.22
赞皇县	3540	4005	13.14	4352	8.66
无极县	5051	6967	37.93	8175	17.34
平山县	6039	7035	16.49	8569	21.81
元氏县	5269	6011	14.08	7098	18.08
赵　县	6152	8510	38.33	10033	17.90
辛集市	14323	18036	25.92	21063	16.78
藁城市	15821	20179	27.55	24000	18.94
晋州市	8305	10622	27.90	12224	15.08
新乐市	7549	10213	35.29	12347	20.89
鹿泉市	13643	16184	18.62	20200	24.81

1995—2012年分县（市）区全部财政收入（二）

计量单位：万元、%

行政单位	1998年	增长速度	1999年	增长速度	2000年	增长速度
全　　市	**550236**	**21.00**	**581154**	**5.62**	**617026**	**6.17**
市　　区	323636	24.52	345064	6.62	376882	9.22
#长安区	17416	17.26	20118	15.51	22328	10.99
桥东区	13307	5.76	14727	10.67	15237	3.46
桥西区	13300	13.95	14702	10.54	14865	1.11
新华区	16888	19.35	19168	13.50	21569	12.53
裕华区	26188	18.02	31025	18.47	36699	18.29
矿　区	5625	16.22	6180	9.87	6467	4.64
高新区	10198	27.24	13050	27.97	16528	26.65
井陉县	15768	-2.59	12725	-19.30	13685	7.54
正定县	20538	14.14	22001	7.12	23667	7.57
栾城县	13005	26.35	15345	17.99	16159	5.30
行唐县	7421	19.19	7689	3.61	8294	7.87
灵寿县	7090	17.44	6707	-5.40	7019	4.65
高邑县	6007	19.69	6558	9.17	6962	6.16
深泽县	6179	23.09	6699	8.42	6916	3.24
赞皇县	4363	0.25	3080	-29.41	3916	27.14
无极县	10017	22.53	10016	-0.01	10501	4.84
平山县	10430	21.72	11713	12.30	11315	-3.40
元氏县	8289	16.78	9010	8.70	10011	11.11
赵　县	11352	13.15	10613	-6.51	10786	1.63
辛集市	24266	15.21	25944	6.92	24855	-4.20
藁城市	27937	16.40	30287	8.41	27386	-9.58
晋州市	15187	24.24	16131	6.22	16755	3.87
新乐市	15001	21.50	15287	1.91	15781	3.23
鹿泉市	23750	17.57	25557	7.61	26136	2.27

1995—2012年分县（市）区全部财政收入（三）

计量单位：万元、%

行政单位	2001年	增长速度	2002年	增长速度	2003年	增长速度
全　　市	**718953**	**16.52**	**1105294**	**7.15**	**1249873**	**13.08**
市　　区	473752	25.70	783433	5.83	889785	13.58
#长安区	32018	43.40	38515	19.95	47386	23.03
桥东区	18637	22.31	20825	11.43	22583	8.44
桥西区	24738	66.42	28390	14.73	31555	11.15
新华区	32618	51.23	39082	19.60	46274	18.40
裕华区	23812	-35.12	30068	25.85	37197	23.71
矿　区	6555	1.36	7645	11.83	10884	42.37
高新区	35639	115.63	37897	6.23	48359	27.61
井陉县	14901	8.89	18563	8.62	20970	12.97
正定县	17740	-25.04	23859	15.78	25300	6.04
栾城县	10724	-33.63	18875	24.17	22424	18.80
行唐县	8645	4.23	10083	5.05	10773	6.84
灵寿县	7700	9.70	8751	1.25	9674	10.55
高邑县	6491	-6.77	8000	10.91	8603	7.54
深泽县	7421	7.30	8014	-9.00	8628	7.66
赞皇县	4148	5.92	5184	6.12	6181	19.23
无极县	10701	1.90	13703	11.29	15301	11.66
平山县	12367	9.30	15272	8.01	17997	17.84
元氏县	10525	5.13	14502	26.19	16033	10.56
赵　县	10058	-6.75	13011	15.51	15009	15.36
辛集市	26479	6.53	33178	11.51	38162	15.02
藁城市	30011	9.59	51753	7.40	56314	8.81
晋州市	18021	7.56	21955	7.51	24115	9.84
新乐市	15070	-4.51	18037	10.12	20738	14.97
鹿泉市	31199	19.37	39121	10.99	43866	12.13

1995—2012年分县（市）区全部财政收入（四）

计量单位：万元、%

行政单位	2004年	增长速度	2005年	增长速度	2006年	增长速度
全　市	**1452944**	**16.25**	**1656402**	**13.68**	**1900632**	**14.70**
市　区	1026814	15.40	1123086	9.38	1267496	12.86
#长安区	235391	12.50	240038	1.97	226796	-5.52
桥东区	88507	11.47	101338	14.5	120046	18.46
桥西区	207558	17.27	256119	23.4	318071	24.19
新华区	118088	18.51	140018	18.61	151299	8.06
裕华区	120160	8.85	112956	-6.00	130055	15.14
矿　区	16348	48.18	25216	54.00	30287	20.11
高新区	76641	29.13	100128	30.65	115728	15.58
井陉县	26864	28.11	34195	28.49	41766	22.14
正定县	30021	18.66	34914	18.04	40330	15.51
栾城县	25169	12.24	30208	22.43	36010	19.21
行唐县	11542	7.14	13168	19.19	15383	16.82
灵寿县	10973	13.43	13201	22.82	15756	19.35
高邑县	10002	16.26	11500	17.55	11618	1.03
深泽县	9535	10.51	10808	16.87	13494	24.85
赞皇县	8022	29.78	10529	32.69	13036	23.81
无极县	18504	20.93	21306	19.58	24882	16.78
平山县	31348	74.18	65002	12.76	83299	28.15
元氏县	18012	12.34	21033	19.55	24166	14.90
赵　县	16169	7.73	19136	27.68	24025	25.55
辛集市	47076	23.36	56001	22.43	66061	17.96
藁城市	60894	8.13	70530	18.60	80118	13.59
晋州市	26333	9.20	30248	18.62	37050	22.49
新乐市	23251	12.12	27068	19.71	31031	14.64
鹿泉市	52415	19.49	64469	23.10	75111	16.51

1995—2012年分县（市）区全部财政收入（五）

计量单位：万元、%

行政单位	2007年	增长速度	2008年	增长速度	2009年	增长速度
全　　市	**2303474**	**21.20**	**2717217**	**17.96**	**3102454**	**14.18**
市　　区	1474413	16.32	1691853	14.75	1815532	7.31
#长安区	263089	16.00	295125	12.18	318828	8.03
桥东区	147124	22.56	242220	64.64	281984	16.42
桥西区	403271	26.79	475805	17.99	479465	0.77
新华区	164370	8.64	176785	7.55	180104	1.88
裕华区	172426	32.58	198680	15.23	198771	0.05
矿　区	40019	32.13	54294	35.67	55055	1.40
高新区	131645	13.75	152769	16.05	173105	13.31
井陉县	50580	21.10	93838	85.52	100189	6.77
正定县	48893	21.23	59333	21.35	65525	10.44
栾城县	46366	28.76	56239	21.29	66000	17.36
行唐县	18664	21.33	21839	17.01	24025	10.01
灵寿县	20009	26.99	24112	20.51	24127	0.06
高邑县	13148	13.17	15600	18.65	16558	6.14
深泽县	16715	23.87	20406	22.08	21515	5.43
赞皇县	16165	24.00	20225	25.12	23026	13.85
无极县	30800	23.78	34000	10.39	28061	-17.47
平山县	140658	68.86	137803	-2.03	122816	-10.88
元氏县	30209	25.01	43083	42.62	48714	13.07
赵　县	30037	25.02	35174	17.10	33018	-6.13
辛集市	80060	21.19	92070	15.00	93007	1.02
藁城市	100296	25.19	161764	61.29	410813	153.96
晋州市	50022	35.01	57506	14.96	56055	-2.52
新乐市	36200	16.66	41542	14.76	35371	-14.85
鹿泉市	100239	33.45	110830	10.57	118102	6.56

1995—2012 年分县（市）区全部财政收入（六）

计量单位：万元、%

行政单位	2010 年	增长速度	2011 年	增长速度	2012 年	增长速度
全　市	**3879254**	**25.04**	**4889697**	**26.05**	**5733903**	**17.26**
市　区	2117388	16.63	2765631	30.62	3280745	18.63
#长安区	383751	20.36	445185	16.01	467903	5.10
桥东区	326630	15.83	416050	27.38	508257	22.16
桥西区	464768	29.39	600034	29.1	685345	14.22
新华区	226798	25.93	287559	26.79	336521	17.03
裕华区	238951	20.21	358649	50.09	428346	19.43
矿　区	45387	-17.56	50229	10.67	52088	3.70
高新区	204555	18.17	251159	22.78	295294	17.57
井陉县	106648	6.45	102298	-4.08	117798	15.15
正定县	80656	23.09	101216	25.49	130936	29.36
栾城县	73518	16.24	92612	25.97	112516	21.49
行唐县	24808	3.26	32087	29.34	35596	10.94
灵寿县	25265	4.72	33276	31.71	35310	6.11
高邑县	20438	23.43	30600	49.72	38075	24.43
深泽县	24309	12.99	30401	25.06	36611	20.43
赞皇县	25060	8.83	33202	32.49	41285	24.34
无极县	32573	16.08	43030	32.1	55511	29.01
平山县	144176	17.39	183092	26.99	183647	0.30
元氏县	55871	14.69	70026	25.34	86021	22.84
赵　县	38039	15.21	45666	20.05	55151	20.77
辛集市	110039	18.31	140800	27.95	162004	15.06
藁城市	760892	43.28	882959	16.04	1004675	13.79
晋州市	63819	13.85	80021	25.39	90958	13.67
新乐市	40475	14.43	51223	26.55	59028	15.24
鹿泉市	135280	14.55	171557	26.82	208036	21.26

2000—2012年分县（市）区公共财政预算收入（一）

计量单位：万元、%

行政单位	2000年	增长速度	2001年	增长速度	2002年	增长速度
全市总计	**377137**	**7.04**	**443554**	**17.61**	**444947**	**18.31**
市区合计	200653	11.12	267217	33.17	280699	17.98
#长安区	15155	11.16	19394	27.97	16534	22.40
桥东区	9985	8.00	12316	23.35	10527	24.34
桥西区	10432	3.49	16683	59.92	13135	13.02
新华区	13272	12.82	20302	52.97	14385	14.36
裕华区	21035	8.33	15577	-25.95	15675	30.97
矿 区	3428	6.39	3558	3.79	3031	16.58
高新区	9650	24.16	18490	91.61	13223	21.26
井陉县	9107	6.79	9795	7.55	9740	16.01
正定县	17175	10.21	13090	-23.78	13785	26.61
栾城县	11059	3.80	8264	-25.27	7975	34.30
行唐县	6566	10.26	6782	3.29	6097	10.65
灵寿县	5255	4.29	5768	9.76	4447	2.47
高邑县	5486	9.22	5045	-8.04	4646	17.12
深泽县	5226	2.77	5593	7.02	4406	0.09
赞皇县	2686	2.17	3098	15.34	2932	13.25
无极县	8472	3.38	8463	-0.11	6832	21.52
平山县	8912	-5.79	9667	8.47	9614	13.20
元氏县	7482	11.49	7819	4.50	7606	54.12
赵 县	8531	4.34	7625	-10.62	7795	30.61
辛集市	17236	-2.71	17598	2.10	15032	16.95
藁城市	21456	-3.88	22186	3.40	24656	19.58
晋州市	12596	1.98	13670	8.53	12368	16.75
新乐市	12934	2.70	11753	-9.13	10282	11.79
鹿泉市	16305	3.46	20121	23.40	16035	15.64

2000—2012年分县（市）区公共财政预算收入（二）

计量单位：万元、%

行政单位	2003年	增长速度	2004年	增长速度	2005年	增长速度
全市总计	**493429**	**10.90**	**561644**	**13.82**	**658796**	**17.30**
市区合计	316341	12.70	366737	15.93	421211	14.85
#长安区	21334	29.03	80633	18.15	86493	7.27
桥东区	11203	6.42	36213	15.54	45145	24.67
桥西区	14709	11.98	64216	17.38	78847	22.78
新华区	18337	27.47	42858	29.29	56187	31.10
裕华区	18542	18.29	49075	11.27	51162	4.25
矿　区	4169	37.55	5703	45.38	8738	53.22
高新区	17536	32.62	24115	41.98	36497	51.35
井陉县	10794	10.82	14502	34.35	17493	20.62
正定县	13458	-2.37	14682	9.09	17460	18.92
栾城县	9219	15.60	10128	9.86	12910	27.47
行唐县	6370	4.48	6662	4.58	7746	16.27
灵寿县	4753	6.88	5377	13.13	6439	19.75
高邑县	5152	10.89	6218	20.69	6528	4.99
深泽县	4723	7.19	5606	18.70	6295	12.29
赞皇县	3248	10.78	4111	26.57	4582	11.46
无极县	7430	8.75	9404	26.57	10436	10.97
平山县	9812	2.06	11962	21.91	20693	72.99
元氏县	8016	5.39	9344	16.57	9390	0.49
赵　县	9125	17.06	9634	5.58	10405	8.00
辛集市	16591	10.37	13420	-19.11	22382	66.78
藁城市	26795	8.68	28794	7.46	32295	12.16
晋州市	12537	1.37	11289	-9.95	13977	23.81
新乐市	11628	13.09	12569	8.09	13285	5.70
鹿泉市	17437	8.74	21205	21.61	25269	19.17

2000—2012年分县（市）区公共财政预算收入（三）

计量单位：万元、%

行政单位	2006年	增长速度	2007年	增长速度	2008年	增长速度
全市总计	**773736**	**17.45**	**958720**	**23.91**	**1100366**	**14.77**
市区合计	506104	20.15	608045	20.14	670759	10.31
#长安区	89595	3.59	108884	21.53	118413	8.75
桥东区	56023	24.10	70091	25.11	97169	38.63
桥西区	97876	24.13	123524	26.20	143895	16.49
新华区	61557	9.56	76339	24.01	83766	9.73
裕华区	61812	20.82	83669	35.36	87103	4.10
矿　区	10710	22.57	14467	35.08	18041	24.70
高新区	46483	27.36	56359	21.25	54692	-2.96
井陉县	19853	13.49	24186	21.83	34955	44.53
正定县	20730	18.73	25210	21.61	32165	27.59
栾城县	15188	17.65	17931	18.06	24532	36.81
行唐县	8886	14.72	10039	12.98	12372	23.24
灵寿县	7151	11.06	9133	27.72	10489	14.85
高邑县	5287	-19.01	6061	14.64	6899	13.83
深泽县	7448	18.32	8761	17.63	11420	30.35
赞皇县	5684	24.05	6791	19.48	8884	30.82
无极县	11681	11.93	13914	19.12	14804	6.40
平山县	24297	17.42	44107	81.53	54456	23.46
元氏县	9883	5.25	12522	26.70	15983	27.64
赵　县	10058	-3.33	12504	24.32	15374	22.95
辛集市	26430	18.09	33123	25.32	36877	11.33
藁城市	35342	9.43	45410	28.49	53821	18.52
晋州市	15681	12.19	21689	38.31	24207	11.61
新乐市	14882	12.02	16853	13.24	21583	28.07
鹿泉市	29151	15.36	42441	45.59	50786	19.66

2000—2012 年分县（市）区公共财政预算收入（四）

计量单位：万元、%

行政单位	2009 年	增长速度	2010 年	增长速度
全市总计	**1259614**	**14.47**	**1636303**	**29.91**
市区合计	772553	15.18	1047751	35.62
#长安区	135049	14.05	177229	31.23
桥东区	116752	20.15	143757	23.13
桥西区	163919	13.92	196341	33.08
新华区	93861	12.05	125305	33.50
裕华区	103872	19.25	134342	29.33
矿　区	18184	0.79	17614	-3.13
高新区	58847	7.60	71053	20.74
井陉县	35294	0.97	40167	13.81
正定县	38077	18.38	49990	31.29
栾城县	31096	26.76	36684	26.95
行唐县	15961	29.01	13478	-15.56
灵寿县	11231	7.07	12033	7.14
高邑县	9027	30.85	12285	36.09
深泽县	14467	26.68	15365	6.21
赞皇县	9888	11.30	12134	22.71
无极县	14453	-2.37	16938	17.19
平山县	52697	-3.23	59138	12.22
元氏县	18688	16.92	25034	33.96
赵　县	16687	8.54	18780	12.54
辛集市	49482	34.18	52813	6.73
藁城市	63598	18.17	96220	33.63
晋州市	28199	16.49	33565	19.03
新乐市	20946	-2.95	23621	12.77
鹿泉市	57270	12.77	70307	22.76

2000—2012年分县（市）区公共财政预算收入（五）

计量单位：万元、%

行政单位	2011年	增长速度	2012年	增长速度
全市总计	**2212284**	**35.20**	**2722764**	**23.07**
市区合计	1449754	38.37	1803141	24.38
#长安区	220384	24.35	251352	14.05
桥东区	178668	24.28	192762	7.89
桥西区	260853	32.86	332358	27.41
新华区	155395	24.01	187462	20.64
裕华区	225399	67.78	261565	16.05
矿 区	19782	12.31	21253	7.44
高新区	89867	26.48	120441	34.02
井陉县	44620	11.09	48889	9.57
正定县	61735	23.49	81036	31.26
栾城县	50425	37.46	57985	14.99
行唐县	18367	36.27	19789	7.74
灵寿县	15805	31.35	20025	26.70
高邑县	16065	30.77	20456	27.33
深泽县	19645	27.86	24421	24.31
赞皇县	15132	24.71	19257	27.26
无极县	22307	31.70	29429	31.93
平山县	82985	40.32	95602	15.20
元氏县	32759	30.86	37811	15.42
赵 县	24264	29.20	30009	23.68
辛集市	70551	33.59	84901	20.34
藁城市	120317	25.04	145523	20.95
晋州市	42933	27.91	55344	28.91
新乐市	31140	31.83	40088	28.73
鹿泉市	93480	32.96	109058	16.66

1995—2012 年分县（市）区农林牧渔业总产值（一）

计量单位：万元、%

行政单位	1995 年	1996 年	增长速度	1997 年	增长速度	1998 年	增长速度
全　市	**2094240**	**2460775**	**9.43**	**2751988**	**10.62**	**2874039**	**6.76**
#长安区							
桥东区							
桥西区							
新华区							
裕华区	51998	63166	20.71		6.88	70153	3.62
矿　区	7586	8016	4.43		4.17	8693	4.27
高新区		5404				5378	
井陉县	41718	53387	12.28	60802	12.81	67721	12.38
正定县	212194	225684	4.68	255122	13.71	263630	4.66
栾城县	131828	138841	12.98	166280	17.68	187079	19.31
行唐县	87430	103204	9.43	112032	8.78	118472	4.98
灵寿县	44836	62344	7.40	74061	11.05	78323	5.89
高邑县	63058	71095	11.28	74640	16.00	77664	7.43
深泽县	58304	62476	7.46	70511	16.28	73929	5.66
赞皇县	53938	55020	0.21	53152	-5.17	54116	20.26
无极县	123478	136868	10.35	151115	8.82	154844	6.27
平山县	101375	81939	-23.27	118712	55.74	128027	7.28
元氏县	74293	91597	8.52	108089	3.62	117005	13.77
赵　县	150068	195627	21.18	198029	10.77	209192	9.29
辛集市	306071	331446	7.45	346546	11.64	384913	8.24
藁城市	292564	357743	10.67	391248	11.32	412864	7.81
晋州市	169708	184622	4.60	179006	3.81	188590	3.30
新乐市	176189	176770	3.69	184509	6.99	195373	6.76
鹿泉市	133678	128701	-4.25	142142	12.45	146211	4.36

1995—2012年分县（市）区农林牧渔业总产值（二）

计量单位：万元、%

行政单位	1999年	增长速度	2000年	增长速度	2001年	增长速度
全　市	**2918680**	**5.48**	**2934472**	**4.96**	**3070012**	**4.24**
#长安区					32494	
桥东区					9210	
桥西区					16565	
新华区					31269	
裕华区	72500	5.78	73926	4.67	34893	-56.45
矿　区	8931	5.80	9000	3.69	9356	3.99
高新区	5177		5311		5752	
井陉县	67868	0.55	70698	7.99	68812	-2.90
正定县	271820	5.95	274880	3.91	244053	-11.05
栾城县	206178	11.03	227496	12.59	229880	-1.65
行唐县	116743	0.86	118200	7.55	122225	4.00
灵寿县	84381	11.69	85361	3.98	88971	2.89
高邑县	81241	10.38	87594	10.77	89177	4.50
深泽县	74695	5.03	76655	8.99	85300	9.51
赞皇县	58108	5.33	62316	5.08	65028	5.32
无极县	158854	4.97	159714	6.63	165798	4.02
平山县	135706	6.21	132100	-3.52	139195	6.86
元氏县	123348	8.21	124245	7.32	132728	6.43
赵　县	215345	8.18	215758	6.05	208906	-4.71
辛集市	387792	5.35	374760	0.28	391303	2.99
藁城市	423133	4.12	396434	-2.73	416404	5.03
晋州市	192334	3.95	192629	4.54	197083	2.10
新乐市	202124	5.14	212100	5.02	211015	-0.60
鹿泉市	146756	4.94	149594	3.29	153852	6.76

1995—2012年分县（市）区农林牧渔业总产值（三）

计量单位：万元、%

行政单位	2002年	增长速度	2003年	增长速度	2004年	增长速度
全　市	**3119674**	**4.35**	**3529558**	**5.65**	**4260467**	**6.36**
#长安区	31657	-1.52	33169	-0.31	37982	-2.37
桥东区	9305	0.78	8276	-4.31	10088	3.35
桥西区	16651	-0.10	15014	0.36	18487	11.83
新华区	31597	3.38	25829	-4.99	31395	0.37
裕华区	35083	0.52	36536	0.60	40222	-4.76
矿　区	9728	3.97	9230	4.04	10171	1.92
高新区	5588		2125			
井陉县	69449	1.56	69984	8.95	86721	9.19
正定县	253376	5.10	258522	2.24	296679	4.58
栾城县	243141	5.73	256011	7.27	293005	4.29
行唐县	126340	4.00	143582	3.71	171943	5.91
灵寿县	88117	-0.82	96565	30.36	119804	15.82
高邑县	93377	4.91	89498	-0.26	110317	3.40
深泽县	90927	6.91	82562	10.97	100366	6.06
赞皇县	65927	-2.51	74492	14.71	95470	10.08
无极县	169611	3.00	215779	3.33	246375	3.36
平山县	142678	2.52	186346	1.48	212069	4.48
元氏县	138860	4.72	150195	3.18	187608	4.19
赵　县	221714	7.45	214916	5.11	264314	5.26
辛集市	407063	3.97	358971	6.87	435801	6.63
藁城市	431434	4.33	507429	3.55	574451	2.88
晋州市	200456	2.97	196509	4.81	239640	8.07
新乐市	220360	4.86	233952	5.90	289669	6.20
鹿泉市	159194	3.48	160228	5.17	206716	11.93

1995—2012 年分县（市）区农林牧渔业总产值（四）

计量单位：万元、%

行政单位	2005 年	增长速度	2006 年	增长速度	2007 年	增长速度
全　市	**4569477**	**5.37**	**4731008**	**4.2**	**4931161**	**2.1**
#长安区	38467	-0.78	39910	3.4	30522	-3.4
桥东区	10191	-0.32	10593	3.0	7994	-6.3
桥西区	18641	0.27	18542	-3.5	10522	-35.0
新华区	32504	-2.37	31526	-6.4	28021	9.9
裕华区	39484	-2.14	38516	-5.2	21548	-13.5
矿　区	10814	3.29	10828		8778	-8.5
高新区						
井陉县	95974	6.41	105237	7.2	112528	6.7
正定县	319891	3.44	344635	4.7	410945	2.3
栾城县	320011	5.50	336486	5.0	359137	-1.7
行唐县	186386	5.65	198067	4.7	237181	9.5
灵寿县	129835	6.40	136304	4.3	145305	2.9
高邑县	115473	1.31	118158	2.2	106953	-10.4
深泽县	112814	7.19	118394	5.0	131702	3.2
赞皇县	108186	9.83	111901	6.4	136477	5.3
无极县	253662	2.46	261197	2.3	295862	1.1
平山县	222149	3.65	231570	2.9	215969	4.6
元氏县	204239	3.90	216679	4.0	238669	3.4
赵　县	284806	4.52	302501	4.1	338277	3.9
辛集市	482007	5.38	527299	7.0	562856	1.5
藁城市	610803	1.33	633505	1.1	668148	1.1
晋州市	255292	3.98	278872	5.8	299852	-0.5
新乐市	322104	7.44	332768	2.1	323832	1.9
鹿泉市	229711	8.17	240714	4.8	234224	1.4

1995—2012年分县（市）区农林牧渔业总产值（五）

计量单位：万元、%

行政单位	2008年	增长速度	2009年	增长速度	2010年	增长速度
全　市	**5429731**	**3.3**	**5477617**	**0.7**	**6515543**	**3.1**
#长安区	30813	-3.5	34323	3.61	37447	2.64
桥东区	8094	-3.3	8381	0.89	7223	-17.54
桥西区	14725	29.9	15273	6.02	15876	-6.85
新华区	25795	-12.2	24982	-1.71	24372	-11.52
裕华区	22672	-0.3	22942	0.64	10293	0.01
矿　区	10889	-4.2	10970	2.97	11981	2.04
高新区					22093	
井陉县	129881	5.9	123572	4.33	147616	3.03
正定县	459959	2.4	460943	2.48	492033	-0.03
栾城县	409025	4.6	428245	0.55	442135	2.49
行唐县	291985	6.5	282354	0.4	343944	3.06
灵寿县	174758	11.7	169852	3.39	205884	7.63
高邑县	118393	3.1	124557	1.32	141130	3.06
深泽县	152377	4.1	153769	4.3	188044	5.38
赞皇县	157171	2.6	162231	3.11	177562	2.66
无极县	332195	1.3	334468	2.67	376988	1.74
平山县	245096	3.1	249745	2.07	296195	4.89
元氏县	270922	1.6	275684	2.95	317249	3.3
赵　县	369953	6.6	387892	2.08	451498	1.63
辛集市	612567	1.6	617385	0.67	719857	3.94
藁城市	707021	1.0	766857	2.95	896390	1.75
晋州市	324787	-0.7	328272	2.81	390163	3.94
新乐市	343451		345383	0.87	379573	1.68
鹿泉市	249860	-1.0	260613	2.25	298363	0.56

1995—2012年分县（市）区农林牧渔业总产值（六）

计量单位：万元、%

行政单位	2011年	增长速度	2012年	增长速度
全　市	**7272965**	**3.1**	**7874961**	**3.3**
#长安区	32448	-7.6	34448	-2.5
桥东区	7188	-5.68	6827	-10.7
桥西区	15974	1.77	19396	5.8
新华区	25790	0.81	25427	-7.6
裕华区	10303	-0.08	10587	-1.1
矿　区	12701	1.02	14921	0.8
高新区	22805	1.47	28652	15.9
井陉县	162262	3.49	191839	3.6
正定县	564592	1.7	588190	1.8
栾城县	507418	1.71	536706	0.7
行唐县	386495	5.39	404711	3.8
灵寿县	238326	3.32	259319	4.4
高邑县	156893	2.97	183881	4.8
深泽县	225147	4.82	251978	7.6
赞皇县	209595	8.58	225501	3.8
无极县	417627	1.17	447749	3.0
平山县	333215	5.03	295808	3.2
元氏县	371169	2.9	394633	2.1
赵　县	502332	2.61	549410	2.6
辛集市	809687	0.31	835775	0.6
藁城市	1084171	2.46	1130035	2.4
晋州市	442060	-0.75	494779	8.2
新乐市	407850	1.28	467896	2.0
鹿泉市	339730	1.67	353857	2.2

1996—2012 年分县（市）区规模以上工业增加值（一）

计量单位：万元、%

行政单位	1996 年	增长速度	1997 年	增长速度	1998 年	增长速度
全　　市	**1667573**	**20.57**	**1978658**	**16.71**	**1995840**	**2.39**
市　　区	843632	8.82	940378	11.32	1011855	9.60
#长安区					11947	-9.26
桥东区					5521	-50.49
桥西区					8829	-18.06
新华区					15967	6.42
裕华区					100687	21.63
矿　区					12901	8.57
高新区					29539	
井陉县	17240	8.67	22570	30.92	16044	-37.16
正定县	76097	36.51	104952	37.92	103070	0.29
栾城县	34568	7.81	38532	11.47	31202	-3.71
行唐县	21738	42.30	30590	40.72	28617	-7.19
灵寿县	30311	62.09	40970	35.17	30142	-8.26
高邑县	31164	22.73	27003	-13.36	28041	15.46
深泽县	15564	29.75	22183	42.53	18070	-27.49
赞皇县	12437	2.04	13872	11.54	12029	-23.30
无极县	45985	35.42	62314	35.51	48500	-10.43
平山县	36498	1.70	47543	30.26	46442	-4.01
元氏县	46964	73.04	60091	27.95	27164	-32.94
赵　县	47596	41.43	60738	27.61	72428	11.19
辛集市	112441	39.44	144582	28.58	166449	13.94
藁城市	122630	28.61	153123	24.87	155317	13.94
晋州市	67585	75.46	83449	23.47	87550	0.41
新乐市	55606	21.71	63973	15.05	59234	-15.79
鹿泉市	48429	13.94	61796	27.6	53687	-17.35

注：1997 年及以前年度规模以上工业增加值统计范围为乡及乡以上工业企业；1998 -2006 年为全部国有及主营业务收入 500 万元以上非国有工业法人企业；2007 -2010 年为年主营业务收入 500 万元及以上工业法人企业；2011 年及以后为年主营业务收入 2000 万元及以上工业法人企业。2008 及以后规模以上工业增加值为年快报数据。

1996—2012年分县（市）区规模以上工业增加值（二）

计量单位：万元、%

行政单位	1999年	增长速度	2000年	增长速度	2001年	增长速度
全　市	**2225697**	**15.23**	**2458470**	**11.22**	**2722676**	**12.94**
市　区	1171218	16.59	1393725	15.94	1470475	5.49
#长安区	13403	14.02	15055	11.20	67347	
桥东区	6350	16.79	7217	11.88	45907	
桥西区	8030	20.31	8142	-0.22	23242	
新华区	20096	21.42	26057	22.68	64913	
裕华区	120691	18.25	130553	15.52	43597	
矿　区	17953	8.66	17175	14.69	19455	
高新区	33142	72.53	39135	41.80	74449	
井陉县	23003	36.46	26676	20.35	30058	12.68
正定县	115939	20.43	128939	19.03	106317	
栾城县	36154	14.16	46392	28.53	42734	
行唐县	33236	19.99	44770	19.33	51956	16.05
灵寿县	29299	-3.73	24228	-3.99	30321	25.15
高邑县	29049	20.04	38544	29.36	44194	14.66
深泽县	19879	27.50	21231	13.14	27733	30.62
赞皇县	14921	23.00	16295	5.80	18338	12.53
无极县	63608	27.84	69125	19.92	96808	40.05
平山县	55219	18.48	63533	11.97	75456	18.77
元氏县	29990	19.55	38452	15.90	44396	15.46
赵　县	65941	10.89	58246	7.52	67799	16.4
辛集市	170904	6.71	162748	-1.07	191589	17.72
藁城市	165298	3.80	99199	-9.11	175123	76.54
晋州市	62427	9.91	70189	-12.96	83474	18.93
新乐市	65213	9.49	78072	17.16	78605	0.68
鹿泉市	74401	45.14	76551	8.01	87092	13.77

1996—2012 年分县（市）区规模以上工业增加值（三）

计量单位：万元、%

行政单位	2002 年	增长速度	2003 年	增长速度	2004 年	增长速度
全　　市	**3129643**	**14.80**	**3690543**	**21.20**	**4497107**	**25.04**
市　　区	1667623	13.40	1860034	—	2036054	—
#长安区	80287	19.21	102227	47.71	149859	60.25
桥东区	49327	7.45	42492	13.20	48135	30.01
桥西区	23713	2.03	23416	22.41	22455	43.93
新华区	77686	19.68	111911	47.71	147514	21.35
裕华区	45985	5.48	71457	37.53	167346	47.99
矿　区	24207	24.43	31896	23.24	58237	64.44
高新区	119085	59.96	134152	22.14		
井 陉 县	38815	29.13	47377	31.91	72804	40.34
正 定 县	138752	30.51	185661	33.85	229183	37.26
栾 城 县	49635	16.15	62602	33.95	100399	35.42
行 唐 县	62366	20.04	90464	35.78	128412	35.01
灵 寿 县	35501	17.08	46416	25.13	60514	35.23
高 邑 县	45759	3.54	57265	23.50	64367	27.94
深 泽 县	36826	32.79	41478	35.00	56134	26.25
赞 皇 县	20689	12.82	28106	35.20	45013	52.81
无 极 县	80629		111669	25.38	142366	36.32
平 山 县	83431	10.57	118511	34.68	222305	32.13
元 氏 县	53468	20.43	66420	25.60	96772	40.20
赵　　县	79847	17.77	91072	18.61	155938	37.56
辛 集 市	230988	20.56	228807	16.77	308744	26.10
藁 城 市	215525	23.07	259141	26.95	277964	27.03
晋 州 市	90578	8.87	100952	24.55	122311	50.69
新 乐 市	90004	14.50	123787	41.97	151329	41.88
鹿 泉 市	109209	25.40	138887	18.17	226499	39.19

1996—2012年分县（市）区规模以上工业增加值（四）

计量单位：万元、%

行政单位	2005年	增长速度	2006年	增长速度	2007年	增长速度
全　市	**5715862**	**22.85**	**6793372**	**19.80**	**9093131**	**20.40**
市　区	2362135		2134535		2619414	
#长安区	205893	35.82	563108	10.67	662917	6.71
桥东区	50443	15.47	105659	12.25	106795	7.76
桥西区	27904	26.03	325565	7.59	487695	16.01
新华区	178732	16.51	221281	1.72	208474	7.62
裕华区	108061	27.48	242662	10.69	265034	4.10
矿　区	82887	39.06	96568	19.84	137637	20.64
高新区	104225	15.10	138692	17.79	167207	16.58
井陉县	113305	49.67	166036	30.43	249230	26.08
正定县	310336	40.49	436137	29.55	618060	29.50
栾城县	129541	44.94	168720	26.11	246312	29.09
行唐县	165628	38.21	241073	29.64	330805	27.32
灵寿县	81441	45.19	114352	33.19	157806	28.29
高邑县	89910	22.15	109832	18.53	110045	5.13
深泽县	77464	36.72	102891	32.48	143494	26.92
赞皇县	57949	34.68	112666	38.14	154777	28.60
无极县	199330	31.00	297406	37.39	390796	26.32
平山县	280619	50.40	447857	25.68	678107	25.71
元氏县	138781	40.13	197996	28.95	275833	20.17
赵　县	214134	31.18	276549	25.60	378235	22.42
辛集市	417413	47.45	505713	24.11	646091	26.96
藁城市	381845	37.53	533966	29.38	715901	29.38
晋州市	182542	37.49	234055	28.82	377238	29.18
新乐市	219447	41.14	283385	25.83	413496	28.53
鹿泉市	294043	24.22	430204	28.82	587491	29.59

1996—2012 年分县（市）区规模以上工业增加值（五）

计量单位：万元、%

行政单位	2008 年	增长速度	2009 年	增长速度	2010 年	增长速度
全　市	**10958092**	**13.20**	**12032000**	**13.0**	**13401037**	**16.5**
市　区	763531					
#长安区	624344	-4.38	385815	-8.9	346360	1.3
桥东区	97371	-4.25	89618	-9.1	59122	1.0
桥西区	568732	9.36	550904	-0.5	355217	24.1
新华区	199813	-17.64	78768	-12.2	79993	3.4
裕华区	260786	0.11	207139	-7.5	75103	1.1
矿　区	191300	11.92	210135	11.0	226375	17.0
高新区	191159	16.06	241746	19.0	289047	17.2
井陉县	319163	18.29	370351	18.2	353035	0.8
正定县	745574	19.75	884236	16.2	677580	16.8
栾城县	341042	26.56	412335	20.9	448563	18.4
行唐县	405371	25.42	484277	16.3	445091	18.0
灵寿县	211070	25.78	254000	19.6	264654	19.2
高邑县	114064	8.04	136102	19.4	139986	19.6
深泽县	171949	20.02	199244	19.4	221541	18.1
赞皇县	203325	26.69	243464	19.5	281219	19.7
无极县	420720	12.62	468826	14.7	535070	15.5
平山县	841816	8.80	861673	19.0	943466	17.1
元氏县	278461	9.04	310358	17.7	309249	19.2
赵　县	511917	22.67	618212	17.7	674939	17.6
辛集市	798490	20.83	941652	19.1	1242138	19.1
藁城市	994130	27.02	1172372	19.3	1491275	18.5
晋州市	481900	26.74	570696	20.0	574209	19.0
新乐市	461809	16.53	565520	19.0	504195	17.1
鹿泉市	760254	24.47	965075	20.0	973494	15.7

1996—2012年分县（市）区规模以上工业增加值（六）

计量单位：万元、%

行政单位	2011年	增长速度	2012年	增长速度
全 市	**17462733**	**16.2**	**18001836**	**13.5**
市 区				
#长安区	345236	2.2	233901	-6.7
桥东区	52056	1.0	57866	0.7
桥西区	334512	6.5	24098	12.6
新华区	96651	18.3	106877	0.8
裕华区	192989	13.7	160313	15.2
矿 区	437952	18.7	569430	7.1
高新区	421619	18.3	723808	17.2
井陉县	536386	18.6	476659	11.5
正定县	838009	5.4	886406	7.7
栾城县	594908	19.6	630240	15.3
行唐县	625399	20.1	510925	16.8
灵寿县	414954	18.4	427844	12.1
高邑县	250765	20.4	260957	17.6
深泽县	355720	20.1	360550	17.3
赞皇县	405177	19.8	428882	15.8
无极县	630671	19.9	648055	17.3
平山县	1206220	11.5	1286685	2.5
元氏县	608278	19.4	618582	17.4
赵 县	987580	19.0	1010141	15.7
辛集市	1713623	19.4	1849461	12.8
藁城市	2012215	18.5	3076228	17.1
晋州市	861285	20.3	1018414	17.5
新乐市	689922	20.0	697719	17.1
鹿泉市	1409265	18.2	1402527	0.2

1995—2012年分县（市）区规模以上工业利税总额（一）

计量单位：万元、%

行政单位	1995年	1996年	增长速度	1997年	增长速度	1998年	增长速度
全　　市	**527047**	**596468**	**13.17**	**686015**	**15.01**	**651668**	**-5.01**
市　　区	373688	383745	2.69	402271	4.83		
#长安区						1587	
桥东区						728	
桥西区						3924	
新华区						7353	
裕华区						47292	
矿　区						3900	
高新区						9328	
井陉县	4317	3095	-28.31	5598	80.87	4200	-24.97
正定县	10705	18381	71.70	20989	14.19	22184	5.69
栾城县	6741	8343	23.77	10864	30.22	8666	-20.23
行唐县	4990	7581	51.92	11236	48.21	11576	3.03
灵寿县	3540	6290	77.68	9086	44.45	10545	16.06
高邑县	4774	6314	32.26	9498	50.43	11383	19.85
深泽县	1965	2700	37.40	3551	31.52	2345	-33.96
赞皇县	4032	4320	7.14	4810	11.34	4578	-4.82
无极县	7311	10628	45.37	14404	35.53	11307	-21.50
平山县	9537	10024	5.11	12305	22.76	12994	5.60
元氏县	6472	10441	61.33	12054	15.45	8198	-31.99
赵　县	8906	10731	20.49	13824	28.82	15576	12.67
辛集市	25438	36302	42.71	49149	35.39	47045	-4.28
藁城市	19098	30619	60.33	40578	32.53	44726	10.22
晋州市	12019	20631	71.65	28606	38.66	34841	21.80
新乐市	13228	13462	1.77	19413	44.21	18630	-4.03
鹿泉市	10285	12635	22.85	17781	40.73	15540	-12.60

注：1997年及以前年度规模以上工业增加值统计范围为乡及乡以上工业企业；1998－2006年为全部国有及主营业务收入500万元以上非国有工业法人企业；2007－2010年为年主营业务收入500万元及以上工业法人企业；2011年及以后为年主营业务收入2000万元及以上工业法人企业。

1995—2012年分县（市）区规模以上工业利税总额（二）

计量单位：万元、%

行政单位	1999年	增长速度	2000年	增长速度	2001年	增长速度
全　市	**756087**	**16.02**	**873544**	**15.53**	**1005332**	**15.09**
市　区	428397		528134	23.28	617078	16.84
#长安区	1874	18.08	2081	11.05	28867	1287.17
桥东区	1132	55.49	1326	17.14	15885	1097.96
桥西区	3481	-11.29	3611	3.73	11222	210.77
新华区	9578	30.26	11761	22.79	38351	226.09
裕华区	54510	15.26	63828	17.09	14227	-77.71
矿　区	3936	0.92	5251	33.41	6111	16.38
高新区	12220	31.00	13488	10.38	18709	38.71
井陉县	5514	31.29	6419	16.41	7405	15.36
正定县	27201	22.62	29966	10.17	25897	-13.58
栾城县	11367	31.17	13669	20.25	15584	14.01
行唐县	14376	24.19	16094	11.95	18501	14.96
灵寿县	9097	-13.73	9714	6.78	11067	13.93
高邑县	12524	10.02	14909	19.04	17444	17.00
深泽县	3678	56.84	4159	13.08	4196	0.89
赞皇县	6173	34.84	6716	8.80	7694	14.56
无极县	14979	32.48	15877	6.00	19280	21.43
平山县	15352	18.15	16951	10.42	18600	9.73
元氏县	10155	23.87	12091	19.06	14259	17.93
赵　县	16662	6.97	18396	10.41	21024	14.29
辛集市	51777	10.06	55481	7.15	63208	13.93
藁城市	49376	10.40	44996	-8.87	53163	18.15
晋州市	31812	-8.69	28243	-11.22	32583	15.37
新乐市	22448	20.49	24794	10.45	27075	9.20
鹿泉市	25199		26933	6.88	32305	19.95

1995—2012 年分县（市）区规模以上工业利税总额（三）

计量单位：万元、%

行政单位	2002 年	增长速度	2003 年	增长速度	2004 年	增长速度
全　市	**1190630**	**18.43**	**1509600**	**26.79**	**1747672**	**15.77**
市　区	702194	13.79	849612	20.99	806629	-5.06
#长安区	37837	31.07	38117	0.74	61571	61.53
桥东区	20748	30.62	19003	-8.41	28224	48.52
桥西区	12307	9.66	9708	-21.11	6244	-35.68
新华区	49727	29.66	72286	45.37	85311	18.02
裕华区	18491	29.97	25087	35.67	69930	178.75
矿　区	8042	31.60	12266	52.52	18302	49.22
高新区	21465	14.73	28873	34.52		
井陉县	9525	28.63	10264	7.76	18301	78.30
正定县	34698	33.98	43543	25.49	62454	43.43
栾城县	22790	46.24	33827	48.43	56236	66.25
行唐县	23320	26.04	36909	58.28	54943	48.86
灵寿县	13165	18.95	18150	37.87	25417	40.04
高邑县	22119	26.80	30348	37.20	39402	29.84
深泽县	5064	20.68	7340	44.95	8892	21.14
赞皇县	8564	11.31	12919	50.85	20992	62.49
无极县	22172	15.00	28776	29.78	43331	50.58
平山县	23377	25.68	45232	93.49	81664	80.54
元氏县	18012	26.32	24984	38.71	36604	46.51
赵　县	25477	21.18	34113	33.89	53084	55.61
辛集市	76546	21.10	82494	7.77	124089	50.42
藁城市	66279	24.67	83651	26.21	94583	13.07
晋州市	42198	29.51	50077	18.67	67672	35.14
新乐市	32674	20.68	49541	51.62	69448	40.18
鹿泉市	42457	31.43	55556	30.85	83932	51.08

1995—2012年分县（市）区规模以上工业利税总额（四）

计量单位：万元、%

行政单位	2005年	增长速度	2006年	增长速度	2007年	增长速度
全　市	**2113133**	**20.91**	**2553333**	**20.83**	**3526798**	**38.13**
市　区	816352	52.01	776609	-4.87	1067546	37.46
#长安区	86865	41.08	226925	19.35	287116	26.52
桥东区	8718	-69.11	21331	40.62	17994	-15.64
桥西区	9611	53.92	196784	11.31	278410	41.48
新华区	99269	16.36	92142	-13.44	76124	-17.38
裕华区	42836	-38.74	100697	12.53	104342	3.62
矿　区	28538	55.92	35149	23.17	50783	44.48
高新区	46249	25.50	59621	28.91	81607	36.88
井陉县	23982	31.04	34149	42.40	49489	44.92
正定县	85250	36.50	105963	24.30	154725	46.02
栾城县	77128	37.15	106163	37.65	154893	45.90
行唐县	77414	40.90	112626	45.49	153538	36.33
灵寿县	35266	38.75	49487	40.33	67714	36.83
高邑县	50808	28.95	60146	18.38	58564	-2.63
深泽县	13287	49.43	18651	40.37	26210	40.52
赞皇县	28922	37.78	39368	36.12	57112	45.07
无极县	57103	31.78	81129	42.07	109621	35.12
平山县	104598	28.08	185777	77.61	236550	27.33
元氏县	49886	36.29	71829	43.99	82215	14.46
赵　县	65445	23.29	89768	37.17	130432	45.30
辛集市	171413	38.14	198017	15.52	284636	43.74
藁城市	137500	45.37	185390	34.83	261530	41.07
晋州市	102941	52.12	137657	33.72	202382	47.02
新乐市	96391	38.79	135323	40.35	194394	43.70
鹿泉市	119449	42.32	165281	38.37	235250	42.33

1995—2012年分县（市）区规模以上工业利税总额（五）

计量单位：万元、%

行政单位	2008年	增长速度	2009年	增长速度	2010年	增长速度
全　市	**3834691**	**8.73**	**4776753**	**24.57**	**6348860**	**32.91**
市　区	717598	-32.78	809743	12.84	1260720	55.69
#长安区	165816	-42.25	118926	-28.28	57841	-51.36
桥东区	20235	12.46	13230	-34.62	16360	23.66
桥西区	367953	32.16	149033	-59.50	166868	11.97
新华区	23200	-69.52	7749	-66.60	15847	104.49
裕华区	45797	-56.11	-61064	-233.34	72646	
矿　区	78448	54.48	73124	-6.79	93585	27.98
高新区	89871	10.13	131285	46.08	181776	38.46
井陉县	76369	-28.26	114527	49.97	106448	-7.05
正定县	233783	51.10	279010	19.35	312593	12.04
栾城县	214898	38.74	252449	17.47	287832	14.02
行唐县	222620	44.99	268811	20.75	292196	8.70
灵寿县	97188	43.53	120008	23.48	168446	40.36
高邑县	43489	-25.74	50520	16.17	64563	27.80
深泽县	35530	35.56	42907	20.76	52236	21.74
赞皇县	78580	37.59	104906	33.50	181344	72.86
无极县	134303	22.52	138349	3.01	155368	12.30
平山县	136503	-42.29	133738	-2.03	152837	14.28
元氏县	106479	29.51	92522	-13.11	199584	115.72
赵　县	177538	36.11	208932	17.68	276488	32.33
辛集市	354022	24.38	429792	21.40	626459	45.76
藁城市	357492	36.69	683558	91.21	952760	39.38
晋州市	261031	28.98	313424	20.07	365987	16.77
新乐市	255986	31.68	297683	16.29	319009	7.16
鹿泉市	331282	40.82	435875	31.57	573990	31.69

1995—2012年分县（市）区规模以上工业利税总额（六）

计量单位：万元、%

行政单位	2011年	增长速度	2012年	增长速度
全　　市	**7738461**	**21.89**	**8273546**	**6.91**
市　　区	744689	-8.03	761496	2.26
#长安区	72832	-38.76	53383	-26.70
桥东区	10585	-20.00	6980	-34.05
桥西区	5064	-96.60	7007	38.36
新华区	33406	331.08	7490	-77.58
裕华区	31481	-151.55	47023	49.37
矿　区	153626	110.09	121727	-20.76
高新区	340872	159.64	420920	23.48
井陉县	142164	24.13	238298	67.62
正定县	334612	19.93	341447	2.04
栾城县	367338	45.51	459894	25.20
行唐县	402696	49.81	247315	-38.59
灵寿县	172595	43.82	176374	2.19
高邑县	88494	75.17	105360	19.06
深泽县	72624	59.26	84810	16.78
赞皇县	189019	80.18	191786	1.46
无极县	205666	48.66	254014	23.51
平山县	180205	34.74	156173	-13.34
元氏县	260838	181.92	292671	12.20
赵　　县	355983	70.38	372066	4.52
辛集市	848796	97.49	829415	-2.28
藁城市	1689174	147.12	2061892	22.07
晋州市	477547	52.36	563508	18.00
新乐市	424150	42.48	388510	-8.40
鹿泉市	781872	79.38	748519	-4.27

1995—2012年分县（市）区社会消费品零售额（一）

计量单位：万元、%

行政单位	1995年	1996年	增长速度	1997年	增长速度	1998年	增长速度
全　　市	**1652151**	**2011506**	**21.75**	**2380487**	**18.34**	**2680216**	**12.59**
市　　区	882872	943119	6.82	1059334	12.32	1109504	4.74
#长安区						14513	
桥东区						8444	
桥西区						9784	
新华区						49338	
裕华区						47443	
矿　区						7818	
井陉县	26329	32266	22.55	33033	2.38	34124	3.30
正定县	80745	98870	22.45	137229	38.80	158230	15.30
栾城县	47502	71665	50.87	84901	18.47	101140	19.13
行唐县	20847	40401	93.80	43724	8.23	52711	20.55
灵寿县	13680	20110	47.00	31113	54.71	36864	18.48
高邑县	13975	17961	28.52	23368	30.10	29258	25.21
深泽县	14363	18963	32.03	31328	65.21	40105	28.02
赞皇县	15382	19921	29.51	26895	35.01	34790	29.35
无极县	45879	63723	38.89	83307	30.73	104090	24.95
平山县	25713	32984	28.28	36160	9.63	42703	18.09
元氏县	24680	34726	40.71	38411	10.61	48404	26.02
赵　县	50627	72499	43.20	90212	24.43	108937	20.76
辛集市	101141	188984	86.85	218763	15.76	263429	20.42
藁城市	83081	115102	38.54	152009	32.06	180191	18.54
晋州市	62415	72498	16.15	93708	29.26	107458	14.67
新乐市	82238	98425	19.68	110105	11.87	127203	15.53
鹿泉市	60682	69289	14.18	86889	25.40	101076	16.33

1995—2012年分县（市）区社会消费品零售额（二）

计量单位：万元、%

行政单位	1999年	增长速度	2000年	增长速度	2001年	增长速度
全　市	**2967588**	**10.72**	**3308804**	**11.50**	**3690981**	**11.55**
市　区	1171916	5.63	1269933	8.36	1560183	22.86
#长安区	16955	16.83	19769	16.60	25378	28.37
桥东区	8905	5.46	9800	10.05	16473	68.09
桥西区	10035	2.57	11216	11.77	38132	239.98
新华区	55270	12.02	63180	14.31	85771	35.76
裕华区	55100	16.14	63841	15.86	30192	-52.71
矿　区	7834	0.20	9533	21.69	10479	9.92
井陉县	39113	14.62	46068	17.78	51179	11.09
正定县	179321	13.33	202677	13.02	150638	-25.68
栾城县	120292	18.94	135651	12.77	96173	-29.10
行唐县	60230	14.26	68405	13.57	78553	14.84
灵寿县	42457	15.17	48092	13.27	54298	12.90
高邑县	34721	18.67	40391	16.33	44835	11.00
深泽县	44933	12.04	50800	13.06	56384	10.99
赞皇县	40643	16.82	45928	13.00	51256	11.60
无极县	121821	17.03	138956	14.07	156793	12.84
平山县	49963	17.00	56992	14.07	64400	13.00
元氏县	56177	16.06	63854	13.67	73606	15.27
赵　县	128299	17.77	145226	13.19	161202	11.00
辛集市	310354	17.81	352000	13.42	390742	11.01
藁城市	195539	8.52	219087	12.04	244117	11.42
晋州市	119726	11.42	134242	12.12	150169	11.86
新乐市	131973	3.75	148011	12.15	144061	-2.67
鹿泉市	120110	18.83	138143	15.01	159366	15.36

1995—2012年分县（市）区社会消费品零售额（三）

计量单位：万元、%

行政单位	2002年	增长速度	2003年	增长速度	2004年	增长速度
全　市	**4115390**	**11.50**	**4566056**	**10.95**	**5270997**	**15.4**
市　区	1725318	10.58	1843573	6.85	2225366	20.7
#长安区	28271	11.40	33783	19.50	312870	826.1
桥东区	18860	14.49	21142	12.10	199902	845.5
桥西区	42311	10.96	32605	-22.94	141704	334.6
新华区	91787	7.01	94586	3.05	459481	385.8
裕华区	33634	11.40	40192	19.50	231620	476.3
矿　区	11689	11.55	13227	13.16	25143	90.1
井陉县	57238	11.84	66058	15.41	83215	26.0
正定县	170222	13.00	196622	15.51	219497	11.6
栾城县	110557	14.96	128248	16.00	146273	14.1
行唐县	88675	12.89	103294	16.49	116515	12.8
灵寿县	60756	11.89	69411	14.25	77012	11.0
高邑县	51443	14.74	59285	15.24	66319	11.9
深泽县	62755	11.30	72482	15.50	82746	14.2
赞皇县	58037	13.23	67099	15.61	77943	16.2
无极县	176392	12.50	201087	14.00	226535	12.7
平山县	73582	14.26	85207	15.80	100317	17.7
元氏县	83379	13.28	96103	15.26	101860	6.0
赵　县	178934	11.00	198324	10.84	219568	10.7
辛集市	434897	11.30	487519	12.10	531241	9.0
藁城市	271334	11.15	305063	12.43	342946	12.4
晋州市	167911	11.81	191218	13.88	216201	13.1
新乐市	159937	11.02	181075	13.22	200951	11.0
鹿泉市	184025	15.47	214389	16.50	236493	10.3

注：2004年各区增速过高是由于实行在地统计，数据不可比。

1995—2012年分县（市）区社会消费品零售额（四）

计量单位：万元、%

行政单位	2005年	增长速度	2006年	增长速度	2007年	增长速度
全 市	**6096501.4**	**15.7**	**7066493**	**15.9**	**8352212**	**18.2**
市 区	2535350.3	13.9	2969429	17.1	3562081	20.0
#长安区	363470.5	16.2	423702	16.6	499901	18.0
桥东区	231428.0	15.8	269600	16.5	322162	19.5
桥西区	164194.4	15.9	191237	16.5	228713	19.6
新华区	532868.6	16.0	621678	16.7	716647	15.3
裕华区	269546.6	16.4	320600	18.9	377910	17.9
矿 区	29108.3	15.8	33710	15.8	39501	17.2
井陉县	98516.7	18.4	114147	15.9	134043	17.4
正定县	259857.5	18.4	300982	15.8	357542	18.8
栾城县	172727.6	18.1	199777	15.7	234502	17.4
行唐县	136884.4	17.5	158138	15.5	184883	16.9
灵寿县	90630.2	17.7	104743	15.6	122272	16.7
高邑县	77845.7	17.4	89539	15.0	103051	15.1
深泽县	97211.5	17.5	112260	15.5	130670	16.4
赞皇县	91961.3	18.0	106399	15.7	124429	16.9
无极县	266594.1	17.7	307648	15.4	358943	16.7
平山县	118965.6	18.6	137851	15.9	161426	17.1
元氏县	119666.4	17.5	138374	15.6	161150	16.5
赵 县	253311.1	15.4	292482	15.5	343089	17.3
辛集市	610207.2	14.9	685524	12.3	799163	16.6
藁城市	399446.4	16.5	462204	15.7	539287	16.7
晋州市	254214.8	17.6	294273	15.8	343638	16.8
新乐市	234260.1	16.6	270763	15.6	316196	16.8
鹿泉市	278550.7	17.8	321960	15.6	375850	16.7

1995—2012年分县（市）区社会消费品零售额（五）

计量单位：万元、%

行政单位	2008年	增长速度	2009年	增长速度	2010年	增长速度
全　市	**10279944**	**23.1**	**11905536**	**15.8**	**14098923**	**18.4**
市　区	4377790	22.9	4952250	13.1	5844284	19.3
#长安区	640240	28.1	769778	20.2	920660	19.6
桥东区	408375	26.8	491076	20.3	587925	19.7
桥西区	292336	27.8	351389	20.2	419910	19.5
新华区	857156	19.6	998907	16.5	1173716	17.5
裕华区	472401	25.0	567520	20.1	678158	19.5
矿　区	48760	23.4	57818	18.6	68341	18.2
井陉县	165864	23.7	197815	19.3	234213	18.4
正定县	440987	23.3	525715	19.2	623172	18.5
栾城县	289157	23.3	344925	19.3	408047	18.3
行唐县	227842	23.2	269896	18.5	318207	17.9
灵寿县	150930	23.4	179922	19.2	212308	18
高邑县	125679	22.0	148043	17.8	173507	17.2
深泽县	160508	22.8	190783	18.9	223789	17.3
赞皇县	153468	23.3	183648	19.7	216888	18.1
无极县	437426	21.9	519968	18.9	610483	17.4
平山县	202585	25.5	243032	20.0	289028	18.9
元氏县	198829	23.4	234095	17.7	274359	17.2
赵　县	422311	23.1	499957	18.4	585450	17.1
辛集市	986599	23.5	1165083	18.1	1372468	17.8
藁城市	660884	22.5	783099	18.5	920660	17.6
晋州市	423902	23.4	503417	18.8	593565	17.9
新乐市	391421	23.8	466431	19.2	550389	18
鹿泉市	463763	23.4	550642	18.7	648106	17.7

1995—2012年分县（市）区社会消费品零售额（六）

计量单位：万元、%

行政单位	2011年	增长速度	2012年	增长速度
全 市	**16629864**	**18.0**	**19157615**	**15.2**
市 区	7050835	20.6	8117742	15.1
#长安区	1360731	21.0	1621992	19.2
桥东区	1983646	21.0	2261356	14.0
桥西区	900713	28.4	1041224	15.6
新华区	1233327	20.8	1407226	14.1
裕华区	973152	20.8	1110366	14.1
矿 区	81960	20.2	94991	15.9
高新区	517308	18.1	580587	12.2
井陉县	275297	17.5	315765	14.7
正定县	722245	15.9	833470	15.4
栾城县	472578	15.8	543937	15.1
行唐县	368003	15.6	424308	15.3
灵寿县	248811	17.2	288869	16.1
高邑县	202474	16.7	233453	15.3
深泽县	257999	15.3	295666	14.6
赞皇县	254233	17.2	294656	15.9
无极县	712232	16.7	815506	14.5
平山县	335696	16.1	391085	16.5
元氏县	319778	16.6	369343	15.5
赵 县	684852	17.0	787580	15.0
辛集市	1588807	15.8	1830306	15.2
藁城市	1065379	15.7	1225186	15.0
晋州市	686448	15.6	799025	16.4
新乐市	636572	15.7	732695	15.1
鹿泉市	747626	15.4	859022	14.9

1997—2012 年分县（市）区金融机构人民币存款（一）

计量单位：万元、%

行政单位	1997 年	1998 年	增长速度	1999 年	增长速度	2000 年	增长速度
全　　市	**8197859**	**9914433**	**20.94**	**12110368**	**22.15**	**13131544**	**8.43**
市　　区	5025209	6148400	22.35	7691094	25.09	8493818	10.44
井 陉 县	191379	215788	12.75	231939	7.48	247259	6.61
正 定 县	313710	389673	24.21	462817	18.77	498586	7.73
栾 城 县	177334	205229	15.73	219680	7.04	234016	6.53
行 唐 县	121009	147173	21.62	160685	9.18	166336	3.52
灵 寿 县	99072	118041	19.15	135030	14.39	142748	5.72
高 邑 县	57225	65828	15.03	79496	20.76	86579	8.91
深 泽 县	147121	173069	17.64	202049	16.74	213251	5.54
赞 皇 县	79814	92932	16.44	99592	7.17	105755	6.19
无 极 县	187613	235926	25.75	265044	12.34	288630	8.90
平 山 县	159305	195618	22.79	214134	9.47	227082	6.05
元 氏 县	133462	149195	11.79	168143	12.70	176546	5.00
赵　　县	151351	176390	16.54	192836	9.32	195676	1.47
辛 集 市	371629	456646	22.88	589592	29.11	604992	2.61
藁 城 市	299102	347306	16.12	433007	24.68	441138	1.88
晋 州 市	273354	311559	13.98	402973	29.34	414103	2.76
新 乐 市	134890	160716	19.15	198527	23.53	200580	1.03
鹿 泉 市	275280	324944	18.04	363730	11.94	394449	8.45

1997—2012年分县（市）区金融机构人民币存款（二）

计量单位：万元、%

行政单位	2001年	增长速度	2002年	增长速度	2003年	增长速度
全　市	**14551507**	**10.81**	**16710618**	**14.84**	**19322801**	**15.63**
市　区	9562632	12.58	11311755	18.29	13310798	17.67
井陉县	260281	5.27	280407	7.73	302764	7.97
正定县	532530	6.81	572815	7.56	623868	8.91
栾城县	249706	6.70	264920	6.09	299586	13.09
行唐县	174296	4.79	181559	4.17	185398	2.11
灵寿县	156942	9.94	175513	11.83	193084	10.01
高邑县	92339	6.65	101114	9.50	115898	14.62
深泽县	222231	4.21	231762	4.29	250770	8.20
赞皇县	110260	4.26	119888	8.73	137210	14.45
无极县	311539	7.94	339969	9.13	382617	12.54
平山县	243371	7.17	257059	5.62	295394	14.91
元氏县	195650	10.82	215149	9.97	247578	15.07
赵　县	204950	4.74	221827	8.23	249063	12.28
辛集市	657860	8.74	721676	9.70	823439	14.10
藁城市	489755	11.02	549320	12.16	602771	9.73
晋州市	440922	6.48	471035	6.83	519084	10.20
新乐市	220957	10.16	241391	9.25	268222	11.12
鹿泉市	425288	7.82	453453	6.62	515257	13.63

1997—2012年分县（市）区金融机构人民币存款（三）

计量单位：万元、%

行政单位	2004年	增长速度	2005年	增长速度	2006年	增长速度
全　　市	**22088668**	**14.31**	**25741536**	**16.54**	**29684213**	**15.32**
市　　区	15331653	15.18	18216740	18.82	21112978	15.90
井 陉 县	341850	12.91	378824	10.82	436511	15.23
正 定 县	702302	12.57	783093	11.50	890514	13.72
栾 城 县	351679	17.39	421827	19.95	456182	8.14
行 唐 县	215436	16.20	232852	8.08	281331	20.82
灵 寿 县	218317	13.07	244801	12.13	278099	13.60
高 邑 县	130076	12.23	143045	9.97	168780	17.99
深 泽 县	273089	8.90	274105	0.37	312537	14.02
赞 皇 县	155865	13.60	151546	-2.77	172826	14.04
无 极 县	403541	5.47	434532	7.68	477904	9.98
平 山 县	358449	21.35	422679	17.92	474505	12.26
元 氏 县	279073	12.72	297686	6.67	360227	21.01
赵　　县	275234	10.51	311499	13.18	359549	15.43
辛 集 市	888022	7.84	1008502	13.57	1158499	14.87
藁 城 市	711798	18.09	747432	5.01	838214	12.15
晋 州 市	573267	10.44	641986	11.99	733340	14.23
新 乐 市	294824	9.92	321220	8.95	386121	20.20
鹿 泉 市	584191	13.38	649511	11.18	755617	16.34

1997—2012年分县（市）区金融机构人民币存款（四）

计量单位：万元、%

行政单位	2007年	增长速度	2008年	增长速度	2009年	增长速度
全　市	**33313230**	**12.23**	**41115628**	**23.42**	**51630561**	**25.57**
市　区	23677068	12.14	29354583	23.98	37950523	29.28
井陉县	505895	15.90	633495	25.22	722930	14.12
正定县	954551	7.19	1166436	22.20	1474407	26.40
栾城县	498696	9.32	570405	14.38	716579	25.63
行唐县	343051	21.94	447880	30.56	499390	11.50
灵寿县	334197	20.17	437876	31.02	497998	13.73
高邑县	186227	10.34	248267	33.31	301969	21.63
深泽县	344208	10.13	426028	23.77	493897	15.93
赞皇县	224108	29.67	268114	19.64	314729	17.39
无极县	529512	10.80	655358	23.77	731779	11.66
平山县	565302	19.14	682337	20.70	819265	20.07
元氏县	406201	12.76	536028	31.96	595994	11.19
赵　县	408068	13.49	482435	18.22	569681	18.08
辛集市	1284911	10.91	1552231	20.80	1683032	8.43
藁城市	930715	11.04	1124310	20.80	1278988	13.76
晋州市	826082	12.65	993135	20.22	1100914	10.85
新乐市	438083	13.46	535167	22.16	612333	14.42
鹿泉市	856353	13.33	1001544	16.95	1266154	26.42

1997—2012 年分县（市）区金融机构人民币存款（五）

计量单位：万元、%

行政单位	2010 年	增长速度	2011 年	增长速度	2012 年	增长速度
全　市	**61155028**	**18.45**	**67153408**	**9.81**	**76407468**	**13.78**
市　区	42992706	13.29	48787267	13.48	55355537	13.46
井陉县	786016	8.73	960502	22.20	1073757	11.79
正定县	1800211	22.10	2206751	22.58	2501722	13.37
栾城县	849075	18.49	986233	16.15	1125133	14.08
行唐县	591024	18.35	690583	16.85	806722	16.82
灵寿县	582058	16.88	681355	17.06	782289	14.81
高邑县	353955	17.22	422097	19.25	488820	15.81
深泽县	566576	14.72	661251	16.71	748395	13.18
赞皇县	387313	23.06	454469	17.34	503862	10.87
无极县	841076	14.94	972318	15.60	1117475	14.93
平山县	964011	17.67	1126485	16.85	1284761	14.05
元氏县	686310	15.15	757197	10.33	904145	19.41
赵　县	658086	15.52	775544	17.85	910225	17.37
辛集市	1868340	11.01	2083484	11.52	2389770	14.70
藁城市	1464389	14.50	1670952	14.11	1965857	17.65
晋州市	1248525	13.41	1399499	12.09	1607327	14.85
新乐市	701097	14.50	805741	14.93	947355	17.58
鹿泉市	1489307	17.62	1711680	14.93	1894316	10.67

1997—2012年分县（市）区金融机构人民币贷款（一）

计量单位：万元、%

行政单位	1997年	1998年	增长速度	1999年	增长速度
全　市	**5656900**	**6637592**	**17.34**	**9107667**	**37.21**
市　区	3292109	4053042	23.11	6237687	53.90
井陉县	101119	98918	-2.18	104284	5.42
正定县	206600	234528	13.52	276178	17.76
栾城县	159604	171165	7.24	182019	6.34
行唐县	80853	88229	9.12	91776	4.02
灵寿县	93162	98933	6.19	95962	-3.00
高邑县	64856	76786	18.39	86454	12.59
深泽县	78191	86178	10.21	102750	19.23
赞皇县	83167	88121	5.96	88532	0.47
无极县	144588	152741	5.64	162667	6.50
平山县	126540	142997	13.01	151675	6.07
元氏县	134209	145234	8.21	155686	7.20
赵　县	163922	181592	10.78	193445	6.53
辛集市	246974	283842	14.93	295226	4.01
藁城市	244997	266150	8.63	330137	24.04
晋州市	151278	158429	4.73	202921	28.08
新乐市	118745	123732	4.20	153769	24.28
鹿泉市	165986	186975	12.65	196499	5.09

1997—2012 年分县（市）区金融机构人民币贷款（二）

计量单位：万元、%

行政单位	2000 年	增长速度	2001 年	增长速度	2002 年	增长速度
全　　市	**9738267**	**6.92**	**10350991**	**6.29**	**13059556**	**26.17**
市　　区	6939550	11.25	7450288	7.36	9981918	33.98
井 陉 县	97820	-6.20	103070	5.37	120950	17.35
正 定 县	271938	-1.54	279662	2.84	295437	5.64
栾 城 县	149602	-17.81	159284	6.47	173688	9.04
行 唐 县	91345	-0.47	102512	12.23	111165	8.44
灵 寿 县	89625	-6.60	92791	3.53	101323	9.19
高 邑 县	89803	3.87	91504	1.89	94887	3.70
深 泽 县	99741	-2.93	102128	2.39	109357	7.08
赞 皇 县	79156	-10.59	79181	0.03	87387	10.36
无 极 县	163742	0.66	175680	7.29	191869	9.22
平 山 县	144646	-4.63	149875	3.62	163959	9.40
元 氏 县	161580	3.79	159813	-1.09	172984	8.24
赵　　县	200388	3.59	206674	3.14	211211	2.20
辛 集 市	281896	-4.52	283339	0.51	306937	8.33
藁 城 市	307626	-6.82	317394	3.18	301448	-5.02
晋 州 市	206264	1.65	212452	3.00	225886	6.32
新 乐 市	148917	-3.16	148668	-0.17	155049	4.29
鹿 泉 市	214628	9.23	236676	10.27	256130	8.22

1997—2012年分县（市）区金融机构人民币贷款（三）

计量单位：万元、%

行政单位	2003年	增长速度	2004年	增长速度	2005年	增长速度
全　市	**13774386**	**5.47**	**14748123**	**7.07**	**15610128**	**5.84**
市　区	10547366	5.66	11352218	7.63	12446474	9.64
井陉县	126161	4.31	155372	23.15	151840	-2.27
正定县	311211	5.34	320787	3.08	279590	-12.84
栾城县	178549	2.80	200213	12.13	217991	8.88
行唐县	109102	-1.86	112476	3.09	96020	-14.63
灵寿县	100578	-0.74	109515	8.89	95452	-12.84
高邑县	94670	-0.23	101655	7.38	90442	-11.03
深泽县	107209	-1.96	105555	-1.54	101941	-3.42
赞皇县	91839	5.09	100934	9.90	79871	-20.87
无极县	192568	0.36	193203	0.33	174697	-9.58
平山县	188322	14.86	202902	7.74	193996	-4.39
元氏县	186632	7.89	188193	0.84	175843	-6.56
赵　县	197051	-6.70	198044	0.50	186565	-5.80
辛集市	312989	1.97	318432	1.74	276641	-13.12
藁城市	319196	5.89	332015	4.02	287035	-13.55
晋州市	226804	0.41	229126	1.02	214745	-6.28
新乐市	172388	11.18	184310	6.92	222816	20.89
鹿泉市	311751	21.72	343173	10.08	318169	-7.29

1997—2012年分县（市）区金融机构人民币贷款（四）

计量单位：万元、%

行政单位	2006年	增长速度	2007年	增长速度	2008年	增长速度
全　市	**17315169**	**10.92**	**18393687**	**6.23**	**20799327**	**13.08**
市　区	13784691	10.75	14501558	5.20	17299183	19.29
井陉县	175806	15.78	189990	8.07	161771	-14.85
正定县	288082	3.04	346620	20.32	361448	4.28
栾城县	225670	3.52	230339	2.07	211095	-8.35
行唐县	105693	10.07	113085	6.99	101310	-10.41
灵寿县	107739	12.87	121263	12.55	117595	-3.03
高邑县	102023	12.80	101131	-0.87	81409	-19.50
深泽县	108902	6.83	113081	3.84	102782	-9.11
赞皇县	90723	13.59	100870	11.18	85514	-15.22
无极县	168688	-3.44	175450	4.01	153798	-12.34
平山县	213556	10.08	242021	13.33	175793	-27.36
元氏县	197353	12.23	197678	0.16	190986	-3.39
赵　县	222898	19.47	201686	-9.52	200139	-0.77
辛集市	305519	10.44	361664	18.38	306443	-15.27
藁城市	376522	31.18	457561	21.52	350154	-23.47
晋州市	227574	5.97	247896	8.93	257046	3.69
新乐市	244828	9.88	266960	9.04	215661	-19.22
鹿泉市	368902	15.95	424832	15.16	427200	0.56

1997—2012年分县（市）区金融机构人民币贷款（五）

计量单位：万元、%

行政单位	2009年	增长速度	2010年	增长速度
全市	**28865696**	**38.78**	**32720979**	**13.36**
市　区	24231048	40.07	26219403	8.21
井陉县	267119	65.12	331011	23.92
正定县	478347	32.34	710170	48.46
栾城县	262050	24.14	314539	20.03
行唐县	125929	24.30	178851	42.03
灵寿县	148897	26.62	168737	13.32
高邑县	108653	33.47	142801	31.43
深泽县	116809	13.65	151307	29.53
赞皇县	106962	25.08	153612	43.61
无极县	186955	21.56	226115	20.95
平山县	218361	24.21	275416	26.13
元氏县	210053	9.98	251238	19.61
赵　县	230460	15.15	297605	29.14
辛集市	446132	45.58	553523	24.07
藁城市	478186	36.56	630210	31.79
晋州市	336320	30.84	441472	31.27
新乐市	265734	23.22	278099	4.65
鹿泉市	647678	51.61	808933	24.90

1997—2012年分县（市）区金融机构人民币贷款（六）

计量单位：万元、%

行政单位	2011年	增长速度	2012年	增长速度
全　　市	**36597860**	**11.85**	**39950667**	**9.16**
市　　区	29296795	11.74	31519723	7.59
井 陉 县	351469	6.18	384027	9.26
正 定 县	1121021	57.85	1465645	30.74
栾 城 县	385572	22.58	458521	18.92
行 唐 县	219346	22.64	269156	22.71
灵 寿 县	214281	26.99	257701	20.26
高 邑 县	175698	23.04	214111	21.86
深 泽 县	172584	14.06	179854	4.21
赞 皇 县	208548	35.76	235289	12.82
无 极 县	262898	16.27	249866	-4.96
平 山 县	374274	35.89	441486	17.96
元 氏 县	282462	12.43	372368	31.83
赵　　县	336898	13.20	427802	26.98
辛 集 市	691120	24.86	740265	7.11
藁 城 市	719903	14.23	769641	6.91
晋 州 市	504791	14.34	558213	10.58
新 乐 市	320353	15.19	359065	12.08
鹿 泉 市	959847	18.66	1047934	9.18

1996—2012年分县（市）区城乡居民人民币储蓄存款（一）

计量单位：万元、%

行政单位	1996年	1997年	增长速度	1998年	增长速度	1999年	增长速度
全　市	**4223768**	**4857888**	**15.01**	**5941832**	**22.31**	**7092875**	**19.37**
市　区	1892453	2169085	14.62	2716587	25.24	3259295	19.98
井陉县	129507	150462	16.18	172827	14.86	192385	11.32
正定县	220307	256426	16.39	338198	31.89	411828	21.77
栾城县	130261	149094	14.46	173095	16.10	188394	8.84
行唐县	98437	112086	13.87	132786	18.47	145034	9.22
灵寿县	80690	87309	8.20	102662	17.58	118505	15.43
高邑县	43392	51315	18.26	60107	17.13	72029	19.83
深泽县	114732	132749	15.70	162650	22.52	191996	18.04
赞皇县	60793	68023	11.89	77969	14.62	85520	9.68
无极县	144437	175845	21.75	221033	25.70	243197	10.03
平山县	123624	141770	14.68	171660	21.08	180441	5.12
元氏县	107729	115407	7.13	132304	14.64	145923	10.29
赵　县	105390	125068	18.67	142532	13.96	174475	22.41
辛集市	252528	290868	15.18	363257	24.89	469422	29.23
藁城市	213575	244522	14.49	288149	17.84	377022	30.84
晋州市	197558	238395	20.67	266911	11.96	354866	32.95
新乐市	101655	116710	14.81	144509	23.82	178144	23.28
鹿泉市	206700	232754	12.60	274596	17.98	307399	11.95

1996—2012年分县（市）区城乡居民人民币储蓄存款（二）

计量单位：万元、%

行政单位	2000年	增长速度	2001年	增长速度	2002年	增长速度
全　　市	**7514860**	**5.95**	**8235602**	**9.59**	**9251029**	**12.33**
市　　区	3929041	20.55	3943653	0.37	4658726	18.13
井 陉 县	202493	5.25	217003	7.17	233408	7.56
正 定 县	434413	5.48	459898	5.87	487313	5.96
栾 城 县	193949	2.95	204920	5.66	218220	6.49
行 唐 县	152711	5.29	161879	6.00	165108	1.99
灵 寿 县	127083	7.24	138584	9.05	155788	12.41
高 邑 县	78389	8.83	83705	6.78	92091	10.02
深 泽 县	201044	4.71	209272	4.09	220508	5.37
赞 皇 县	91669	7.19	97763	6.65	105805	8.23
无 极 县	266499	9.58	288318	8.19	311136	7.91
平 山 县	190674	5.67	200881	5.35	209772	4.43
元 氏 县	155133	6.31	169937	9.54	184328	8.47
赵　　县	174653	0.10	184425	5.60	200265	8.59
辛 集 市	497188	5.91	550769	10.78	590380	7.19
藁 城 市	382872	1.55	415056	8.41	433776	4.51
晋 州 市	366679	3.33	391400	6.74	419175	7.10
新 乐 市	178555	0.23	192290	7.69	200237	4.13
鹿 泉 市	326028	6.06	325849	-0.05	364993	12.01

1996—2012年分县（市）区城乡居民人民币储蓄存款（三）

计量单位：万元、%

行政单位	2003年	增长速度	2004年	增长速度	2005年	增长速度
全　市	**10444919**	**12.91**	**11894588**	**13.88**	**13551916**	**13.93**
市　区	5436477	16.69	6314369	16.15	7418651	17.49
井陉县	249483	6.89	275542	10.45	303792	10.25
正定县	527629	8.27	579859	9.90	633812	9.30
栾城县	245869	12.67	285131	15.97	310090	8.75
行唐县	165202	0.06	191407	15.86	208053	8.70
灵寿县	169063	8.52	186813	10.50	209050	11.90
高邑县	104068	13.01	116106	11.57	130750	12.61
深泽县	235009	6.58	252784	7.56	254864	0.82
赞皇县	120014	13.43	134628	12.18	132516	-1.57
无极县	337044	8.33	365607	8.47	383987	5.03
平山县	232835	10.99	273447	17.44	310792	13.66
元氏县	205982	11.75	235231	14.20	255387	8.57
赵　县	213825	6.77	237835	11.23	261973	10.15
辛集市	667569	13.07	735539	10.18	832469	13.18
藁城市	467139	7.69	530680	13.60	599963	13.06
晋州市	454340	8.39	503031	10.72	561204	11.56
新乐市	218368	9.05	237909	8.95	260700	9.58
鹿泉市	395003	8.22	438670	11.05	483864	10.30

1996—2012年分县（市）区城乡居民人民币储蓄存款（四）

计量单位：万元、%

行政单位	2006年	增长速度	2007年	增长速度	2008年	增长速度
全　市	**15532428**	**14.61**	**16947183**	**9.11**	**21801690**	**28.64**
市　区	8549036	15.24	9115834	6.63	11982365	31.45
井陉县	339911	11.89	390372	14.85	499922	28.06
正定县	685058	8.09	736921	7.57	941836	27.81
栾城县	342677	10.51	371001	8.27	434484	17.11
行唐县	248660	19.52	303252	21.95	400343	32.02
灵寿县	235175	12.50	282455	20.10	382554	35.44
高邑县	149486	14.33	161695	8.17	216960	34.18
深泽县	283158	11.10	311422	9.98	391938	25.85
赞皇县	150544	13.60	177775	18.09	220247	23.89
无极县	432280	12.58	480424	11.14	598436	24.56
平山县	357692	15.09	417592	16.75	537691	28.76
元氏县	299038	17.09	335513	12.20	438137	30.59
赵　县	300836	14.83	335322	11.46	400258	19.37
辛集市	973656	16.96	1086292	11.57	1336554	23.04
藁城市	686323	14.39	763798	11.29	950779	24.48
晋州市	640164	14.07	716995	12.00	888400	23.91
新乐市	313728	20.34	356947	13.78	452934	26.89
鹿泉市	545007	12.64	603573	10.75	727853	20.59

1996—2012年分县（市）区城乡居民人民币储蓄存款（五）

计量单位：万元、%

行政单位	2009年	增长速度	2010年	增长速度
全　　市	**25674597**	**17.76**	**29203989**	**13.75**
市　　区	14674605	22.47	16736357	14.05
井 陉 县	564372	12.89	611986	8.44
正 定 县	1119251	18.84	1301585	16.29
栾 城 县	480253	10.53	550039	14.53
行 唐 县	441452	10.27	517478	17.22
灵 寿 县	427193	11.67	479517	12.25
高 邑 县	257563	18.71	291375	13.13
深 泽 县	437578	11.64	487103	11.32
赞 皇 县	250941	13.94	301049	19.97
无 极 县	631828	5.58	721112	14.13
平 山 县	613920	14.18	700174	14.05
元 氏 县	476693	8.80	543225	13.96
赵　　县	470748	17.61	539746	14.66
辛 集 市	1448975	8.41	1565905	8.07
藁 城 市	1034815	8.84	1136136	9.79
晋 州 市	958566	7.90	1041133	8.61
新 乐 市	514730	13.64	600659	16.69
鹿 泉 市	871114	19.68	1018725	16.95

1996—2012 年分县（市）区城乡居民人民币储蓄存款（六）

计量单位：万元、%

行政单位	2011 年	增长速度	2012 年	增长速度
全　市	**32435792**	**11.07**	**37354986**	**15.17**
市　区	18196341	8.72	21037653	15.61
井 陉 县	713976	16.67	817042	14.44
正 定 县	1540692	18.37	1763733	14.48
栾 城 县	649548	18.09	756934	16.53
行 唐 县	606989	17.30	699885	15.30
灵 寿 县	546620	13.99	621350	13.67
高 邑 县	342282	17.47	399471	16.71
深 泽 县	561101	15.19	643798	14.74
赞 皇 县	347289	15.36	379686	9.33
无 极 县	832315	15.42	956281	14.89
平 山 县	842290	20.30	962398	14.26
元 氏 县	579652	6.71	697945	20.41
赵　县	637962	18.20	744525	16.70
辛 集 市	1756448	12.17	1993059	13.47
藁 城 市	1303369	14.72	1487914	14.16
晋 州 市	1143758	9.86	1305811	14.17
新 乐 市	685595	14.14	798884	16.52
鹿 泉 市	1149565	12.84	1288619	12.10

1995—2012年分县（市）区农民人均纯收入（一）

计量单位：元、%

行政单位	1995年	1996年	增长速度	1997年	增长速度	1998年	增长速度
全　市	**1995**	**2502**	**25.41**	**2837**	**13.39**	**2988**	**5.32**
长安区							
桥东区							
桥西区							
新华区							
裕华区							
矿　区	2511	3069	22.22	3481	13.42	3665	5.29
井陉县	1574	1821	15.69	2172	19.28	2410	10.96
正定县	2308	3004	30.16	3207	6.76	3335	3.99
栾城县	1998	2686	34.43	2900	7.97	3045	5.00
行唐县	1248	1850	48.24	2163	16.92	2361	9.15
灵寿县	998	1499	50.20	2016	34.49	2250	11.61
高邑县	1901	2366	24.46	2598	9.81	2800	7.78
深泽县	1863	2582	38.59	2789	8.02	2988	7.14
赞皇县	970	1203	24.02	1134	-5.74	1306	15.17
无极县	1863	2672	43.42	3045	13.96	3170	4.11
平山县	1554	1232	-20.72	2202	78.73	2371	7.67
元氏县	1759	2321	31.95	2552	9.95	2570	0.71
赵　县	1825	2579	41.32	2802	8.65	2942	5.00
辛集市	2579	2961	14.81	3207	8.31	3354	4.58
藁城市	2407	3048	26.63	3513	15.26	3508	-0.14
晋州市	2498	3001	20.14	3300	9.96	3386	2.61
新乐市	2497	3012	20.62	3418	13.48	3506	2.57
鹿泉市	2585	2121	-17.95	3566	68.13	3678	3.14

1995—2012年分县（市）区农民人均纯收入（二）

计量单位：元、%

行政单位	1999年	增长速度	2000年	增长速度	2001年	增长速度
全　市	**3071**	**2.78**	**3158**	**2.83**	**3149**	**-0.28**
长安区						
桥东区						
桥西区						
新华区						
裕华区						
矿　区	3736	1.94	3886	4.01	4019	3.42
井陉县	2506	3.98	2602	3.83	2680	3.00
正定县	3465	3.90	3605	4.04	3621	0.44
栾城县	3174	4.24	3305	4.13	3421	3.51
行唐县	2428	2.84	2468	1.65	2542	3.00
灵寿县	2308	2.58	2396	3.81	2397	0.04
高邑县	2860	2.14	3001	4.93	3125	4.13
深泽县	3060	2.41	3182	3.99	3308	3.96
赞皇县	1370	4.90	1652	20.58	1706	3.27
无极县	3240	2.21	3310	2.16	3429	3.60
平山县	2472	4.26	1992	-19.42	1999	0.35
元氏县	2617	1.83	2701	3.21	2812	4.11
赵　县	3059	3.98	3086	0.88	3049	-1.20
辛集市	3485	3.91	3235	-7.17	3365	4.02
藁城市	3576	1.94	3656	2.24	3805	4.08
晋州市	3449	1.86	3539	2.61	3667	3.62
新乐市	3574	1.94	3616	1.18	3688	1.99
鹿泉市	3747	1.88	3852	2.80	4008	4.05

1995—2012年分县（市）区农民人均纯收入（三）

计量单位：元、%

行政单位	2002年	增长速度	2003年	增长速度	2004年	增长速度
全　市	**3245**	**3.05**	**3394**	**4.59**	**3799**	**11.93**
长安区						
桥东区						
桥西区						
新华区						
裕华区						
矿　区	4140	3.01	4265	3.02	4854	13.81
井陉县	2787	3.99	2941	5.53	3342	13.63
正定县	3770	4.11	3885	3.05	4375	12.61
栾城县	3558	4.00	3755	5.54	4247	13.10
行唐县	2619	3.03	2698	3.02	2836	5.11
灵寿县	2428	1.29	2477	2.02	2599	4.93
高邑县	3250	4.00	3407	4.83	3680	8.01
深泽县	3408	3.02	3579	5.02	3956	10.53
赞皇县	1785	4.63	1878	5.21	2133	13.58
无极县	3497	1.98	3619	3.49	4107	13.48
平山县	2019	1.00	2080	3.02	2298	10.48
元氏县	2897	3.02	3021	4.28	3431	13.57
赵　县	3141	3.02	3283	4.52	3730	13.62
辛集市	3470	3.12	3609	4.01	4061	12.52
藁城市	3919	3.00	4086	4.26	4621	13.09
晋州市	3777	3.00	3892	3.04	4429	13.80
新乐市	3800	3.04	3961	4.24	4461	12.62
鹿泉市	4170	4.04	4387	5.20	4913	11.99

1995—2012年分县（市）区农民人均纯收入（四）

计量单位：元、%

行政单位	2005年	增长速度	2006年	增长速度	2007年	增长速度
全　市	**4118**	**8.40**	**4456**	**8.21**	**4954**	**11.18**
长安区						
桥东区						
桥西区						
新华区						
裕华区						
矿　区	5267	8.51	5740	8.98	6328	10.24
井陉县	3643	9.01	3993	9.61	4527	13.37
正定县	4797	9.65	5253	9.51	5952	13.31
栾城县	4667	9.89	5006	7.26	5788	15.62
行唐县	2929	3.28	3076	5.02	3287	6.86
灵寿县	2681	3.16	2787	3.95	2898	3.98
高邑县	3975	8.02	4293	8.00	4551	6.01
深泽县	4155	5.03	4350	4.69	4611	6.00
赞皇县	2316	8.60	2584	11.57	2798	8.28
无极县	4476	8.98	4875	8.91	5321	9.15
平山县	2430	5.74	2588	6.50	2842	9.81
元氏县	3726	8.60	4076	9.39	4658	14.28
赵　县	4110	10.19	4282	4.18	5005	16.88
辛集市	4467	10.00	4874	9.11	5514	13.13
藁城市	5060	9.50	5465	8.00	6184	13.16
晋州市	4828	9.01	5320	10.19	6012	13.01
新乐市	4872	9.21	5391	10.65	5984	11.00
鹿泉市	5313	8.14	5866	10.41	6460	10.13

1995—2012年分县（市）区农民人均纯收入（五）

计量单位：元、%

行政单位	2008年	增长速度	2009年	增长速度
全 市	**5469**	**10.40**	**5977**	**9.29**
长安区				
桥东区				
桥西区				
新华区				
裕华区				
矿 区	7025	11.01	7657	9.00
井陉县	5051	11.57	5557	10.02
正定县	6726	13.00	7399	10.01
栾城县	6541	13.01	7215	10.30
行唐县	3468	5.51	3470	0.06
灵寿县	2956	2.00	2960	0.14
高邑县	4970	9.21	5448	9.62
深泽县	4920	6.70	5316	8.05
赞皇县	2886	3.15	2910	0.83
无极县	5806	9.11	6272	8.03
平山县	2945	3.62	3312	12.46
元氏县	5226	12.19	5878	12.48
赵 县	5553	10.95	6116	10.14
辛集市	6291	14.09	6890	9.52
藁城市	6990	13.03	7731	10.60
晋州市	6794	13.01	7495	10.32
新乐市	6642	11.00	7360	10.81
鹿泉市	7106	10.00	7834	10.24

1995—2012年分县（市）区农民人均纯收入（六）

计量单位：元、%

行政单位	2010年	增长速度	2011年	增长速度	2012年	增长速度
全　市	**6577**	**10.04**	**7822**	**18.93**	**8993**	**14.98**
长安区			10199	20.26	12390	21.48
桥东区			11525	27.70	14199	23.20
桥西区			14553	31.00	17888	22.92
新华区			10762	30.21	13125	21.95
裕华区			13247	31.00	16432	24.04
矿　区	8461	10.50	9817	16.03	11270	14.80
井陉县	6006	8.08	6961	15.90	7968	14.46
正定县	8139	10.00	9459	16.22	10996	16.25
栾城县	7938	10.02	9226	16.23	10619	15.10
行唐县	3647	5.10	3995	9.54	4038	1.07
灵寿县	3167	6.99	3455	9.09	3804	10.10
高邑县	6105	12.06	7204	18.00	8346	15.85
深泽县	5745	8.07	6671	16.12	7586	13.72
赞皇县	3082	5.91	3405	10.48	3780	11.01
无极县	6790	8.26	7876	15.99	9097	15.50
平山县	3681	11.14	4168	13.23	4714	13.10
元氏县	6600	12.28	7656	16.00	8819	15.19
赵　县	6815	11.43	7910	16.07	9079	14.78
辛集市	7652	11.06	8789	14.86	10073	14.61
藁城市	8603	11.28	9999	16.23	11714	17.15
晋州市	8327	11.10	9675	16.19	11555	19.43
新乐市	8169	10.99	9035	10.60	10059	11.33
鹿泉市	8638	10.26	10063	16.50	11245	11.74